Die Auswirkungen einer erfolgreichen Insolvenzanfechtung auf das Strafverfahren

Europäische Hochschulschriften

European University Studies

Publications Universitaires Européennes

Reihe II **Rechtswissenschaft**

Series II Law

Série II Droit

Band/Volume **5950**

Anna Rückel

Die Auswirkungen einer erfolgreichen Insolvenzanfechtung auf das Strafverfahren

Eine Untersuchung von Geldstrafe, Geldauflagen nach § 153 a Abs. 1 S. 2 Nr. 2 StPO und geldwerten Bewährungsauflagen nach § 56 b Abs. 2 S. 1 Nr. 2 und 4 StGB

PL ACADEMIC RESEARCH

Bibliografische Information der Deutschen Nationalbibliothek
Die Deutsche Nationalbibliothek verzeichnet diese Publikation in der Deutschen Nationalbibliografie; detaillierte bibliografische Daten sind im Internet über http://dnb.d-nb.de abrufbar.

Zugl.: Passau, Univ., Diss., 2017

D 739
ISSN 0531-7312
ISBN 978-3-631-72551-1 (Print)
E-ISBN 978-3-631-73085-0 (E-PDF)
E-ISBN 978-3-631-73086-7 (EPUB)
E-ISBN 978-3-631-73087-4 (MOBI)
DOI 10.3726/b11834

PL Academic Research ist ein Imprint der Peter Lang GmbH.
Peter Lang – Frankfurt am Main · Bern · Bruxelles · New York · Oxford · Warszawa · Wien

Diese Publikation wurde begutachtet.

www.peterlang.com

Meinen Eltern

Vorwort

Die vorliegende Arbeit wurde im Wintersemester 2016/2017 von der Juristischen Fakultät der Universität Passau als Dissertation angenommen. Rechtsprechung und Literatur konnten bis April 2016 Berücksichtigung finden.

Ganz herzlich danken möchte ich zunächst meinem Doktorvater Herrn Prof. Dr. Werner Beulke, der das Promotionsvorhaben intensiv unterstützt hat, mir bei der inhaltlichen Umsetzung eigener Gedanken und Ideen freie Hand gelassen hat und mir stets beratend zur Seite stand. Mein Dank gilt des Weiteren Frau Prof. Dr. Dörte Poelzig für die zügige Erstellung des Zweitgutachtens sowie Herrn Prof. Dr. Tomas Kuhn, der sich freundlicherweise als Zweitprüfer im Rigorosum zur Verfügung gestellt hat.

Mein größter Dank gebührt aber meinen Eltern Dr. Andreas und Dr. Elisabeth Rückel. Ihre bedingungslose Unterstützung und ihr Rückhalt haben mich nicht nur dazu ermutigt, das Promotionsprojekt zu wagen, sondern in besonderem Maße zum Durchhalten bei der berufsbegleitenden Fertigstellung der Dissertation beigetragen. Die mir seit jeher eingeräumten Freiheiten und das mir dabei entgegengebrachte Vertrauen haben es mir ermöglicht, beruflich und persönlich meinen Weg zu finden. Besonders danken möchte ich auch meinem Freund Dr. Philipp Reinhold. Er hat meine mitunter schlechte Laune während der Promotion geduldig ertragen, mich stets aufgemuntert und durch den Verzicht auf gemeinsame Zeit an vielen Abenden und Wochenenden, die ich in der Bibliothek verbracht habe, zum Gelingen dieser Arbeit beigetragen. Last but not least danke ich meinem Onkel Dr. Christoph Rückel, der maßgeblich zu meiner Entscheidung für das Jurastudium beigetragen hat. Er war und ist mir stets ein guter Ratgeber.

Bremen, im Juli 2017 — Anna Rückel

Inhaltsverzeichnis

A. Einleitung

Rechtsfrieden kann erst und nur dann eintreten, wenn das gerichtliche Verfahren zum Abschluss gebracht wird. Dies gilt in besonderem Maße für das Strafverfahren, an dessen Ende die Sanktionierung steht. Aus Sicht der durch die Straftat Betroffenen ist sie unerlässlich. Nur durch die Sanktionierung kann das Sanktionsbedürfnis befriedigt werden. Aus Sicht der Betroffenen erscheint es deshalb nicht hinnehmbar, dass unter bestimmten Umständen die bereits erfolgte Sanktionierung des Täters rückgängig gemacht wird. Ein solcher Umstand ist die Insolvenzanfechtung, die in den §§ 129 ff. InsO geregelt ist. Zu einem Aufeinandertreffen von Straf- und Insolvenzrecht wird es immer dann kommen, wenn dem späteren Insolvenzschuldner vor Eröffnung des Insolvenzverfahrens vom Gericht bzw. der Staatsanwaltschaft eine Sanktion auferlegt wird, die den finanziellen Interessen der Insolvenzgläubiger zuwider läuft. Dies ist dann der Fall, wenn der spätere Insolvenzschuldner vor Eröffnung des Insolvenzverfahrens zu einer Geldstrafe oder einer Freiheitsstrafe auf Bewährung, die mit der Zahlung einer Bewährungsauflage nach § 56 b Abs. 2 S. 1 Nr. 2 bzw. 4 StGB verbunden wird, verurteilt wird oder es zur Einstellung des Strafverfahrens gegen Zahlung einer Geldauflage nach § 153 a Abs. 1 S. 2 Nr. 2 StPO (ggfs. i. V. m. Abs. 2 S. 1 StPO) kommt und diese Strafzahlungen vor Insolvenzeröffnung erbracht werden, wodurch die den Insolvenzgläubigern haftende Insolvenzmasse beeinträchtigt wird. Unter bestimmten Voraussetzungen können diese Zahlungen aus dem Strafverfahren zur Insolvenzmasse zurückgefordert werden. Im Hinblick auf die damit einhergehende Aufhebung der Sanktionierung stellt sich die Frage, ob und ggfs. welche Auswirkungen eine erfolgreiche Insolvenzanfechtung gem. §§ 129 ff. InsO auf das abgeschlossene Strafverfahren hat. Dies ist das Thema der vorliegenden Arbeit. Als anfechtbare Rechtshandlungen i. S. v. § 129 Abs. 1 InsO sollen folgende Zahlungen aus dem Strafverfahren untersucht werden: die Geldstrafe, die Geldauflagen nach § 153 a Abs. 1 S. 2 Nr. 2 StPO und die geldwerten Bewährungsauflagen des § 56 b Abs. 2 S. 1 Nr. 2 und 4 StGB.

I. Problemaufriss bei der Geldstrafe

Zur Veranschaulichung der Problematik bei der Geldstrafe soll zunächst folgender Fall dargestellt werden, der einer Entscheidung des Bundesgerichtshofs vom 14.10.2010[1] zugrunde liegt.

1 BGH, Urt. v. 14.10.2010 – IX ZR 16/10 = wistra 2011, 119 f.

1. Sachverhalt

Der Bundesgerichtshof hatte über eine Klage eines Insolvenzverwalters zu entscheiden, der die Staatsanwaltschaft im laufenden Insolvenzverfahren über das Vermögen des Schuldners auf Rückzahlung der vom Schuldner gezahlten Geldstrafe und Verfahrenskosten verklagt hatte. Nachdem die Staatsanwaltschaft Kenntnis von der drohenden Eröffnung des Insolvenzverfahrens erlangt hatte, forderte sie von dem verurteilten Schuldner Geldstrafe und Verfahrenskosten unter Androhung der zwangsweisen Durchsetzung, woraufhin der Schuldner Geldstrafe und Verfahrenskosten noch vor Eröffnung des Insolvenzverfahrens an die Staatsanwaltschaft zahlte. Diese Zahlungen waren Gegenstand der Insolvenzanfechtung, die der Insolvenzverwalter mit einem an die Staatsanwaltschaft gerichteten Schreiben geltend machte. Das Bemühen des Insolvenzverwalters, außergerichtlich die Rückzahlung der Geldstrafe und der Verfahrenskosten zu erreichen, blieb ohne Erfolg.

2. Entscheidung des Bundesgerichtshofs

Der Bundesgerichtshof entschied, dass die Geldstrafenzahlung mit der Insolvenzanfechtung angreifbar sei[2], da der Strafcharakter der Geldstrafe die Unanfechtbarkeit nicht gebiete[3]. An den Regelungen der §§ 39 Abs. 1 Nr. 3, 174 Abs. 3 S. 1, 225 Abs. 3 und § 302 Nr. 2 InsO zeige sich, dass für Geldstrafen die allgemeinen insolvenzrechtlichen Regelungen gelten, sofern keine Sonderregelungen eingriffen. In den Insolvenzanfechtungsvorschriften der §§ 129 ff. InsO seien keine Sondernormen für die Geldstrafe statuiert, weshalb die §§ 129 ff. InsO auch auf die Geldstrafe Anwendung fänden[4]. Seine Entscheidung stützte der Bundesgerichtshof auf den Anfechtungstatbestand des § 131 Abs. 1 Nr. 1 InsO[5].

3. Strafrechtliche Problematik

Der Bundesgerichtshof führte in o. g. Entscheidung aus, dass die gezahlte Geldstrafe von der Justizkasse zur Insolvenzmasse gem. § 143 Abs. 1 S. 1 InsO zurückgewährt werden müsse[6]. Dies habe nach § 144 Abs. 1 InsO zur Folge, dass der staatliche Anspruch auf Zahlung der Geldstrafe wiederauflebe[7].

---

2 Bestätigt durch OLG Zweibrücken, Urt. v. 17.05.2013 – 2 U 86/12 = wistra 2013, 403 (403), AG Potsdam, Urt. v. 20.06.2013 – 27 C 152/12 Rn. 13 ff. (zitiert nach juris, dort recherchiert am 18.05.2015 um 08:21 Uhr) und BGH, Urt. v. 10.07.2014 – IX ZR 280/13 = NZI 2014, 863 (863); offen gelassen AG Bremen, Urt. v. 19.04.2012 – 9 C 344/11 = VuR 2012, 410 (410 f.).

3 BGH, Urt. v. 14.10.2010 – IX ZR 16/10 = wistra 2011, 119 (120); bestätigt durch BGH, Urt. v. 10.07.2014 – IX ZR 280/13 = NZI 2014, 863 (863).

4 BGH, Urt. v. 14.10.2010 – IX ZR 16/10 = wistra 2011, 119 (120).

5 BGH, Urt. v. 14.10.2010 – IX ZR 16/10 = wistra 2011, 119 (120).

6 So auch OLG Zweibrücken, Urt. v. 17.05.2013 – 2 U 86/12 = wistra 2013, 403 (403).

7 BGH, Urt. v. 14.10.2010 – IX ZR 16/10 = wistra 2011, 119 (120).

Diesen ausschließlich insolvenzrechtlichen Ausführungen des Bundesgerichtshofs lässt sich jedoch nichts dazu entnehmen, ob der Staat auch strafrechtlich berechtigt sein soll, dem Strafanspruch dadurch Geltung zu verschaffen, dass er die Zahlung der Geldstrafe ein weiteres Mal vom Verurteilten verlangt und äußerstenfalls die Strafvollstreckung (Beitreibung der Geldstrafe bzw. Vollstreckung der Ersatzfreiheitsstrafe) gegen ihn betreibt. Dies ist insofern problematisch, als die Geldstrafe vom Verurteilten schon einmal an die Justizkasse gezahlt worden ist, es ohne die Insolvenzanfechtung der Geldstrafenzahlung nicht zur Rückgewähr in die Insolvenzmasse gekommen wäre.

4. LG Göttingen, Beschluss vom 19.01.2016 (5 Qs 3/15)[8]

Über die strafrechtlichen Folgen einer erfolgreichen Insolvenzanfechtung ist, soweit ersichtlich, erstmalig am 19.01.2016 vom LG Göttingen entschieden worden. Das LG Göttingen musste sich im Rahmen einer sofortigen Beschwerde gegen eine Entscheidung des AG Göttingen mit der Frage befassen, ob die Staatsanwaltschaft den Verurteilten nach einer erfolgreichen Insolvenzanfechtung einer Geldstrafenzahlung erneut zur Zahlung der Geldstrafe auffordern und bei Ausbleiben der Geldstrafe zum Antritt der Ersatzfreiheitsstrafe laden darf.

a) Sachverhalt

Der Verurteilte war wegen Steuerhinterziehung zu einer Geldstrafe von 24.500 € verurteilt worden. Dieser Betrag wurde vom Verurteilten gezahlt, bevor aufgrund eines vom ihm gestellten Eigenantrags das Insolvenzverfahren über sein Vermögen eröffnet wurde. Der Insolvenzverwalter focht die Geldstrafenzahlung an. In dem gegen das Land Niedersachsen vom Insolvenzverwalter geführten Rechtsstreit wurde das Land Niedersachsen durch das LG Göttingen (Az. 4 O 280/14) zur Rückzahlung der Geldstrafe verurteilt. Durch diese Rückzahlung der Geldstrafe sah sich die Staatsanwaltschaft Göttingen veranlasst, den Verurteilten zunächst zur erneuten Zahlung der Geldstrafe aufzufordern und wegen Ausbleibens der Zahlung zum Antritt der Ersatzfreiheitsstrafe zu laden. Letzteres wollte der Verurteilte nicht akzeptieren. Er beantragte gerichtliche Entscheidung. Diese wurde vom AG Göttingen verworfen. Gegen diese Entscheidung legte der Verurteilte sofortige Beschwerde ein.

b) Entscheidung des LG Göttingen

Das LG Göttingen hielt die sofortige Beschwerde für unbegründet, da die Staatsanwaltschaft Göttingen den Verurteilten zur nochmaligen Zahlung der Geldstrafe habe auffordern und wegen Ausbleibens der Zahlung zum Antritt der Ersatzfreiheitsstrafe laden dürfen. Durch die erfolgreiche Insolvenzanfechtung sei die Geldstrafenforderung der Landeskasse gegen den Verurteilten gem. § 143, 144

8 LG Göttingen, Beschl. v. 19.01.2016 – 5 Qs 3/15 = wistra 2016, 167 (167 f.).

InsO wieder aufgelebt[9]. Die zivilrechtlich während des Insolvenzverfahrens nicht mögliche Einzelzwangsvollstreckung habe nicht zur Konsequenz, dass die Geldstrafe strafprozessual nicht vollstreckt werden könne. Die für die Geldstrafe in den §§ 39 Abs. 1 Nr. 3, 174 Abs. 3, 225 Abs. 3 und 302 Nr. 2 InsO normierten insolvenzrechtlichen Sonderregelungen bezögen sich nur auf die Forderung in zivilrechtlicher Hinsicht, weshalb eine Ersatzfreiheitsstrafe im Insolvenzverfahren nicht ausgeschlossen sei[10]. Für die Ersatzfreiheitsstrafe komme es gem. § 43 StGB nur auf die Uneinbringlichkeit der Geldstrafe an, nicht jedoch auf den Grund der Uneinbringlichkeit sowie auf ein Verschulden der Uneinbringlichkeit[11]. Da § 2 StVollstrO eine schnelle und nachdrückliche Strafvollstreckung vorsehe, müsste der zahlungsunfähige Verurteilte während des laufenden Insolvenzverfahrens nicht dadurch gegenüber anderen zahlungsunfähigen Verurteilten ohne Insolvenzverfahren begünstigt werden, dass auf die Strafvollstreckung mehrere Jahre verzichtet werde[12]. Im Übrigen könne der Verurteilte die Ersatzfreiheitsstrafe durch die Zahlung der Geldstrafe aus unpfändbarem Vermögen oder gemeinnützige Arbeit verhindern. Darüber hinaus könnten dem Verurteilten auf seinen Antrag von der Vollstreckungsbehörde gem. § 459 a StPO Zahlungserleichterungen (Ratenzahlungen oder Stundungen) zur Vermeidung unzumutbarer Härten gewährt werden[13]. Die Vollstreckung der Ersatzfreiheitsstrafe kollidiere auch nicht mit dem Doppelbestrafungsverbot, da die erste Zahlung der Geldstrafe keine Tilgungswirkung gehabt habe, weshalb es sich nicht um eine unzulässige Zweitvollstreckung handele[14]. Zu dem für den Eintritt der Tilgungswirkung maßgeblichen Konsumverzicht durch eine Vermögensminderung beim Verurteilten sei es nicht gekommen. Da der Konsumverzicht des Verurteilten und nicht die Bereicherung des Landes ausschlaggebend sei, komme es auch nicht darauf an, ob das Geld im Vermögen des Landes bleibe oder nicht. Die Geldstrafenzahlung sei aufgrund der insolvenzrechtlichen Wertungen normativ gesehen nicht mit eigenen Geldmitteln erbracht worden, da die Geldstrafe schon zum Zeitpunkt ihrer Zahlung summenmäßig zur Insolvenzmasse gehört habe und deshalb der Gesamtheit der Insolvenzgläubiger zugestanden habe[15]. Unerheblich sei, dass das Geld eine Zeit lang im Vermögen des Landes gewesen sei, da hiermit keine persönliche Verzichtsleistung des vor der Insolvenzeröffnung die Geldstrafe zahlenden Verurteilten verbunden sei. Werde die Überweisung der Geldstrafe storniert, so gehe der Strafanspruch nicht dadurch unter, dass die Überweisung der Geldstrafe für eine bestimmte Zeit dem Landeskonto gutgeschrieben war[16].

9 LG Göttingen, Beschl. v. 19.01.2016 – 5 Qs 3/15 = wistra 2016, 167 (167).
10 LG Göttingen, Beschl. v. 19.01.2016 – 5 Qs 3/15 = wistra 2016, 167 (168).
11 LG Göttingen, Beschl. v. 19.01.2016 – 5 Qs 3/15 = wistra 2016, 167 (168).
12 LG Göttingen, Beschl. v. 19.01.2016 – 5 Qs 3/15 = wistra 2016, 167 (168).
13 LG Göttingen, Beschl. v. 19.01.2016 – 5 Qs 3/15 = wistra 2016, 167 (168).
14 LG Göttingen, Beschl. v. 19.01.2016 – 5 Qs 3/15 = wistra 2016, 167 (168).
15 LG Göttingen, Beschl. v. 19.01.2016 – 5 Qs 3/15 = wistra 2016, 167 (168).
16 LG Göttingen, Beschl. v. 19.01.2016 – 5 Qs 3/15 = wistra 2016, 167 (168).

II. Problemaufriss bei der Geldauflage nach § 153 a Abs. 1 S. 2 Nr. 2 StPO

Ob eine erfolgreiche Insolvenzanfechtung einer Geldauflagenzahlung gem. § 153 a Abs. 1 S. 2 Nr. 2 StPO Auswirkungen auf ein gem. § 153 a StPO eingestelltes Strafverfahren hat, soll anhand einer Entscheidung des Bundesgerichtshofs vom 05.06.2008[17] erläutert werden.

1. Sachverhalt

Der Bundesgerichtshof hatte sich mit einem Sachverhalt zu befassen, bei dem das Strafverfahren vom Gericht mit Zustimmung der Staatsanwaltschaft und des Angeklagten gem. § 153 a Abs. 2 StPO gegen Zahlung einer der Staatskasse zugedachten Geldauflage in Höhe von 2.400 € und unter Bewilligung von Ratenzahlungen eingestellt worden war. Nachdem der Angeklagte die ersten beiden Raten gezahlt hatte, beantragte er die Eröffnung des Insolvenzverfahrens und zahlte anschließend die restlichen Raten an die Staatskasse. Das Strafverfahren wurde daraufhin endgültig eingestellt. Anschließend wurde das Insolvenzverfahren über das Vermögen des Angeklagten eröffnet und ein Insolvenzverwalter bestellt, der die an die Staatskasse erbrachte Geldauflagezahlung im Insolvenzverfahren angefochten und die Rückzahlung zur Insolvenzmasse schließlich klagweise geltend gemacht hat.

2. Entscheidung des Bundesgerichtshofs

Der Bundesgerichtshof lehnte die Anfechtungstatbestände der §§ 130, 132, 134 InsO ab, hielt die Anfechtbarkeit der an die Staatskasse gezahlten Geldauflage (§ 153 a Abs. 1 S. 2 Nr. 2 Alt. 2 StPO) gem. § 133 Abs. 1 InsO sowie die Rückgewähr der Geldauflage zur Insolvenzmasse grundsätzlich für gegeben[18]. Zur Begründung führte er an, dass aus der Nichterstattung von nur teilweise erbrachten Leistungen (§ 153 a Abs. 2 S. 2 i. V. m. Abs. 1 S. 6 StPO) nicht der Schluss gezogen werden könne, dass auch die insolvenzrechtliche Rückabwicklung aufgrund der Insolvenzanfechtung ausgeschlossen sei[19]. Der Bundesgerichtshof berief sich des Weiteren darauf, dass der gleiche Grundgedanke, der die Nachrangigkeit der in § 39 Abs. 1 Nr. 3 InsO genannten Insolvenzforderungen rechtfertige, auch bei den gem. § 153 a StPO erteilten Auflagen und der Rückabwicklung im Wege der Insolvenzanfechtung zum Tragen komme. Es sei nicht konsequent, über § 39 Abs. 1 Nr. 3 InsO die Nachrangigkeit von Insolvenzforderungen zum Schutz der Insolvenzgläubiger anzuerkennen, andererseits aber Geldauflagen, die mit Blick auf die Einstellung des Strafverfahrens geleistet worden sind und sich negativ auf den Bestand der Insolvenzmasse auswirken,

17 BGH, Urt. v. 05.06.2008 – IX ZR 17/07 = NJW 2008, 2506 ff.
18 BGH, Urt. v. 05.06.2008 – IX ZR 17/07 = NJW 2008, 2506 ff.
19 BGH, Urt. v. 05.06.2008 – IX ZR 17/07 = NJW 2008, 2506 (2507).

von der Rückabwicklung aufgrund der Insolvenzanfechtung auszunehmen[20]. Gericht und Staatsanwaltschaft sei es verwehrt, das Strafverfahren gegen Zahlung einer Geldauflage an die Staatskasse einzustellen, wenn die Zahlung zu einer Benachteiligung der Gläubiger des Angeschuldigten führt und Gericht und Staatsanwaltschaft sich dessen bewusst sind[21]. Der Bundesgerichthof verwies die Sache zur weiteren Sachaufklärung an das Berufungsgericht zurück. Das Berufungsgericht habe nicht in hinreichendem Maße festgestellt, ob der beklagte Freistaat durch die Staatsanwaltschaft die für § 133 Abs. 1 InsO notwendige Kenntnis von der Zahlungsunfähigkeit des Schuldners hatte[22].

3. Strafrechtliche Problematik

Die insolvenzrechtliche Entscheidung des Bundesgerichtshofs wirft strafrechtlich die Frage auf, ob sich die insolvenzrechtliche Rückabwicklung einer zur Einstellung des Strafverfahrens gezahlten Geldauflage (§ 153 a Abs. 1 S. 2 Nr. 2 StPO) nachträglich auf das abgeschlossene Strafverfahren auswirkt. Es stellt sich die Frage, ob es zur Fortsetzung des Strafverfahrens kommt bzw. vom Beschuldigten verlangt werden kann, den gleichen Geldbetrag ein weiteres Mal zu zahlen oder ob weiterhin von einer Auflagenerfüllung i. S. v. § 153 a Abs. 1 S. 5 StPO ausgegangen werden muss.

III. Problemaufriss bei den Bewährungsauflagen des § 56 b Abs. 2 S. 1 Nr. 2 und 4 StGB

Die Rechtsprechung hat, soweit ersichtlich, bislang noch keinen Fall entschieden, in dem es um die Insolvenzanfechtung einer gezahlten geldwerten Bewährungsauflage nach § 56 b Abs. 2 S. 1 Nr. 2 bzw. 4 StGB ging. Sollte ein solcher Fall einmal zur Entscheidung anstehen, wird es um Sachverhalte gehen, bei denen der Täter zu einer Freiheitsstrafe verurteilt wird, deren Vollstreckung gem. § 56 StGB zur Bewährung ausgesetzt wird und dem Verurteilten im Bewährungsbeschluss gem. § 268 a Abs. 1 StPO geldwerte Bewährungsauflagen nach § 56 b Abs. 1, 2 S. 1 Nr. 2 bzw. Nr. 4 StGB erteilt werden. Der Verurteilte zahlt die ihm auferlegten Geldbeträge vor Eröffnung des Insolvenzverfahrens über sein Vermögen. Anschließend ficht der Insolvenzverwalter oder eine sonstige zur Insolvenzanfechtung berechtigte Person die Zahlung der Bewährungsauflage an.

Auch wenn sich der Bundesgerichtshof zur insolvenzrechtlichen Anfechtbarkeit von Bewährungsauflagen nach § 56 b Abs. 2 S. 1 Nr. 2 bzw. 4 StGB noch nicht geäußert hat, spricht das Urteil des Bundesgerichtshofs zur Anfechtbarkeit einer

20 BGH, Urt. v. 05.06.2008 – IX ZR 17/07 = NJW 2008, 2506 (2507 f.).
21 BGH, Urt. v. 05.06.2008 – IX ZR 17/07 = NJW 2008, 2506 (2507).
22 BGH, Urt. v. 05.06.2008 – IX ZR 17/07 = NJW 2008, 2506 (2508).

an die Staatskasse gezahlten Geldauflage (§ 153 a Abs. 1 S. 2 Nr. 2 Alt. 2 StPO)[23] dafür, dass der Bundesgerichtshof auch die Zahlung einer Bewährungsauflage an die Staatskasse (§ 56 b Abs. 2 S. 1 Nr. 4 StGB) für nach § 133 Abs. 1 InsO anfechtbar halten wird. Denn dem Bundesgerichtshof zufolge sind die Geldauflage nach § 153 a Abs. 1 S. 2 Nr. 2 Alt. 2 StPO und die Bewährungsauflage nach § 56 b Abs. 2 S. 1 Nr. 4 StGB „rechtsähnlich“[24], was als Indiz für eine grundsätzliche Gleichbehandlung verstanden werden kann[25].

Auch das Schrifttum geht davon aus, dass Bewährungsauflagen grundsätzlich mit der Insolvenzanfechtung angefochten werden können[26].

Aus strafrechtlicher Sicht bedarf es dann aber einer Antwort auf die Frage, ob die Strafaussetzung gem. § 56 f Abs. 1 S. 1 Nr. 3 StGB wegen der Rückgewähr der Bewährungsauflage zur Insolvenzmasse (§ 143 Abs. 1 S. 1 InsO) zu widerrufen ist bzw. dem Verurteilten die insolvenzanfechtungssichere Zahlung des gleichen Betrags ein weiteres Mal über § 56 f Abs. 2 S. 1 Nr. 1 StGB oder über § 56 e StGB auferlegt werden kann.

IV. Gang der Untersuchung

Zur Beantwortung der Frage, ob das abgeschlossene Strafverfahren infolge der insolvenzrechtlichen Rückabwicklung o. g. Zahlungen des Strafverfahrens wieder auflebt und welche strafrechtlichen Auswirkungen dies im Einzelnen hat, muss in einem ersten Schritt geklärt werden, unter welchen Voraussetzungen eine Insolvenzanfechtung nach den §§ 129 ff. InsO erfolgreich ist (Kapitel B., S. 18 ff.). Nur die erfolgreiche Insolvenzanfechtung vermag die Rückgewähr der Zahlung zur Insolvenzmasse (§ 143 Abs. 1 S. 1 InsO) auszulösen und dadurch den vermeintlich endgültigen Abschluss des Strafverfahrens sowie den Eintritt langwährenden Rechtsfriedens in Frage zu stellen.

In einem zweiten Schritt (Kapitel C., S. 35 ff.) soll untersucht werden, ob und ggfs. welche Rolle Geldstrafe, Geldauflagen (§ 153 a Abs. 1 S. 2 Nr. 2 StPO) und Bewährungsauflagen (§ 56 b Abs. 2 S. 1 Nr. 2 und 4 StGB) in der Insolvenzordnung spielen.

---

23 BGH, Urt. v. 05.06.2008 – IX ZR 17/07 = NJW 2008, 2506 ff.

24 BGH, Urt. v. 05.06.2008 – IX ZR 17/07 = NJW 2008, 2506 (2506).

25 I.E. ebenso Zeitler, Rpfleger 2012, 113 (117), demzufolge die Entscheidung des BGH zur Anfechtbarkeit von an die Staatskasse geleisteten Geldauflagen gem. § 153 a Abs. 1 S. 2 Nr. 2 Alt. 2 StPO auf Bewährungsauflagen übertragbar ist.

26 So Bittmann, wistra 2011, 133 (133); Zeitler, Rpfleger 2012, 113 (117) hinsichtlich der Anfechtbarkeit der Bewährungsauflage des § 56 b Abs. 2 S. 1 Nr. 4 StGB gem. § 133 Abs. 1 InsO; Wilk, wistra 2011, 416 (418) hinsichtlich der Bewährungsauflage des § 56 b Abs. 2 S. 1 Nr. 1 StGB; Wabnitz/Janovsky-Pelz, Handbuch des Wirtschafts- und Steuerstrafechts, 4. Aufl. (2014), 9. Kapitel, Rn. 468 zur Bewährungsauflage nach § 56 b Abs. 2 S. 1 Nr. 4 StGB; Janca/Schroeder/Baron, wistra 2015, 409 (415) zur Anfechtbarkeit der Bewährungsauflagen des § 56 b Abs. 2 S. 1 Nr. 2 und 4 StGB nach § 133 Abs. 1 InsO.

Durch die Anerkennung der Insolvenzanfechtung von Zahlungen aus dem Strafverfahren durch den Bundesgerichtshof wird deutlich, dass es eine Schnittschnelle von Straf- und Insolvenzrecht gibt. Bezugspunkt der Insolvenzanfechtung können demnach ohne Weiteres auch Zahlungen aus dem Strafverfahren sein, die auf den ersten Blick mit dem Insolvenzrecht nicht in Verbindung stehen. Hierbei stellt sich die Frage, ob Zahlungen, die im Rahmen des Strafverfahrens erfolgt sind, überhaupt am insolvenzrechtlichen Verteilungssystem teilnehmen oder ob den Zahlungen mit Bezug zum strafrechtlichen Sanktionensystem insoweit eine Sonderrolle in der Insolvenzordnung – möglicherweise in Form eines Rechts der Gläubiger zur vorzugsweisen Befriedigung – zukommt. Um die möglichen strafrechtlichen Folgen einer Insolvenzanfechtung bestimmen zu können, ist zu klären, ob das Wiederaufleben der Forderung (§ 144 Abs. 1 InsO) infolge der Rückgewähr der anfechtbaren Leistung zur Insolvenzmasse (§ 143 Abs. 1 S. 1 InsO) bei Geldstrafe, Geldauflagen (§ 153 a Abs. 1 S. 2 Nr. 2 StPO) und Bewährungsauflagen (§ 56 b Abs. 2 S. 1 Nr. 2 und 4 StGB) überhaupt zum Tragen kommen kann. Sollte dem nicht so sein, kann sich aus § 144 Abs. 1 InsO kein strafrechtlich relevantes Wiederaufleben der Zahlung aus dem Strafverfahren ergeben. Strafrechtliche Rechtsfolge der Insolvenzanfechtung kann dann allenfalls die Fortsetzung des Strafverfahrens auf andere Art und Weise sein. Im Zusammenhang mit den aufgeworfenen Fragen kommt es entscheidend auf die Frage an, ob Geldstrafe, Geldauflagen (§ 153 a Abs. 1 S. 2 Nr. 2 StPO) und Bewährungsauflagen (§ 56 b Abs. 2 S. 1 Nr. 2 und 4 StGB) als Insolvenzforderungen eingestuft werden können. Die Existenz einer Forderung wäre Voraussetzung dafür, dass es zum Wiederaufleben einer Forderung i. S. v. § 144 Abs. 1 InsO kommen kann. Sofern den Zahlungen aus dem Strafverfahren eine Forderung zugrunde liegen sollte und damit auch ein strafrechtlich relevantes Wiederaufleben der Zahlungspflicht im Raum steht, muss geklärt werden, ob dem möglicherweise strafrechtliche Erwägungen entgegenstehen.

Auf die Darstellung des Meinungsstands (Kapitel D., S. 51 ff.) folgt die Auseinandersetzung mit den Auswirkungen der Insolvenzanfechtung auf das Strafverfahren. Dabei werden die strafrechtlichen Folgen nach Geldstrafe, Geldauflagen (§ 153 a Abs. 1 S. 2 Nr. 2 StPO) und Bewährungsauflagen (§ 56 b Abs. 2 S. 1 Nr. 2 bzw. 4 StGB) getrennt untersucht (Kapitel E., S. 72 ff.). Bei der Geldstrafe geht es im Kern um die Frage, ob auf die insolvenzrechtliche Rückabwicklung mit der Vollstreckung der Ersatzfreiheitsstrafe während des noch laufenden Insolvenzverfahrens reagiert werden kann (Kapitel E. I., S. 72 ff.). Bei den Geldauflagen des § 153 a Abs. 1 S. 2 Nr. 2 StPO steht die Frage nach der Fortsetzung des Strafverfahrens im Mittelpunkt der Diskussion (Kapitel E. II., S. 98 ff.), während es bei den Bewährungsauflagen des § 56 b Abs. 2 S. 1 Nr. 2 bzw. 4 StGB im Wesentlichen darum geht, ob Reaktion auf die Rückgewähr zur Insolvenzmasse der Widerruf der Strafaussetzung bzw. das nachträgliche Erteilen von insolvenzanfechtungssicheren Auflagen sein kann (Kapitel E. III., S. 138 ff.).

Die Untersuchung endet mit der Behandlung der Frage, wie einer Insolvenzanfechtung von strafverfahrensbedingten Zahlungen, die bereits zum Zeitpunkt der Hauptverhandlung bzw. im Ermittlungsverfahrens droht, zukünftig schon im

Vorhinein begegnet werden kann. Hierzu erfolgt eine vertiefte Auseinandersetzung damit, ob dieses Ziel über die Vornahme der Zahlungen aus dem unpfändbaren Vermögen zu erreichen ist (Kapitel F. I., S. 165 ff.). Darüber hinaus wird darauf eingegangen, ob es Gericht und Staatsanwaltschaft möglich ist, den Fall der Insolvenzanfechtung schon vorsorglich durch eine entsprechende Ausgestaltung der „Anordnung" der im Strafverfahren zu erbringenden Zahlung zu regeln (Kapitel F. II., S. 207 ff.).

B. Die Insolvenzanfechtung gem. §§ 129 ff. InsO

Um beurteilen zu können, ob und inwieweit die Insolvenzanfechtung nach den §§ 129 ff. InsO geeignet ist, ein schon abgeschlossenes Strafverfahren nachträglich zu beeinflussen, soll zunächst ein Überblick über den Sinn und Zweck einer Insolvenzanfechtung, deren Voraussetzungen und Rechtsfolgen sowie über die Art und Weise der Geltendmachung der Insolvenzanfechtung gegeben werden. Denn der Erfolg der Insolvenzanfechtung ist notwendige Voraussetzung dafür, dass es zu den rechtsgebietsübergreifenden Wechselwirkungen zwischen Straf- und Insolvenzrecht kommen kann.

I. Sinn und Zweck der Insolvenzanfechtung

Mit dem Insolvenzverfahren soll die gleichmäßige Befriedigung aller Gläubiger des insolventen Schuldners erreicht werden. Diese Zielsetzung („par conditio creditorum"), bei der es sich zugleich um einen der im Insolvenzverfahren geltenden Verfahrensgrundsätze handelt, findet sich in § 1 S. 1 InsO wieder. Danach dient das Insolvenzverfahren dazu, die Gläubiger eines Schuldners gemeinschaftlich zu befriedigen, indem das Vermögen des Schuldners verwertet und der Erlös verteilt oder in einem Insolvenzplan eine abweichende Regelung insbesondere zum Erhalt des Unternehmens getroffen wird. Die Notwendigkeit des Instituts der Insolvenzanfechtung folgt daraus, dass der Grundsatz des „par conditio creditorum" erst im eigentlichen Insolvenzverfahren anwendbar ist[27] und dieses gem. § 27 InsO erst mit dem Eröffnungsbeschluss des Insolvenzgerichts beginnt. Es gibt aber auch Verhaltensweisen vor Eröffnung des Insolvenzverfahrens, die geeignet sind, die gleichmäßige Gläubigerbefriedigung im späteren Insolvenzverfahren zu vereiteln. Zwar wird die Gläubigergemeinschaft im Zeitraum zwischen der Stellung des Insolvenzantrags und der Eröffnung des Insolvenzverfahrens vor gläubigerschädigenden Handlungen über § 21 InsO geschützt, indem das Insolvenzgericht gem. Abs. 1 S. 1 alle Maßnahmen zu treffen hat, die erforderlich erscheinen, um bis zur Entscheidung über den Antrag eine den Gläubigern nachteilige Veränderung in der Vermögenslage des Schuldners zu verhüten. Darüber hinaus greift der Schutz der Gemeinschaft der Insolvenzgläubiger vor nachteiligen Zwangsvollstreckungsmaßnahmen einzelner Insolvenzgläubiger über § 88 InsO schon einen Monat (§ 88 Abs. 1 InsO) bzw. drei Monate (§ 88 Abs. 2 InsO) vor Stellung des Insolvenzantrags dadurch ein, dass eine durch die Zwangsvollstreckung erlangte Sicherung an dem zur Insolvenzmasse gehörenden Vermögen des Schuldners mit Eröffnung des Insolvenzverfahrens

27 Vgl. MüKo – Kirchhof, InsO, 3. Aufl. (2013), Bd. 2, vor §§ 129 – 147 Rn. 1 f.

unwirksam wird[28]. Dennoch sind diese Schutzmechanismen nicht ausreichend, da sie solche Handlungen nicht erfassen, die noch längere Zeit vor Stellung des Insolvenzantrags zulasten der Gläubiger vorgenommen wurden. Um auch solche Verhaltensweisen zu erfassen und die damit verbundene bevorzugte Befriedigung einzelner Gläubiger zu verhindern, bedarf es des Instituts der Insolvenzanfechtung, mit dem der ursprüngliche Bestand der Insolvenzmasse durch die Rückgängigmachung der Vermögensverschiebung zugunsten einzelner Gläubiger über § 143 Abs. 1 S. 1 InsO wiederhergestellt und damit die Gläubigergleichbehandlung im Insolvenzverfahren sichergestellt wird[29].

II. Die Voraussetzungen einer Insolvenzanfechtung

1. Grundvoraussetzungen einer jeden Insolvenzanfechtung

§ 129 Abs. 1 InsO nennt als Voraussetzung einer jeden Insolvenzanfechtung das Vorliegen einer Rechtshandlung vor Eröffnung des Insolvenzverfahrens, die zu einer Gläubigerbenachteiligung führt.

a) Rechtshandlungen vor Eröffnung des Insolvenzverfahrens, § 129 InsO

aa) Rechtshandlungen i. S. v. § 129 Abs. 1 InsO

Rechtshandlungen i. S. v. § 129 Abs. 1 InsO sind alle bewusst vorgenommenen Handlungen, die Ausdruck eines bestimmten Willens sind und Auswirkungen rechtlicher Art zur Folge haben. Nicht entscheidend ist hierbei, dass auch die rechtlichen Wirkungen vom Willen des Handelnden getragen werden[30]. Anders als der Wortlaut von § 129 Abs. 1 InsO zunächst nahe zu legen scheint, unterliegt aber nicht die Rechtshandlung als solche, sondern ausschließlich die von ihr ausgehende Wirkung der Insolvenzanfechtung[31]. Da nur der durch die Rechtshandlung herbeigeführte Erfolg, nicht aber die Rechtshandlung über § 143 Abs. 1 S. 1 InsO rückgängig gemacht wird, kommt der Rechtshandlung im Insolvenzanfechtungsrecht ausschließlich die Funktion zu, den Verursacher der gläubigerbenachteiligenden Wirkung zu bestimmen[32]. Bei diesem muss es sich, von der ausdrücklichen Anordnung in den §§ 132 Abs. 1

---

28 Durch Artikel 1 Nr. 14 des auf der 2. Stufe der Insolvenzrechtsreform beschlossenen Gesetzes zur Verkürzung des Restschuldbefreiungsverfahrens und zur Stärkung der Gläubigerrechte vom 15.07.2013 (BGBl. I, 2013, S. 2379 ff.) wurde § 88 InsO, dessen Inhalt zu Abs. 1 wurde um Abs. 2 erweitert, demzufolge die in Absatz 1 genannte Frist drei Monate beträgt, wenn ein Verbraucherinsolvenzverfahren nach § 304 eröffnet wird. Durch diese am 01.07.2014 in Kraft getretene Regelung wurde der Schutz der Insolvenzgläubiger im Verbraucherinsolvenzverfahen zeitlich weiter vorverlagert.
29 Vgl. MüKo – Kirchhof, InsO, 3. Aufl. (2013), Bd. 2, vor §§ 129 – 147 Rn. 1 ff.
30 MüKo – Kayser, InsO, 3. Aufl. (2013), Bd. 2, § 129 Rn. 7.
31 FK – InsO/Dauernheim, 8. Aufl. (2015), § 129 InsO Rn. 21.
32 BGH, Urt. v. 05.04.2001 – IX ZR 216/98 = NZI 2001, 357 (357).

und 2, 133 Abs. 1 und 2 und 134 Abs. 1 InsO abgesehen, nicht zwangsläufig um den späteren Insolvenzschuldner handeln, da Rechtshandlungen ebenso gut durch einen Gläubiger oder einen anderen Leistungsempfänger vorgenommen werden können. Es bedarf hierzu noch nicht einmal der Mitwirkung des Schuldners oder eines willentlichen Mittragens der von dritter Seite vorgenommenen anfechtbaren Rechtshandlungen durch den Schuldner[33].

bb) Vornahme vor Eröffnung des Insolvenzverfahrens

Rechtshandlungen sind nach § 129 Abs. 1 InsO für die Insolvenzanfechtung nur insoweit relevant, als sie vor der Eröffnung des Insolvenzverfahrens vorgenommen worden sind. Eröffnet ist das Insolvenzverfahren nach § 27 InsO mit dem Erlass des Eröffnungsbeschlusses durch das Insolvenzgericht[34]. Ob eine Rechtshandlung noch vor Eröffnung des Insolvenzverfahrens vorgenommen worden ist, richtet sich nach § 140 InsO. Nach dessen Abs. 1 kommt es auf den Zeitpunkt des Eintritts der rechtlichen Wirkungen an. Hierfür ist wiederum darauf abzustellen, ob dem Leistungsempfänger durch die Vornahme der Rechtshandlung eine ihm günstige Rechtsposition zuteil geworden ist, die zugleich Ausdruck der Gläubigerbenachteiligung ist[35]. Bei Rechtshandlungen, die aus mehreren Teilakten bestehen, ist für den Zeitpunkt der Vornahme einer Rechtshandlung der letzte Akt, der die rechtliche Wirkung herbeiführt, maßgebend[36]. Für die Insolvenzanfechtung bedeutet dies, dass die Rechtshandlung nur dann anfechtbar ist, wenn der letzte, die rechtliche Wirkung auslösende Teilakt vor Eröffnung des Insolvenzverfahrens liegt.

b) Gläubigerbenachteiligung, § 129 InsO

aa) Gläubigerbenachteiligung i. S. v. § 129 Abs. 1 InsO

Weitere Voraussetzung einer Insolvenzanfechtung ist eine Gläubigerbenachteiligung. Die Gläubiger müssen in ihrer Gesamtheit durch die Rechtshandlung objektiv benachteiligt worden sein[37]. Erforderlich ist, dass die Rechtshandlung die Befriedigungsmöglichkeiten der Insolvenzgläubiger im Insolvenzverfahren verschlechtert hat, die Befriedigung der Insolvenzgläubiger bei Nichtvornahme der Rechtshandlung besser ausgefallen wäre[38]. Als Belastungen der Insolvenzmasse infolge der Rechtshandlung sind beispielhaft neben der Schmälerung des vorhandenen Vermögens die Anhäufung von Schulden zu nennen[39]. Sofern die InsO die unmittelbare Gläubigerbenachteiligung nicht wie in den §§ 132 Abs. 1 und 133 Abs. 2 InsO

---

33 MüKo – Kayser, InsO, 3. Aufl. (2013), Bd. 2, § 129 Rn. 34 ff.

34 Siehe B. I.

35 BGH, Urt. v. 14.12.2006 – IX ZR 102/03 = NZI 2007, 158 (159).

36 BGH, Urt. v. 14.12.2006 – IX ZR 102/03 = NZI 2007, 158 (159).

37 FK – InsO/Dauernheim, 8. Aufl. (2015), § 129 InsO Rn. 40 f.

38 FK – InsO/Dauernheim, 8. Aufl. (2015), § 129 InsO Rn. 40.

39 K/S/W – Schäfer, Insolvenzanfechtung, 2. Aufl. (2014), Rn. B 222.

ausdrücklich vorschreibt, ist eine bloß mittelbare Gläubigerbenachteiligung ausreichend, bei der die Insolvenzmasse nicht schon durch die Rechtshandlung allein, sondern erst durch zusätzliche Umstände geschmälert wird[40].

bb) Die Vornahme von Zahlungen im Rahmen des Strafverfahrens aus dem pfändbaren Vermögen als Voraussetzung einer erfolgreichen Insolvenzanfechtung

Dass die Gläubigerbenachteiligung i. S. v. § 129 Abs. 1 InsO eine Schmälerung der Insolvenzmasse voraussetzt[41], ist logische Konsequenz des Umstands, dass nach § 38 InsO die Insolvenzmasse zur Befriedigung der persönlichen Gläubiger dient und damit das Haftungssubstrat im Insolvenzverfahren darstellt. Daher kommt es entscheidend darauf an, ob die Zahlung aus der Insolvenzmasse erfolgt ist. Deren Umfang richtet sich nach den §§ 35 – 37 InsO. Dies bedeutet, dass eine Gläubigerbenachteiligung i. S. v. § 129 Abs. 1 InsO nicht vorliegt und eine Insolvenzanfechtung ausgeschlossen ist, wenn der Bestand der Insolvenzmasse durch die Rechtshandlung nicht geschmälert wird. Dies ist dann der Fall, wenn sich die Rechtshandlung ausschließlich negativ auf den Bestand des unpfändbaren Vermögens auswirkt. Denn schließlich gehören Gegenstände, die nicht der Zwangsvollstreckung unterliegen, nach § 36 Abs. 1 S. 1 InsO nicht zur Insolvenzmasse[42]. Dies betrifft diejenigen Gegenstände, die unter die Pfändungsschutzbestimmungen der Zivilprozessordnung fallen und daher unpfändbar sind[43]. Da demnach unpfändbare Gegenstände von den Gläubigern im Verteilungsverfahren mangels Zugehörigkeit zur Insolvenzmasse ohnehin nicht beansprucht werden können, können sich Rechtshandlungen, die sich lediglich auf das unpfändbare Vermögen des Schuldners beziehen, auch nicht zum Nachteil der Insolvenzgläubiger auswirken[44]. Für die Anfechtung von Zahlungen im Rahmen des Strafverfahrens bedeutet dies, dass die Insolvenzanfechtung von vornherein nur dann Erfolg haben kann, wenn die Zahlung aus dem pfändbaren, dem Insolvenzbeschlag unterliegenden Vermögen des Schuldners vorgenommen wurde. Erfolglos ist die Insolvenzanfechtung mangels Gläubigerbenachteiligung i. S. v. § 129 Abs. 1 InsO hingegen bei Zahlungen aus dem unpfändbaren Vermögen des Schuldners[45].

---

40 Reischl, Insolvenzrecht, 3. Aufl. (2014), Rn. 616.

41 Bittmann, wistra 2011, 133 (133); Zeitler, Rpfleger 2012, 113 (117).

42 BGH, Urt. v. 10.07.2014 – IX ZR 280/13 = NZI 2014, 863 (863 f.).

43 Uhlenbruck – Hirte, 14. Aufl. (2015), § 36 InsO Rn. 4; a.A. OLG Zweibrücken, Urt. v. 17.05.2013 – 2 U 86/12 = wistra 2013, 403 (403 f.), das § 36 Abs. 1 InsO vor Eröffnung des Insolvenzverfahrens für nicht anwendbar hält, weshalb eine Gläubigerbenachteiligung nicht durch die aus unpfändbarem Vermögen vorgenommene Zahlung ausgeschlossen sein könne.

44 Bittmann, wistra 2011, 133 (133); Kemperdick, ZInsO 2010, 1307 (1308).

45 Zur Geldstrafenzahlung Rinjes, wistra 2008, 336 (338); Bittmann, wistra 2009, 15 (15); Kemperdick, ZInsO 2010, 1307 (1308); Zeitler, Rpfleger 2012, 113 (117); Janca/

c) *Kausalität*

Dem Wortlaut von § 129 Abs. 1 InsO lässt sich entnehmen, dass die Gläubigerbenachteiligung auf die Rechtshandlung zurückführbar sein muss. Erforderlich ist somit ein Kausalzusammenhang zwischen Rechtshandlung und Gläubigerbenachteiligung dergestalt, dass es ohne die Rechtshandlung nicht zu einer Aushöhlung der als Haftungssubstrat dienenden Insolvenzmasse und damit auch nicht zu einer Einschränkung der Befriedigungsmöglichkeiten der Gläubiger gekommen wäre[46].

2. Einzelfallabhängige Anfechtungstatbestände der §§ 130 – 136 InsO

Die Insolvenzanfechtung kann nur dann erfolgreich sein, wenn zusätzlich zu den in § 129 Abs. 1 InsO genannten Grundvoraussetzungen einer der in den §§ 130 bis 136 InsO normierten Anfechtungstatbestände verwirklicht ist. Um die Möglichkeit der Insolvenzanfechtung nicht ausufern zu lassen, hat der Gesetzgeber die Anfechtbarkeit von Rechtshandlungen vom Zeitpunkt ihrer Vornahme abhängig gemacht. Den §§ 130 bis 136 InsO lässt sich entnehmen, dass vom Zeitpunkt der Stellung des Antrags auf Eröffnung des Insolvenzverfahrens aus gerechnet maximal zehn Jahre zurückliegende Rechtshandlungen noch der Insolvenzanfechtung unterliegen[47]. Da das Recht der Insolvenzanfechtung nicht eigentliches Thema der vorliegenden Arbeit ist, beschränken sich die folgenden Ausführungen ganz bewusst auf eine kurze Beschreibung der Anfechtungstatbestände und der Normzwecke. Lediglich auf die in § 133 InsO geregelte Anfechtung wegen vorsätzlicher Benachteiligung soll genauer eingegangen werden, weil dieser Anfechtungstatbestand die wohl größte praktische Relevanz in den Fällen der Insolvenzanfechtung von im Rahmen des Strafverfahrens erbrachten Zahlungen hat.

a) *Inhalt und Normzweck der einzelnen Anfechtungstatbestände*

aa) *Kongruente Deckung (§ 130 InsO), Inkongruente Deckung (§ 131 InsO) und unmittelbar nachteilige Rechtshandlungen (§ 132 InsO)*

Gemeinsamer Normzweck der §§ 130 bis 132 InsO ist es, dem Grundsatz der Gläubigergleichbehandlung zulasten von nicht schutzwürdigen Einzelinteressen schon vor der Eröffnung des Insolvenzverfahens dadurch Geltung zu verschaffen, dass mit

---

Heßlau, ZInsO 2012, 2128 (2134); Janca/Schroeder/Baron, wistra 2015, 409 (414); a.A. OLG Zweibrücken, Urt. v. 17.05.2013 – 2 U 86/12 = wistra 2013, 403 (403 f.) und AG Potsdam, Urt. v. 20.06.2013 – 27 C 152/12 Rn. 16 f. (zitiert nach juris, dort recherchiert am 18.05.2015 um 08:21 Uhr).

46 MüKo – Kayser, InsO, 3. Aufl. (2013), Bd. 2, § 129 Rn. 169.

47 S. hierzu die nach Anfechtungstatbeständen differenzierende Übersicht in MüKo – Kirchhof, InsO, 3. Aufl. (2013), Bd. 2, vor §§ 129 – 147 Rn. 95.

dem Mittel der Insolvenzanfechtung solchen Rechtshandlungen begegnet wird, die vorgenommen wurden, als der Schuldner schon zahlungsunfähig war[48].

(1) Kongruente Deckung, § 130 InsO

Bei der kongruenten Deckung geht es um Fallkonstellationen, in denen der Insolvenzgläubiger berechtigterweise Sicherung oder Befriedigung verlangen kann[49], diese vom Schuldner aber zu einer Zeit vorgenommen wird, zu der er schon zahlungsunfähig ist und der Gläubiger positive Kenntnis entweder von der Zahlungsunfähigkeit oder dem Eröffnungsantrag hatte. Gerade diese Kenntnis des begünstigten Insolvenzgläubigers ist ausschlaggebend für § 130 InsO, da sie Ausdruck seiner fehlenden Schutzwürdigkeit ist und daher die Rückforderung zur Insolvenzmasse rechtfertigt[50].

(2) Inkongruente Deckung, § 131 InsO

Im Gegensatz zur kongruenten Deckung geht es bei der inkongruenten Deckung nach § 131 InsO um Fälle, in denen der Insolvenzgläubiger eine Sicherung oder Befriedigung erhält, die er

- gar nicht (weil z.B. der Gläubiger keinen Anspruch auf die Leistung des Schuldners hat oder aber der Anspruch nicht durchsetzbar ist, weil z.B. der Schuldner eine dauernde Einrede geltend macht[51]),
- nicht in der gewährten Art und Weise (weil der Gläubiger lediglich Anspruch auf Befriedigung oder Sicherung in einer Art und Weise hat, die sich für die Insolvenzgläubiger weniger benachteiligend als die tatsächlich erbrachte Leistung auswirkt[52]) bzw.
- noch nicht (wenn z.B. der Schuldner vor Fälligkeit des Anspruchs leistet[53])

in Anspruch nehmen kann. Da schon dieser Umstand Grund genug ist, beim begünstigten Insolvenzgläubiger Misstrauen zu wecken, macht § 131 InsO die Insolvenzanfechtung anders als § 130 InsO nicht von der Kenntnis des Insolvenzgläubigers abhängig[54].

(3) Unmittelbar nachteilige Rechtshandlungen, § 132 InsO

§ 132 Abs. 1 erfasst die unmittelbar gläubigerbenachteiligende Neubegründung von Verbindlichkeiten durch den Schuldner, die nicht den Anfechtungstatbeständen der §§ 130, 131 InsO unterfällt und bei der der Insolvenzmasse kein der Verbindlichkeit

---

48 N/R – Nerlich, InsO, § 130 Rn. 4 (Stand: Juli 2013).
49 MüKo – Kayser, InsO, 3. Aufl. (2013), Bd. 2, § 130 Rn. 1.
50 Vgl. MüKo – Kayser, InsO, 3. Aufl. (2013), Bd. 2, § 130 Rn. 1.
51 MüKo – Kayser, InsO, 3. Aufl. (2013), Bd. 2, § 131 Rn. 13.
52 MüKo – Kayser, InsO, 3. Aufl. (2013), Bd. 2, § 131 Rn. 31.
53 MüKo – Kayser, InsO, 3. Aufl. (2013), Bd. 2, § 131 Rn. 40.
54 Uhlenbruck – Ede/Hirte, 14. Aufl. (2015), § 131 InsO Rn. 1.

entsprechender Wert zufließt[55]. Dies ist beispielsweise beim Kauf über Wert und dem Verkauf unter Wert der Fall.[56] Das Rechtsgeschäft muss zur Zeit der Zahlungsunfähigkeit des Schuldners vorgenommen worden sein. Bezugspunkt der zusätzlich erforderlichen positiven Kenntnis des Vertragspartners ist die Zahlungsunfähigkeit des Schuldners bzw. der Eröffnungsantrag.

§ 132 Abs. 2 InsO dient als Auffangtatbestand für alle sonstigen Verhaltensweisen des Schuldners, denen ähnliche Wirkungen zukommen. Die Vorschrift zielt – wie auch § 130 InsO – darauf ab, demjenigen die Schutzwürdigkeit durch Zulassung der Insolvenzanfechtung zu versagen, dem die Begünstigung zu Teil geworden ist und der von der Zahlungsunfähigkeit des Schuldners wusste; eine Reaktion auf das gläubigerbenachteiligende Handeln des Schuldners hat die Vorschrift hingegen nicht im Blick[57].

bb) Weitere Anfechtungstatbestände

(1) Vorsätzliche Benachteiligung, § 133 InsO

§ 133 Abs. 1 InsO liegt die Wertung zugrunde, dass solche Rechtspositionen nicht von Bestand sein sollen, die der Schuldner mit dem Vorsatz, seine Gläubiger zu benachteiligen, herbeigeführt hat und der hiervon Begünstigte den Vorsatz des Schuldners kannte[58].

Nicht schutzwürdig sind nach Abs. 2 darüber hinaus alle entgeltlichen Verträge mit gläubigerbenachteiligender Wirkung, die der Schuldner mit Personen geschlossen hat, die zu ihm in einem besonderen Näheverhältnis stehen. Dies liegt daran, dass der Vertragspartner des Schuldners aufgrund des Näheverhältnisses erleichterte Kenntnisnahmemöglichkeiten von der finanziellen Situation des Schuldners hat und hieraus leichter Rückschlüsse auf gläubigerschädigende Absichten des Schuldners ziehen kann. Hinzu kommt, dass die Verknüpfung der wirtschaftlichen Interessen mit dem Näheverhältnis zum Schuldner ein die Bereitschaft des Vertragspartners zum Vertragsschluss fördernder Faktor ist[59].

(2) Unentgeltliche Leistung, § 134 InsO

§ 134 Abs. 1 InsO macht die Anfechtbarkeit von der Unentgeltlichkeit der schuldnerischen Leistung abhängig. Grund hierfür ist, dass, wie auch im Bürgerlichen Gesetzbuch (z.B. §§ 528, 816 Abs. 1 S. 2, 822, 988), unentgeltliche Leistungen nicht in gleichem Maße schutzwürdig sind wie entgeltliche Rechtsgeschäfte[60]. Der Begünstigte kann aufgrund der Unentgeltlichkeit nicht erwarten, dass der Rechtserwerb

---

55 MüKo – Kayser, InsO, 3. Aufl. (2013), Bd. 2, § 132 Rn. 1.
56 Uhlenbruck – Ede/Hirte, 14. Aufl. (2015), § 132 InsO Rn. 2.
57 MüKo – Kayser, InsO, 3. Aufl. (2013), Bd. 2, § 132 Rn. 1.
58 N/R – Nerlich, InsO, § 133 Rn. 5 (Stand: Juli 2013).
59 N/R – Nerlich, InsO, § 133 Rn. 5 (Stand: Juli 2013).
60 Uhlenbruck – Ede/Hirte, 14. Aufl. (2015), § 134 InsO Rn. 2.

von dauerhaftem Bestand ist, sodass es der Billigkeit entspricht, dass der Insolvenzverwalter das Erworbene zurückfordern kann[61].

(3) Gesellschafterdarlehen, § 135 InsO

Anfechtbar ist nach § 135 Abs. 1 InsO die Sicherung und Befriedigung der Forderung eines Gesellschafters auf Rückgewähr eines Darlehens i. S. v. § 39 Abs. 1 Nr. 5 InsO oder einer gleichgestellten Forderung. Demgegenüber bezieht sich die Insolvenzanfechtung nach § 135 Abs. 2 InsO auf die Befriedigung von Forderungen Dritter durch die Gesellschaft, die auf Rückgewähr von Darlehen gerichtet sind bzw. einem Darlehen wirtschaftlich entsprechen und von einem Gesellschafter durch die Bestellung von Sicherheiten oder Bürgschaften besichert sind. Der Besicherung von Drittforderungen durch den Gesellschafter steht die Gewährung eines Darlehens durch den Gesellschafter an die Gesellschaft gleich[62].

Den in § 135 InsO geregelten Anfechtungstatbeständen wird man den gleichen Normzweck wie dem Nachrang der in § 39 Abs. 1 Nr. 5 InsO genannten Insolvenzforderungen zugrunde legen müssen, da mit der Insolvenzanfechtung nach § 135 InsO die nachrangige Befriedigung der von § 39 Abs. 1 Nr. 5 InsO erfassten Insolvenzforderungen abgesichert werden soll[63]. Die Notwendigkeit der Insolvenzanfechtung folgt daraus, dass Gesellschafter, insbesondere Gesellschafter–Geschäftsführer, im Gegensatz zu anderen Gläubigern der Gesellschaft leichter Kenntnis von einer sich abzeichnenden Insolvenz der Gesellschaft erlangen und die Zahlungsvorgänge der Gesellschaft steuern können. Den Gesellschaftern ist es dadurch ohne Weiteres möglich, die Befriedigung bzw. Besicherung von Forderungen des Gesellschafters unter Umgehung des in § 39 Abs. 1 Nr. 5 InsO angeordneten Nachrangs in der Krise der Gesellschaft sicherzustellen[64]. Der Normzweck der nachrangigen Rückzahlung von Gesellschafterdarlehen und diesen gleichgestellten Forderungen (§ 39 Abs. 1 Nr. 5 InsO), der auch den Anfechtungstatbeständen von § 135 InsO zugrunde zu legen ist, ist umstritten[65].

(4) Stille Gesellschaft, § 136 InsO

Die Insolvenzanfechtung nach § 136 InsO erfasst die Rückgewähr der Einlage an den stillen Gesellschafter sowie den Erlass des auf den stillen Gesellschafter entfallenden Verlustanteils, sofern die anfechtbaren Rechtshandlungen aufgrund einer zwischen dem stillen Gesellschafter und dem Inhaber des Handelsgeschäfts in der Krise getroffenen Vereinbarung vorgenommen worden sind.

Durch die Anfechtbarkeit nach § 136 InsO soll vermieden werden, dass der stille Gesellschafter seinen im Verhältnis zu anderen Gläubigern bestehenden

61 N/R – Nerlich, InsO, § 134 Rn. 2 (Stand: Juli 2013).
62 HambKomm-Lüdtke, 5. Aufl. (2015), § 44 a InsO Rn. 2.
63 HambKomm-Schröder, 5. Aufl. (2015), § 135 InsO Rn. 8 i. V. m. Rn. 6.
64 Braun-de Bra, InsO, 6. Aufl. (2014), § 135 Rn. 1 f.
65 S. hierzu HambKomm-Schröder, 5. Aufl. (2015), § 135 InsO Rn. 8 f.

Wissensvorsprung betreffend die schlechten finanziellen Verhältnisse des Geschäftsinhabers ausnutzt, indem er die Insolvenzmasse um seinen Gesellschaftsanteil schmälert. Der Wissensvorsprung kann aus dem Gebrauch der sich aus § 233 HGB ergebenden Informationsrechte des stillen Gesellschafters sowie seiner gesellschaftlichen Verbundenheit mit dem Geschäftsinhaber folgen[66].

b) Der Tatbestand der Vorsatzanfechtung nach § 133 InsO

Zahlungen, die im Rahmen des Strafverfahrens an die Staatskasse geleistet worden sind, können nur wegen vorsätzlicher Benachteiligung nach § 133 Abs. 1 InsO angefochten werden. § 133 Abs. 2 S. 1 InsO ist tatbestandlich nicht einschlägig, da es sich bei den an die Staatskasse erbrachten Zahlungen nicht um den Abschluss entgeltlicher Verträge handelt und der Staat keine dem Schuldner nahestehende Person ist. Die Bedeutung, die der Insolvenzanfechtung wegen vorsätzlicher Benachteiligung bei im Rahmen des Strafverfahrens an die Staatskasse erbrachten Zahlungen zukommt, soll anhand der Tatbestandsmerkmale von § 133 Abs. 1 dargestellt werden.

§ 133 Abs. 1 InsO setzt voraus, dass (aa) eine Rechtshandlung des Schuldners, die (bb) innerhalb von zehn Jahren vor Stellung des Antrags auf Eröffnung des Insolvenzverfahrens oder nach diesem Antrag, spätestens jedoch bis zur Eröffnung des Insolvenzverfahrens, vorgenommen wurde, (cc) zu einer Gläubigerbenachteiligung führt, (dd) vom Schuldner mit Gläubigerbenachteiligungsvorsatz vorgenommen wurde und (ee) der Begünstigte zum Zeitpunkt der Vornahme der Handlung durch den Schuldner Kenntnis vom Vorsatz des Schuldners hatte.

aa) Rechtshandlung des Schuldners

Für die Rechtshandlung des Schuldners gelten die Ausführungen unter B. II. 1. a) aa) entsprechend.

bb) Frist zur Vornahme der Rechtshandlung

Die Berechnung der Zehnjahresfrist, innerhalb derer die Rechtshandlung vom Schuldner vorgenommen worden sein muss, um anfechtbar zu sein, richtet sich gem. § 133 Abs. 1 S. 1 InsO nach dem Zeitpunkt der Stellung des Antrags auf Eröffnung des Insolvenzverfahrens. Dieser Zeitpunkt bestimmt sich, sofern nur ein Eröffnungsantrag gestellt wurde, nach § 139 Abs. 1 InsO, andernfalls nach § 139 Abs. 2 InsO. Nach § 139 Abs. 1 S. 1 InsO kommt es auf den Anfang des Tages an, der durch seine Zahl dem Tag entspricht, an dem der Antrag auf Eröffnung des Insolvenzverfahrens beim Insolvenzgericht eingegangen ist. Der Zeitpunkt der Vornahme der Rechthandlung richtet sich nach § 140 InsO, nach dessen Abs. 1 die Rechtshandlung als in dem Zeitpunkt vorgenommen gilt, in dem ihre rechtlichen Wirkungen eintreten.

---

66 Braun-Riggert, InsO, 6. Aufl. (2014), § 136 Rn. 2.

cc) Gläubigerbenachteiligung

Das Tatbestandsmerkmal der Gläubigerbenachteiligung ist nicht schon dann erfüllt, wenn eine hierauf bezogene Absicht des Schuldners vorliegt. Erforderlich ist vielmehr, dass eine zumindest mittelbare Gläubigerbenachteiligung tatsächlich eingetreten ist[67]. Wenn Anfechtungsgegenstand die gläubigerbenachteiligende Wirkung ist und diese nach § 143 Abs. 1 S. 1 InsO rückgängig gemacht werden soll, so bedarf es hierzu eines eingetretenen Erfolges in Form einer Gläubigerbenachteiligung. Nicht erforderlich ist aber, dass diese objektive Gläubigerbenachteiligung derjenigen entspricht, auf die sich der Gläubigerbenachteiligungsvorsatz des Schuldners bezieht[68].

Anders als bei den Anfechtungstatbeständen der §§ 130, 131 InsO kommt es bei einer Anfechtung wegen vorsätzlicher Benachteiligung nach § 133 Abs. 1 InsO nicht darauf an, dass die durch die Rechtshandlung des Schuldners ausgelöste Besserstellung bei einem Insolvenzgläubiger eintritt[69].

dd) Gläubigerbenachteiligungsvorsatz des Schuldners

Von einem Gläubigerbenachteiligungsvorsatz des Schuldners ist bereits dann auszugehen, wenn der Schuldner im Hinblick auf die Gläubigerbenachteiligung bedingt vorsätzlich handelt[70]. Hiervon geht schon die Gesetzesbegründung aus, die unter Bezugnahme auf die bisherige Rechtsprechung und das bisherige Schrifttum zur Konkursanfechtung eine „bedingte Benachteiligungsabsicht" in Anlehnung an den bedingten Vorsatz des Strafrechts ausreichen lässt[71]. Bedingter Gläubigerbenachteiligungsvorsatz des Schuldners ist schon dann gegeben, wenn der Schuldner erkannt hat, dass es durch die von ihm vorgenommene Rechtshandlung möglicherweise zu einer Beeinträchtigung seiner Gläubiger kommen kann und er sich in dem Bewusstsein der gläubigerschädigenden Wirkung mit dieser abgefunden hat[72]. Der Benachteiligungsvorsatz des Schuldners erfordert also nicht, dass die Rechtshandlung gerade zur Gläubigerbenachteiligung vorgenommen wurde[73]. Der Schuldner muss Kenntnis davon haben, dass es ihm nicht möglich ist, innerhalb eines angemessenen Zeitraums die offenstehenden Forderungen aller Gläubiger zu begleichen bzw. er muss dies zumindest für möglich halten, ohne hierdurch von der Rechtshandlung Abstand zu nehmen[74]. Bedingter Gläubigerbenachteiligungsvorsatz des Schuldners steht insbesondere in den Fällen im Raum, in denen der Schuldner die Rechtshandlung in dem Wissen, dass er überschuldet ist und eine Insolvenz nicht mehr

---

67 MüKo – Kayser, InsO, 3. Aufl. (2013), Bd. 2, § 133 Rn. 11.

68 MüKo – Kayser, InsO, 3. Aufl. (2013), Bd. 2, § 133 Rn. 11, 16.

69 K/S/W – Schäfer, Insolvenzanfechtung, 2. Aufl. (2014), Rn. F 15.

70 K/S/W – Schäfer, Insolvenzanfechtung, 2. Aufl. (2014), Rn. F 21.

71 Begr. zum Reg.-Entw., BT-Drs. 12/2443, S. 160.

72 Vgl. BGH, Urt. v. 11.11.1993 – IX ZR 257/92 = BGHZ 124, 76 (81 f.).

73 BGH, Urt. v. 11.11.1993 – IX ZR 257/92 = BGHZ 124, 76 (81).

74 BGH, Urt. v. 05.03.2009 – IX ZR 85/07 = ZIP 2009, 922 (923).

auszuschließen ist oder in Kenntnis seiner Zahlungsunfähigkeit vorgenommen hat[75]. Der Gläubigerbenachteiligungsvorsatz ist selbst in den Fällen denkbar, in denen der Schuldner die Geldauflagenzahlung nach § 153 a StPO nur deswegen erbracht hat, um die Einstellung des Strafverfahrens zu seinen Gunsten zu erreichen[76]. Auch ist der Gläubigerbenachteiligungsvorsatz nicht schon deshalb ausgeschlossen, weil der Schuldner die Geldstrafe zur Vermeidung der ansonsten drohenden Ersatzfreiheitsstrafe gezahlt hat[77]. Da sich subjektive Tatbestandsmerkmale nur schwer nachweisen lassen, bedarf es für den Gläubigerbenachteiligungsvorsatz des Schuldners des Rückgriffs auf objektive Umstände, die auf einen solchen Vorsatz schließen lassen[78].

ee) Kenntnis des Begünstigten vom Gläubigerbenachteiligungsvorsatz des Schuldners

(1) Anforderungen an die Kenntnis des Begünstigten

Die Kenntnis des Begünstigten vom Benachteiligungsvorsatz des Schuldners setzt nicht voraus, dass der Begünstigte in kollusiver Art und Weise an der Rechtshandlung des Schuldners mitgewirkt hat[79]. Der Anfechtungsgegner muss den Gläubigerbenachteiligungsvorsatz des Schuldners nur positiv kennen, diesen aber nicht selbst haben[80]. Der positiven Kenntnis steht weder die fahrlässige noch die grob fahrlässige Unkenntnis gleich[81]. Dabei wird die Kenntnis solcher Tatsachen als genügend angesehen, die bei objektiver Würdigung den Schluss auf den Gläubigerbenachteiligungsvorsatz des Schuldners zulassen[82]. Zum Zwecke der Beweiserleichterung sieht § 133 Abs. 1 S. 2 InsO eine Vermutungsregelung vor, wonach die Kenntnis des Anfechtungsgegners vermutet wird, wenn der andere Teil wusste, dass die Zahlungsunfähigkeit des Schuldners drohte und dass die Handlung die Gläubiger benachteiligt. Für den Anfechtungsgegner bedeutet dies Folgendes: Schafft es der Insolvenzverwalter, diejenigen Tatsachen zu beweisen, die die Vermutung stützen, so kann der Anfechtungsgegner die Vermutung nur aus der Welt schaffen, wenn ihm der Beweis des Gegenteils gelingt[83]. Hatte der Anfechtungsgegner bei Empfang der Leistung Kenntnis von der drohenden Zahlungsunfähigkeit des Schuldners, kann von der Kenntnis des Anfechtungsgegners hinsichtlich des Gläubigerbenachteiligungsvorsatzes des Schuldners nur dann ausgegangen werden, wenn er von zusätzlichen offenen Verbindlichkeiten des Schuldners wusste oder er

75 K/S/W – Schäfer, Insolvenzanfechtung, 2. Aufl. (2014), Rn. F 21.
76 BGH, Urt. v. 05.06.2008 – IX ZR 17/07 = NJW 2008, 2506 (2507).
77 BGH, Urt. v. 10.07.2014 – IX ZR 280/13 = NZI 2014, 863 (864 f.); OLG Zweibrücken, Urt. v. 17.05.2013 – 2 U 86/12 = wistra 2013, 403 (404).
78 K/S/W – Schäfer, Insolvenzanfechtung, 2. Aufl. (2014), Rn. F 26.
79 N/R – Nerlich, InsO, § 133 Rn. 38 (Stand: Juli 2013).
80 N/R – Nerlich, InsO, § 133 Rn. 39 (Stand: Juli 2013).
81 N/R – Nerlich, InsO, § 133 Rn. 39 (Stand: Juli 2013).
82 FK-InsO/Dauernheim, 8. Aufl. (2015), § 133 InsO Rn. 21.
83 K/S/W – Schäfer, Insolvenzanfechtung, 2. Aufl. (2014), Rn. F 65.

die Begründung von Neuverbindlichkeiten erwartete. Letzteres dürfte in der Regel nur bei Schuldnern, die ein Unternehmen betreiben, der Fall sein[84].

(2) Relevanz der Anfechtung wegen vorsätzlicher Benachteiligung nach § 133 Abs. 1 InsO bei Zahlungen im Rahmen des Strafverfahrens

Die Insolvenzanfechtung nach § 133 Abs. 1 InsO ist bei Geldstrafen, Geldauflagen nach § 153 a Abs. 1 S. 2 Nr. 2 StPO und Bewährungsauflagen nach § 56 b Abs. 2 S. 1 Nr. 2 und 4 StGB insofern von Bedeutung, als Gericht bzw. Staatsanwaltschaft die persönlichen und wirtschaftlichen Verhältnisse des Verurteilten bzw. Beschuldigten bei der Bemessung des Geldbetrags und bei den Zahlungserleichterungen berücksichtigen müssen. Für die Geldstrafe folgt dies aus § 40 Abs. 2 S. 1, 42 S. 1 StGB. Danach bestimmt das Gericht die Höhe eines Tagessatzes unter Berücksichtigung der persönlichen und wirtschaftlichen Verhältnisse des Täters (§ 40 Abs. 2 S. 1 StGB). Das Gericht bewilligt dem Verurteilten eine Zahlungsfrist oder gestattet ihm, die Strafe in bestimmten Teilbeträgen zu zahlen, wenn dem Verurteilten nach seinen persönlichen oder wirtschaftlichen Verhältnissen nicht zuzumuten ist, die Geldstrafe sofort zu zahlen (§ 42 S. 1 StGB). Entsprechendes gilt auch für die Geldauflagen nach § 153 a Abs. 1 S. 2 Nr. 2 StPO[85] sowie die Bewährungsauflagen nach § 56 b Abs. 2 S. 1 Nr. 2 und 4 StGB[86]. Sofern Gericht bzw. Staatsanwaltschaft dem Verurteilten bzw. Beschuldigten in Kenntnis von dessen schlechter wirtschaftlicher Situation Ratenzahlungen gewähren, haben sie regelmäßig schon bei der Festsetzung von Geldstrafe, Geldauflage bzw. Bewährungsauflage Kenntnis von der drohenden Zahlungsunfähigkeit des Schuldners i. S. v. § 133 Abs. 1 S. 2 InsO. Das beklagte Bundesland wird sich im Anfechtungsprozess daher zumeist nicht darauf berufen können, Gericht bzw. Staatsanwaltschaft hätten zum maßgeblichen Zeitpunkt der Zahlung keine Kenntnis von der drohenden Zahlungsunfähigkeit des Schuldners gehabt. Denn Grund für die Festsetzung geringer Raten sowie der Bewilligung der Ratenzahlung waren ja gerade die desolaten Finanzverhältnisse des Verurteilten bzw. Beschuldigten[87]. Dabei kann die Zahlungsunfähigkeit i. S. v. § 133 Abs. 1 S. 2 InsO aus der Zahlungseinstellung folgen. Anhaltspunkte einer Zahlungseinstellung können die Angabe des Schuldners sein, fällige Forderungen, wie z. B. die Geldstrafe, nicht erfüllen zu können sowie die ratenweise Zahlung der Geldstrafe bei Bestehen weiterer Verbindlichkeiten in nicht unerheblicher Höhe[88].

Bei der Frage, auf wessen Kenntnis von der drohenden Zahlungsunfähigkeit des Schuldners i. S. v. § 133 Abs. 1 S. 2 InsO bei Zahlungen an die Staatskasse

---

84 BGH, Urt. v. 18.03.2010 – IX ZR 57/09 = ZIP 2010, 841 (844).
85 LR – Beulke, StPO, 26. Aufl. (2008), Bd. 5, § 153 a Rn. 57, 49.
86 OLG Hamm, Beschl. v. 09.05.1969 – 3 Ws 128/69 = GA 1969, 382; OLG Düsseldorf, Beschl. v. 03.12.1987 – 3 Ws 480/87 = MDR 1988, 600 L; LK – Hubrach, StGB, 12. Aufl. (2008), Bd. 3, § 56 b Rn. 31.
87 Vgl. OLG Zweibrücken, Urt. v. 17.05.2013 – 2 U 86/12 = wistra 2013, 403 (404 f.).
88 Vgl. BGH, Urt. v. 10.07.2014 – IX ZR 280/13 = NZI 2014, 863 (865).

(Geldstrafe, Geldauflage nach § 153 a Abs. 1 S. 2 Nr. 2 Alt. 2 StPO, Bewährungsauflage nach § 56 b Abs. 2 S. 1 Nr. 4 StGB) abzustellen ist, wird man nicht auf das beklagte Bundesland[89] abstellen können. Das beklagte Bundesland muss sich das Wissen des zuständigen Kenntnisträgers zurechnen lassen[90]. Da maßgeblicher Zeitpunkt der Kenntnis des Anfechtungsgegners die Vornahme der anfechtbaren Rechtshandlung[91], mithin die Zahlung an die Staatskasse ist, wird man bei § 133 Abs. 1 S. 2 InsO auf den Kenntnisträger abstellen müssen, der den Zahlungseingang zu überwachen hat[92]. In Betracht kommen die Staatskasse, Staatsanwaltschaft und Gericht. Auf die Staatskasse kommt es nicht an, da diese nur bloße Zahlstelle ist[93]. Bei der Geldstrafenzahlung wird man, da im Falle des Ausbleibens der Zahlung die Ersatzfreiheitsstrafe im Raum steht, auf die Staatsanwaltschaft als nach § 451 Abs. 1 StPO zuständige Vollstreckungsbehörde abstellen müssen (vgl. §§ 459 e Abs. 1, 2 i. V. m. 451 Abs. 1 StPO). Hingegen erfolgt die Überwachung des Zahlungseingangs bei der Bewährungsauflage des § 56 b Abs. 2 S. 1 Nr. 4 StGB durch das Gericht, welches im Falle des Ausbleibens der Zahlung über den Widerruf der Strafaussetzung zu entscheiden hat (§§ 453 b i. V. m. 453 Abs. 1 S. 1 StPO). Bei der Geldauflage nach § 153 a Abs. 1 S. 2 Nr. 2 Alt. 2 StPO wird man danach differenzieren müssen, ob das Strafverfahren von der Staatsanwaltschaft (§ 153 a Abs. 1 StPO) oder dem Gericht (§ 153 a Abs. 2 StPO) eingestellt worden ist, da die Überwachung der Auflagenerfüllung bei dem Entscheidungsträger liegt, der das Strafverfahren vorläufig eingestellt hat[94] und bei Ausbleiben der Zahlung über die Fortsetzung des Strafverfahrens zu entscheiden hat.

Allerdings wird der Anfechtungstatbestand des § 133 Abs. 1 InsO bei der Zahlung von Geld- und Bewährungsauflagen an gemeinnützige Einrichtungen (§ 153 a Abs. 1 S. 2 Nr. 2 Alt. 1 StPO, § 56 b Abs. 2 S. 1 Nr. 2 StGB) nur selten greifen, da die gemeinützige Einrichtung bei Entgegennahme der Zahlung des Schuldners in

89 Vgl. BGH, Urt. v. 05.06.2008 – IX ZR 17/07 = NJW 2008, 2506 (2506) zur Geldauflagenzahlung an die Staatskasse (§ 153 a Abs. 1 S. 2 Nr. 2 Alt. 2 StPO); BGH, Urt. v. 10.07.2014 – IX ZR 280/13 = NZI 2014, 863 (863) zur Geldstrafenzahlung; OLG Zweibrücken, Urt. v. 17.05.2013 – 2 U 86/12 = wistra 2013, 403 (403) zur Geldstrafenzahlung.

90 Zur Zurechnung der Kenntnis von der drohenden Zahlungsunfähigkeit des Schuldners i. S. v. § 133 Abs. 1 S. 2 InsO bei der Anfechtung einer im Strafverfahren wegen Steuerhinterziehung erbrachten Auflage (§ 153 a StPO), Geldstrafe (§ 370 AO) bzw. Geldbuße (§ 378 AO) siehe Kranenberg, NZI 2014, 987 ff.

91 Graf-Schlicker/Huber, InsO, 4. Aufl. (2014), § 133 Rn. 24.

92 I.E. ebenso Beulke/Edlbauer in FS Mehle, 2009, S. 63 (67) zur Auflagenerfüllung bei § 153 a StPO; a. A. BGH, Urt. v. 05.06.2008 – IX ZR 17/07, NJW 2008, 2506 (2506, 2508), der auch bei der Einstellung des Strafverfahrens durch das Gericht nach § 153 a Abs. 2 StPO bei § 133 Abs. 1 S. 2 InsO auf die Kenntnis der Staatsanwaltschaft und nicht auf diejenige des Gerichts abstellt.

93 OLG Zweibrücken, Urt. v. 17.05.2013 – 2 U 86/12 = wistra 2013, 403 (404).

94 Beulke/Edlbauer in FS Mehle, 2009, S. 63 (67); KK-Diemer, 7. Aufl. (2013), § 153 a StPO Rn. 35 und 58.

der Regel keine Kenntnis von der drohenden Zahlungsunfähigkeit des Schuldners i. S. v. § 133 Abs. 1 S. 2 InsO haben wird. Maßgeblich ist aber das Wissen der gemeinnützigen Einrichtung und nicht das des Staates, weil anderer Teil i. S. v. § 133 Abs. 1 InsO stets der Anfechtungsgegner, mithin also die gemeinnützige Einrichtung als Empfängerin der anfechtbaren Zahlung ist[95]. Gleichwohl ist die Zahlung einer Geld- bzw. Bewährungsauflage an eine gemeinnützige Einrichtung (§ 153 a Abs. 1 S. 2 Nr. 2 Alt. 1 StPO und § 56 b Abs. 2 S. 1 Nr. 2 StGB) als unentgeltliche Leistung des Schuldners i. S. v. § 134 Abs. 1 InsO anfechtbar[96]. Anders als bei der Zahlung einer Geldauflage an die Staatskasse gem. § 153 a Abs. 1 S. 2 Nr. 2 Alt. 2 StPO, bei der der Bundesgerichtshof die Anfechtbarkeit nach § 134 Abs. 1 InsO wegen der in der Verfahrenseinstellung liegenden Gegenleistung abgelehnt hat[97], kann der Verfahrenseinstellung bzw. der Nichtvollstreckung der Freiheitsstrafe bei gemeinnützigen Einrichtungen als Zahlungsempfängerin kein Entgeltcharakter beigemessen werden. Unentgeltlichkeit verlangt die „Einigkeit der Beteiligten darüber, dass der Empfänger für die Leistung des Schuldners keinen ausgleichenden Gegenwert erbringen soll“[98]. Für die Entgeltlichkeit kann es dann aber nur auf die Erbringung einer Gegenleistung durch den begünstigten Anfechtungsgegner, sprich die gemeinnützige Einrichtung, ankommen. Es ist aber nicht die gemeinnützige Einrichtung, sondern der Staat, vertreten durch Staatsanwaltschaft bzw. Gericht, der bei § 153 a StPO das Strafverfahren gegen Auflagen/Weisungen einstellt bzw. bei der Strafaussetzung zur Bewährung von der Vollstreckung der Freiheitsstrafe absieht. Auch lässt sich dieses Entgegenkommen des Staates der gemeinnützigen Einrichtung nicht als deren Gegenleistung zurechnen, weil gemeinnützige Einrichtungen hinsichtlich des

95 So auch Pfordte, StV 2010, 591 (594), Lorenz/Roth, PStR 2011, 129 (130) und Drees in Anm. zu BGH, Urt. v. 05.06.2008 – IX ZR 17/07, NStZ 2009, 521 (523) zur Geldauflage nach § 153 a Abs. 1 S. 2 Nr. 2 Alt. 1 StPO. Drees weist in Anm. zu BGH, Urt. v. 05.06.2008 – IX ZR 17/07, NStZ 2009, 521 (523) zu Recht darauf hin, dass trotz sinngemäßer Anwendbarkeit der bereicherungsrechtlichen Grundsätze bei der Insolvenzanfechtung im Mehrpersonenverhältnis (vgl. BGH, Urt. v. 16.09.1999 – IX ZR 204/98 = NJW 1999, 3636 (3636) bei Geldauflagenzahlungen an gemeinnützige Einrichtungen gem. § 153 a Abs. 1 S. 2 Nr. 2 Alt. 1 StPO von einem Anweisungsverhältnis nicht ausgegangen werden könne, weshalb die fehlende Kenntnis der gemeinnützigen Einrichtung nicht durch die Kenntnis der Justiz ersetzt werden könne, da die Justiz nicht Anfechtungsgegnerin sei.

96 I.E. ebenso Bittmann, wistra 2011, 133 (133) zur Geldauflage nach § 153 a Abs. 1 S. 2 Nr. 2 Alt. 1 StPO; a.A. Drees in Anm. zu BGH, Urt. v. 05.06.2008 – IX ZR 17/07, NStZ 2009, 521 (523), demzufolge bei Geldauflagen nach § 153 a Abs. 1 S. 2 Nr. 2 Alt. 1 StPO nur die Anfechtung wegen vorsätzlicher Benachteiligung gem. § 133 InsO in Frage kommt.

97 BGH, Urt. v. 05.06.2008 – IX ZR 17/07 = NJW 2008, 2506 (2506 f.).

98 MüKo – Kayser, InsO, 3. Aufl. (2013), Bd. 2, § 134 Rn. 17.

staatlichen Strafanspruchs nicht dispositionsbefugt sind, sich eine Zurechnung aus diesem Grund verbietet[99].

3. Ausschluss der Anfechtbarkeit wegen Vorliegens eines Bargeschäfts, § 142 InsO

Nach § 142 InsO ist eine Leistung des Schuldners, für die unmittelbar eine gleichwertige Gegenleistung in sein Vermögen gelangt, nur anfechtbar, wenn die Voraussetzungen des § 133 Abs. 1 gegeben sind. Die Insolvenzanfechtung ist trotz Vorliegens eines Anfechtungstatbestands ausgeschlossen, weil das Bargeschäft wegen der (wirtschaftlich und objektiv) gleichwertigen, dem Schuldnervermögen zugutekommenden Gegenleistung die zunächst eingetretene Gläubigerbenachteiligung entfallen lässt[100]. Die für das Bargeschäft notwendige Verknüpfung von Leistung und Gegenleistung setzt voraus, dass es sich nach dem Parteiwillen und der Verkehrsanschauung um ein einheitliches Geschehen handelt, bei dem der Schuldner für die von ihm aus der Insolvenzmasse erbrachte Leistung eine Gegenleistung erhält. Weitere Voraussetzung ist, dass in zeitlicher Hinsicht ein unmittelbarer Zusammenhang zwischen Leistung und Gegenleistung dergestalt besteht, dass sich der Leistungsaustausch innerhalb eines überschaubaren Zeitraums vollzieht, um das Bargeschäft von einem Darlehen der Gegenseite abgrenzen zu können[101]. Dem Bundesgerichtshof zufolge lässt sich der für die Annahme eines Bargeschäfts erforderliche „enge zeitliche Zusammenhang“[102] nicht allgemein bestimmen. Es komme entscheidend auf die Art der ausgetauschten Leistungen und den Zeitraum an, in dem die Leistungen im Geschäftsverkehr üblicherweise ausgetauscht werden[103]. Nach der Rechtsprechung des Bundesgerichtshofs soll ein Bargeschäft vorliegen, wenn der Leistungsaustausch innerhalb eines Zeitraums von unter einer Woche[104], innerhalb von zwei Wochen[105] bzw. unter Heranziehung der Verzugsfrist des § 286 Abs. 3 BGB innerhalb von 30 Tagen[106] erfolgt.

---

99 Vgl. hierzu Beulke/Edlbauer in FS Mehle, 2009, S. 63 (67), die den Anfechtungstatbestand des § 134 InsO bei Zahlung von Geld an gemeinnützige Einrichtungen bzw. den Verletzten (§ 153 Abs. 1 S. 2 Nr. 2 Alt. 1, Nr. 5 StPO) für einschlägig halten, da sich die Unentgeltlichkeit daraus ergebe, dass weder gemeinnützige Einrichtungen noch Verletzte zur Einstellung des Strafverfahrens und damit zur Erbringung der Gegenleistung befugt sind.

100 Reischl, Insolvenzrecht, 3. Aufl. (2014), Rn. 719.

101 Reischl, Insolvenzrecht, 3. Aufl. (2014), Rn. 720.

102 BGH, Urt. v. 13.04.2006 – IX ZR 158/05 = NZI 2006, 469 (471).

103 BGH, Urt. v. 13.04.2006 – IX ZR 158/05 = NZI 2006, 469 (471).

104 BGH, Urt. v. 25.01.2001 – IX ZR 6/00 = NZI 2001, 247 (248).

105 BGH, Urt. v. 07.03.2002 – IX ZR 223/01 = NZI 2002, 311 (313).

106 BGH, Urt. v. 13.04.2006 – IX ZR 158/05 = NZI 2006, 469 (471).

4. Sonstige Regelungen des Abschnitts Insolvenzanfechtung

Abgesehen von den bereits erwähnten §§ 129, 139, 140 und 142 InsO treffen die §§ 137, 138, 141 und 147 InsO weitere Regelungen zu den Anforderungen an eine erfolgreiche Insolvenzanfechtung. Von diesen Regelungen sei auf § 141 InsO hingewiesen, wonach die Anfechtung nicht dadurch ausgeschlossen wird, dass für die Rechtshandlung ein vollstreckbarer Schuldtitel erlangt oder dass die Handlung durch Zwangsvollstreckung erwirkt worden ist. § 141 InsO verdeutlicht, dass Rechtshandlungen aufgrund von Vollstreckungstiteln bzw. Zwangsvollstreckungsmaßnahmen ebenso der Anfechtung unterliegen wie freiwillige, nicht durch Rückgriff auf die Staatsgewalt erzwungene Rechtshandlungen. § 141 Alt. 2 InsO verschafft dem Gläubigergleichbehandlungsgrundsatz in Zeiten desolater wirtschaftlicher Verhältnisse beim Schuldner dadurch Geltung, dass durch die Zulassung der Insolvenzanfechtung das in § 804 Abs. 3 ZPO niedergelegte Prioritätsprinzip verdrängt wird[107].

III. Die Rechtsfolgen der Insolvenzanfechtung

Die Rechtsfolgen der Insolvenzanfechtung sind in den §§ 143 bis 146 InsO geregelt. Bestimmte Rechtsfolgen der Insolvenzanfechtung sind für die eingangs dargestellte Kollisionsproblematik von Straf- und Insolvenzrecht deshalb relevant, weil sich das Kollisionsproblem erst beim Eintritt dieser Rechtsfolgen stellt. Hierbei handelt es sich um die §§ 143 Abs. 1 S. 1, 144 Abs. 1 InsO. Nach § 143 Abs. 1 S. 1 InsO muss das, was durch die anfechtbare Handlung aus dem Vermögen des Schuldners veräußert, weggegeben oder aufgegeben ist, zur Insolvenzmasse zurückgewährt werden. Nach § 144 Abs. 1 InsO lebt die Forderung des Empfängers einer anfechtbaren Leistung wieder auf, wenn er das Erlangte zurückgewährt.

IV. Die Geltendmachung der Insolvenzanfechtung

1. Anfechtungsberechtigung

a) Der Kreis der Anfechtungsberechtigten

Die Anfechtungsberechtigung im Insolvenzverfahren hängt von der jeweiligen Verfahrensart ab. Hierbei ist zwischen dem Regelinsolvenzverfahren, dem Insolvenzplanverfahren, dem Verbraucherinsolvenzverfahren und der Eigenverwaltung zu unterscheiden.

Im Regelinsolvenzverfahren (§§ 1 – 216 InsO) steht das Recht zur Insolvenzanfechtung gem. § 129 Abs. 1 InsO dem Insolvenzverwalter zu. Gleiches gilt für das

107 MüKo – Kirchhof, InsO, 3. Aufl. (2013), Bd. 2, § 141 Rn. 1.

Insolvenzplanverfahren (§§ 217 – 269 InsO); auch hier ist der Insolvenzverwalter zur Insolvenzanfechtung berechtigt[108].

Im Verbraucherinsolvenzverfahren (§§ 304 – 314 InsO) ist in den ab dem 01.07.2014 beantragten Insolvenzverfahren neuerdings der Insolvenzverwalter zur Insolvenzanfechtung berechtigt. Dies liegt daran, dass § 313 InsO, der bislang die Anfechtungsberechtigung im Verbraucherinsolvenzverfahren regelte, zum 01.07.2014 aufgrund von Artikel 1 Nr. 38 des am 15.07.2013 auf der 2. Stufe der Insolvenzrechtsreform beschlossenen Gesetzes zur Verkürzung des Restschuldbefreiungsverfahrens und zur Stärkung der Gläubigerrechte[109] aufgehoben wurde. Hierdurch ist es ab dem 01.07.2014 zu einer Angleichung der Insolvenzanfechtung im Verbraucherinsolvenzverfahren an diejenige im Regelinsolvenzverfahren dergestalt gekommen, dass zukünftig auch im Verbraucherinsolvenzverfahren ausschließlich der Insolvenzverwalter zur Geltendmachung der Insolvenzanfechtung berechtigt ist[110]. Für die bis zum 30.06.2014 beantragten Insolvenzverfahren gilt § 313 InsO a. F. fort (Art. 103 h S. 1 EGInsO). Für diese „Altfälle" gilt für die Anfechtungsberechtigung im Verbraucherinsolvenzverfahren (§§ 304 – 314 InsO) Folgendes: Gem. § 313 Abs. 1 S. 1 InsO a. F. nimmt im Verbraucherinsolvenzverfahren der Treuhänder die Aufgaben des Insolvenzverwalters wahr. Gleichwohl ist gem. § 313 Abs. 2 S. 1 InsO a. F. nicht er, sondern jeder Insolvenzgläubiger zur Insolvenzanfechtung berechtigt. Die Gläubigerversammlung kann aber nach § 313 Abs. 2 S. 3 InsO a. F. dem Treuhänder oder einem bestimmten Insolvenzgläubiger den Auftrag zur Insolvenzanfechtung erteilen.

Bei der Eigenverwaltung (§§ 270 – 285 InsO) steht gem. § 280 InsO das Recht zur Insolvenzanfechtung allein dem Sachwalter zu.

b) Die Abgrenzung der Verfahrensarten

Nach § 1 S. 1 InsO zielt das Insolvenzverfahren unter anderem auf die gemeinschaftliche Gläubigerbefriedigung ab. Dieses Ziel kann gem. § 1 S. 1 InsO über zwei Wege erreicht werden: Entweder wird im Insolvenzverfahren das Schuldnervermögen verwertet und der Erlös anschließend verteilt oder es kommt zum Insolvenzplanverfahren, in dem vom Insolvenzverfahren abweichende Regelungen getroffen werden, insbesondere um das Unternehmen zu erhalten.

Das Insolvenzverfahren kann entweder als normales Regelinsolvenzverfahren oder als Verbraucherinsolvenzverfahren durchgeführt werden. Beide Verfahrensarten sind auf natürliche Personen anwendbar (vgl. §§ 11 Abs. 1 S. 1, 304 Abs. 1 S. 1 InsO). Dies bedeutet jedoch nicht, dass sich der Schuldner zwischen beiden Verfahrensarten entscheiden kann oder das Insolvenzgericht insoweit von einem Ermessensspielraum Gebrauch machen kann. Sofern die Voraussetzungen des § 304

108 HambKomm/Rogge/Leptien, 5. Aufl. (2015), Vorbem. zu §§ 129 ff. InsO Rn. 14.

109 BGBl. I, 2013, S. 2379 ff.

110 Grote/Pape, ZInsO 2013, 1433 (1437 f.); Graf-Schlicker/Huber, InsO, 4. Aufl. (2014), § 129 Rn. 32.

InsO gegeben sind, muss der Gang des Verbraucherinsolvenzverfahrens beschritten werden[111]. Nach § 304 InsO setzt ein Verbraucherinsolvenzverfahren voraus, dass

- es sich bei dem Schuldner um eine natürliche Person handelt, die entweder keine selbstständige wirtschaftliche Tätigkeit ausübt und eine solche früher auch nicht ausgeübt hat (§ 304 Abs. 1 S. 1 InsO) oder
- bei einer ehemals selbstständigen wirtschaftlichen Tätigkeit einer natürlichen Person[112] der Schuldner zum Zeitpunkt der Stellung des Antrags auf Eröffnung des Insolvenzverfahrens weniger als 20 Gläubiger hat und gegen ihn keine Forderungen aus Arbeitsverhältnissen bestehen (§ 304 Abs. 1 S. 2, Abs. 2 InsO).

Sind diese Voraussetzungen des Verbraucherinsolvenzverfahrens nicht gegeben, so ist das Verbraucherinsolvenzverfahren unzulässig. Das Insolvenzgericht hat dem Schuldner einen entsprechenden richterlichen Hinweis zu erteilen. Stellt der Schuldner anschließend seinen Antrag nicht auf das Regelinsolvenzverfahren um und bleibt bei seinem ursprünglichen Antrag, wird dieser als unzulässig zurückgewiesen[113]. Sofern sich der Schuldner damit einverstanden erklärt, kann das Insolvenzgericht das Verfahren als Regelinsolvenzverfahren fortführen[114].

Welche Verfahrensarten voneinander abzugrenzen sind, hängt davon ab, ob der in § 304 InsO normierte Anwendungsbereich des Verbraucherinsolvenzverfahrens eröffnet ist. Liegen die Voraussetzungen von § 304 InsO vor, kann nunmehr infolge der gesetzlichen Änderungen durch die Insolvenzrechtsreform auch im Verbraucherinsolvenzverfahren vom Insolvenzplanverfahren Gebrauch gemacht werden. § 312 Abs. 2 InsO a. F. erklärte im Verbraucherinsolvenzverfahren die Vorschriften über den Insolvenzplan (§§ 217 bis 269) und über die Eigenverwaltung (§§ 270 bis 285) für nicht anwendbar. Durch die Aufhebung von § 312 InsO a. F. durch Artikel 1 Nr. 38 des auf der 2. Stufe der Insolvenzrechtsreform beschlossenen Gesetzes zur Verkürzung des Restschuldbefreiungsverfahrens und zur Stärkung der Gläubigerrechte vom 15.07.2013[115] steht das Insolvenzplanverfahren nun auch im Verbraucherinsolvenzverfahren zur Verfügung. Allerdings hat die Aufhebung von § 312 InsO a. F. nicht dazu geführt, dass im Verbraucherinsolvenzverfahren nunmehr auch die Eigenverwaltung möglich sein soll. Durch Artikel 1 Nr. 18 a) des Gesetzes zur Verkürzung des Restschuldbefreiungsverfahrens und zur Stärkung der Gläubigerrechte vom 15.07.2013[116] wurde mit Wirkung zum 01.07.2014 § 270 Abs. 1 S. 3 InsO eingefügt, wonach die Vorschriften über die Eigenverwaltung auf Verbraucherinsolvenzverfahren nach § 304 nicht anzuwenden sind. Damit steht fest, dass im Anwendungsbereich von § 304 InsO lediglich Verbraucherinsolvenzverfahren und

---

111 MüKo – Ott/Vuia, InsO, 3. Aufl. (2014), Bd. 3, § 304 Rn. 85.
112 Braun – Buck, InsO, 6. Aufl. (2014), § 304 Rn. 8.
113 Siehe hierzu Uhlenbruck-Sternal, 14. Aufl. (2015), § 304 InsO Rn. 32 f.
114 Graf-Schlicker/Sabel, InsO, 4. Aufl. (2014), § 304 Rn. 4.
115 BGBl. I, 2013, S. 2379 ff.
116 BGBl. I, 2013, S. 2379 ff.

Insolvenzplanverfahren voneinander abzugrenzen sind. Dies gilt selbst für Altverfahren, die vor der Aufhebung von § 312 InsO a. F. mit Wirkung vom 01.07.2014 beantragt worden sind. Durch Artikel 6 Nr. 2 des Gesetzes zur Verkürzung des Restschuldbefreiungsverfahrens und zur Stärkung der Gläubigerrechte vom 15.07.2013[117] wurde Art. 103 h in das EGInsO eingefügt. Nach Art. 103 h S. 2 EGInsO sind auf Insolvenzverfahren nach den §§ 304 bis 314 der Insolvenzordnung in der vor dem 1. Juli 2014 geltenden Fassung, die vor diesem Datum beantragt worden sind, auch die §§ 217 bis 269 der Insolvenzordnung anzuwenden. Demgegenüber hat, sofern die Voraussetzungen von § 304 InsO nicht vorliegen, eine Abgrenzung zwischen Regelinsolvenzverfahren, Insolvenzplanverfahren und Eigenverwaltung[118] zu erfolgen. Ob das Regelinsolvenzverfahren, das Insolvenzplanverfahren oder die Eigenverwaltung zum Zuge kommen, wenn das Verbraucherinsolvenzverfahren nicht einschlägig ist, richtet sich nach Zweckmäßigkeitserwägungen. Das Insolvenzplanverfahren soll den Gläubigern und dem Schuldner die Möglichkeit eröffnen, von der Insolvenzordnung abweichende Regelungen, die ihren Interessen besser gerecht werden, in einem Insolvenzplan zu treffen[119]. Die Eigenverwaltung zielt darauf ab, dem Schuldner den Weg aus der Insolvenz dadurch aus eigener Kraft zu ermöglichen, dass ihm, anders als im Insolvenzverfahren (vgl. § 80 Abs. 1 InsO), die Verwaltungs- und Verfügungsbefugnis hinsichtlich seines zur Insolvenzmasse gehörenden Vermögens nicht genommen wird (vgl. § 270 Abs. 1 S. 1 InsO), er zu Sanierungszwecken also weiterhin, wenn auch unter Aufsicht eines Sachwalters (vgl. § 270 Abs. 1 S. 1 InsO), frei agieren kann[120].

2. Anforderungen an die Geltendmachung

Die Entstehung des Anfechtungsrechts ist von der Verwirklichung eines Anfechtungstatbestands abhängig und steht unter der für die Insolvenzmasse aufschiebenden Bedingung der Eröffnung des Insolvenzverfahrens[121]. Dennoch bedarf es zur Durchsetzbarkeit des Anspruchs auf Rückgewähr zur Insolvenzmasse nach § 143 Abs. 1 S. 1 InsO einer entsprechenden Willensbetätigung durch den Anfechtungsberechtigten[122]. Dieser Willensbetätigung, mit der das Anfechtungsrecht ausgeübt wird, kommt jedoch nicht die Bedeutung eines Gestaltungsrechts zu, da mit ihr nur die Rechtsfolgen eingefordert werden, die sich ohnehin schon an die Verwirklichung des Anfechtungstatbestands knüpfen[123]. Die Insolvenzanfechtung muss nicht durch

117 BGBl. I, 2013, S. 2379 ff.

118 Die Eigenverwaltung kommt auch bei natürlichen Personen außerhalb des Anwendungsbereichs von §§ 304 ff. InsO in Betracht (HambKomm-Fiebig, 5. Aufl. (2015), § 270 InsO Rn. 8).

119 Foerste, Insolvenzrecht, 6. Aufl. (2014), Rn. 470.

120 Braun – Riggert, InsO, 6. Aufl. (2014), vor §§ 270 – 285 Rn. 1.

121 MüKo – Kayser, InsO, 3. Aufl. (2013), Bd. 2, § 129 Rn. 186.

122 MüKo – Kayser, InsO, 3. Aufl. (2013), Bd. 2, § 129 Rn. 194.

123 MüKo – Kayser, InsO, 3. Aufl. (2013), Bd. 2, § 129 Rn. 194 i. V. m. Rn. 186.

die Verfolgung des Rückgewähranspruchs im Klagewege erfolgen, sondern kann auch durch jedes sonstige Geltendmachen des Anspruchs aus § 143 Abs. 1 S. 1 InsO vorgenommen werden, durch das erkennbar wird, dass der Anfechtungsberechtigte die gläubigerbenachteiligende Wirkung zulasten des Anfechtungsgegners rückgängig machen will, um den ursprünglichen Bestand der Insolvenzmasse als Haftungssubstrat im Insolvenzverfahren wiederherzustellen[124].

124 MüKo – Kayser, InsO, 3. Aufl. (2013), Bd. 2, § 129 Rn. 194.

C. Geldstrafe, Geldauflagen nach § 153 a Abs. 1 S. 2 Nr. 2 StPO und Bewährungsauflagen nach § 56 b Abs. 2 S. 1 Nr. 2 und 4 StGB im System der Insolvenzordnung

Ob es sich bei Geldstrafe, Geldauflagen (§ 153 a Abs. 1 S. 2 Nr. 2 StPO) und Bewährungsauflagen (§ 56 b Abs. 2 S. 1 Nr. 2 und 4 StGB) um Insolvenzforderungen handelt, ist nicht nur für die insolvenzrechtliche Einordnung dieser Zahlungen, sondern darüber hinaus für die Bestimmung der strafrechtlichen Folgen der Insolvenzanfechtung dieser Zahlungen relevant. Letzteres folgt daraus, dass Rechtsfolge der Insolvenzanfechtung die Rückgewähr zur Insolvenzmasse (§ 143 Abs. 1 S. 1 InsO) ist, die zum Wiederaufleben der Forderung (§ 144 Abs. 1 InsO) führt. Angefochtene Zahlungen aus dem Strafverfahren könnten deshalb nur dann nochmal eingefordert werden, wenn ihnen ein Anspruch zugrunde liegt, der nach § 144 Abs. 1 InsO wiederaufleben kann.

I. Die Geldstrafe

Ob der Geldstrafe eine Forderung des Staates zugrunde liegt, die als Insolvenzforderung am insolvenzrechtlichen Verteilungsverfahren teilnimmt und welche Stellung der Fiskus als Gläubiger dabei hat, lässt sich anhand des Doppelcharakters, der der Geldstrafe im Insolvenzverfahren zukommt, beantworten. Der Doppelcharakter der Geldstrafe zeichnet sich dadurch aus, dass es sich bei der Geldstrafe im Insolvenzverfahren um einen vermögensrechtlichen Anspruch handelt, dem wegen der Straffunktion der Geldstrafe personaler Charakter zukommt[125].

1. Die Geldstrafe als vermögensrechtlicher Anspruch und die Qualifizierung der Geldstrafe als Insolvenzforderung

a) Die Insolvenzforderung in inhaltlicher Hinsicht

Das erste Element der Doppelnatur der Geldstrafe besteht darin, dass es sich bei der Geldstrafe um einen Vermögensanspruch handelt. Das Vorliegen eines Vermögensanspruchs ist, wie sich aus § 38 InsO ergibt, Voraussetzung dafür, dass es sich um eine Insolvenzforderung eines Insolvenzgläubigers handelt, der an der Verteilung im Insolvenzverfahren teilnimmt. Die Einordnung des Geldstrafenanspruchs als

125 Rinjes, wistra 2008, 336 (337); Beulke/Edlbauer in FS Mehle, 2009, S. 63 (69); Pfordte, StV 2010, 591 (595).

Vermögensanspruch i. S. v. § 38 InsO und Insolvenzforderung, ergibt sich in letzter Konsequenz aber erst daraus, dass die Geldstrafe im Katalog der nachrangigen Insolvenzforderungen in § 39 Abs. 1 Nr. 3 InsO ausdrücklich aufgeführt ist. Ohne diese Nennung wäre eine solche Qualifizierung als Vermögensanspruch und Insolvenzforderung aus insolvenzrechtlicher Sicht nicht selbstverständlich. Schließlich sind höchstpersönliche Ansprüche nichtvermögensrechtlicher Art nach der Insolvenzordnung keine Insolvenzforderungen[126]. Der Geldstrafe kommt durch ihren poenalen und persönlichen Charakter aber zumindest ein gewisses Maß an Höchstpersönlichkeit zu. Die Aufführung der Geldstrafe als nachrangige Insolvenzforderung in § 39 Abs. 1 Nr. 3 InsO beinhaltet daher die gesetzgeberische Wertung, dass die Geldstrafe, ungeachtet des Vorhandenseins eines höchstpersönlichen Elements, als Insolvenzforderung und damit als Vermögensanspruch i. S. v. § 38 InsO einzuordnen ist[127].

Rönnau und *Tachau* geben hinsichtlich dieser gesetzgeberischen Einordnung zu bedenken, dass der Insolvenzordnung ausschließlich Vermögensansprüche ohne höchstpersönlichen Charakter unterfallen und dass es vom strafrechtlichen Standpunkt nicht gänzlich unproblematisch sei, davon auszugehen, dass der Geldstrafenanspruch nicht höchstpersönlicher Natur sei und ihm ein Vermögenswert zukomme. Schließlich werde unter anderem bei der Frage, ob die Begleichung der dem Verurteilten auferlegten Geldstrafe durch Dritte eine nach § 258 Abs. 2 StGB strafbare Vollstreckungsvereitelung ist, vertreten, dass es sich bei der Geldstrafe um eine höchstpersönliche Leistungspflicht handele, bei der der Strafzweck nur durch eine Erfüllung durch den Verurteilten selbst realisiert werden könne[128]. Hinzu komme, dass die herrschende Meinung den Anspruch des Staates auf die Geldstrafe als nicht durch die Vermögensdelikte erfasst ansieht[129].

Die von *Rönnau* und *Tachau* vorgebrachten Bedenken können nicht überzeugen. Der Gesetzgeber hat die Geldstrafe nicht ausschließlich und vorbehaltlos als Insolvenzforderung eingeordnet. Durch die Aufnahme der Geldstrafe als nachrangige Insolvenzforderung in § 39 Abs. 1 Nr. 3 InsO hat der Gesetzgeber dem Umstand Rechnung getragen, dass der Geldstrafe ein Doppelcharakter zukommt. Der personale Strafcharakter der Geldstrafe und die darin zum Ausdruck kommende Höchstpersönlichkeit der Verbindlichkeit finden sich im Gesetz darin wieder, dass dem Staat gem. § 39 Abs. 1 Nr. 3 InsO nur eine nachrangige Insolvenzforderung zusteht. Hintergrund dieser Regelung ist, dass die Geldstrafe

---

126 Uhlenbruck – Sinz, 14. Aufl. (2015), § 38 InsO Rn. 11.

127 Rinjes, wistra 2008, 336 (337); Rönnau/Tachau, NZI 2007, 208 (208) insbes. Fn. 5.

128 Rönnau/Tachau, NZI 2007, 208 (208) Fn. 5.

129 Rönnau/Tachau, NZI 2007, 208 (208) Fn. 5 unter Verweis auf BGHSt 38, 345 (351 f.), wonach „die durch Täuschung unternommene Abwendung der Verhängung oder Vollstreckung strafrechtlicher Sanktionen, welche eine Vermögenseinbuße zur Folge haben (Geldstrafe, Geldbuße, Einziehung, Verfall, Verwarnungsgeld), vom Tatbestand des § 263 StGB nicht erfasst wird."(BGH, Urt. v. 01.09.1992 – 1 StR 281/92 = BGHSt 38, 345 (351)).

wegen ihres Strafcharakters allein den Schuldner und nicht die Insolvenzgläubiger treffen soll, deren Insolvenzquote bei gleichrangiger Berücksichtigung der Geldstrafenforderung geringer ausfallen würde[130]. Wie *Rinjes* zutreffend darlegt, hat der Gesetzgeber den poenalen Strafcharakter als einen der beiden Charaktere der Geldstrafe dadurch hervorgehoben und vom vermögensrechtlichen Charakter der Geldstrafe abgegrenzt, dass er für die Geldstrafe Sonderregelungen in die Insolvenzordnung eingefügt hat und es, sofern lediglich der vermögensrechtliche Charakter der Geldstrafe zum Tragen kommt, bei den allgemeinen insolvenzrechtlichen Regelungen belassen hat[131].

b) Die Insolvenzforderung in zeitlicher Hinsicht

§ 38 InsO stellt klar, dass Insolvenzforderungen nur diejenigen Vermögensansprüche sein können, die zur Zeit der Eröffnung des Insolvenzverfahrens begründet sind. Bei der Geldstrafe stellt sich nun die Frage, wann genau diese i. S. v. § 38 InsO zeitlich begründet ist. Zu denken wäre wegen § 449 StPO in erster Linie an den Eintritt der Rechtskraft, da Strafurteile gem. § 449 StPO erst mit ihrer Rechtskraft vollstreckbar sind. Als Anknüpfungspunkte, die zeitlich gesehen vor der Rechtskraft liegen, kommen der Richterspruch, der Eintritt des Taterfolgs sowie die Tathandlung in Betracht.

Für die Begründung des Anspruchs i. S. v. § 38 InsO ist es nicht erforderlich, dass die Forderung zum Zeitpunkt der Eröffnung des Insolvenzverfahrens vollwirksam entstanden und durchsetzbar ist. Es wird als ausreichend angesehen, dass die Forderung „ihrem Rechtsgrund nach“[132] entstanden ist[133]. Wann die Forderung „ihrem Rechtsgrund nach“ entstanden ist, beantwortet die in der Literatur entwickelte Formel vom sog. „Schuldrechtsorganismus“. Ihr zufolge soll sich der Anspruch aus dem Schuldrechtsorganismus ergeben, der vor Eröffnung des Insolvenzverfahrens verwirklicht worden ist; darauf, dass auch die aus dem Schuldrechtsorganismus resultierende Forderung schon vor Eröffnung des Insolvenzverfahrens entstanden ist, kommt es hingegen nicht an[134]. Hintergrund dieser Formel ist die Rechtsprechung des Bundesfinanzhofs zur Begründung von Steuerforderungen[135], wonach „eine

130 MüKo – Ehricke, InsO, 3. Aufl. (2013), Bd. 1, § 39 Rn. 22.
131 Rinjes, wistra 2008, 336 (337); Wilk, wistra 2011, 416 (417) zur Geltung der allgemeinen insolvenzrechtlichen Regelungen auf den Geldstrafenanspruch als Vermögensanspruch.
132 FK-InsO/Bornemann, 8. Aufl. (2015), § 38 InsO Rn. 18.
133 FK – InsO/Bornemann, 8. Aufl. (2015), § 38 InsO Rn. 18; N/R – Andres, InsO, § 38 Rn. 13 (Stand: September 2005); LSZ – Smid/Leonhardt, InsO, 3. Aufl. (2010), § 38 Rn. 18; MüKo – Ehricke, InsO, 3. Aufl. (2013), Bd. 1, § 38 Rn. 16.
134 FK – InsO/Bornemann, 8. Aufl. (2015), § 38 InsO Rn. 18; Uhlenbruck – Sinz, 14. Aufl. (2015), § 38 InsO Rn. 26; MüKo – Ehricke, InsO, 3. Aufl. (2013), Bd. 1, § 38 Rn. 16.
135 FK – InsO/Bornemann, 8. Aufl. (2015), § 38 InsO Rn. 18 i. V. m. Rn. 21.

Steuerforderung immer dann Konkursforderung ist, wenn der zugrunde liegende zivilrechtliche Sachverhalt, der zur Entstehung der Steueransprüche führt, vor Konkurseröffnung verwirklicht worden ist“[136]. Entscheidend ist, ob der anspruchsbegründende Tatbestand in materiell – rechtlicher Hinsicht vor Eröffnung des Insolvenzverfahrens verwirklicht worden ist[137].

Aus den vorstehenden Ausführungen folgt, dass es ausgehend vom sog. „Schuldrechtsorganismus“ für die Einordnung der Geldstrafe als Insolvenzforderung entgegen *Franke*[138] nicht auf die Verhängung der Geldstrafe vor Eröffnung des Insolvenzverfahrens ankommen kann. Auch die Rechtskraft der gerichtlichen Entscheidung kann entgegen *Wilk*[139] und *Zeitler*[140] nicht ausschlaggebend für die Anspruchsbegründung i. S. v. § 38 InsO sein. Der Strafanspruch des Staates entsteht mit der Verurteilung zur Geldstrafe und der staatliche Vollstreckungsanspruch mit der Rechtskraft des Urteils. Nach der Formel vom „Schuldrechtsorganismus“ kommt es auf die Anspruchsentstehung vor Insolvenzeröffnung aber gerade nicht an. Maßgeblich für die Anspruchsbegründung i. S. v. § 38 InsO ist deshalb nur die Verwirklichung des Sachverhalts, der zur Sanktionierung mit der Geldstrafe führt. Für die Verwirklichung des maßgeblichen strafrechtlichen Sachverhalts verbleiben als taugliche Anknüpfungspunkte die Tathandlung und, sofern es sich um ein Erfolgsdelikt handelt, der Taterfolg. Dass es für den bei § 38 InsO maßgeblichen Zeitpunkt der Begründung des Anspruchs vor Eröffnung des Insolvenzverfahrens nur auf die Tathandlung und nicht auf den Taterfolg ankommen kann, ergibt sich aus § 8 StGB[141]. Danach ist eine Tat zu der Zeit begangen, zu welcher der Täter oder Teilnehmer gehandelt hat oder im Falle des Unterlassens hätte handeln müssen. Wann der Erfolg eintritt, ist nicht maßgebend. Da Auslöser der Geldstrafe ein strafrechtlich relevanter Sachverhalt ist, muss sich auch die zeitliche Erfassung dieses Geschehens nach strafrechtlichen Grundsätzen, mithin nach § 8 StGB, richten. Auch aus einem Vergleich mit den deliktischen Schuldverhältnissen ergibt sich, dass es für die Anspruchsbegründung i. S. v. § 38 InsO nicht auf den Erfolgseintritt ankommen kann. Bei den deliktischen Schuldverhältnissen ist der zivilrechtliche Sachverhalt schon mit der den Schaden verursachenden Handlung und der Rechtsgutsverletzung verwirklicht und nicht erst mit dem Schadenseintritt[142].

---

136 BFH, Urt. v. 21.09.1993 – VII R 68/92 = NJW 1995, 80.

137 MüKo-Ehricke, InsO, 3. Aufl. (2013), § 38 Rn. 16; FK – InsO/Bornemann, 8. Aufl. (2015), § 38 InsO Rn. 18.

138 Franke, NStZ 1999, 548 (548).

139 Wilk, wistra 2011, 416 (417).

140 Zeitler, Rpfleger 2012, 113 (115).

141 I.E. ebenso Heinze, ZVI 2006, 14 (14); Rönnau/Tachau, NZI 2007, 208 (209).

142 Uhlenbruck – Sinz, 14. Aufl. (2015), § 38 InsO Rn. 42.

2. Der personale Strafcharakter der Geldstrafe und die Qualifizierung der Geldstrafe als nachrangige Insolvenzforderung

a) Der personale Strafcharakter in der Insolvenzordnung

Der personale Strafcharakter, der zweites Element des Doppelcharakters der Geldstrafe ist, zeigt sich an den nachfolgend genannten Regelungen der Insolvenzordnung[143]:

- Die Geldstrafe ist nur nachrangige Insolvenzforderung (§ 39 Abs. 1 Nr. 3 InsO). Hintergrund dieser Regelung ist, dass die Geldstrafe aufgrund ihres Strafcharakters ausschließlich den Schuldner, nicht aber die Insolvenzgläubiger treffen soll. Letzteres wäre aber der Fall, wenn es mangels Nachrangs des Geldstrafenanspruchs zu einer zeitgleichen und damit gleichwertigen Berücksichtigung des Geldstrafenanspruchs im Verteilungsverfahren und damit zu einer geringer ausfallenden Insolvenzquote der übrigen Insolvenzgläubiger käme[144].
- Die Haftung des Schuldners nach Beendigung des Insolvenzverfahrens für Geldstrafen kann durch einen Insolvenzplan weder ausgeschlossen noch eingeschränkt werden (§ 225 Abs. 3 InsO).
  § 225 Abs. 3 InsO will verhindern, dass die Gläubiger im Insolvenzplan auf bestimmte Forderungen ganz oder teilweise verzichten. Die Gläubiger sind deshalb im Insolvenzplanverfahren in Bezug auf bestimmte Forderungen nicht dispositionsbefugt. Dadurch soll vermieden werden, dass sich ein Haftungsausschluss bzw. einer Haftungsbeschränkung in erster Linie zulasten der Gläubiger auswirkt[145].
- Von der Erteilung der Restschuldbefreiung werden Geldstrafen nicht erfasst (§ 302 Nr. 2 InsO).
  Hintergrund dieser Regelung ist, dass der pönale Charakter und der Sanktionierungszweck der Geldstrafe eine Restschuldbefreiung verbieten[146].
- Forderungen nachrangiger Gläubiger sind nur anzumelden, soweit das Insolvenzgericht besonders zur Anmeldung dieser Forderungen auffordert (§ 174 Abs. 3 S. 1 InsO).
  Da die Nachrangigkeit regelmäßig dazu führt, dass die nachrangigen Insolvenzforderungen unbefriedigt bleiben, sollen Anmeldungen, die in diesen Fällen unnötig sind, vermieden werden. Aus diesem Grund wird das Insolvenzgericht die nachrangigen Gläubiger zur Anmeldung ihrer Forderungen nur dann auffordern, wenn sich abzeichnet, dass nach Tilgung der nicht nachrangigen

143 Rinjes, wistra 2008, 336 (337); Pfordte, StV 2010, 591 (595).
144 MüKo – Ehricke, InsO, 3. Aufl. (2013), Bd. 1, § 39 Rn. 22.
145 MüKo – Breuer, InsO, 3. Aufl. (2014), Bd. 3, § 225 Rn. 18.
146 MüKo – Stephan, InsO, 3. Aufl. (2014), Bd. 3, § 302 Rn. 2, 23.

Insolvenzverbindlichkeiten ein Überschuss verbleibt oder im Insolvenzplan die Befriedigung der nachrangigen Insolvenzforderungen vorgesehen ist[147].

b) Zwischenergebnis

Die Geldstrafe nimmt als staatlicher Strafanspruch in der Insolvenzordnung eine Sonderrolle ein, die sich an der Existenz der dargestellten Sonderregelungen für die Geldstrafe zeigt. Diese Sondervorschriften für die Geldstrafe sind Ausdruck des zweiten Elements des Doppelcharakters der Geldstrafe, dem personalen Strafcharakter[148].

3. Ergebnis

Als Ergebnis kann festgehalten werden, dass der Gesetzgeber durch die Einordnung der Geldstrafe als Insolvenzforderung und die Anordnung ihrer Nachrangigkeit den Doppelcharakter der Geldstrafe in der Insolvenzordnung gesetzlich verankert[149], zugleich aber durch die Schaffung von insolvenzrechtlichen Sonderregelungen den pönalen Strafcharakter der Geldstrafe besonders hervorgehoben hat.

Damit steht zugleich fest, dass es sich bei der Geldstrafe um eine Forderung handelt, die infolge der insolvenzrechtlichen Rückabwicklung (§ 143 Abs. 1 S. 1 InsO) gem. § 144 Abs. 1 InsO wiederaufleben kann. Es ist daher zu untersuchen, ob der Staat vom Verurteilten als Reaktion auf die Insolvenzanfechtung die Zahlung der Geldstrafe ein weiteres Mal verlangen bzw. die Ersatzfreiheitsstrafe anordnen könnte.

II. Die Geldauflage nach § 153 a Abs. 1 S. 2 Nr. 2 StPO

Es stellt sich die Frage, ob auch die Geldauflage nach § 153 a Abs. 1 S. 2 Nr. 2 StPO eine der Geldstrafe vergleichbare Rolle in der Insolvenzordnung einnimmt.

1. Die Geldauflage nach § 153 a Abs. 1 S. 2 Nr. 2 StPO in der Insolvenzordnung

Die in § 153 a Abs. 1 S. 2 Nr. 2 StPO normierte Geldauflage findet sich anders als die Geldstrafe in der Insolvenzordnung nicht wieder. Die Geldauflage ist in § 39 Abs. 1 Nr. 3 InsO, auf den die §§ 174 Abs. 3 S. 1, 225 Abs. 3 und 302 Nr. 2 InsO verweisen, nicht mit aufgeführt. Auch lässt sie sich nicht unter die in § 39 Abs. 1 Nr. 3 InsO genannten Gelder subsumieren[150], da die in dieser Norm verwendeten Begrifflichkeiten straf- bzw. ordnungswidrigkeitenrechtlich zu verstehen sind[151].

---

147 Braun – Specovius, InsO, 6. Aufl. (2014), § 174 Rn. 33.
148 Rinjes, wistra 2008, 336 (337).
149 Beulke/Edlbauer in FS Mehle, 2009, S. 63 (69).
150 Brei, Entschuldung Straffälliger, S. 141.
151 Brei, Entschuldung Straffälliger, S. 141 i. V. m. 140.

2. Mögliche Gründe für die Nichterwähnung der Geldauflage des § 153 a Abs. 1 S. 2 Nr. 2 StPO in der Insolvenzordnung

Vor diesem Hintergrund stellt sich die Frage nach dem Grund für die Nichterwähnung der Geldauflage in § 39 Abs. 1 Nr. 3 InsO. Den Grund hierfür wird man in erster Linie bei dem hinter § 39 Abs. 1 Nr. 3 InsO stehenden Normzweck – dass nämlich die in den § 39 Abs. 1 Nr. 3 InsO genannten Zahlungen wegen ihres Strafcharakters ausschließlich den Täter treffen sollen[152] – und der damit zusammenhängenden Frage nach der Rechtsnatur der Geldauflage suchen müssen.

a) Die Rechtsnatur der Geldauflage

Vor dem Hintergrund, dass der Nachrang der in § 39 Abs. 1 Nr. 3 InsO genannten Insolvenzforderungen durch ihren Strafcharakter begründet ist, bedarf es der Klärung, ob der Geldauflage möglicherweise kein Strafchrakter zukommt und sie aus diesem Grund nicht in § 39 Abs. 1 Nr. 3 InsO mit aufgeführt ist und § 39 Abs. 1 Nr. 3 InsO deshalb auch nicht erweiternd auf die Geldauflage nach § 153 a StPO angewandt werden kann[153].

Die Geldauflage ist ihrer Rechtsnatur nach weder Kriminalstrafe noch stellt sie eine strafähnliche Sanktion dar[154]. Sie ist als lediglich außerstrafrechtliche Sanktion eigener Art einzuordnen[155]. Hierin liegt der entscheidende Unterschied zur Geldstrafe, bei der es sich um eine Strafe handelt[156]. Allerdings wird man den fehlenden Bezug der Geldauflage zum strafrechtlichen Sanktionensystem noch nicht als Grund für die Nichterwähnung der Geldauflage in § 39 Abs. 1 Nr. 3 InsO anführen können, weil es sich auch bei der in § 39 Abs. 1 Nr. 3 InsO genannten Geldbuße sowie dem dort aufgeführten Ordnungs- und Zwangsgeld nicht um Strafen, sondern lediglich um Sanktionierungs- bzw. Beugemittel handelt.

b) Die Geldauflage des § 153 a Abs. 1 S. 2 Nr. 2 StPO als Insolvenzforderung

Die Nichterwähnung der Geldauflage in § 39 Abs. 1 Nr. 3 InsO könnte daran liegen, dass es sich bei der Geldauflage möglicherweise nicht um eine Insolvenzforderung i. S. v. § 38 InsO handelt. Hierfür spricht, dass der Beschuldigte seine Zustimmung

---

152 Siehe C.I.2.a.

153 So wohl Beulke/Edlbauer in FS Mehle, 2009, S. 63 (68 f.); Ziemann in Anm. zu BGH, Urt. v. 05.06.2008 – IX ZR 17/07, JR 2009, 167 (170 f.).

154 LR – Beulke, StPO, 26. Aufl. (2008), Bd. 5, § 153 a Rn. 8; a.A. Hoffmann, Verbraucherinsolvenz, 2. Aufl. (2002), S. 141 und Uhlenbruck – Sternal,14. Aufl. (2015), § 302 InsO Rn. 46, die die Geldauflage bei § 153 a StPO als „strafähnliche Maßnahme“ einordnen.

155 LR – Beulke, StPO, 26. Aufl. (2008), Bd. 5, § 153 a Rn. 9.

156 LK – Häger, StGB, 12. Aufl. (2006), Bd. 2, vor §§ 40 bis 43 Rn. 20.

zur Beendigung des Strafverfahrens gegen Auflagen jederzeit bis zur vollständigen Auflagenerfüllung widerrufen kann. Schließlich hindert die Zustimmung den Beschuldigten nicht daran, sich gegen die Auflagenerfüllung zu entscheiden[157]. Den mit einer Auflage beschwerten Beschuldigten trifft, anders als den Verurteilten einer Geldstrafe[158], keine Leistungspflicht, der ein entsprechender Leistungsanspruch des Staates gegenübersteht[159]. Der Staat hat gegen den Beschuldigten keinen Vermögensanspruch[160]. Eine Forderung kann gem. § 38 InsO aber nur dann Insolvenzforderung sein, wenn es sich um einen Vermögensanspruch handelt. Die den Beschuldigten treffende Auflage ist vielmehr als bloße Obliegenheit einzuordnen, bei deren Nichterfüllung der Beschuldigte durch die Fortsetzung des Strafverfahrens einen Rechtsverlust erleidet[161]. Dies folgt bereits daraus, dass der Beschuldigte in den Genuss der Verfahrenseinstellung und den damit verbundenen Verzicht auf den staatlichen Strafanspruch nur durch ein entsprechendes Tätigwerden seinerseits kommt[162].

Damit steht fest, dass die Geldauflage des § 153 a Abs. 1 S. 2 Nr. 2 StPO mangels Anspruchs der Staatskasse bzw. der gemeinnützigen Einrichtung auf den Geldbetrag nicht Insolvenzforderung i. S. v. § 38 InsO ist[163] und daher auch nicht nachrangige Insolvenzforderung i. S. v. § 39 InsO sein kann[164].

3. Erweiterung von § 39 Abs. 1 Nr. 3 InsO auf die Geldauflagen des § 153 a Abs. 1 S. 2 Nr. 2 StPO

Ob die Zuordnung der Geldauflage zu den in § 39 Abs. 1 Nr. 3 InsO genannten Zahlungen bereits deshalb gerechtfertigt ist, weil die Geldauflage wegen ihres Sanktionscharakters dem Normzweck des § 39 Abs. 1 Nr. 3 InsO – Beschränkung der finanziellen Wirkungen der Geldstrafe auf den Verurteilten, da die Geldstrafe wegen ihres Strafcharakters ausschließlich den Verurteilten treffen soll[165] – unterfallen könnte, muss unter mehreren Gesichtspunkten bezweifelt werden. Zum einen handelt es sich bei § 39 Abs. 1 Nr. 3 InsO entgegen anderslautender Stimmen in der

157 LR – Beulke, StPO, 26. Aufl. (2008), Bd. 5, § 153 a Rn. 44.

158 LK – Häger, StGB, 12. Aufl. (2006), Bd. 2, vor §§ 40 bis 43 Rn. 20 f.

159 Vgl. Drees in Anm. zu BGH, Urt. v. 05.06.2008 – IX ZR 17/07, NStZ 2009, 521 (523).

160 BGH, Urt. v. 05.06.2008 – IX ZR 17/07 = NJW 2008, 2506 (2506); Eggers/Reuker, wistra 2011, 413 (415).

161 Eggers/Reuker, wistra 2011, 413 (414); a.A. Lorenz/Roth, PStR 2011, 129 (129), die davon ausgehen, dass bei der Geldauflage der staatliche Zahlungsanspruch gem. § 144 Abs. 1 InsO wieder auflebt.

162 S. hierzu Schuth, Einstellung unter Auflagen, S. 18, 21, 196.

163 Hoffmann, Verbraucherinsolvenz, 2. Aufl. (2002), S. 141; Uhlenbruck – Sternal, 14. Aufl. (2015), § 302 InsO Rn. 46.

164 I.E. ebenso Ziemann in Anm. zu BGH, Urt. v. 05.06.2008 – IX ZR 17/07, JR 2009, 167 (171).

165 Siehe C.I.2.a.

Literatur[166] um eine abschließende Aufzählung[167], die wegen der damit verbundenen Einbuße an Rechtssicherheit nicht beliebig um solche Zahlungen erweitert werden kann, denen ein „vergleichbares Unwerturteil“[168] wie den in § 39 Abs. 1 Nr. 3 InsO genannten Zahlungen zukommt[169]. Zum anderen würde die Erweiterung von § 39 Abs. 1 Nr. 3 InsO um die Geldauflage des § 153 a Abs. 1 S. 2 Nr. 2 StPO dazu führen, dass die Rechtsnatur der Geldauflage aufgehoben würde, da die Geldauflage als außerstrafrechtliche Sanktion eigener Art wegen des hinter § 39 Abs. 1 Nr. 3 InsO stehenden Normzwecks zur Strafsanktion erhoben würde[170].

Abgesehen hiervon ist eine Erweiterung von § 39 Abs. 1 Nr. 3 InsO um die Geldauflage schon deshalb nicht möglich, weil es sich bei der Geldauflage nicht um eine Insolvenzforderung handelt[171]. Die Einbeziehung der Geldauflage in § 39 Abs. 1 Nr. 3 InsO würde dazu führen, dass die Geldauflage unter Missachtung, dass es sich bei ihr um eine bloße Obliegenheit handelt, zur Insolvenzforderung erhoben würde.

4. Umgang mit der Geldauflage im Insolvenzverfahren

Es bleibt die Frage, wie Geldauflagen nach § 153 a Abs. 1 S. 2 Nr. 2 StPO insolvenzrechtlich zu behandeln sind. Da der Geldauflage kein Vermögensanspruch gegen den Beschuldigten zugrunde liegt, kann sie nicht Insolvenzforderung i. S. v. § 38 InsO sein. Aus diesem Grund kann die Geldauflage weder als gleichrangige (§ 38 InsO) noch als nachrangige Insolvenzforderung (§ 39 InsO) am Insolvenzverfahren teilnehmen. Die Geldauflage nimmt weder am Feststellungsverfahren nach den §§ 174 ff. InsO teil noch wird sie im Verteilungsverfahren nach den §§ 187 ff. InsO berücksichtigt.

Auch für die Restschuldbefreiung nach den §§ 286 ff. InsO ist die Geldauflage bedeutungslos. Aufgrund der abschließenden Regelung des § 39 Abs. 1 Nr. 3 InsO ist die Geldauflage von der Restschuldbefreiung nicht gem. § 302 Nr. 2 InsO ausgenommen[172]. Sie kann ihr andererseits aber auch nicht unterfallen, da sich die Restschuldbefreiung gem. § 286 InsO auf Verbindlichkeiten gegenüber den

---

166 K/P/B – Preuß, InsO, Bd. 1, § 39 Rn. 16 (Stand: Mai 2013).

167 So wohl auch Brei, Entschuldung Straffälliger, S. 141 i. V. m. 138, die § 302 Nr. 2 InsO für abschließend hält, der aber auf § 39 Abs. 1 Nr. 3 InsO verweist.

168 Brei, Entschuldung Straffälliger, S. 139, 141.

169 Brei, Entschuldung Straffälliger, S. 139 ff.; a.A. K/P/B – Preuß, InsO, Bd. 1, § 39 Rn. 16 (Stand: Mai 2013), der § 39 Abs. 1 Nr. 3 InsO wegen seines Normzwecks auf alle „Forderungen mit Sanktionscharkter“ für anwendbar hält, i.E. ebenso Hoffmann, Verbraucherinsolvenz, 2. Aufl. (2002), S. 141 und Uhlenbruck – Sternal, 14. Aufl. (2015), § 302 InsO Rn. 46, die beide die Geldauflage als „strafähnliche Maßnahme“ qualifizieren um damit die Erweiterung von § 302 Nr. 2 InsO um die Geldauflage zu begründen.

170 In diese Richtung Beulke/Edlbauer in FS Mehle, 2009, S. 63 (68 f.).

171 Siehe C.II.2.b.

172 Brei, Entschuldung Straffälliger, S. 141; a.A. Hoffmann, Verbraucherinsolvenz, 2. Aufl. (2002), S. 141; Uhlenbruck – Sternal, 14. Aufl. (2015), § 302 InsO Rn. 46.

Insolvenzgläubigern bezieht, die Geldauflage aber gerade keine Insolvenzforderung ist, die Restschuldbefreiung daher keine Umwandlung in eine unvollkommene Verbindlichkeit bewirken kann[173].

Da der Geldauflage kein Anspruch zugrunde liegt, kann sie auch im Insolvenzplan keine Berücksichtigung finden. Dies ergibt sich aus § 217 InsO. Die Regelungsgegenstände eines Insolvenzplans sind in § 217 InsO abschließend geregelt und unterliegen nicht der Disposition. Dies bedeutet, dass Regelungen im Insolvenzplan nur insoweit zulässig sind als sie die in § 217 InsO aufgeführten Beteiligten betreffen[174]. Da § 217 InsO als Beteiligte ausschließlich die absonderungsberechtigten Gläubiger und die Insolvenzgläubiger nennt, ist es nicht möglich, Geldauflagen, denen gerade kein Anspruch zugrunde liegt, in den Insolvenzplan mit aufzunehmen.

5. Ergebnis

Als Ergebnis lässt sich festhalten, dass die Geldauflage im Gegensatz zur Geldstrafe insolvenzrechtlich keine Rolle spielt. Der in der Insolvenzordnung verankerte Doppelcharakter der Geldstrafe lässt sich nicht auf die Geldauflage übertragen[175], da die Geldauflage nicht Insolvenzforderung ist. Mangels Vermögensanspruch fehlt es an einem Element, das den Doppelcharakter der Geldstrafe gerade ausmacht.

Die Qualifizierung der Geldauflage als bloße Obliegenheit führt dazu, dass sich die strafrechtlichen Folgen einer erfolgreichen Insolvenzanfechtung bei der Geldauflage wie folgt eingrenzen lassen: Da der Geldauflage keine Anspruchsqualität zukommt, kann es als Rechtsfolge der Insolvenzanfechtung gem. § 144 Abs. 1 InsO nicht zum Wiederaufleben der Forderung kommen[176]. Um die Verfahrenseinstellung aufrecht zu erhalten, kann der Staat die Zahlung der Geldauflage nach der insolvenzrechtlichen Rückabwicklung daher nicht ohne Weiteres noch einmal vom Beschuldigten verlangen[177]. Dies wäre allenfalls auf dem Wege möglich, dass dem Beschuldigten bzw. Angeschuldigten gem. § 153 a Abs. 1 S. 4 HS 2 StPO (ggfs. i. V. m. § 153 a Abs. 2 S. 2 StPO) nachträglich mit seiner Zustimmung Auflagen auferlegt bzw. bestehende Auflagen geändert werden. Ohne erneute Zustimmung des Beschuldigten bzw. Angeschuldigten wäre die nochmalige Geltendmachung der zur Insolvenzmasse zurückgewährten Geldauflage nicht möglich, weil sich die zunächst erteilte Zustimmung nur auf diejenige Geldauflagenzahlung bezogen hat, die mit der Insolvenzanfechtung wieder rückabgewickelt wurde. Obwohl die Zahlung wegen der Insolvenzanfechtung nicht von dauerhaftem Bestand ist, ist die zunächst erteilte Zustimmung mit der Geldauflagenzahlung verbraucht. Da es nicht unwahrscheinlich ist, dass der Beschuldigte bzw. Angeschuldigte versuchen wird, sich der nochmaligen Zahlung der Geldauflage durch Verweigerung seiner Zustimmung zu

173 I.E. ebenso Hoffmann, Verbraucherinsolvenz, 2. Aufl. (2002), S. 141.
174 Uhlenbruck – Lüer/Streit, 14. Aufl. (2015), § 217 InsO Rn. 12.
175 Beulke/Edlbauer in FS Mehle, 2009, S. 63 (69).
176 Drees in Anm. zu BGH, Urt. v. 05.06.2008 – IX ZR 17/07, NStZ 2009, 521 (523).
177 I.E. ebenso Wilk, wistra 2011, 416 (418).

entziehen, wird es im Falle einer erfolgreichen Insolvenzanfechtung letztendlich darauf ankommen, ob der insolvenzrechtlichen Rückabwicklung gem. § 143 Abs. 1 S. 1 InsO mit der Verfahrensfortsetzung begegnet werden kann.

III. Die Bewährungsauflagen nach § 56 b Abs. 2 S. 1 Nr. 2 und 4 StGB

Auch die geldwerten Bewährungsauflagen des § 56 b Abs. 2 S. 1 Nr. 2 und 4 StGB werden in § 39 Abs. 1 Nr. 3 InsO nicht erwähnt. Aus diesem Grund spielen diese Bewährungsauflagen auch in den Normen keine Rolle, die auf § 39 Abs. 1 Nr. 3 InsO verweisen (§§ 174 Abs. 3 S. 1, 225 Abs. 3 und 302 Nr. 2 InsO).

1. Mögliche Gründe für die Nichterwähnung der Bewährungsauflagen des § 56 b Abs. 2 S. 1 Nr. 2 und 4 StGB in der Insolvenzordnung

a) Die Rechtsnatur der Bewährungsauflagen

Die Nichterwähnung der Bewährungsauflagen des § 56 b Abs. 2 S. 1 Nr. 2 und 4 StGB in § 39 Abs. 1 Nr. 3 InsO ist nicht auf den gänzlich fehlenden Strafcharakter dieser Auflagen zurückzuführen. Zwar handelt es sich bei den Bewährungsauflagen nicht um Strafen im materiell-rechtlichen Sinn. Gleichwohl werden sie überwiegend als strafähnlich verstanden[178]. Die bloße Anlehnung an die Strafen des materiellen Strafrechts kann noch kein Grund für die unterbliebene Aufführung in § 39 Abs. 1 Nr. 3 InsO sein, weil es sich auch bei Geldbuße, Ordnungs- und Zwangsgeld, die in § 39 Abs. 1 Nr. 3 InsO ausdrücklich aufgeführt sind, nicht um materiell-rechtliche Strafen, sondern um Sanktionierungs- bzw. Beugemittel handelt[179]. Wie bei den Geldauflagen des § 153 a Abs. 1 S. 2 Nr. 2 StPO könnte Grund aber sein, dass die Bewährungsauflagen des § 56 b Abs. 2 S. 1 Nr. 2 und 4 StGB nicht als Insolvenzforderungen einzuordnen sind.

b) Die Bewährungsauflagen des § 56 b Abs. 2 S. 1 Nr. 2 und 4 StGB als Insolvenzforderung

Ob es sich bei den Bewährungsauflagen des § 56 b Abs. 2 S. 1 Nr. 2 und 4 StGB um Insolvenzforderungen i. S. v. § 38 InsO handelt, hängt davon ab, ob ihnen ein Anspruch auf den auferlegten Geldbetrag zugrunde liegt[180]. Das Bestehen einer

---

178 Fischer, StGB, 63. Aufl. (2016), § 56 b Rn. 2; Lackner/Kühl, StGB, 28. Aufl. (2014), § 56 b Rn. 1; S/S – Stree/Kinzig, StGB, 29. Aufl. (2014), § 56 b Rn. 2; SchlHOLG, Beschl. v. 26.10.1994 – 1 Ws 370/94 = SchlHA 95, 16 (17).

179 Siehe C.II.2.a.

180 Siehe C.I.1.a.

entsprechenden Zahlungsverpflichtung des Verurteilten bzw. die Frage, ob die Bewährungsauflagen nach § 56 b Abs. 2 S. 1 Nr. 2 und 4 StGB als Insolvenzforderung einzuordnen sind, ist umstritten.

aa) Streitstand

(1) Strafrechtliche Standpunkte

In der strafrechtlichen Literatur finden sich nur die Stellungnahmen von *Groß* und *Dilcher*. *Groß* zufolge begründe die Erteilung von Bewährungsauflagen nach § 56 b StGB eine Leistungsverpflichtung des Verurteilten[181]. Anders als Strafen unterlägen Bewährungsauflagen nach § 56 b StGB aber nicht der Vollstreckung[182].

Dilcher hingegen ordnet die Bewährungsauflage der Schadenswiedergutmachung als bloße „Last" ein. Der Schadenswiedergutmachungsauflage liege keine vollstreckbare Pflicht des Verurteiten gegenüber dem Geschädigten zugrunde[183].

Dass Bewährungsauflagen nach § 56 b StGB nicht vollstreckbar sind, ist auch in der Rechtsprechung anerkannt. Das OLG Hamm hat die vom Gericht gegen den Willen des Verurteilten vorgenommene Verrechnung von der Beschlagnahme nicht mehr unterliegender Gelder und Vermögenswerte des Verurteilten mit einer Bewährungsauflage nach § 56 b Abs. 2 S. 1 Nr. 4 StGB für unzulässig erklärt[184]. Zur Begründung führte das OLG Hamm aus, dass der zwangsweisen Durchsetzung einer Auflage oder Weisung die Systematik der §§ 56 b und 56 c StGB entgegenstehe, mit denen eine Einwirkung auf den Probanden durch das Gericht beabsichtigt sei. Das Wesen einer Zahlungsauflage nach § 56 b StGB verbiete es, dass das Gericht anstellte der vom Verurteilten vorzunehmenden Zahlung bzw. abzugebenden Verrechnungseklärung eine Verfügung über dessen Vermögen zugunsten desjenigen vornimmt, für den die Zahlungsauflage vorgesehen war[185]. Das OLG Hamm hat sich in dieser Entscheidung jedoch nicht dazu geäußert, ob insoweit überhaupt ein Anspruch auf die geldwerte Bewährungsauflage bestand.

(2) Insolvenzrechtliche Standpunkte

Die insolvenzrechtliche Literatur ist zweigeteilt. *Brömmekamp* und *Hoffmann* halten den Verurteilten nicht für verpflichtet, die angeordnetete Bewährungsauflage nach § 56 b Abs. 2 S. 1 Nr. 2 bzw. 4 StGB zu zahlen[186]. *Hoffmann* zieht daraus den Schluss, dass es sich deshalb bei den Bewährungsauflagen nach § 56 b Abs. 2 S. 1 Nr. 2

---

181 MüKo – Groß, StGB, 2. Aufl. (2012), Bd. 2, § 56 b Rn. 1.
182 MüKo – Groß, StGB, 2. Aufl. (2012), Bd. 2, § 56 b Rn. 1.
183 Dilcher, NJW 1956, 1346 (1347).
184 OLG Hamm, Beschl. v. 01.12.1986 – 2 Ws 201/86 = NStE Nr. 1 zu § 56 b StGB.
185 OLG Hamm, Beschl. v. 01.12.1986 – 2 Ws 201/86 = NStE Nr. 1 zu § 56 b StGB.
186 Brömmekamp, ZIP 2001, 951 (952); Hoffmann, Verbraucherinsolvenz, 2. Aufl. (2002), S. 141.

und 4 StGB nicht um Insolvenzforderungen handele[187]. Auch *Sternal* erkennt die Bewährungsauflagen des § 56 b Abs. 2 S. 1 Nr. 2 und 4 StGB nicht als Insolvenzforderungen an[188].

Demgegenüber spricht sich *Ahrens* für eine Verpflichtung des Verurteilten zur Erbringung der geldwerten Bewährungsauflagen aus[189]. *Preuß* stuft die Bewährungsauflagen nach § 56 b Abs. 2 StGB als Forderungen ein[190].

Lediglich *Brömmekamp* und *Ahrens* begründen ihre Rechtsauffassung.

(a) Standpunkt Brömmekamps

Brömmekamp führt gegen eine Verpflichtung des Verurteilten zur Auflagenerfüllung an, dass es sich bei den Bewährungsauflagen nur um Obliegenheiten handele, denen kein Anspruch auf Erfüllung zugrunde liege. Bei Nichterfüllung werde deshalb auch kein Schadensersatzanspruch ausgelöst[191]. Der Verurteilte komme der Obliegenheit im Eigeninteresse nach, da von der Auflagenerfüllung die Aussetzung der Vollstreckung der Freiheitsstrafe abhänge. Der Verurteilte habe es deshalb selbst in der Hand, ob er es mangels Auflagenerfüllung zum Widerruf der Strafaussetzung zur Bewährung kommen lässt oder nicht[192]. Auch könne von einer „Quasi-Verbindlichkeit" des Verurteilten deshalb keine Rede sein, weil die aufgrund der Obliegenheitsverletzung drohenden Nachteile nicht von solchem Gewicht seien, dass dem Verurteilten kein Entscheidungsspielraum bleibe, ob er die Bewährungsauflage erfülle oder nicht[193]. Denn die wirtschaftliche Leistungsfähigkeit des Verurteilten werde nicht nur bei der Erteilung der Bewährungsauflage, sondern über § 56 e StGB auch noch im weiteren Verfahrensverlauf und einem ggfs. notwendig werdenden Widerruf der Strafaussetzung zur Bewährung nach 56 f StGB berücksichtigt[194]. Eine Verpflichtung des Verurteilten lasse sich auch nicht damit rechtfertigen, dass das Gericht nach § 453 b StPO die Auflagenerfüllung zu überwachen habe[195]. Gemeinnützige Einrichtungen hätten als Zahlungsempfänger nach § 56 b Abs. 2 S. 1 Nr. 2 StGB schon deshalb keinen Anspruch auf die Geldauflage, weil sie zu dem Verurteilten in keinem Rechtsverhältnis stehen[196].

187 Hoffmann, Verbraucherinsolvenz, 2. Aufl. (2002), S. 141.
188 Uhlenbruck – Sternal, 14. Aufl. (2015), § 302 InsO Rn. 46.
189 Ahrens, NZI 2001, 456 (458).
190 K/P/B – Preuß, InsO, Bd. 1, § 39 Rn. 16 (Stand: Mai 2013).
191 Brömmekamp, ZIP 2001, 951 (952).
192 Brömmekamp, ZIP 2001, 951 (952).
193 Brömmekamp, ZIP 2001, 951 (952).
194 Brömmekamp, ZIP 2001, 951 (952).
195 Brömmekamp, ZIP 2001, 951 (952).
196 Brömmekamp, ZIP 2001, 951 (952 f.).

(b) Standpunkt Ahrens

Ahrens hingegen begründet die Zahlungspflicht des Verurteilten damit, dass dem Verurteilten keine Entscheidungsfreiheit hinsichtlich der Zahlung der Auflage bleibt, wenn ihm die Bewährungsauflage durch Urteil und Bewährungsbeschluss gem. §§ 56 b StGB, 268 a StPO auferlegt wird. Die von der Zahlung abhängige Entscheidung gegen bzw. für die Verbüßung der verhängten Freiheitsstrafe stelle keine selbstbestimmte Entscheidung dar[197]. Die zwangsweise Durchsetzbarkeit von Geldstrafe, Ordnungs- und Zwangsgeld im Wege der Ersatzfreiheitsstrafe, der Ordnungs- und Zwangshaft lasse die Zahlungsverpflichtung nicht entfallen. Vielmehr nehme der Grad der Verpflichtung dadurch zu, dass der an sich beabsichtigte Zugriff auf das Vermögen des Pflichtigen durch die Inanspruchnahme seiner Freiheit ersetzt werde[198]. Dies gelte auch für die Bewährungsauflage[199]. Von einer freiwilligen Erbringung geldwerter Bewährungsauflagen könne bei Zugrundelegung des zivilrechtlichen Freiwilligkeitsmaßstabs daher keine Rede sein, zumal weder der Verurteilte noch der Auflagenempfänger über die Bewährungsauflage verfügen dürften[200]. Ein stärkeres Maß an Pflichtigkeit als eine strafrechtliche Verurteilung zu einer Freiheitsstrafe auf Bewährung und Erteilung einer Auflage könne es nicht geben. Aus dieser strafrechtlichen Verurteilung resultiere die bedingungslose Verpflichtung des Verurteilten, entweder die geldwerte Bewährungsauflage zu zahlen oder aber die Freiheitsstrafe zu verbüßen[201].

bb) Eigene Stellungnahme

(1) Dic Auflagenerfüllung als Obliegenheit

Insbesondere die gesetzlich vorgesehene Struktur der Strafaussetzung zur Bewährung spricht dafür, dass der Verurteilte nicht verpflichtet ist, die ihm erteilte Bewährungsauflage nach § 56 b Abs. 2 S. 1 Nr. 2 bzw. 4 StGB zu zahlen. Gegen eine Verpflichtung und für eine Obliegenheit lässt sich anführen, dass der Verurteilte wegen des drohenden Widerrufs der Strafaussetzung im Falle eines gröblichen oder beharrlichen Auflagenverstoßes (§ 56 f Abs. 1 S. 1 Nr. 3 StGB) vor die Wahl gestellt wird, entweder die Bewährungsauflage zu erfüllen oder die Freiheitsstrafe zu verbüßen. Obliegenheiten zeichnen sich gerade dadurch aus, dass der durch die Obliegenheit Belastete ihr zur Wahrung eigener Interessen nachkommt, um die mit einem Obliegenheitsverstoß verbundenen Rechtseinbußen oder andere rechtliche Nachteile zu vermeiden[202]. Die Nichterfüllung der Bewährungsauflage ist ein Obliegenheitsverstoß, weil sie für den Verurteilten gem. § 56 f Abs. 1 S. 1 Nr. 3

197 Ahrens, NZI 2001, 456 (458).
198 Ahrens, NZI 2001, 456 (458).
199 Ahrens, NZI 2001, 456 (458).
200 Ahrens, NZI 2001, 456 (458).
201 Ahrens, NZI 2001, 456 (458).
202 Palandt/Grüneberg, BGB, 75. Aufl. (2016), Einl v § 241 Rn. 13.

StGB grundsätzlich den Widerruf der Strafaussetzung und damit einhergehend die Strafverbüßung zur Folge hat, sofern weniger eingriffsintensive Maßnahmen nach § 56 f Abs. 2 StGB nicht ausreichen sollten. Vor diesem Hintergrund wird die dem Verurteilten durch die Strafaussetzung zur Bewährung eingeräumte Aussicht, die Strafe im Falle der Bewährung nicht antreten zu müssen, zu Recht als „Chance“[203] bezeichnet[204] bzw. im Zusammenhang mit der Strafaussetzung zur Bewährung von einem „Angebot“ an den Verurteilten gesprochen[205]. An dem Nichtergreifen dieser Chance bzw. der unterbliebenen Annahme des dem Verurteilten unterbreiteten Angebots wird der Obliegenheitsverstoß deutlich, der als Rechtseinbuße bzw. rechtlicher Nachteil den Freiheitsentzug des Verurteilten (§ 56 f Abs. 1 S. 1 StGB) bzw. ihn belastende Maßnahmen nach § 56 f Abs. 2 S. 1 StGB zur Folge hat.

(2) Pflicht zur Verbüßung der ausgeurteilten Freiheitsstrafe

Darüber hinaus kann sich aus den Bewährungsauflagen des § 56 b Abs. 2 S. 1 Nr. 2 und 4 StGB eine Zahlungsverpflichtung des Verurteilten schon deshalb nicht ergeben, weil sich die Verpflichtung des Verurteilten zur Erfüllung des staatlichen Strafanspruchs ausschließlich auf die Verbüßung der im Urteil verhängten Freiheitsstrafe bezieht. Dem Verurteilten wird durch die Erteilung von Bewährungsauflagen lediglich die Möglichkeit eröffnet, den staatlichen Straf- und Vollstreckungsanspruch statt durch die Verbüßung der Freiheitsstrafe durch die Erbringung von Bewährungsauflagen und den dadurch herbeigeführten gerichtlichen Straferlass zum Erlöschen zu bringen. Es handelt sich hierbei lediglich um eine Befugnis des Verurteilten zur alternativen Strafanspruchserfüllung und nicht um eine ihn treffende Verpflichtung. Das Institut der Strafaussetzung zur Bewährung ist, sofern Auflagen erteilt worden sind, insoweit mit der zivilrechtlichen Ersetzungsbefugnis des Schuldners vergleichbar. Eine Ersetzungsbefugnis des Schuldners liegt vor, wenn der Schulder aufgrund einer vertraglichen Vereinbarung berechtigt ist, statt der geschuldeten Leistung eine andere Leistung zu erbringen, um das Schuldverhältnis zum Erlöschen zu bringen[206]. Bei der Leistung des Schuldners aufgrund einer solchen Ersetzungsbefugnis handelt es sich um eine Leistung an Erfüllung statt nach § 364 Abs. 1 BGB[207]. Bei einer Leistung an Erfüllung statt bildet das ursprüngliche Schuldverhältnis weiterhin den Rechtsgrund der Leistung[208]. So wie bei der Ersetzungsbefugnis die eigentlich geschuldete Erfüllung vertraglich dahingehend modifiziert wird, dass auch eine andere als die an sich vorgesehene Leistung die Erfüllungswirkung herbeiführen kann, stellt sich die Situation auch bei der

---

203 S/S – Stree/Kinzig, StGB, 29. Aufl. (2014), § 56 Rn. 4. Maassen, MDR 1954, 1 (2) spricht von „Chancenstadium“.
204 S/S – Stree/Kinzig, StGB, 29. Aufl. (2014), § 56 Rn. 4; Maassen, MDR 1954, 1 (2).
205 NK – Ostendorf, StGB, 4. Aufl. (2013), Bd. 1, vor §§ 56 ff Rn. 1.
206 Palandt/Grüneberg, BGB, 75. Aufl. (2016), § 364 Rn. 1.
207 BGH, Urt. v. 30.11.1983 – VIII ZR 190/82 = NJW 1984, 429 (429).
208 Palandt/Grüneberg, BGB, 75. Aufl. (2016), § 364 Rn. 4.

Strafaussetzung zur Bewährung dar. Hier werden dem Verurteilten als Alternative zur Freiheitsstrafenverbüßung Bewährunsauflagen an die Hand gegeben, deren Erfüllung notwendige Voraussetzung für den Erlass der Strafvollstreckung gem. § 56 g Abs. 1 S. 1 StGB und das damit einhergehende Erlöschen des staatlichen Anspruchs auf Vollstreckung der Freiheitsstrafe ist. Darüber hinaus besteht auch bei der Strafaussetzung zur Bewährung unter Auflagen das ursprüngliche Schuldverhältnis trotz Modifizierung des Leistungsinhalts fort. Bei Übertragung dieses zivilrechtlichen Aspekts auf das Strafverfahren und das im Strafverfahren bestehende Über- /Unterordnungsverhältnis des Staates zum Verurteilten, kann es nur darauf ankommen, ob die erfolgte Straf- bzw. Sanktionsverhängung trotz späteren Austauschs des Straf- bzw. Sanktionsübels bestehen bleibt. Die Verurteilung zur Freiheitsstrafe und deren Aussetzung zur Bewährung ist nicht nur Rechtsgrund der Freiheitsstrafenverbüßung. Sie ist zugleich Rechtsgrund der Auflagenerfüllung und bleibt dies auch nachdem die Auflagen erfüllt worden sind. Die Erfüllung der Bewährungsauflagen lässt die Verurteilung zur Freiheitsstrafe unberührt. Der Straferlass bezieht sich entgegen dem Wortlaut von § 56 g Abs. 1 S. 1 StGB nicht auf die Strafe, sondern auf die Strafvollstreckung und lässt lediglich den staatlichen Anspruch auf Strafvollstreckung entfallen, ohne zugleich die im Urteil verhängte Freiheitsstrafe aufzuheben[209]. Bei der Strafaussetzung zur Bewährung führt die Erfüllung der Bewährungsauflagen demnach nicht zu einem Wechsel des Rechtsgrunds dergestalt, dass Rechtsgrund nicht mehr die im Urteil verhängte Freiheitsstrafe, sondern nunmehr ausschließlich die im Bewährungsbeschluss erteilte Auflage ist.

Der Annahme, dass sich die Verpflichtung des Verurteilten zur Erfüllung des staatlichen Strafanspruchs ausschließlich auf die Verbüßung der Freiheitsstrafe bezieht, steht nicht entgegen, dass die Vollstreckung der Freiheitsstrafe zur Bewährung ausgesetzt wurde. Der Bestand der Verpflichtung zur Erfüllung des staatlichen Strafanspruchs durch die Strafverbüßung bleibt hiervon unberührt. Schließlich ist allein mit der Aussetzung der Strafvollstreckung noch kein Verzicht auf den staatlichen Straf- und Vollstreckungsanspruch hinsichtlich der Freiheitsstrafe verbunden. Vielmehr wird der sich auf die Freiheitsstrafe beziehende staatliche Vollstreckungsanspruch nur vorübergehend bis zum Ende der Bewährungszeit zurückgestellt. Dies zeigt sich an § 56 g Abs. 1 S. 1 StGB. Danach erlässt das Gericht die Strafe nach Ablauf der Bewährungszeit, wenn es die Strafaussetzung nicht widerruft. Aus der wegen der Strafaussetzung zur Bewährung zunächst nur vorläufigen Zurückstellung der Strafvollstreckung wird mit dem Erlass der Strafvollstreckung durch das Gericht ein endgültiger Verzicht auf die Strafvollstreckung[210]. Der endgültige Strafvollstreckungsverzicht lässt die Verurteilung zur Freiheitsstrafe hingegen unberührt. Der Straferlass bezieht sich entgegen dem Wortlaut von § 56 g Abs. 1 S. 1 StGB nicht auf die Strafe, sondern auf die Strafvollstreckung und lässt lediglich den

209 SK – StGB/Schall, 8. Aufl. (2012), Bd. 2, § 56 g Rn. 6 (Stand: April 2010); NK – Ostendorf, StGB, 4. Aufl. (2013), Bd. 1, § 56 g Rn. 2.

210 SK – StGB/Schall, 8. Aufl. (2012), Bd. 2, § 56 g Rn. 2 (Stand: April 2010).

staatlichen Anspruch auf Strafvollstreckung entfallen, ohne zugleich die im Urteil verhängte Freiheitsstrafe aufzuheben[211]. Auf den staatlichen, auf die Freiheitsstrafe ausgerichteten Strafanspruch hat somit die vorläufige Zurückstellung der Strafvollstreckung durch Aussetzung der Freiheitsstafe zur Bewährung keinen Einfluss.

Der hier zugrunde gelegten Annahme, dass der staatliche Strafanspruch ausschließlich die Freiheitsstrafe zum Inhalt hat, steht auch nicht entgegen, dass den Bewährungsauflagen insoweit ein gewisser Vorrang gegenüber der Vollstreckung der im Urteil verhängten Freiheitsstrafe zukommt, als sie mangels Freiheitsentzugs weniger eingriffsintensive Genugtuungsmittel zum Unrechtsausgleich sind[212]. Mit diesem, in den §§ 56 f Abs. 1 S. 1 Nr. 3, 56 g Abs. 1 S. 1 StGB zum Ausdruck kommenden Vorrangverhältnis, lässt sich eine Verpflichtung des Verurteilten zur Erbringung der Bewährungsauflagen nicht begründen. Dem Verurteilten wird durch die Erteilung der Bewährungsauflagen lediglich die Möglichkeit eingeräumt, die im Urteil verhängte Freiheitsstrafenverbüßung abzuwenden, indem er es durch die Auflagenerfüllung nicht zum Widerruf der Strafaussetzung (§ 56 f Abs. 1 S. 1 Nr. 3 StGB) und damit nicht zu der sich anschließenden Strafvollstreckung kommen lässt. Durch die Abwendungsbefugnis wird lediglich dem Gesichtspunkt, dass Strafe unter Verhältnismäßigkeitsgesichtspunkten immer nur ultima ratio sein darf, dadurch Rechnung getragen, dass dem Verurteilten die Gelegenheit gegeben wird, das verhängte Strafübel gegen ein anderes milderes Sanktionsübel auszutauschen, ohne dass sich hierdurch der Rechtsgrund seinem Inhalt nach ändert.

(3) Fehlende Vollstreckbarkeit von Bewährungsauflagen

Auch wäre es mit der Annahme einer Zahlungsverpflichtung des Verurteilten unvereinbar, dass die Bewährungsauflagen nicht zwangsweise gegen seinen Willen durchsetzbar sind[213]. Die Vollstreckung von Bewährungsauflagen ist in der Strafprozessordnung nicht vorgesehen. Für eine Durchsetzbarkeit der Bewährungsauflagen lässt sich auch nicht die Widerrufsmöglichkeit nach § 56 f Abs. 1 S. 1 Nr. 3 StGB und die dadurch ausgelöste Vollstreckung der Freiheitsstrafe anführen[214]. Denn die widerrufsbedingte Freiheitsstrafenvollstreckung stellt gerade keine zwangsweise Durchsetzung einer Leistungsverpflichtung des Verurteilten, sondern lediglich den rechtlichen Nachteil dar, den der Verurteilte aufgrund des Obliegenheitsverstoßes in Form der Nichterfüllung der Bewährungsauflage erleidet.

211 SK – StGB/Schall, 8. Aufl. (2012), Bd. 2, § 56 g Rn. 6 (Stand: April 2010); NK – Ostendorf, StGB, 4. Aufl. (2013), Bd. 1, § 56 g Rn. 2.

212 SK – StGB/Schall, 8. Aufl. (2012), Bd. 2, § 56 b Rn. 2 (Stand: April 2010).

213 Gegen die Vollstreckbarkeit von Bewährungsauflagen Zeitler, Rpfleger 2012, 113 (117).

214 So aber Geiger, Rechtsnatur der Sanktion, S. 80.

(4) Zwischenergebnis

Die vorstehenden Ausführungen haben gezeigt, dass den Bewährungsauflagen des § 56 b Abs. 2 S. 1 Nr. 2 und 4 StGB keine Zahlungsverpflichtung des Verurteilten zugrunde liegt, da es sich um bloße Obliegenheiten handelt und dem Verurteilten durch die Erteilung von Bewährungsauflagen lediglich eine Abwendungsbefugnis hinsichtlich der im Urteil verhängten Freiheitsstrafe eingeräumt wird. Folglich können die Bewährungsauflagen des § 56 b Abs. 2 S. 1 Nr. 2 und 4 StGB auch nicht Insolvenzforderung i. S. v. § 38 InsO sein.

2. Erweiterung von § 39 Abs. 1 Nr. 3 InsO auf die Bewährungsauflagen des § 56 b Abs. 2 S. 1 Nr. 2 und 4 StGB und Umgang mit diesen Bewährungsauflagen im Insolvenzverfahren

Die beiden Fragen, ob es sich (1.) bei § 39 Abs. 1 Nr. 3 InsO um eine abschließende Aufzählung der dort genannten Geldzahlungen handelt und wie (2.) die Bewährungsauflagen des § 56 b Abs. 2 S. 1 Nr. 2 und 4 StGB im Insolvenzverfahren zu behandeln sind, lassen sich parallel zur Problematik bei der Geldauflage nach § 153 a Abs. 1 S. 2 Nr. 2 StPO beantworten. Der Anwendungsbereich von § 39 Abs. 1 Nr. 3 InsO kann nicht auf die Bewährungsauflagen des § 56 b Abs. 2 S. 1 Nr. 2 und 4 StGB ausgedehnt werden. Da die Bewährungsauflagen des § 56 b Abs. 2 S. 1 Nr. 2 und 4 StGB demnach keine Insolvenzforderungen sind, spielen all diejenigen Normen der Insolvenzordnung keine Rolle, die sich auf Insolvenzforderungen beziehen oder bei denen es auf die Beteiligung eines Insolvenzgläubigers ankommt. Für die Bewährungsauflagen des § 56 b Abs. 2 S. 1 Nr. 2 und 4 StGB gelten insoweit die gleichen Erwägungen wie für die Geldauflage nach § 153 a Abs. 1 S. 2 Nr. 2 StPO. Zur Vermeidung von Wiederholungen wird daher auf die dort gemachten Ausführungen verwiesen[215].

3. Ergebnis

Abschließend bleibt festzuhalten, dass die Bewährungsauflagen des § 56 b Abs. 2 S. 1 Nr. 2 und 4 StGB insolvenzrechtlich ebenso bedeutungslos sind wie die Geldauflage nach § 153 a Abs. 1 S. 2 Nr. 2 StPO. Auch auf die Bewährungsauflagen lässt sich der Doppelcharkter der Geldstrafe mangels Insolvenzforderung und dem Vorliegen eines Vermögensanspruchs nicht übertragen.

Vor diesem Hintergrund stellen sich die strafrechtlichen Konsequenzen der Insolvenanfechtung wie folgt dar: Auch bei den Bewährungsauflagen des § 56 b Abs. 2 S. 1 Nr. 2 bzw. 4 StGB hat die erfolgreiche Insolvenzanfechtung zur Folge, dass es mangels Anspruchs auf diese Geldleistungen nicht zum Wiederaufleben der Forderung nach § 144 Abs. 1 InsO kommen kann. Die geldwerten Bewährungsauflagen

215 Siehe C.II.3. und 4.

des § 56 b Abs. 2 S. 1 Nr. 2 und 4 StGB entstehen also nicht von neuem[216]. Im Gegensatz zur Geldauflage des § 153 a Abs. 1 S. 2 Nr. 2 StPO (vgl. § 153 a Abs. 1 S. 1 StPO und § 153 a Abs. 1 S. 4 HS 2 StPO) verlangt das Gesetz in den §§ 56 b, e und f StGB nicht die Zustimmung des Verurteilten zur Erteilung von Bewährungsauflagen. Es stellt sich daher die Frage, ob dem Verurteilten vor dem Hintergrund der insolvenzrechtlichen Rückabwicklung nachträglich gem. §§ 56 e, 56 f Abs. 2 S. 1 Nr. 1 StGB ein weiteres Mal Bewährungsauflagen auferlegt werden können. Dem Gericht würde als Reaktion auf die insolvenzrechtliche Rückgewähr zur Insolvenzmasse gem. § 143 Abs. 1 S. 1 InsO damit nicht nur der Widerruf der Strafaussetzung nach § 56 f Abs. 1 S. 1 Nr. 3 StGB bleiben.

216 I.E. ebenso Wilk, wistra 2011, 416 (418).

D. Streitstand zur Frage der strafrechtlichen Folgen einer Insolvenzanfechtung

I. Zum Wiederaufleben des staatlichen Strafanspruchs nach der Insolvenzanfechtung der Geldstrafenzahlung und die Zulässigkeit der Vollstreckung der Ersatzfreiheitsstrafe im Insolvenzverfahren

Folge der Insolvenzanfechtung ist, dass die an den Fiskus gezahlte Geldstrafe nach § 143 Abs. 1 S. 1 InsO zur Insolvenzmasse zurückzugewähren ist. Ob hieraus wiederum nach § 144 Abs. 1 InsO folgt, dass der Geldstrafenanspruch des Staates wieder auflebt und dieser Anspruch nach strafrechtlichen Grundsätzen, ggfs. sogar im Wege der Ersatzfreiheitsstrafe, trotz der Insolvenz des Verurteilten vollstreckt werden kann, ist umstritten. Hiermit zusammen hängt die übergeordnete Streitfrage, ob der Vollstreckung der Ersatzfreiheitsstrafe das laufende Insolvenzverfahren entgegensteht. Die zu dieser Frage ergangene einhellige Rechtsprechung und die hierzu vertretenen Meinungen in der Literatur beziehen in ihre Überlegungen allerdings nicht mit ein, dass die zunächst gezahlte Geldstrafe nach einer Insolvenzanfechtung zur Insolvenzmasse zurückgezahlt wird. Ausgangspunkt des Streits scheint vielmehr die üblicherweise bei der Ersatzfreiheitsstrafe vorliegende Situation zu sein, dass der insolvente Verurteilte die Geldstrafe wegen seiner schlechten wirtschaftlichen Verhältnisse nicht zahlt und sich dann die Frage nach der Ersatzfreiheitsstrafe stellt. Da sich die vorliegende Arbeit thematisch ausschließlich mit der Frage auseinandersetzt, inwieweit sich die insolvenzrechtliche Rückabwicklung gem. § 143 Abs. 1 S. 1 InsO auf das Strafverfahren auswirkt, beschränkt sich die Streitdarstellung auf die Sondersituation, dass die Geldstrafe gezahlt, infolge der Insolvenzanfechtung aber wieder zur Insolvenzmasse zurückgewährt wird.

1. Die Bedeutung der Streitfrage für den Verurteilten

Der Streitfrage kommt für den insolventen Verurteilten insoweit Bedeutung zu, als er die zur Insolvenzmasse zurückgezahlte Geldstrafe, wenn auch in anfechtbarer Weise, schon einmal entrichtet hat und es aus seiner Sicht ungerecht erscheint, dass er trotz der Zahlung noch einmal für die gleiche Tat sanktioniert werden soll. Die nochmalige Sanktionierung ist für den Verurteilten umso unverständlicher, als die Geldstrafenzahlung mangels Anfechtungsberechtigung nicht von ihm selbst, sondern nur von dem anfechtungsberechtigten Insolvenzverwalter bzw. Sachwalter angefochten werden kann[217]. Dem Verurteilten könnte insoweit das in Art. 103 Abs. 3 GG geregelte Doppelbestrafungsverbot zugutekommen. Mit der Vollstreckung der

217 Siehe B.IV.1.a.

Ersatzfreiheitsstrafe ist ein Freiheitsentzug verbunden, dem eine hohe Eingriffsintensität im Hinblick auf die durch Art. 2 Abs. 2 S. 2 GG geschützte Freiheit der Person zukommt. Aus diesem Grund kann die Beantwortung der Frage nach dem Wiederaufleben des Geldstrafenanspruchs infolge einer insolvenzrechtlichen Rückabwicklung noch nicht deshalb dahingestellt bleiben, weil es soweit ersichtlich bis auf die eingangs[218] dargestellte Entscheidung des LG Göttingen vom 19.01.2016[219] keine strafgerichtliche Rechtsprechung zu dieser Streitfrage gibt und es deswegen an der Praxisrelevanz fehlen könnte. Die in einem Anfechtungsrechtsstreit ergangene Entscheidung des AG Bremen[220] verdeutlicht, dass sich die Gerichtspraxis bereits im Jahre 2012 der Möglichkeit bewusst war, auf die Insolvenzanfechtung der Geldstrafe mit der Vollstreckung der Ersatzfreiheitsstrafe zu reagieren. Das AG Bremen hatte über die Insolvenzanfechtung einer Pfändung wegen einer nicht gezahlten Geldstrafe zu entscheiden[221]. Zweifel, ob die Geldstrafenzahlung eine anfechtbare Rechtshandlung ist, äußerte das AG Bremen unter Hinweis darauf, dass die Vollstreckung der Ersatzfreiheitsstrafe infolge der Insolvenzanfechtung den Gläubigerinteressen zuwiderlaufe, da dem Verurteilten durch die Haft die Möglichkeit genommen werde, Einkommen zu generieren[222].

2. Das Wiederaufleben des staatlichen Strafanspruchs und die Zulässigkeit der Vollstreckung der Ersatzfreiheitsstrafe in der Insolvenz des Verurteilten

a) Ablehnende Positionen

aa) Standpunkt von Rinjes

Rinjes ist der Ansicht, dass die insolvenzrechtliche Rechtsfolge des § 144 Abs. 1 InsO nicht dergestalt auf den staatlichen Strafanspruch übertragbar ist, dass der Geldstrafenanspruch wiederauflebt[223]. Dies verbiete der Strafcharakter des Geldstrafenanspruchs, da die Geldstrafe beglichen worden sei. Mit dem Gerechtigkeitsgedanken sei es nicht vereinbar, den Verurteilten zur nochmaligen Zahlung der Geldstrafe heranzuziehen oder die Ersatzfreiheitsstrafe zu vollstrecken[224]. Dieser Befund lasse sich auch strafvollstreckungsrechtlich belegen[225]. Denn sowohl die Geldstrafenvollsteckung nach der JBeitrO als auch die Vollstreckung der Ersatzfreiheitsstrafe seien unzulässig, da die Zahlung der Geldstrafe ein Vollstreckungshindernis auslöse[226]. Es

---

218 Siehe A.I.4.
219 LG Göttingen, Beschl. v. 19.01.2016 -5 Qs 3/15 = wistra 2016, 167 (167 f.).
220 AG Bremen, Urt. v. 19.04.2012 – 9 C 344/11 = VuR 2012, 410 f.
221 AG Bremen, Urt. v. 19.04.2012 – 9 C 344/11 = VuR 2012, 410 (410).
222 AG Bremen, Urt. v. 19.04.2012 – 9 C 344/11 = VuR 2012, 410 (410 f.).
223 Rinjes, wistra 2008, 336 (338).
224 Rinjes, wistra 2008, 336 (338).
225 Rinjes, wistra 2008, 336 (338).
226 Rinjes, wistra 2008, 336 (338).

sei nicht gesetzlich geregelt, wie sich die Rückzahlung der Geldstrafe aufgrund von außerstrafvollstreckungsrechtlichen Umständen auf das Vollstreckungshindernis auswirke. Von einem Wegfall dieses Strafvollstreckungshindernisses als Folge der Rückzahlung der Geldstrafe zur Insolvenzmasse aufgrund der Insolvenzanfechtung könne nicht ausgegangen werden, da der Fortbestand des Vollstreckungshindernisses mit der Dogmatik des Strafvollstreckungsrechts übereinstimme[227]. Auch spreche für den Bestand des Vollstreckungshindernisses trotz Rückzahlung der Geldstrafe, dass der Verurteilte andernfalls ein Gnadengesuch stellen müsste, um eine Doppelbestrafung zu vermeiden, die Gefahr der Doppelbestrafung daher gegeben sei, wenn der Verurteilte kein entsprechendes Gesuch stelle[228].

Rinjes hält *Bittmann*[229] entgegen, dass es für das Erreichen der Straffunktion unerheblich sei, ob die Geldstrafe aus dem unpfändbaren oder pfändbaren Vermögen des Verurteilten gezahlt worden sei[230]. Auf die unterschiedlich starke finanzielle Belastung in diesen Fällen habe die Eröffnung des Insolvenzverfahrens über das Vermögen des Täters keinen Einfluss; der Grad der finanziellen Belastung müsse über die Tagesatzhöhe und die Heranziehung der §§ 459 d, 459 f StPO Berücksichtigung finden[231]. Dem Einwand *Bittmanns*, dem Verurteilten könne geraten werden, schon vor Eröffnung des Insolvenzverfahrens die Geldstrafe zu zahlen, sei entgegenzuhalten, dass durch die Zahlung die sanktionierende Wirkung der Geldstrafe eingetreten ist. Ein solcher Rat sei schon zur Vermeidung der Ersatzfreiheitsstrafe angebracht[232]. Darüber hinaus könne der Verurteilte vor Eröffnung des Insolvenzverfahrens zivilrechtlich betrachtet frei darüber entscheiden, welchen Gläubiger er befriedige. Dies ergebe sich daraus, dass der im Insolvenzrecht geltende Grundsatz der gleichmäßigen Gläubigerbefriedigung (par conditio creditorum) erst ab Eröffnung des Insolvenzverfahrens zu beachten ist. Die vorinsolvenzliche Zahlung sei im Falle einer späteren Insolvenzanfechtung jedoch nicht von Vorteil, da der Geldstrafenanspruch wiederauflebe und dieser gem. § 302 Nr. 2 InsO von einer Restschuldbefreiung unberührt bleibe. Letztendlich komme der Verurteilte um die Zahlung der Geldstrafe dann ohnehin nicht herum[233]. Dann sei aber kein Grund ersichtlich, die schon eingetretene Straffunktion der Geldstrafe in Frage zu stellen[234]. Den Ausführungen *Bittmanns* könne entnommen werden, dass der insolvente Geldstrafenschuldner aufgrund der Insolvenzanfechtung besser gestellt ist als der liquide Geldstrafenschuldner. Dieser Gesichtspunkt sei jedoch kein Anlass, die Problematik der Vollstreckung von Geldstrafen bei insolventen Tätern über das Insolvenzanfechtungsrecht aufzulösen[235].

---

227 Rinjes, wistra 2008, 336 (338).
228 Rinjes, wistra 2008, 336 (338).
229 Bittmann, wistra 2009, 15 f.
230 Rinjes, wistra 2009, 16 (16).
231 Rinjes, wistra 2009, 16 (16).
232 Rinjes, wistra 2009, 16 (16).
233 Rinjes, wistra 2009, 16 (16).
234 Rinjes, wistra 2009, 16 (16).
235 Rinjes, wistra 2009, 16 (16).

bb) Standpunkt von Wilk

Wilk vertritt die Auffassung, dass der Geldstrafenanspruch nicht wieder auflebe und nicht vollstreckt werden könne. Auch die Vollstreckung der Ersatzfreiheitsstrafe müsse ausscheiden. Durch die Zahlung sei die Geldstrafe getilgt worden und ein Wiederaufleben des Strafanspruchs sehe die Strafprozessordnung nicht vor[236]. Etwas anderes lasse sich entgegen *Bittmann*[237] auch nicht dem Urteil des Bundesgerichtshofs vom 14.10.2010 entnehmen, da der Bundesgerichtshof in dieser Entscheidung nur zur Anwendbarkeit der Insolvenzanfechtungsregeln auf die Geldstrafe Stellung genommen habe, nicht jedoch zu strafvollstreckungsrechtlichen Fragen[238]. Zur Begründung seiner Auffassung greift *Wilk* auf die Differenzierung zwischen dem vermögensrechtlichen Anspruch und dem staatlichen Strafanspruch zurück, die seiner Meinung nach in dem Beschluss des Bundesverfassungsgerichts vom 24.08.2006 zur Zulässigkeit der Vollstreckung der Geldstrafe in der Insolvenz durch Vollziehung der Ersatzfreiheitsstrafe angelegt ist. Aufgrund der vorzunehmenden Differenzierung zwischen Vermögens- und Strafanspruch könne aus den §§ 144 Abs. 1, 89 Abs. 1 InsO nicht geschlossen werden, dass der staatliche Strafanspruch wieder auflebe und die Vollstreckung der Ersatzfreiheitsstrafe unzulässig sei. Aus der Aussage des Bundesgerichtshofs in seiner Entscheidung vom 14.10.2010, dass § 144 InsO auch bei angefochtenen Geldstrafen Anwendung findet, ergebe sich lediglich, dass der Staat seine Forderung zur Insolvenztabelle anmelden kann, wenn dies im Hinblick auf die Nachrangigkeit nach § 174 Abs. 3 InsO zugelassen wurde. Dass der Strafanspruch nicht identisch wie der Vermögensanspruch, sondern getrennt von diesem zu behandeln ist, ergebe sich daraus, dass in der Insolvenz die Vollstreckung des vermögensrechtlichen Anspruchs gem. § 89 InsO unzulässig ist, während die Vollstreckung der Ersatzfreiheitsstrafe zulässig ist[239]. Entgegen *Bittmann*[240] sei die Straffunktion der Geldstrafe trotz der Insolvenzanfechtung und unabhängig davon erreicht, ob die Zahlung aus unpfändbaren oder pfändbaren Vermögen erfolgt sei, da das Vermögen des Schuldners vor Eröffnung des Insolvenzverfahrens eine Einheit sei und der Konsumverzicht durch Zahlung der Geldstrafe sowohl bei einer Zahlung aus pfändbaren als auch aus unpfändbaren Vermögen gegeben sei[241]. Zudem könne dem aus pfändbarem Vermögen zahlenden Verurteilten im Vergleich zu dem aus unpfändbarem Vermögen Leistenden kein rechtsmissbräuchliches Verhalten durch Gebrauch der Insolvenzanfechtung vorgehalten werden, da das Durchgreifen der Anfechtung mit vielen für den Geldstrafenschuldner nicht überschaubaren Unsicherheiten, beispielsweise bei der Berechnung des Anfechtungszeitraums und der Frage der Anfechtungsberechtigung im Regel- und Verbraucherinsolvenzverfahren,

236 Wilk, wistra 2011, 416 (417).
237 Bittmann, wistra 2011, 133 (134).
238 Wilk, wistra 2011, 416 (416 f.).
239 Wilk, wistra 2011, 416 (417).
240 Bittmann, wistra 2009, 15 (15).
241 Wilk, wistra 2011, 416 (418).

verbunden sei[242]. Der insolvente Verurteilte werde durch die Insolvenzanfechtung auch nicht gegenüber nicht insolventen Tätern übervorteilt, weil dem Staat als nachrangigem Insolvenzgläubiger die Geldstrafe auch dann in voller Höhe zukomme, wenn die Insolvenzmasse nicht ausreichen sollte[243].

cc) Standpunkt von Pfordte

Pfordte lehnt ein Wiederaufleben des staatlichen Geldstrafenanspruchs und eine Vollstreckung der Ersatzfreiheitsstrafe ab[244]. Hinsichtlich der Rechtsfolge des § 144 Abs. 1 InsO müsse zwischen der insolvenzrechtlichen und strafrechtlichen Beurteilung unterschieden werden. Der personale Strafcharakter der Geldstrafe verbiete eine Übertragung der Rechtsfolge des § 144 Abs. 1 InsO auf das Strafrecht, da der Verurteilte die Geldstrafe bereits getilgt habe[245]. Die erneute Geltendmachung der Geldstrafe und Vollstreckung der Ersatzfreiheitsstrafe sei mit dem Doppelbestrafungsverbot unvereinbar[246]. Dieses Ergebnis lasse sich mit einer analogen Anwendung von § 459 e Abs. 4 S. 1 StPO begründen, wonach die Ersatzfreiheitsstrafe nicht vollstreckt wird, wenn die zunächst nicht gezahlte Geldstrafe entrichtet wird. Die Zahlung stelle ein Vollstreckungshindernis mit ex-nunc-Wirkung dar, das auch gelte, wenn die Zahlung nach einer Insolvenzanfechtung rückgängig gemacht werde, da die Zahlung ja erfolgt sei[247]. Die unterschiedlichen insolvenz- und strafrechtlichen Folgen seien wegen der Doppelnatur der Geldstrafe in diesen Verfahren gerechtfertigt[248] und lägen auch daran, dass Insolvenz- und Strafvollstreckungsrecht unterschiedliche Ziele verfolgten[249]. Während das Insolvenzrecht den Gläubigerschutz durch die Erhaltung der Insolvenzmasse im Blick habe, gehe es bei der Strafvollstreckung um die Tilgung der Geldstrafe durch den Verurteilten, auf welche die Insolvenzanfechtung ohne Einfluss sei, zumal der Verurteilte nur so keiner Doppelbestrafung ausgesetzt werde[250]. Jedenfalls ließen sich Probleme, die sich aus dem Aufeinandertreffen von Straf- und Insolvenzrecht ergeben, nicht dadurch zulasten des Verurteilten lösen, dass der gesetzlich definierte Anwendungsbereich von strafrechtlichen Regelungen, die den Verurteilten schützen, begrenzt oder äußerstenfalls bis zur Unanwendbarkeit herabgesetzt wird[251].

242 Wilk, wistra 2011, 416 (418).
243 Wilk, wistra 2011, 416 (418).
244 Pfordte, StV 2010, 591 (595).
245 Pfordte, StV 2010, 591 (595).
246 Pfordte, StV 2010, 591 (595).
247 Pfordte, StV 2010, 591 (595).
248 Pfordte, StV 2010, 591 (595).
249 Pfordte, StV 2010, 591 (597).
250 Pfordte, StV 2010, 591 (597).
251 Pfordte, StV 2010, 591 (597).

b) *Befürwortende Positionen*

aa) *Standpunkt des LG Göttingen, Beschluss vom 19.01.2016 (5 Qs 3/15)*[252]

Das LG Göttingen hielt die Aufforderung der Staatsanwaltschaft, die Geldstrafe nach einer erfolgreichen Insolvenzanfechtung ein weiteres Mal zu zahlen sowie die Ladung zum Antritt der Ersatzfreiheitsstrafe wegen Ausbleibens der Zahlung für zulässig, weil die Geldstrafenforderung durch die Insolvenzanfechtung gem. §§ 143, 144 InsO wieder aufgelebt sei und die zivilrechtlich während des Insolvenzverfahrens unzulässige Einzelzwangsvollstreckung nicht zur strafrechtlichen Unvollstreckbarkeit der Geldstrafenforderung führe[253]. Der insolvente Verurteilte solle durch die Verschonung von der Strafvollstreckung während des Insolvenzverfahrens nicht gegenüber anderen zahlungsunfähigen Verurteilten priviligiert werden, zumal § 2 StrVollStrO verlange, dass die Strafvollstreckung schnell und nachhaltig erfolge. Der Verurteilte könne die Ersatzfreiheitsstrafe dadurch vermeiden, dass er die Geldstrafe aus unpfändbarem Vermögen zahlt, gemeinnützige Arbeit leistet oder Zahlungserleichterungen (Ratenzahlungen oder Stundungen) bei der Vollstreckungsbehörde beantragt[254]. Eine unzulässige Doppelbestrafung liege bei Vollstreckung der Ersatzfreiheitstrafe nicht vor, da die angefochtene Zahlung der Geldstrafe keine Tilgungswirkung gehabt habe. Ein Konsumverzicht des Verurteilten liege nicht vor, da der Verurteilte mit Geld aus der späteren Insolvenzmasse gezahlt habe, das nicht ihm, sondern der Gesamtheit der Insolvenzgläuber zugestanden hätte[255]. Die Geldstrafe sei auch nicht dadurch getilgt worden, dass das Geld bis zur insolvenzanfechtungsbedingten Rückzahlung und damit eine gewisse Zeit lang in der Landeskasse gewesen sei, da hiermit kein persönlicher Verzicht des Verurteilten verbunden sei und der Strafanspruch auch in den Fällen der Stornierung einer überwiesenen Geldstrafe nicht durch die kurzweilige Gutschrift auf dem Konto des Landes erlösche[256]. Näheres zur Entscheidung des LG Göttingen findet sich unter A.I.4.

bb) *Standpunkt von Bittmann*

Dem Standpunkt von *Rinjes*[257] hält *Bittmann* entgegen, dass die Straffunktion der Geldstrafe nur erreicht sei, wenn der Verurteilte die Geldstrafe aus seinem unpfändbaren Vermögen zahle, nicht jedoch in den die Insolvenzanfechtung auslösenden Fällen der Zahlung aus dem pfändbaren Vermögen[258]. Würde man die Tilgungswirkung bei der Geldstrafe trotz erfolgreicher Insolvenzanfechtung anerkennen, so wäre der Verurteilte, der die Geldstrafe aus unpfändbarem Vermögen zahle

---

252 LG Göttingen, Beschl. v. 19.01.2016 – 5 Qs 3/15 = wistra 2016, 167 (167 f.).
253 LG Göttingen, Beschl. v. 19.01.2016 – 5 Qs 3/15 = wistra 2016, 167 (167 f.).
254 LG Göttingen, Beschl. v. 19.01.2016 – 5 Qs 3/15 = wistra 2016. 167 (168).
255 LG Göttingen, Beschl. v. 19.01.2016 – 5 Qs 3/15 = wistra 2016, 167 (168).
256 LG Göttingen, Beschl. v. 19.01.2016 – 5 Qs 3/15 = wistra 2016, 167 (168).
257 Rinjes, wistra 2008, 336 (338).
258 Bittmann, wistra 2009, 15 (15).

gegenüber dem aus pfändbarem Vermögen zahlenden Verurteilten schlechter gestellt[259]. Dies begründet *Bittmann* damit, dass sich der Insolvenzbeschlag bei Zahlung der Geldstrafe aus dem unpfändbaren Vermögen auf die gesamte pfändbare Insolvenzmasse bezieht. In diesem Fall könne der Insolvenzschuldner nur über sein unpfändbares Vermögen frei verfügen, sodass dieser Vermögensteil durch Zahlung der Geldstrafe reduziert werde. Zahle der Insolvenzschuldner die Geldstrafe jedoch aus dem pfändbaren Vermögen, so beziehe sich der Insolvenzbeschlag auf das pfändbare Vermögen abzüglich der hieraus gezahlten Geldstrafe. Dies hätte zur Folge, dass dem Schuldner das unpfändbare Vermögen noch in voller Höhe zur Verfügung stünde und zwar unabhängig davon, ob die Geldstrafe nach der Insolvenzanfechtung der Insolvenzmasse wieder zugeführt werde[260]. Als weiteres Argument für ein Wiederaufleben der Geldstrafe und deren Vollstreckbarkeit führt *Bittmann* an, dass sich der gutberatene Verurteilte andernfalls der Zahlungspflicht dadurch entziehen könnte, dass er die Geldstrafe noch vor Eröffnung des Insolvenzverfahrens zahlt[261]. Dies würde sich aber einseitig zulasten der übrigen Gläubiger auswirken, ohne dass den Verurteilten irgendwelche Nachteile treffen würden. Denn die Zahlung der Geldstrafe wirke sich nur negativ auf die Höhe der Insolvenzquote aus, was ausschließlich für die Insolvenzgläubiger nachteilig wäre, zumal die Restschuldbefreiung nicht von der Insolvenzquote und der Höhe der darüberhinausgehenden offenen Forderungen abhängig sei. Da dem Verurteilten im Falle der Nichtzahlung der Geldstrafe die Vollstreckung der Geld- bzw. Ersatzfreiheitsstrafe drohe, könne er durch die geschickte Schuldtilgung die finanzielle Belastung durch die Geldstrafe umgehen[262]. Auch die §§ 39 Abs. 1 Nr. 3, 302 Nr. 2 InsO sprächen für das Wiederaufleben der vollstreckbaren Geldstrafe als Rechtsfolge der Insolvenzanfechtung. Denn in diesen Normen komme die gesetzgeberische Wertung zum Ausdruck, dass der insolvente Schuldner nicht vor der Zahlung der Geldstrafe geschützt werden soll[263].

Dass es nicht richtig sei, die bloße Zahlung der Geldstrafe für ausreichend zu halten, folge schon daraus, dass ansonsten der rechtsunkundige Verurteilte gegenüber dem rechtskundigen benachteiligt wäre. Während letzterer die anfechtbare Zahlung durch den Insolvenzverwalter revidieren könne, ohne zugleich Strafvollstreckungsmaßnahmen fürchten zu müssen, müsse ersterer sein unpfändbares Vermögen unter Zurückstellung von Ausgaben antasten oder aber die Ersatzfreiheitsstrafe in Kauf nehmen[264]. In seiner Position sieht sich *Bittmann* auch durch die bereits angesprochene Entscheidung des Bundesgerichtshofs vom 14.10.2010[265] bestärkt. Aus der Wiedergabe der Rechtsfolgen der Insolvenzanfechtung der Geldstrafe durch den Bundesgerichtshof – der Rückgewähr der Zahlung zur Insolvenzmasse gem.

259 Bittmann, wistra 2009, 15 (15).
260 Bittmann, wistra 2009, 15 (15).
261 Bittmann, wistra 2009, 15 (15).
262 Bittmann, wistra 2009, 15 (15 f.).
263 Bittmann, wistra 2009, 15 (16).
264 Bittmann, wistra 2011, 133 (134).
265 BGH, Urteil v. 14.10.2010 – IX ZR 16/10 = wistra 2011, 119 f.

§ 143 Abs. 1 S. 1 InsO durch die Justizkasse und dem Wiederaufleben der Geldstrafenforderung des Staates nach § 144 Abs. 1 InsO – zieht *Bittmann* den Schluss, dass der Bundesgerichtshof damit deutlich gemacht habe, dass der rechtskundige Verurteilte die Insolvenzanfechtung nicht einseitig zu seinen Gunsten für sich in Anspruch nehmen dürfe, ohne gleichzeitig die mit ihr verbundenen nachteiligen Auswirkungen hinzunehmen[266]. Vor diesem Hintergrund sei die Geldstrafe nach der Insolvenzanfechtung wieder vollstreckbar[267].

cc) Standpunkt von Eggers und Reuker

Eggers und *Reuker* befürworten die Vollstreckbarkeit des Geldstrafenanspruchs nach der BeitrVO[268] sowie die Vollstreckung der Ersatzfreiheitsstrafe für den Fall, dass die Geldstrafe nicht aus der Insolvenzmasse beglichen werden kann[269]. Andernfalls stelle sich angesichts der gem. § 144 Abs. 1 InsO wiederauflebenden Forderung die Frage, wie diese bei einem Auseinanderklaffen der insolvenz- und strafrechtlichen Lage durchgesetzt werden soll[270]. Darüber hinaus habe sich die Straffunktion durch die Zahlung der Geldstrafe nicht erfüllen können, weil die Zahlung durch die Insolvenzanfechtung rückgängig gemacht wurde[271].

dd) Standpunkt von Lorenz und Roth

Auch *Lorenz* und *Roth* gehen davon aus, dass die Insolvenzanfechtung dazu führe, dass der Strafanspruch wieder auflebe und sodann vollstreckbar sei[272]. Eine Mehrfachsanktionierung habe dies nicht zur Folge, weil die Insolvenzanfechtung gem. § 144 Abs. 1 InsO lediglich das rückwirkende Wiederaufleben der alten Forderung bewirke, was wiederum dazu führe, dass die Zahlung als von Anfang an als nicht erbracht angesehen werden müsse, weshalb ein Strafklageverbrauch abzulehnen sei. Da die Insolvenzanfechtung auch Strafzahlungen erfasse, sei es folgerichtig, die ex-tunc-Wirkung der Insolvenzanfechtung auch strafrechtlich anzuerkennen, zumal sich auch der Bundesgerichtshof im Urteil vom 14.10.2010 dafür ausspreche, dass die Geldstrafenforderung wiederauflebt. Die durch die Insolvenzanfechtung der Geldstrafe entstandene Unstimmigkeit hinsichtlich der zivil- und strafrechtlichen Vermögenslage werde durch § 144 Abs. 1 InsO und entsprechende insolvenzrechtliche Gerichtsentscheidungen behoben[273]. Die erneute Geltendmachung des staatlichen Strafanspruchs sei nach der anfechtungsbedingten Rückabwicklung erforderlich, um den Täter überhaupt bestrafen zu können, sodass von einer Zweitsanktion

---

266 Bittmann, wistra 2011, 133 (134).
267 Bittmann, wistra 2011, 133 (134).
268 Gemeint ist wohl die JBeitrO.
269 Eggers/Reuker, wistra 2011, 413 (414).
270 Eggers/Reuker, wistra 2011, 413 (414).
271 Eggers/Reuker, wistra 2011, 413 (414).
272 Lorenz/Roth, PStR 2011, 129 (130).
273 Lorenz/Roth, PStR 2011, 129 (130 f.).

ohnehin nicht die Rede sein könne. Die Straffunktion könne andernfalls nicht erreicht werden, da der Verurteilte wegen der anfechtungsbedingten Rückzahlung im Ergebnis ohnehin nicht in Anspruch genommen worden sei. Die Geldstrafe gelange anfechtungsbedingt wieder in das Vermögen des Verurteilten zurück, auch wenn die Verfügungsbefugnis hierüber gem. § 80 Abs. 1 InsO fortan dem Insolvenzverwalter zustehe. Dies sei für den Verurteilten günstig, da das Risiko, dass der Insolvenzantrag mangels Masse abgewiesen wird, abnehme, der Verurteilte das Insolvenzverfahren in seinem Sinne, zum Beispiel im Wege der Restschuldbefreiung und des Insolvenzplans, nutzen könne und er mit dem zurückgezahlten Betrag Insolvenzverbindlichkeiten aus der Insolvenzmasse erfüllen könne[274]. *Lorenz* und *Roth* geben zu Bedenken, dass die Gegenansicht mit den hinter §§ 225 Abs. 3, 302 Nr. 2 InsO stehenden Wertungen nicht vereinbar sei. Diesen Normen lasse sich entnehmen, dass der Strafanspruch des Staates trotz des Insolvenzverfahrens gerade nicht obsolet werde, da diese Regelungen von der Durchsetzbarkeit der Geldstrafe nach Beendigung des Insolvenzverfahrens ausgingen[275]. Zur Begründung führen *Lorenz* und *Roth* weiter an, dass die Gegenauffassung zu einer Schlechterstellung derjenigen führe, die trotz Insolvenz die Zahlung aus unpfändbarem Vermögen oder durch Dritte aufbrächten, da in diesen Fällen eine Insolvenzanfechtung und eine Rückführung der Zahlung ebenso ausgeschlossen sei wie bei Personen, über deren Vermögen das Insolvenzverfahren nicht eröffnet werde. Der Eintrtitt der sanktionierenden Wirkung der Zahlung wäre damit zufallsabhängig, da sie sich beispielsweise nach der Art und Weise der Zahlung oder aber der Anfechtungsbereitschaft des Insolvenzverwalters richte. Rechtsmissbräuchlichem Verhalten würde dadurch Vorschub geleistet, da durch die geschickte Leistungserbringung die finanziellen Einbußen rückgängig gemacht werden könnten. Die Gegenauffassung ließe sich mit dem im Strafrecht zu beachtenden Gleichbehandlungsgrundsatz nicht vereinbaren[276]. *Lorenz* und *Roth* weisen darauf hin, dass auch das Bundesverfassungsgericht die Vollstreckung der Ersatzfreiheitsstrafe im laufenden Insolvenzverfahren für zulässig erachte, da eine alsbaldige Vollstreckung gewährleistet sein müsse und eine wirksame Begleichung der Geldstrafe durch den Verurteilten ausgeschlossen sei[277].

ee) Standpunkt von Janca und Heßlau

Janca und *Heßlau* sind der Auffassung, dass die Insolvenzanfechtung zum Wiederaufleben der Geldstrafenforderung führe[278]. Zur Begründung führen sie an, dass die Geldstrafe in den Fällen der erfolgreichen Insolvenzanfechtung nicht getilgt worden sei, auch wenn die später angefochtene Zahlung zunächst erbracht worden ist[279].

---

274 Lorenz/Roth, PStR 2011, 129 (131).
275 Lorenz/Roth, PStR 2011, 129 (132).
276 Lorenz/Roth, PStR 2011, 129 (132).
277 Lorenz/Roth, PStR 2011, 129 (132).
278 Janca/Heßlau, ZInsO 2012, 2128 (2133).
279 Janca/Heßlau, ZInsO 2012, 2128 (2133).

Darüber hinaus handele es sich hierbei nicht um eine Doppelbestrafung, da eine Bestrafung nicht erfolgt sei, wenn die Geldstrafe aus Mitteln erbracht werde, die der Verurteilte hierfür nicht einsetzen dürfe. Da die Zahlung nichtig sei, sei es nicht zur Tilgung der Strafe gekommen[280]. Würde die Insolvenzanfechtung nicht zum Wiederaufleben der Geldstrafenforderung führen, käme dies dem Verurteilten doppelt zugute, da er den Insolvenzverwalter/Treuhänder veranlassen könnte, die gezahlte Geldstrafe anzufechten und auch durch die Rückgewähr zur Insolvenzmasse gem. § 143 Abs. 1 S. 1 InsO die Begleichung der Verfahrenskosten sichergestellt wäre. Hiervon profitiere der redliche Verurteilte nicht, der lediglich die Verfahrenskosten begleiche[281]. Das Wiederaufleben der Geldstrafenforderung sei erforderlich, um Zufälligkeiten bei der Bestrafung zu vermeiden. Ansonsten hinge die Bestrafung mitunter davon ab, ob der Insolvenzverwalter den die Insolvenzanfechtung begründenden Sachverhalt kennt und von der Insolvenzanfechtung Gebrauch macht. Über die Vollstreckug der Ersatzfreiheitsstrafe entscheide nicht mehr die Staatsanwaltschaft, da sie von der Insolvenzanfechtung des Insolvenzverwalters abhängig sei[282]. Darüber hinaus sei das Wiederaufleben der Geldstrafenforderung sachgerecht, da der Verurteilte, der die Geldstrafe in anfechtbarer Art und Wiese gezahlt habe, ansonsten bessergestellt sei als Verurteilte, die die Geldstrafe aus unpfändbarem Vermögen erbringen bzw. gemeinnützige Arbeit ableisten[283]. Bei der Zahlung der Geldstrafe aus pfändbarem Vermögen komme die Straffunktion anders als bei Geldstrafenzahlungen aus unpfändbarem Vermögen nicht zum Tragen[284].

ff) Standpunkt von Rein

Rein steht auf dem Standpunkt, dass die Insolvenzanfechtung der Geldstrafenzahlung zum rückwirkenden Wiederaufleben des zunächst getilgten staatlichen Geldstrafenanspruchs nach § 144 Abs. 1 InsO führt. Die im Insolvenzverfahren uneinbringliche Geldstrafe könne im Wege der Ersatzfreiheitsstrafe durchgesetzt werden[285].

gg) Standpunkt von Pelz

Pelz ist der Aufassung, dass die Insolvenzanfechtung der Geldstrafe zur Folge habe, dass die mit der Geldstrafenzahlung eingetretenen Wirkungen rückwirkend entfallen. Die im Insolvenzverfahren nicht mehr beitreibbare Geldstrafe sei im Wege der Ersatzfreiheitsstrafe zu vollstrecken[286].

---

280 Janca/Heßlau, ZInsO 2012, 2128 (2133).
281 Janca/Heßlau, ZInsO 2012, 2128 (2133).
282 Janca/Heßlau, ZInsO 2012, 2128 (2133).
283 Janca/Heßlau, ZInsO 2012, 2128 (2133).
284 Janca/Heßlau, ZInsO 2012, 2128 (2133).
285 Rein, NJW-Spezial 2014, 661 (661 f.).
286 Wabnitz/Janovsky-Pelz, Handbuch des Wirtschafts- und Steuerstrafechts, 4. Aufl. (2014), 9. Kapitel, Rn. 468.

hh) Standpunkt von Janca, Schroeder und Baron

Janca, Schroeder und *Baron* gehen davon aus, dass die Geldstrafe nach einer Insolvenzanfechtung wiederauflebt[287]. Eine Insolvenzanfechtung sei auch dann nicht ausgeschlossen, wenn die Geldstrafe bei vermögens- und einkommenslosen Verurteilten vollstreckt werden müsste. Der Strafzweck ließe sich dann nicht in umfassend verwirklichen[288]. Das Wiederaufleben der Geldstrafenforderung gem. § 144 Abs. 1 InsO führe nicht zur einer Doppelbestrafung, da keine Bestrafung erfolgt sei, wenn der Verurteilte die Geldstrafe mit Mitteln zahlt, die er hierzu nicht hätte verwenden dürfen[289]. Schließlich habe der Verurteilte die Möglichkeit, die Geldstrafe aus seinem unpfändbarem Einkommen zu begleichen oder durch gemeinnützige Arbeit zu tilgen[290]. Ließe man die Geldstrafe nicht wiederaufleben, würde dies dazu führen, dass der Verurteilte, der eine anfechtbare Zahlung vornehme, gegenüber Verurteilten, die aus unpfändbarem Einkommen zahlen oder gemeinnützige Arbeiten erbingen, ungerechtfertigt besser dastünde[291].

c) Die Position Kemperdicks

Kemperdick ist der Auffassung, dass die Geldstrafenforderung wiederauflebt[292], die Ersatzfreiheitsstrafe während der Insolvenz mangels Vorliegens der Tatbestandsvoraussetzungen jedoch nicht vollstreckt werden könne[293]. Er führt an, dass, wenn man schon die Geldstrafenzahlung als anfechtbare Rechtshandlung ansehe und als Folge der Insolvenzanfechtung die Rückgewähr der Geldstrafe zur Insolvenzmasse nach § 143 Abs. 1 S. 1 InsO anerkannt werde, es konsequent sei, den Geldstrafenanspruch nach § 144 Abs. 1 InsO wieder aufleben zu lassen[294]. Das Gegenargument, dass es unfair sei, vom Täter die Geldstrafe nochmal einzufordern, da dieser die Geldstrafe bereits gezahlt habe[295], leuchte nicht ein, denn wenn die Geldstrafe aufgrund der Insolvenzanfechtung im Interesse der Insolvenzgläubiger der Insolvenzmasse wieder zugeführt werde, könne es nicht ungerecht sein, wenn im Gegenzug dafür die Geldstrafenforderung wieder auflebe[296]. Dem Gegenargument der Doppelbestrafung sei entgegenzuhalten, dass die erneute Zahlung deswegen nicht als unzulässige Zweitstrafe angesehen werden könne, weil schon die erste anfechtbare Zahlung nicht als ordnungsgemäße Tilgung der Geldstrafe anzusehen und damit keine Strafe sei. Denn wenn die §§ 129 ff. InsO eine Benachteiligung der Gesamtheit

287 Janca/Schroeder/Baron, wistra 2015, 409 (411).
288 Janca/Schroeder/Baron, wistra 2015, 409 (412).
289 Janca/Schroeder/Baron, wistra 2015, 409 (414).
290 Janca/Schroeder/Baron, wistra 2015, 409 (414).
291 Janca/Schroeder/Baron, wistra 2015, 409 (414).
292 Kemperdick, ZInsO 2010, 1307 (1308 f.).
293 Kemperdick, ZInsO 2010, 1307 (1309 f.).
294 Kemperdick, ZInsO 2010, 1307 (1308).
295 Rinjes, wistra 2008, 336 (338).
296 Kemperdick, ZInsO 2010, 1307 (1308).

der Insolvenzgläubiger durch die Bevorzugung eines Gläubigers verhindern wollen und Rechtsfolge der Insolvenzanfechtung die Rückgewähr zur Insolvenzmasse sei, dann habe der Schuldner auch keinen Anspruch auf die Vornahme einer benachteiligenden Zahlung zugunsten eines Gläubigers. Hieraus folge, dass die Erstzahlung aufgrund ihrer Anfechtbarkeit nicht ordnungsgemäß ist und daher keine Strafzahlung sein kann[297]. *Kemperdick* stützt seine Ansicht weiterhin darauf, dass durch die anfechtbare Zahlung der Sinn der Geldstrafe – der Entzug von Geldern, die der Befriedigung von Bedürfnissen dienen – nicht erreicht worden ist, da ein endgültiger Entzug und damit Konsumverzicht wegen der Rückzahlung der Geldstrafe zur Insolvenzmasse nicht vorliegt. Mit der um die Geldstrafe angereicherten Insolvenzmasse könne der Schuldner im Insolvenzverfahren die Forderungen seiner Gläubiger zumindest anteilsmäßig bedienen, was gegen den bezweckten Konsumverzicht spreche. Aufgrund der Rückgewähr der Geldstrafe zur Insolvenzmasse weise das Vermögen des Verurteilten den gleichen Bestand auf, wie wenn er die Zahlung nicht erbracht hätte, sodass es nicht als mit Gerechtigkeitsgesichtspunkten unvereinbar angesehen werden könne, den Geldstrafenanspruch wieder aufleben zu lassen[298].

Kemperdick hält die Vollstreckung der Ersatzfreiheitsstrafe während des Insolvenzverfahrens jedoch für unzulässig, da seiner Meinung nach die Voraussetzungen für eine solche Vollstreckung nicht vorliegen. Der in den §§ 459, 459 c, 459 e StPO verwandte Vollstreckungsbegriff sei wegen der Gesetzesbindung der vollziehenden Gewalt nach Art. 20 Abs. 3 GG als gesetzlich zulässige Zwangsvollstreckung zu verstehen mit der Folge, dass die Vollstreckung der Ersatzfreiheitsstrafe nach § 459 e Abs. 2 StPO nur unter der Voraussetzung zulässig sei, dass die Geldstrafe durch die gesetzlich zulässige Zwangsvollstreckung uneinbringbar ist oder eine gesetzlich zulässige Zwangsvollstreckung aussichtslos ist. Dies sei jedoch deshalb nicht der Fall, weil die Geldstrafenvollstreckung nach §§ 459 StPO, 6 Abs. 1 Nr. 2 JBeitrO i. V. m. § 89 Abs. 1 InsO unzulässig sei und aus diesem Grund die erforderliche gesetzlich zulässige Vollstreckung gem. § 459 c Abs. 2 StPO nicht unterbleiben könne[299]. Aus der unzulässigen Vollstreckung der Geldstrafe im Insolvenzverfahren folge, dass auch die Ersatzfreiheitsstrafe während des Insolvenzverfahrens nicht zwangsweise durchgesetzt werden könne[300]. Eine Vollstreckungsverjährung drohe nicht, da während des Insolvenzverfahrens die Verjährung wegen dem sich aus § 89 Abs. 1 InsO ergebenden Vollstreckungsverbot gem. § 79 a Nr. 1 StGB ruhe[301]. Dem auf § 294 Abs. 1 InsO zurückgehenden Einwand, der Aufschub der Geldstrafenvollstreckung bis zum Ende der Wohlverhaltensperiode von derzeit[302] sechs Jahren (§ 287 Abs. 2

297 Kemperdick, ZInsO 2010, 1307 (1308).
298 Kemperdick, ZInsO 2010, 1307 (1308 f.).
299 Kemperdick, ZInsO 2010, 1307 (1310).
300 Kemperdick, ZInsO 2010, 1307 (1310).
301 Kemperdick, ZInsO 2010, 1307 (1310).
302 Aufgrund der am 01.07.2014 in Kraft getretenen neuen Regelungen in der Insolvenzordnung, die auf der 2. Stufe der Insolvenzrechtsreform mit dem Gesetz zur

S. 1 InsO) zuzüglich des Zeitraums, der der Entscheidungsfindung hinsichtlich der Restschuldbefreiung dient, führe zu einer Beeinträchtigung der Strafzwecke, sei Folgendes entgegenzuhalten: Bei der Geldstrafenvollstreckung gegen insolvente Verurteilte, denen regelmäßig Zahlungserleichterungen gem. §§ 42 StGB, 459 a StPO in Form von sehr geringen Ratenzahlungen gewährt werden müssten, sei dann aber auch zu hinterfragen, ob eine nachdrückliche Strafvollstreckung nicht besser durch die Zahlung der gesamten Geldstrafe in einem nach Abschluss des Insolvenz- oder Restschuldbefreiungsverfahrens erreichbar sei[303]. Das Argument, damit würden die Strafzwecke aufgeweicht, könne auch deshalb nicht überzeugen, da der Koalitionsvertrag eine Begrenzung der Wohlverhaltsperiode auf drei Jahre vorsehe, sodass die Vollstreckung der Ersatzfreiheitsstrafe ohnehin nur noch drei Jahre unzulässig wäre[304].

d) *Die Position Zeitlers*

Zeitler geht davon aus, dass die Geldstrafe nach einer erfolgreichen Insolvenzanfechtung ein weiteres Mal gegenüber dem Verurteilten unter Heranziehung von § 144 Abs. 1 InsO geltend gemacht werden kann, vorausgesetzt, dass es noch nicht zur Vollstreckungsverjährung gem. § 79 StGB gekommen ist[305]. § 144 Abs. 1 InsO bewirke kein Ruhen der Vollstreckungsverjährung, da für die Dauer des Insolvenzverfahrens kein Fall von § 79 a Nr. 1 StGB vorliege[306], wonach die Verjährung ruhe, solange nach dem Gesetz die Vollstreckung nicht begonnen oder nicht fortgesetzt werden könne. Hiervon könne jedoch keine Rede sein, da während des Insolvenzverfahrens jedenfalls die Ersatzfreiheitsstrafe zulässigerweise vollstreckt werden könne, ein Ruhen der Vollstreckungsverjährung gem. § 79 a Nr. 1 StGB aber nur bei einem vollumfänglichen Vollstreckungsverbot in Betracht komme[307]. Die Vollstreckungsverjährung sei darüber hinaus auch deshalb zu beachten, weil die

---

Verkürzung des Restschuldbefreiungsverfahrens und zur Stärkung der Gläubigerrechte vom 15.07.2013 (BGBl. I, 2013, S. 2379 ff.) beschlossen worden sind, kann die weiterhin geltende sechsjährige Wohlverhaltensperiode (§ 287 Abs. 2 InsO) auf Antrag des Schuldners auf drei Jahre verkürzt werden, wenn der Schuldner die Kosten des Verfahrens berichtigt hat, drei Jahre der Abtretungsfrist verstrichen sind und dem Insolvenzverwalter oder Treuhänder innerhalb dieses Zeitraums ein Betrag zugeflossen ist, der eine Befriedigung der Forderungen der Insolvenzgläubiger in Höhe von mindestens 35 Prozent ermöglicht (§ 300 Abs. 1 S. 2 Nr. 2 InsO). § 300 Abs. 1 S. 2 Nr. 3 InsO sieht eine Restschuldbefreiung auf Antrag des Schuldners nach fünf Jahren vor, wenn er die Kosten des Verfahrens berichtigt hat und fünf Jahre der Abtretungsfrist verstrichen sind. An weitere Bedingungen ist die Verkürzung auf fünf Jahre nicht geknüpft.

303 Kemperdick, ZInsO 2010, 1307 (1310).
304 Kemperdick, ZInsO 2010, 1307 (1310 f.).
305 Zeitler, Rpfleger 2012, 113 (119).
306 Zeitler, Rpfleger 2012, 113 (119 i. V. m. 116).
307 Zeitler, Rpfleger 2012, 113 (116).

Verjährungsfrist – vom Fall des § 79 b StGB einmal abgesehen – nicht verlängert werden könne[308]. Erfolge die Insolvenzanfechtung nach Eintritt der Vollstreckungsverjährung, so seien trotz der insolvenzrechtlichen Rückabwicklung der Geldstrafe infolge der Insolvenzanfechtung weder die Geldstrafe noch die Ersatzfreiheitsstrafe vollstreckbar. Für den Fall der noch laufenden Vollstreckungsverjährung zum Zeitpunkt der Insolvenzanfechtung stelle sich dann aber das Problem, dass die Staatskasse die zur Vermeidung der drohenden Ersatzfreiheitsstrafe gezahlte Geldstrafe trotz einer eventuell erneut drohenden Insolvenzanfechtung nicht zurückweisen könne, weil der Staat die Geldstrafe erst dann zur Insolvenzmasse zurückzahlen müsse, wenn von der Insolvenzanfechtung tatsächlich Gebrauch gemacht werde. Dem Staat bleibe wegen der Ungewissheit einer späteren Insolvenzanfechtung nichts anderes übrig, als vom Insolvenzverwalter bzw. den anfechtungsberechtigen Gläubigern eine Erklärung zu verlangen, ob sie die Zweitzahlung des Verurteilten genehmigen oder aber diese anfechten wollen[309].

II. Zur Fortsetzung des Ermittlungs- bzw. Strafverfahrens nach der Insolvenzanfechtung von Geldauflagenzahlungen nach § 153 a Abs. 1 S. 2 Nr. 2 StPO und der erneuten Geltendmachung dieser Geldauflagen

1. Die Bedeutung der Streitfrage für den insolventen Beschuldigten / Angeklagten

Es versteht sich von selbst, dass auch das nachträgliche Wiederaufleben des vermeintlich endgültig eingestellten Ermittlungs- bzw. Strafverfahrens den Interessen des Beschuldigten bzw. Angeklagten zuwiderläuft. Schließlich würde durch die Insolvenzanfechtung und die insolvenzrechtliche Rückabwicklung (§ 143 Abs. 1 S. 1 InsO) der Geldauflagenzahlung das den Beschuldigten bzw. Angeklagten schützende, in § 153 a Abs. 1 S. 5 StPO geregelte Verfahrenshindernis entfallen. Der Beschuldigte bzw. Angeklagte müsste damit rechnen, dass er wegen der insolvenzanfechtungsbedingten Fortsetzung des Ermittlungs- bzw. Strafverfahrens verurteilt werden wird.

2. Ablehnende Positionen

a) Position von Eggers und Reuker

Eggers und *Reuker* lehnen die Fortführung des eingestellten Strafverfahrens nach einer Insolvenzanfechtung und Rückgewähr der Geldauflage zur Insolvenzmasse

---

308 Zeitler, Rpfleger 2012, 113 (119).
309 Zeitler, Rpfleger 2012, 113 (119).

ab[310]. Sie sprechen sich damit anders als *Bittmann* gegen eine Gleichbehandlung von Geldstrafe und Geldauflage nach § 153 a StPO mit der Begründung aus, dass beide Zahlungen entgegen der Annahme *Bittmanns* nicht vergleichbar seien. Während die Geldstrafe einen Anspruch des Staates darstelle, handele es sich bei der Geldauflage nach § 153 a StPO nur um eine Obliegenheit des Beschuldigten[311] dergestalt, dass das Strafverfahren gegen ihn im Falle der Nichterfüllung der erteilten Auflagen fortgesetzt wird[312]. Eine Vergleichbarkeit mit der Geldstrafe gehe schon deshalb fehl, weil durch die Rückzahlung der Geldstrafe zur Insolvenzmasse infolge der Insolvenzanfechtung die Rechtskraft der Verurteilung nicht in Frage gestellt werde, da das abgeschlossene Strafverfahren nicht wieder aufgerollt werde und es bei der Geldstrafe nur noch um die Vollstreckung der rechtskräftigen Geldstrafe gehe. Bei der Geldauflage spiele die Vollstreckbarkeit deshalb keine Rolle, weil der Staat keinen Anspruch auf Zahlung der Geldauflage habe. Für den Beschuldigten stehe bei der Geldauflage die endgültige Verfahrensbeendigung und sein Vertrauen auf die rechtskraftähnliche Wirkung der Einstellung im Mittelpunkt[313]. Dieses Vertrauen des Beschuldigten sei unter Berücksichtigung der Konzeption des Gesetzes schutzwürdig[314], weil ab dem Zeitpunkt der von seiner Zustimmung getragenen Auflagenerteilung und der dadurch eingetretenen bedingten Sperrwirkung der vorläufigen Verfahrenseinstellung die Tat nur noch als Verbrechen weiterverfolgt werden könne und die vorläufige Verfahrenseinstellung unwiderrufbar sei[315]. Mit Eintritt der bedingten Sperrwirkung entstehe zugunsten des Beschuldigten ein Vertrauenstatbestand[316]. Da die Rechtskraft einer Entscheidung nur auf gesetzlicher Grundlage aufgehoben werden könne, habe nicht der Beschuldigte, sondern der Staat die Konsequenzen einer Insolvenzanfechtung zu gegenwärtigen[317]. Die Position der Staatsanwaltschaft verdiene in aller Regel keinen Schutz, da sie in den Fällen der Insolvenzanfechtung nach § 133 InsO schon zum Zeitpunkt der Verfahrenseinstellung Kenntnis von den wirtschaftlichen Verhältnissen des Beschuldigten habe. Hinzu komme, dass Staatsanwaltschaft und Gericht nach dem Urteil des Bundesgerichtshofs vom 05.06.2008 zur Anordnung von Geldauflagen schon nicht befugt sind, wenn sie um die Benachteiligung der Gläubigergesamtheit durch die Auflagenerfüllung wissen. Machen sie gleichwohl von § 153 a StPO Gebrauch, könne sich die Justiz nicht auf die Beeinträchtigung ihrer Interessen durch die Insolvenzanfechtung berufen[318]. Der von *Lorenz/Roth*[319] gezogene Vergleich der

310 Eggers/Reuker, wistra 2011, 413 (415).
311 Eggers/Reuker, wistra 2011, 413 (415).
312 Eggers/Reuker, wistra 2011, 413 (414).
313 Eggers/Reuker, wistra 2011, 413 (415).
314 Eggers/Reuker, wistra 2011, 413 (415).
315 Eggers/Reuker, wistra 2011, 413 (414).
316 Eggers/Reuker, wistra 2011, 413 (414).
317 Eggers/Reuker, wistra 2011, 413 (415).
318 Eggers/Reuker, wistra 2011, 413 (415).
319 Lorenz/Roth, PStR 2011, 129 (131).

anfechtbaren Geldauflage mit der Falschgeldzahlung und der Hingabe eines Schecks gehe ins Leere. Bei Heranziehung des zivilrechtlichen Terminus der Erfüllung nach § 362 BGB stelle das gezahlte Falschgeld schon nicht die geschuldete Leistung dar, sodass das Falschgeld zur Erreichung des Erfüllungszwecks ungeeignet sei und es im Falle der Scheckeinlösung wegen der Hingabe erfüllungshalber ohnehin nicht zur Erfüllung komme[320]. *Lorenz/Roth*[321] sei Recht zu geben, dass der Verurteilte durch die ihn treffende Insolvenz von Gesetzes wegen nicht vor einer Bestrafung geschützt werden soll. Da § 153 a StPO die Unschuldsvermutung aber unberührt lasse, würde ein Vergleich der Geldauflage nach § 153 a StPO mit der gegen einen Verurteilten verhängten Geldstrafe gegen die Unschuldsvermutung verstoßen[322]. Abgesehen davon würde auf diesem Wege der in § 153 a Abs. 1 S. 5 StPO geregelte Strafklageverbrauch ausgehebelt werden[323]. Das Strafverfahren könne auch nicht nach § 362 StPO wieder aufgenommen werden, da die Insolvenzanfechtung als Wiederaufnahmegrund nicht vorgesehen sei[324]. *Bittmanns* Standpunkt, dass der Fortbestand der Verfahrenseinstellung trotz erfolgreicher Insolvenzanfechtung dazu führen würde, dass der Rechtskundige steuernd auf seinen Insolvenzverwalter einwirken könne, indem er diesen seine Zahlung anfechten lasse und ihm gleichwohl nicht die Fortsetzung des Strafverfahrens drohe, während der Rechtsunkundige dadurch schlechter gestellt sei[325], könne nicht überzeugen[326]. Denn eine solche Beeinflussungsmöglichkeit des Insolvenzverwalters durch den Beschuldigten sei schon deshalb nicht gegeben, weil der Insolvenzverwalter ausschließlich im Interesse der Insolvenzgläubiger tätig werde und nicht die Belange des Beschuldigten zu wahren habe[327].

b) Position von Wilk

Wilk ist der Ansicht, dass die Insolvenzanfechtung nicht zur Folge habe, dass Geldauflagen nach § 153 a StPO abermals gegenüber dem Beschuldigten geltend gemacht werden können[328]. Dies zeige die Bewährungsauflage der Schadenswiedergutmachung. Komme der Verurteilte der Auflage vor Eröffnung des Insolvenzverfahrens nach, sei die Zahlung durch den Insolvenzverwalter anfechtbar, da der Geschädigte im Insolvenzverfahren genauso wie die übrigen Insolvenzgläubiger zu behandeln sei. Die Insolvenzanfechtung lasse den Anspruch des Geschädigten wiederaufleben, ohne dass dies dazu führe, dass gegenüber dem Verurteilten die Bewährungsauflage nochmals geltend gemacht werden könne. Denn wenn der Verurteilte durch

320 Eggers/Reuker, wistra 2011, 413 (415).
321 Lorenz/Roth, PStR 2011, 129 (132).
322 Eggers/Reuker, wistra 2011, 413 (415).
323 Eggers/Reuker, wistra 2011, 413 (415).
324 Eggers/Reuker, wistra 2011, 413 (415).
325 Bittmann, wistra 2011, 133 (134).
326 Eggers/Reuker, wistra 2011, 413 (414 f.).
327 Eggers/Reuker, wistra 2011, 413 (415).
328 Wilk, wistra 2011, 416 (418).

die Bewährungsauflage nicht zu rechtswidrigen Leistungen angehalten werden darf, verbiete es sich, ihn nach der Insolvenzanfechtung nochmal zur Zahlung aufzufordern, da er diese Zahlung nur aus der Insolvenzmasse aufbringen könnte, das Verfügungsrecht hierüber aber dem Insolvenzverwalter zustehe. Aus diesem Grund müsse die Bewährungsauflage über § 56 e StGB in aller Regel geändert oder sogar aufgehoben werden[329]. Die Eröffnung des Insolvenzverfahrens sei Anlass für eine Abänderung von Bewährungsauflagen. Dies gelte aber nicht zum Nachteil des Verurteilten für die Insolvenzanfechtung[330].

c) *Position von Pfordte*

Pfordte ist der Ansicht, dass die insolvenzanfechtungsbedingte Rückgewähr der gezahlten Geldauflage zur Insolvenzmasse die Einstellung des Strafverfahrens nach § 153 a StPO nicht entfallen lasse. Zur Begründung beruft er sich auf die Unanfechtbarkeit der Verfahrenseinstellung[331]. Diese ergebe sich daraus, dass gem. § 153 a Abs. 2 S. 4 StPO die vorläufige und gem. § 153 Abs. 2 S. 4 StPO die endgültige Verfahrenseinstellung unanfechtbar sind und sich die Unanfechtbarkeit gem. § 153 a Abs. 2 S. 5 StPO auch auf die Feststellung, dass Auflagen und Weisungen erfüllt worden sind, bezieht[332]. Weiterhin führt er an, dass Sinn und Zweck von § 153 a StPO gerade sei, bestimmte Fälle der kleinen und mittlereren Kriminalität auf vereinfachte Weise, zügig und mit geringem Aufwand abzuschließen[333]. Die Entstehung des Verfahrenshindernisses sei von der Auflagenerfüllung abhängig, die nachträgliche Überprüfung des eingetretenen Verfahrenshindernisses sei aber nicht vorgesehen[334]. Die wirksame Einstellung des Strafverfahrens hänge daher nicht von einem entsprechenden Beschluss ab, da die Auflagenerfüllung hierfür ausreichend sei; der Einstellungsbeschluss habe nur deklaratorischen Charakter[335]. Das Strafverfahren könne ausnahmsweise nur dann fortgesetzt werden, wenn die Tat als Verbrechen weiterverfolgt werde, andernfalls trete mit der Auflagenerfüllung ein endgültiges, auf Vergehen beschränktes Verfahrenshindernis ein, das in den Insolvenzanfechtungsfällen mangels gesetzlicher Regelung nicht ohne Weiteres wieder aufgehoben werden könne[336]. Die Nichtfortsetzung des Strafverfahrens lasse sich darüber hinaus mit der umstrittenen Rechtsnatur der Insolvenzanfechtung begründen. Nach der von der herrschenden Meinung und Rechtsprechung vertretenen schuldrechtlichen Theorie könne die Insolvenzanfechtung nur ex-nunc-Wirkung haben, da die Insolvenzanfechtung nach dieser Theorie, wie sich § 143 Abs. 1 S. 1

329 Wilk, wistra 2011, 416 (418).
330 Wilk, wistra 2011, 416 (418 Fn. 18).
331 Pfordte, StV 2010, 591 (593).
332 Pfordte, StV 2010, 591 (592).
333 Pfordte, StV 2010, 591 (592).
334 Pfordte, StV 2010, 591 (592).
335 Pfordte, StV 2010, 591 (592).
336 Pfordte, StV 2010, 591 (592).

InsO entnehmen lasse, ein gesetzliches Schuldverhältnis gerichtet auf Rückgewähr zur Insolvenzmasse sei, was die Erfüllung der Auflage voraussetze. Diese Erfüllung führe zum beschränkten Strafklageverbrauch[337]. Auch lasse sich die Fortsetzung des Strafverfahrens nicht über einen analogen Rückgriff auf die Regelungen über die Wiederaufnahme des Verfahrens begründen. Denn die §§ 153 a Abs. 1 S. 5 i. V. m. 153 a Abs. 2 S. 2 StPO seien eine, einer Analogie nicht zugängliche abschließende Sonderregelung[338]. Zudem sei weder die endgültige Verfahrenseinstellung noch die Feststellung der Auflagenerfüllung (§ 153 a Abs. 2 S. 5 StPO) anfechtbar[339]. Auch steht *Pfordte* auf dem Standpunkt, dass der Staat vom Beschuldigten die Zahlung der Geldauflage nicht noch einmal verlangen könne. Dies ergebe sich daraus, dass die Geldauflage nicht § 39 Abs. 1 Nr. 3 InsO unterfalle. Da die Geldauflage aus der Insolvenzmasse erbracht werden müsse, könne sie vom Beschuldigten auch dann nicht noch einmal gefordert werden, wenn man aufgrund der erfolgreichen Insolvenzanfechtung die Fortsetzung des Strafverfahrens gegen ihn für zulässig erachte[340].

d) Position von Ziemann

Ziemann ist der Ansicht, dass der durch die Zahlung des gesamten Geldauflagenbetrags innerhalb der Frist eingetretene Strafklageverbrauch mangels gesetzlicher Regelung nicht nachträglich aufgrund der insolvenzanfechtungsbedingten Rückgewähr der Geldauflage zur Insolvenzmasse wieder hinfällig werde. Die Unumstößlichkeit des endgültigen Verfahrneshindernisses sei schon durch Rechtssicherheitsgesichtspunkte geboten[341]. Dem stünde auch nicht entgegen, dass die Insolvenzanfechtung zu unterschiedlichen Konsequenzen im Straf- und Insolvenzrecht führt, da es keinen Rechtsgrundsatz gebe, der die Parallelität der Rechtsfolgen gebiete. Die Rückzahlung zur Insolvenzmasse sei zivilrechtlich betrachtet der Ausdruck der abschließenden Zuweisung von Vermögenswerten, während in strafrechtlicher Hinsicht durch die Geldauflagenerfülllung die beabsichtigte Einstellung des Strafverfahrens erreicht worden sei[342].

e) Position von Beulke und Edlbauer

Beulke und *Edlbauer* lehnen den nachträglichen Wegfall der in § 153 a Abs. 1 S. 5 StPO geregelten Sperrwirkung aufgrund einer erfolgreichen Insolvenzanfechtung und Rückzahlung der Geldauflage zur Insolvenzmasse ab. Vor diesem Hintergrund fordern sie die Unanfechtbarkeit der Geldauflagenzahlung durch die

337 Pfordte, StV 2010, 591 (592).
338 Pfordte, StV 2010, 591 (592).
339 Pfordte, StV 2010, 591 (592 f.).
340 Pfordte, StV 2010, 591 (593).
341 Ziemann in Anm. zu BGH, Urt. v. 05.06.2008 – IX ZR 17/07, JR 2009, 167 (171).
342 Ziemann in Anm. zu BGH, Urt. v. 05.06.2008 – IX ZR 17/07, JR 2009, 167 (171).

Insolvenzanfechtung[343]. Zur Begründung führen sie an, dass eine Durchbrechung des Strafklageverbrauchs außer in den Fällen, in denen sich die eingestellte Tat nachträglich als Verbrechen erweise, vom Gesetz nicht vorgesehen sei[344]. Zudem dürfe die Beständigkeit der Einstellungsentscheidung nicht von der Ausübung des Anfechtungsrechts durch Dritte abhängig sein[345]. Das Vertrauen des Beschuldigten hinsichtlich Bestand und Umfang des staatlichen Strafanspruchs sei schützenswert, da über den Strafanspruch im Strafverfahrens verbindlich entschieden würde[346]. Auch im Hinblick auf Art. 103 Abs. 3 GG sei es verfassungsrechtlich geboten, dass die Reichweite des Strafklageverbrauchs klar umrissen sei[347]. Die vom Bundesgerichtshof bejahte Anfechtbarkeit der Geldauflagenzahlung würde dazu führen, dass Staatsanwaltschaft und Gericht von der Möglichkeit des § 153 a StPO nur noch in eingeschränktem Maße Gebrauch machen würden, was dem gesetzgeberischen Ziel, weitere Einstellungsmöglichkeiten zu schaffen, zuwiderliefe[348]. Staatsanwaltschaft und Gericht sei es nicht zumutbar, vor jeder Einstellung des Strafverfahrens gegen Auflagen die wirtschaftlichen Verhältnisse des Angeschuldigten zu überprüfen, um eine drohende Gläubigerbenachteiligung durch die Auflagenerfüllung mit anschließender Insolvenzanfechtung auszuschließen[349]. Dennoch dürften Staatsanwaltschaft und Gericht schon bei der Verfahrenseinstellung eine konkret drohende Missbrauchsgefahr der erteilten Auflagen durch den wirtschaftlich angeschlagenen Angeschuldigten nicht unberücksichtigt lassen. Dieser Gefahr könnten sie nachträglich durch Änderung der erteilten Auflagen begegnen. Ein Verstoß gegen diese Obliegenheit führe trotz einer Gläubigerbenachteiligung durch die Auflagenerfüllung nicht zu einer Insolvenzanfechtung und berühre den eingetretenen Strafklageverbrauch nicht[350]. Dem vom Bundesgerichtshof aufgestellten Einstellungsverbot stehe entgegen, dass bei gleichwohl vorgenommer Verfahrenseinstellung gegen Auflagen der Strafklageverbrauch des § 153 a Abs. 1 S. 5 StPO aufgrund einer denkbaren Unzulässigkeit der erteilten Auflage durch die Auflagenerfüllung nicht herbeigeführt werden könne[351]. Der Anfechtbarkeit der Geldauflage stehe entgegen, dass die damit einhergehende Rückzahlung der Geldauflage zur Insolvenzmasse mit den hinter § 153 a StPO stehenden Wertungen unvereinbar ist. Das öffentliche Interesse an der Strafverfolgung und das Auferlegen einer Strafsanktion könnten nur dann durch die Geldauflage beseitigt werden, wenn diese endgültig im Staatsvermögen verbliebe. Nur dann könne die Sanktionswirkung der Geldauflage verwirklicht werden, auch wenn es sich bei ihr nicht um eine Strafe im Sinne des

343 Beulke/Edlbauer in FS Mehle, 2009, S. 63 (71).
344 Beulke/Edlbauer in FS Mehle, 2009, S. 63 (71).
345 Beulke/Edlbauer in FS Mehle, 2009, S. 63 (71).
346 Beulke/Edlbauer in FS Mehle, 2009, S. 63 (71).
347 Beulke/Edlbauer in FS Mehle, 2009, S. 63 (71).
348 Beulke/Edlbauer in FS Mehle, 2009, S. 63 (70).
349 Beulke/Edlbauer in FS Mehle, 2009, S. 63 (70).
350 Beulke/Edlbauer in FS Mehle, 2009, S. 63 (71).
351 Beulke/Edlbauer in FS Mehle, 2009, S. 63 (68).

materiellen Strafrechts, sondern nur um eine nichtstrafrechtliche Sanktion eigener Art handele[352]. Vor dem Hintergrund der zu erzielenden Sanktionswirkung verbiete sich eine Verfahrenseinstellung nach § 153 a StPO, wenn der insolvente Beschuldigte in Kenntnis von Staatsanwaltschaft oder Gericht zunächst die Geldauflage erfülle und es anschließend zu einer Insolvenzanfechtung komme[353]. An die Zulassung der Insolvenzanfechtung würden sich weitere Probleme wie das Wiederaufleben der Forderung gegen den Beschuldigten gem. § 144 Abs. 1 InsO anschließen. Darüber hinaus stelle sich die Frage eines Regresses der Staatskasse gegen die gemeinnützige Einrichtung, wenn die Auflage dieser zugutekomme. Denn da zwischen dem Beschuldigten und der gemeinnützigen Einrichtung kein Rechtsverhältnis bestehe, das rückgängig gemacht werden könnte, könne richtiger Rückgewährschuldner in diesem Falle nur der Staat sein, der sich im Regresswege an die gemeinnützige Einrichtung halten müsste[354].

f) Position von Drees

Drees steht auf dem Standpunkt, dass die Rückzahlung der Geldauflage zur Insolvenzmasse infolge der Insolvenzanfechtung das einmal eingetretene Verfahrenshindernis des § 153 a Abs. 1 S. 5 StPO nicht nachträglich entfallen lasse. Ob eine das Verfahrenshindernis auslösende Auflagenerfüllung i. S. v. § 153 a Abs. 1 S. 5 StPO vorliege, richte sich nicht nach dem im Zivilrecht geltenden Erfüllungsbegriff, sondern nach dem Zweck von § 153 a StPO, der darin bestehe, dem Beschuldigten eine außerstrafrechtliche Sanktion zum Ausgleich des begangenen Unrechts aufzuerlegen. Da mit § 153 a StPO nicht beabsichtigt werde, den Staat oder die gemeinnützige Einrichtung mit Finanzmitteln auszustatten, könne es für die Auflagenerfüllung i. S. v. § 153 a Abs. 1 S. 5 StPO nicht auf das endgültige Verbleiben der Geldmittel im Staatsvermögen ankommen, da der Zweck von § 153 a StPO trotz der Anfechtbarkeit der Zahlung ohne Rücksicht auf die spätere Rückgewähr zur Insolvenzmasse erreicht werde[355]. Die anfechtungsbedingte Rückgewähr der Geldauflage zur Insolvenzmasse lasse die Forderung nicht gem. § 144 Abs. 1 InsO wiederaufleben, da schon durch die vorläufige Verfahrenseinstellung gem. § 153 a StPO keine Forderung i. S. v. § 144 Abs. 1 InsO zur Entstehung gelangt sei[356].

g) Position von Wollmann

Auch *Wollmann* lehnt es ab, das Ermittlungs- bzw. Strafverfahren weiter zu betreiben, nachdem die Geldauflage des § 153 a StPO mit Erfolg angefochten wurde. § 153 a Abs. 1 S. 5 StPO, demzufolge „die Tat nach Erfüllung der Geldauflage nicht

---

352 Beulke/Edlbauer in FS Mehle, 2009, S. 63 (68).
353 Beulke/Edlbauer in FS Mehle, 2009, S. 63 (68).
354 Beulke/Edlbauer in FS Mehle, 2009, S. 63 (68 f.).
355 Drees in Anm. zu BGH, Urt. v. 05.06.2008 – IX ZR 17/07, NStZ 2009, 521 (523).
356 Drees in Anm. zu BGH, Urt. v. 05.06.2008 – IX ZR 17/07, NStZ 2009, 521 (523).

mehr als Vergehen verfolgt werden kann"[357], lasse sich entnehmen, dass das Verfahrenshindernis von dauerhaftem Bestand sei[358]. Dem hiergegen vorgebrachten Argument, dass es zu einer ungerechten Besserstellung des Rechtskundigen gegenüber dem Rechtsunkundigen komme[359], sei entgegenzuhalten, dass prozessrechtliche Raffinessen auch andernorts gängige Rechtspraxis im Strafprozess seien, der insoweit rechtlich nicht versierte Beschuldigte aber genauso schlecht dastehe wie der schlecht vertretene Beschuldigte[360]. Rechtsmissbräuchliches Verhalten könne dem gut beratenen, die Prozesstaktik nutzenden Beschuldigten dann nicht vorgeworfen werden, wenn Staatsanwaltschaft bzw. Gericht ihr Wissen um die wirtschaftlichen Verhältnisse des Beschuldigten, das sie vor einer Verfahrenseinstellung gem. § 153 a StPO ggfs. durch die Einholung entsprechender Informationen erlangt haben, bei der Entscheidung gem. § 153 a StPO unberücksichtigt gelassen haben[361]. Denn die Gefahr der Insolvenzanfechtung hätte durch die Abklärung der wirtschaftlichen Verhältnisse des Beschuldigten abgeschätzt und im Rahmen des von der Staatsanwaltschaft auszuübenden Ermessens berücksichtigt werden können. Das Risiko der späteren Insolvenzanfechtung hätte deshalb die Staatsanwaltschaft auf sich zu nehmen, da den Beschuldigten schon das Risiko belaste, dass es statt der Einstellung des Verfahrens gegen Auflagen gem. § 153 a StPO möglicherweise zur Verfahrensbeendigung gem. § 170 Abs. 2 StPO oder aber zu einem Freispruch wegen fehlender Beweisbarkeit der Tat oder seiner Schuld gekommen wäre[362]. Für die Endgültigkeit der Einstellungsentscheidung trotz Insolvenzanfechtung lasse sich auch anführen, dass vor einer Verfahrenseinstellung gem. § 153 a StPO keine vollumfängliche verbindliche Klärung der tatsächlichen und rechtlichen Situation nötig sei[363]. Die von der Gegenansicht befürwortete Fortsetzung des Ermittlungs- bzw. Strafverfahrens könne jedoch schon deshalb nicht überzeugen, weil sie sich mit dem Recht des Beschuldigten, im Strafverfahren die Unwahrheit sagen zu dürfen, kaum in Einklag bringen lasse. Wenn dieses Recht es dem Beschuldigten prozessual erlaube, die Verfahrenseinstellung nach § 153 a StPO durch täuschendes Verhalten oder die Rückgängigmachung einer Überweisung zu erreichen, dann könne von ihm auch nicht verlangt werden, Staatsanwaltschaft bzw. Gericht darauf hinzuweisen, dass es demnächst zur Insolvenzanfechtung kommen könnte. Das gleichwohl zur Erreichung einer Verfahrenseinstellung gem. § 153 a StPO an den Tag gelegte Verhalten des Beschuldigten könne dann nicht als prozessrechtswidrig gewertet werden, weshalb der Gesichtspunkt einer Verfahrensfortsetzung aus Gerechtigkeitserwägungen heraus nicht mehr zu halten sei[364]. Zu den strafrechtlichen

357 Wollmann, ZInsO 2011, 1521 (1523).
358 Wollmann, ZInsO 2011, 1521 (1523).
359 Bittmann, wistra 2011, 133 (134); i.E. ebenso Lorenz/Roth, PStR 2011, 129 (132).
360 Wollmann, ZInsO 2011, 1521 (1523).
361 Wollmann, ZInsO 2011, 1521 (1523).
362 Wollmann, ZInsO 2011, 1521 (1524).
363 Wollmann, ZInsO 2011, 1521 (1523).
364 Wollmann, ZInsO 2011, 1521 (1523).

Auswirkungen der erfolgreich angefochtenen Geldauflagenzahlung könne die Entscheidung des Bundesgerichtshofs vom 05.06.2008 nichts beitragen. Eine entsprechende Aussage lasse sich in das Urteil auch nicht hineinlesen, da die Urteilsgründe hierfür nichts hergäben. Der entscheidende Zivilsenat sei zur Beurteilung der strafrechtlichen Folgen schon nicht zuständig gewesen und es habe für ihn hierzu auch kein Grund bestanden[365].

3. Befürwortende Positionen

a) Position von Bittmann

Bittmann plädiert für ein Wiederaufleben des eingestellten Ermittlungs- bzw. Strafverfahrens nach einer erfolgreichen Insolvenzanfechtung[366] und führt hierfür die gleiche Begründung wie bei der bereits dargestellten Parallelproblematik bei der Geldstrafe an. Auch bei der Geldauflage nach § 153 a StPO bringt er als Argument die Besserstellung des Rechtskundigen gegenüber dem Rechtsunkundigen, die einträte, wenn man die Zahlung trotz ihrer Anfechtbarkeit für ausreichend erachtete[367]. Zur Vermeidung von Wiederholungen sei insoweit auf die bei der Geldstrafe dargestellten Ausführungen *Bittmanns* verwiesen[368]. Er verweist darauf, dass die Darlegungen des Bundesgerichtshofs in seinem am 14.10.2010 zur Geldstrafe ergangenen Urteil hinsichtlich des Wiederauflebens der Forderung gem. § 144 Abs. 1 InsO nach erfolgreicher Insolvenzanfechtung und Rückgewähr zur Insolvenzmasse gem. § 143 Abs. 1 S. 1 InsO auch auf die Geldauflage nach § 153 a StPO entsprechend anwendbar seien. Der Bundesgerichtshof habe sich in der Urteilsbegründung nicht explizit auf die Geldstrafe und ihre Eigenarten bezogen, weshalb die in dem Urteil getroffenen Aussagen im Allgemeinen auch für die Geldauflage nach § 153 a StPO gelten[369]. Mit diesen Darlegungen habe der Bundesgerichtshof deutlich gemacht, dass es demjenigen, der die gesetzlichen Bestimmungen kennt, verwehrt sein soll, von der Insolvenzanfechtung Gebrauch zu machen, ohne sich gleichwohl dem Strafverfahren zu stellen[370].

b) Position von Beukelmann

Beukelmann steht auf dem Standpunkt, dass durch die Insolvenzanfechtung der Geldauflagenzahlung das Verfahrenshindernis des § 153 a Abs. 1 S. 5 StPO nachträglich wieder wegfalle, das Verfahrenshindernis nur scheinbar ein endgültiges sei. Das Strafverfahren müsse dann aber wegen der unverändert vorliegenden

365 Wollmann, ZInsO 2011, 1521 (1522).
366 Bittmann, wistra 2011, 133 (134).
367 Bittmann, wistra 2011, 133 (134).
368 Siehe D.I.2.b.aa.
369 Bittmann, wistra 2011, 133 (134).
370 Bittmann, wistra 2011, 133 (134).

Voraussetzungen einer Verfahrenseinstellung gem. § 153 a StPO ein zweites Mal unter Berücksichtigung der geänderten wirtschaftlichen Verhältnisse und unter Bestimmung einer neuen Frist abermals eingestellt werden[371].

c) Position von Lorenz und Roth

Lorenz und *Roth* lehnen den Eintritt des Strafklageverbrauchs bei § 153 a StPO ab, sofern die Geldauflagenzahlung an die Staatskasse in anfechtbarer Weise erbracht worden ist. Dies sei keine ordnungsgemäße Auflagenerfüllung. Hierzu gehöre, dass die Geldauflage so erbracht werde, dass sie dem Staatsvermögen nicht wieder entzogen werde könne. Würde es nicht auf den Verbleib der Zahlung bei der Staatskasse ankommen, wären auch die Zahlung von Falschgeld oder die nachträglich fehlgeschlagene Scheckeinlösung geeignet, einen endgültigen Strafklageverbrauch auszulösen[372]. Darüber hinaus führen *Lorenz* und *Roth* im Wesentlichen die gleichen Argumente an, die bereits bei der Geldstrafe dargestellt wurden. Insoweit sei zur Vermeidung von Wiederholungen nach oben verwiesen[373].

d) Position von Pelz

Pelz steht auf dem Standpunkt, dass die Insolvenzanfechtung von an die Staatskasse geleisteten Geldauflagen nach § 153 a StPO dazu führe, dass die mit der Zahlung zunächst eingetretenen Wirkungen rückwirkend entfallen. Der Strafklageverbrauch lasse sich nicht mehr aufrechterhalten[374]. Da Staatsanwaltschaft und Gericht dem Beschuldigten keine gläubigernachteiligende Geldauflage hätten auferlegen dürfen, müsse nach der Insolvenzanfechtung auf die Geldauflage verzichtet werden bzw. die Höhe der Geldauflage reduziert werden[375].

e) Position von Janca, Schroeder und Baron

Janca, Schroeder und *Baron* sind der Auffassung, dass Rechtsfolge der Insolvenzanfechtung von Geldauflagen nach § 153 a Abs. 1 S. 2 Nr. 2 StPO das Wiederaufleben der Geldauflage gem. § 144 InsO ist[376].

---

371 Graf – Beukelmann, StPO, 2. Aufl. (2012), § 153 a Rn. 55.
372 Lorenz/Roth, PStR 2011, 129 (131).
373 Siehe D.I.2.b.cc.
374 Wabnitz/Janovsky-Pelz, Handbuch des Wirtschafts- und Steuerstrafechts, 4. Aufl. (2014), 9. Kapitel, Rn. 468.
375 Wabnitz/Janovsky-Pelz, Handbuch des Wirtschafts- und Steuerstrafechts, 4. Aufl. (2014), 9. Kapitel, Rn. 468.
376 Janca/Schroeder/Baron, wistra 2015, 409 (411).

III. Zum Widerruf der Strafaussetzung und nachträglichen Maßnahmen nach der Insolvenzanfechtung von Bewährungsauflagen

1. Die Bedeutung der Streitfrage für den insolventen Verurteilten

Die erfolgreiche Insolvenzanfechtung von Bewährungsauflagen trifft den Verurteilten insofern als er im Falle des Widerrufs der Strafaussetzung die Strafvollstreckung und somit einen Eingriff in die verfassungsrechtlich gem. Art. 2 Abs. 2 S. 2 GG geschützte Freiheit der Person zu gegenwärtigen hat. Selbst wenn es hierzu nicht kommen sollte, muss der Verurteilte aber damit rechnen, dass das Gericht die insolvenzrechtliche Rückabwicklung der Bewährungsauflage ggfs. zum Anlass anderweitiger belastender Maßnahmen nehmen könnte.

2. Ablehnende Position von Wilk

Wilk lehnt es ab, dass der Verurteilte nach einer erfolgreichen Insolvenzanfechtung ein weiteres Mal zur Zahlung der angefochtenen geldwerten Bewährungsauflage angehalten werden kann[377]. Zur Begründung führt er die gleichen Argumente an, die bereits bei der Geldauflage nach § 153 a StPO dargestellt wurden. Insoweit sei nach oben verwiesen[378].

3. Befürwortende Positionen

a) Position von Bittmann

Bittmann ist der Ansicht, dass bei einer erfolgreichen Insolvenzanfechtung die geldwerten Bewährungsauflagen als nicht erbracht anzusehen seien. Aus diesem Grund sei eine Modifikation des Bewährungsbeschlusses ebenso wenig ausgeschlossen wie der Widerruf der Strafaussetzung bei § 56 b StGB bzw. die Verurteilung zu der vorbehaltenen Strafe bei § 59 a StGB[379]. Zur Begründung beruft er sich auf die gleichen Erwägungen wie bei der Geldauflage nach § 153 a StPO. Insoweit sei nach oben verwiesen[380].

b) Position von Pelz

Pelz steht auf dem Standpunkt, dass aufgrund der Insolvenzanfechtung von an die Staatskasse gezahlten Bewährungsauflagen die an die Zahlung anknüpfenden

---

377 Wilk, wistra 2011, 416 (418).
378 Siehe D.II.2.b.
379 Bittmann, wistra 2011, 133 (134).
380 Siehe D.II.3.a.

Wirkungen rückwirkend wegfallen[381]. Welche Konsequenzen dies für die Strafvollstreckung und nachträgliche Maßnahmen hat, erläutert *Pelz* hingegen nicht.

c) Position von Janca, Schroeder und Baron

Janca, Schroeder und *Baron* sind der Auffassung, dass die Insolvenzanfechtung der Bewährungsauflagen des § 56 b Abs. 2 S. 1 Nr. 2 und 4 StGB dazu führe, dass die Zahlungsauflagen nicht erfüllt worden sind. Von der Erfüllung der Zahlungsauflagen könne nur dann ausgegangen werden, wenn die Zahlung endgültig ist[382]. Werde die Zahlung angefochten, müsse das Gericht über den Widerruf der Strafaussetzung zur Bewährung oder die Änderung des Bewährungsbeschlusses entscheiden[383]. Hätte die Insolvenzanfechtung der Bewährungsauflagen keine Konsequenzen, wäre der kundige Verurteilte in nicht zu rechtfertigender Weise dadurch im Vorteil, dass er den Insolvenzverwalter die gezahlte Bewährungsauflage anfechten lässt. Er hätte die Bewährungsauflage trotzdem beglichen und gleichzeitig die Möglichkeit mit dem zurückgezahlten Geldbetrag die Verfahrenskosten zu begleichen[384]. Verurteilte ohne entsprechende Kenntnisse würden demgegenüber gar nicht erst zahlen und dadurch den Widerruf der Strafaussetzung zur Bewährung riskieren oder dafür sorgen, dass der Bewährungsbeschluss gem. § 56 e StGB dahingehend geändert wird, dass nunmehr eine Arbeitsauflage gem. § 56 b Abs. 2 S. 1 Nr. 3 StGB zu erbringen ist. Der unkundige Verurteilte müsste dann auch noch die Verfahrenskosten zahlen[385].

---

381 Wabnitz/Janovsky-Pelz, Handbuch des Wirtschafts- und Steuerstrafrechts, 4. Aufl. (2014), 9. Kapitel, Rn. 468.

382 Janca/Schroeder/Baron, wistra 2015, 409 (415).

383 Janca/Schroeder/Baron, wistra 2015, 409 (415).

384 Janca/Schroeder/Baron, wistra 2015, 409(415).

385 Janca/Schroeder/Baron, wistra 2015, 409 (415).

E. Die strafrechtlichen Folgen der Insolvenzanfechtung

Im Folgenden soll im Einzelnen untersucht werden, ob es möglich ist, das Strafverfahren nach der Insolvenzanfechtung einer Geldstrafe, Geldauflage nach § 153 a Abs. 1 S. 2 Nr. 2 StPO und geldwerten Bewährungsauflage nach § 56 b Abs. 2 S. 1 Nr. 2 und 4 StGB fortzusetzen, um hierüber die insolvenzrechtliche Rückabwicklung (§ 143 Abs. 1 S. 1 InsO) der Zahlung zu kompensieren.

I. Zur Frage des Wiederauflebens des staatlichen Strafanspruchs nach einer Insolvenzanfechtung der Geldstrafenzahlung und deren Rückgewähr zur Insolvenzmasse gem. § 143 Abs. 1 S. 1 InsO

Wurde die Zahlung einer Geldstrafe angefochten und diese gem. § 143 Abs. 1 S. 1 InsO zur Insolvenzmasse zurückgewährt, stellt sich die Frage, ob der staatliche Strafanspruch wieder auflebt und nunmehr im laufenden Insolvenzverfahren im Wege der Ersatzfreiheitsstrafe durchgesetzt werden kann. Die Frage, ob die Vollstreckung der Ersatzfreiheitsstrafe in den Insolvenzanfechtungsfällen zulässig ist, stellt sich nicht, wenn schon die Anordnungsvoraussetzungen der Ersatzfreiheitsstrafe im Insolvenzverfahren nicht gegeben sind.

1. Die Vollstreckung der Ersatzfreiheitsstrafe im Insolvenzverfahren des Geldstrafenschuldners

Nach einhelliger Rechtsprechung[386] und überwiegender Ansicht in der Literatur[387] ist die Vollstreckung einer Ersatzfreiheitsstrafe in der Insolvenz des Verurteilten zulässig. Dieses Ergebnis wird damit begründet, dass auch im Insolvenzverfahren die Voraussetzungen der Anordnung der Ersatzfreiheitsstrafe nach § 459 e Abs. 2

386 BVerfG, Beschl. v. 24.08.2006 – 2 BvR 1552/06 = NJW 2006, 3626 (3627); LG Frankfurt a.M., Beschl. v. 31.08.2006 – 2/13 T 130/06 = NZI 2006, 714; LG Leipzig, Beschl. v. 22.06.2001 – 1 Qs 30/01 = ZIP 2002, 142; LG Osnabrück, Beschl. v. 22.06.2006 – 1 Qs 37/06 = Nds. Rpfl. 2006, 351 (352).

387 LR – Graalmann-Scheerer, StPO, 26. Aufl. (2010), Bd. 9, § 459 c Rn. 10; Uhlenbruck – Hirte, 14. Aufl. (2015), § 39 InsO Rn. 23; HambKomm/Lüdtke, 5. Aufl. (2015), § 39 InsO Rn. 12; Petershagen, ZInsO 2007, 703 (704 f.); Zeitler, Rpfleger 2012, 113 (115); Janca/Heßlau, ZInsO 2012, 2128 (2128 f.); Rein, NJW-Spezial 2014, 661 (661); Janca/Schroeder/Baron, wistra 2015, 409 (413); a.A.: Rönnau/Tachau, NZI 2007, 208 (211 ff.); Heinze, ZVI 2006, 14 (16 f.); Fortmann, ZInsO 2005, 140 (141 f.); Kemperdick, ZInsO 2010, 1307 (1310).

StPO vorlägen. Nach § 459 e Abs. 2 StPO setzt die Anordnung voraus, dass die Geldstrafe nicht eingebracht werden kann oder die Vollstreckung nach § 459 c Abs. 2 StPO unterbleibt. Nach § 459 c Abs. 2 StPO kann die Vollstreckung unterbleiben, wenn zu erwarten ist, dass sie in absehbarer Zeit zu keinem Erfolg führen wird. Dies ist der Fall, wenn ein Vollstreckungserfolg unwahrscheinlich ist und davon auszugehen ist, dass sich die Vermögensverhältnisse des Geldstrafenschuldners in absehbarer Zeit nicht bessern werden. Dies kann unter anderem dann angenommen werden, wenn sich der Geldstrafenschuldner im Insolvenzverfahren befindet[388]. Hiervon geht nunmehr auch die neugefasste Strafvollstreckungsordnung (StVollstrO) vom 01.08.2011 aus, nach deren neu eingefügtem § 48 Abs. 3 S. 3 während des Insolvenzverfahrens die Vollstreckung in der Regel nach § 459 c Absatz 2 StPO unterbleiben kann.

Im Falle der Eröffnung des Insolvenzverfahrens liegt jedoch zugleich auch die Uneinbringlichkeit der Geldstrafe i. S. v. §§ 459 e Abs. 2 StPO, 43 S. 1 StGB vor, da der Schuldner ab diesem Zeitpunkt sein Recht zur Verwaltung und Verfügung über sein zur Insolvenzmasse gehörendes Vermögen gem. § 80 Abs. 1 InsO an den Insolvenzverwalter verliert, die Zwangsvollstreckung in sein Vermögen während des Insolvenzverfahrens gem. § 89 Abs. 1 InsO unzulässig ist und wegen der Nachrangigkeit der Geldstrafe nach § 39 Abs. 1 Nr. 3 InsO nicht sicher mit einer Zahlung auf die Geldstrafe gerechnet werden kann[389]. Die Uneinbringlichkeit der Geldstrafe aufgrund des insolvenzrechtlichen Vollstreckungsverbots folgt dabei aus dem Verweis des § 459 StPO auf die Justizbeitreibungsordnung (JBeitrO), nach deren § 6 Abs. 1 Nr. 2 für die Vollstreckung die sonstigen Vorschriften des Bundesrechts, die die Zwangsvollstreckung aus Urteilen in bürgerlichen Rechtsstreitigkeiten beschränken, sinngemäß gelten. Zu diesen Vorschriften zählt das insolvenzrechtliche Vollstreckungsverbot des § 89 Abs. 1 InsO[390]. Dass dieses Vollstreckungsverbot auch für die Geldstrafenvollstreckung gilt, stellt nun auch die Strafvollstreckungsordnung (StVollstrO) vom 01.08.2011 in dem hinzugefügten § 48 Abs. 3 S. 1 klar, demzufolge die Vollstreckungsverbote der Insolvenzordnung bei der Geldstrafenvollstreckung gegen eine Person, über deren Vermögen das Insolvenzverfahren eröffnet ist, zu beachten sind.

Darüber hinaus spricht für die Zulässigkeit der Vollstreckung der Ersatzfreiheitsstrafe im Insolvenzverfahren, dass der neue § 48 Abs. 3 S. 2 der Strafvollstreckungsordnung (StVollstrO) vom 01.08.2011 ein Absehen von der Geldstrafenvollstreckung bis zur Beendigung des Restschuldbefreiungsverfahrens verbietet. In § 48 Abs. 3 S. 2 StVollstrO heißt es: Ein Aufschub der Beitreibung der Geldstrafe bis zum Abschluss

388 LR – Graalmann-Scheerer, StPO, 26. Aufl. (2010), Bd. 9, § 459 c Rn. 10.

389 BVerfG, Beschl. v. 24.08.2006 – 2 BvR 1552/06 = NJW 2006, 3626 (3627); LR – Graalmann-Scheerer, StPO, 26. Aufl. (2010), Bd. 9, § 459 c Rn. 10.

390 Rönnau/Tachau, NZI 2007, 208 (210 f.); Kemperdick, ZInsO 2010, 1307 (1309 f.); Zeitler, Rpfleger 2012, 113 (115), der sich darüber hinaus auch auf § 294 Abs. 1 InsO bezieht.

des Restschuldbefreiungsverfahrens ist mit dem Strafzweck grundsätzlich nicht vereinbar. Wenn aber gem. § 48 Abs. 3 S. 1 StVollstrO die Geldstrafenvollstreckung im eröffneten Insolvenzverfahren gem. § 89 Abs. 1 InsO ausscheidet und die §§ 48 Abs. 3 S. 3 i. V. m. 49 Abs. 1 S. 1 StVollstrO die Ersatzfreiheitsstrafenvollstreckung während des Insolvenzverfahrens zulassen, dann kann mit Beitreibung der Geldstrafe i. S. v. § 48 Abs. 3 S. 2 StVollstrO nur die Vollstreckung der Ersatzfreiheitsstrafe gemeint sein, die, wie sich aus § 48 Abs. 3 S. 2 StVollstrO ergibt, unter Strafzweckgesichtspunkten zeitnah zu vollstrecken ist.

Gleiches dürfte für die Ersatzfreiheitsstrafenvollstreckung im Restschuldbefreiungsverfahren gelten, da die Insolvenzgläubiger dort das Vollstreckungsverbot des § 294 Abs. 1 InsO trifft. Der Begriff Insolvenzverfahren in § 48 Abs. 3 S. 1 und 3 StVollstrO ist trotz der differenzierenden Wortwahl – § 48 Abs. 3 S. 1 und 3 StVollstrO sprechen von Insolvenzverfahren, § 48 Abs. 3 S. 2 StVollstrO hingegen von Restschuldbefreiungsverfahren – weit zu verstehen, sodass hiermit auch das Restschuldbefreiungsverfahren gemeint sein dürfte. Wenn § 48 Abs. 3 S. 1 StVollstrO die Beachtung der Vollstreckungsverbote der Insolvenzordnung einfordert, ohne eine Beschränkung auf das Vollstreckungsverbot des § 89 Abs. 1 InsO vorzunehmen, so ist davon auszugehen, dass sämtliche in der Insolvenzordnung geregelten Vollstreckungsverbote und somit auch § 294 Abs. 1 InsO zu beachten sind. Dann müssen unter Insolvenzverfahren i. S. v. § 48 Abs. 3 S. 1 StVollstrO auch sämtliche Zeitabschnitte eines insolvenzrechtlichen Verfahrens fallen, in denen diese Vollstreckungsverbote gelten. Vor diesem Hintergrund ist im Restschuldbefreiungsverfahren gem. § 48 Abs. 3 S. 1 StVollstrO i. V. m. § 294 Abs. 1 InsO die Vollstreckung der Gelstrafe ausgeschlossen. Dies gilt nicht für die Vollstreckung der Ersatzfreiheitsstrafe. Gem. §§ 48 Abs. 3 S. 3 i. V. m. 49 Abs. 1 S. 1 StVollstrO ist diese während des laufenden Restschuldbefreiungsverfahrens zulässig und wegen § 48 Abs. 3 S. 2 StVollstrO auch zeitnah zu vollstrecken.

2. Die erneute Geltendmachung des staatlichen Strafanspruchs unter Strafzweckgesichtspunkten

Es stellt sich die Frage, ob nach erfolgreicher Insolvenzanfechtung die nochmalige Geltendmachung des staatlichen Strafanspruchs durch das erneute Einfordern der Geldstrafe bzw. die Vollstreckung der Ersatzfreiheitsstrafe unter Strafzweckgesichtspunkten erforderlich ist. Hierfür wäre zu überlegen, inwieweit die Strafzwecke durch die Rückgewähr der gezahlten Geldstrafe zur Insolvenzmasse gem. § 143 Abs. 1 S. 1 InsO tangiert bzw. vereitelt werden. Dabei muss man sich fragen, was unter einer Realisierung der Strafzwecke überhaupt zu verstehen ist. Kommt es zur Verwirklichung der Strafzwecke ggfs. schon durch den Urteilsspruch oder ist hierfür die Zahlung der Geldstrafe oder deren endgültiger Verbleib im Staatsvermögen entscheidend? Oder ist etwa die These gerechtfertigt, dass es bei den Strafzwecken lediglich um allgemeine Zielvorstellungen geht, auf deren tatsächliche Verwirklichung es im Einzelfall nicht ankommt?

a) *Die Durchsetzbarkeit der Strafzwecke und das Urteil des Bundesgerichtshofs vom 07.11.1990*[391]

Ob Strafzwecke im Einzelfall zu realisieren sind oder ob sie nicht eine bloße gesetzgeberische Wunschvorstellung sind, war Gegenstand einer Entscheidung des Bundesgerichtshofs aus dem Jahre 1990. Hierin hat der Bundesgerichtshof zu der umstrittenen Frage Stellung genommen hat, ob die Zahlung einer fremden Geldstrafe eine strafbare Vollstreckungsvereitelung nach § 258 Abs. 2 StGB ist[392]. Der Bundesgerichtshof hat sich gegen die Strafbarkeit des die fremde Geldstrafe zahlenden Dritten entschieden, unabhängig davon, ob die Geldstrafe unmittelbar oder mittelbar aus dem Vermögen des Dritten stammt[393]. Zur Begründung führte der Bundesgerichtshof u. a. an, dass sich Strafzwecke nicht zwangsweise durchsetzen ließen. Andernfalls käme es bei Annahme der Strafbarkeit des Dritten wegen Vollstreckungsvereitelung zu einem Verstoß gegen das Analogieverbot zulasten des Täters, da die Wortlautgrenze bei der Auslegung des Vollstreckungsbegriffs in § 258 Abs. 2 StGB überschritten würde[394]. Seine Auffassung hat der Bundesgerichtshof darauf gestützt, dass der zu einer Geldstrafe Verurteilte verpflichtet sei, einen bestimmten Geldbetrag, bei dem es sich um eine vertretbare Sache handele, an die Gerichtskasse zu zahlen. Die Vollstreckungsbehörden hätten die Geldstrafenzahlung zwangsweise durchzusetzen, wobei „die weitgehend vom Willen des Verurteilten abhängige „persönliche Betroffenheit““[395] nicht vollstreckbar sei[396]. Deshalb könne sich Strafvereitelung auch nicht auf die „persönliche Betroffenheit“[397] beziehen. Solange der Dritte den äußeren Ablauf der Vollstreckung (Beitreibung von Geldstrafen) nicht beeinträchtige und nur darauf hinwirke, dass der Verurteilte von der Strafe nicht bzw. weniger stark „persönlich betroffen“[398] ist, liege keine Strafvereitelung vor[399]. Der Wortlaut von § 258 Abs. 2 StGB biete keinen Anhaltspunkt für die Annahme einer Vereitelung der Geldstrafenvollstreckung, wenn ein Dritter eine fremde Geldstrafe zahlt, ohne den äußeren Ablauf der Vollstreckung zu behindern[400].

Den Entscheidungsgründen lässt sich entnehmen, dass der Bundesgerichtshof in den Drittzahlungsfällen davon ausgeht, dass Strafzwecke, deren Verwirklichung sich an der „persönlichen Betroffenheit“[401] zeigt, nicht zwangsweise durchsetzbar

---

391 BGH, Urt. v. 07.11.1990 – 2 StR 439/90 = BGHSt 37, 226 ff.
392 S. hierzu Hillenkamp, BT Probleme, 12. Aufl. (2013), S. 54 ff.
393 BGH, Urt. v. 07.11.1990 – 2 StR 439/90 = BGHSt 37, 226 (229).
394 BGH, Urt. v. 07.11.1990 – 2 StR 439/90 = BGHSt 37, 226 (229 f.).
395 BGH, Urt. v. 07.11.1990 – 2 StR 439/90 = BGHSt 37, 226 (230).
396 BGH, Urt. v. 07.11.1990 – 2 StR 439/90 = BGHSt 37, 226 (229 f.).
397 BGH, Urt. v. 07.11.1990 – 2 StR 439/90 = BGHSt 37, 226 (230).
398 BGH, Urt. v. 07.11.1990 – 2 StR 439/90 = BGHSt 37, 226 (230).
399 BGH, Urt. v. 07.11.1990 – 2 StR 439/90 = BGHSt 37, 226 (229 f.).
400 BGH, Urt. v. 07.11.1990 – 2 StR 439/90 = BGHSt 37, 226 (230).
401 BGH, Urt. v. 07.11.1990 – 2 StR 439/90 = BGHSt 37, 226 (230).

sind. Wenn die Drittzahlung dem Bundesgerichtshof zufolge nicht zur Vereitelung des staatlichen Strafanspruchs führt, wird man unterstellen dürfen, dass der Bundesgerichtshof davon ausgeht, dass der staatliche Strafanspruch durch die Drittzahlung uneingeschränkt erfüllt worden ist. Die Ausführungen des Bundesgerichtshofs lassen gleichzeitig aber auch vermuten, dass er nicht davon ausgeht, dass es durch die Drittzahlung zur Verwirklichung der Strafzwecke kommt, diese vielmehr mangels „persönlicher Betroffenheit“[402] des Verurteilten von der Geldstrafe verfehlt werden.

b) Die Erfüllung des staatlichen Strafanspruchs bei Zahlung der Geldstafe durch Dritte

Fraglich ist, ob eine wirksame Tilgung des Geldstrafenanspruchs durch den Dritten gem. § 267 Abs. 1 S. 1 BGB wegen der Höchstpersönlichkeit der Leistungspflicht des zu einer Geldstrafe Verurteilten[403] ausgeschlossen ist. § 267 Abs. 1 S. 1 BGB ist seinem Wortlaut nach in Fällen höchstpersönlicher Leistungserbringung nicht anwendbar. In diesen Fällen ist nicht der Eintritt des Leistungserfolges, sondern ausnahmsweise die Herbeiführung desselben durch den Schuldner persönlich entscheidend[404]. Die Höchstpersönlichkeit der Leistungspflicht kann sich aus einer gesetzlichen Anordnung (z.B. §§ 613 S. 1, 664 Abs. 1 S. 1, 691 S. 1, 713 BGB), einer entsprechenden Parteivereinbarung oder aus der Natur der Sache ergeben[405].

aa) Der Streit um die Geldstrafe als höchstpersönliche Leistungspflicht

Ob die Geldstrafe wegen des mit ihr verfolgten Strafzwecks als höchstpersönliche Leistungspflicht einzuordnen ist, ist umstritten.

Die zivilrechtliche Literatur befürwortet überwiegend[406] im Hinblick auf den mit der Geldstrafe zu verfolgenden Strafzweck und unter Verweis auf die Entscheidungen BGHZ 23, 222 (224), wonach „der Täter, dem eine öffentlich-rechtliche Strafe auferlegt ist, diese grundsätzlich aus seinem Vermögen selbst tragen muß“[407], bzw. RGSt 30, 232 ff., die Höchstpersönlichkeit der Geldstrafenzahlung durch den Verurteilten und spricht sich aufgrund dessen für die Unanwendbarkeit von § 267 Abs. 1 S. 1 BGB und damit gegen die Tilgungswirkung der Drittzahlung aus.

---

402 BGH, Urt. v. 07.11.1990 – 2 StR 439/90 = BGHSt 37, 226 (230).
403 LK – Häger, StGB,12. Aufl. (2006), Bd. 2, vor §§ 40 bis 43 Rn. 27.
404 Palandt/Grüneberg, BGB, 75. Aufl. (2016), § 267 Rn. 1.
405 Palandt/Grüneberg, BGB, 75. Aufl. (2016), § 267 Rn. 1.
406 MüKo – Krüger, BGB, 7. Aufl. (2016), Bd. 2, § 267 Rn. 7; Staudinger – Bittner, BGB, Neubearbeitung 2014, Buch 2, § 267 Rn. 4; Soergel – Forster, BGB, 13. Aufl. (2014), Bd. 3/2, § 267 Rn. 6 i. V. m. Rn. 3; Erman – M. Artz, BGB, 14. Aufl. (2014), Bd. 1, § 267 Rn. 2; vgl. P/W/W – Zöchling-Jud, BGB, 10. Aufl. (2015), § 267 BGB Rn. 2; Jauernig – Stadler, BGB, 16. Aufl. (2015), § 267 Rn. 2 f.
407 BGH, Urt. v. 31.01.1957 – II ZR 41/56 = BGHZ 23, 222 (224).

Unberath[408] hingegen verweist zwar auch auf die Entscheidung BGHZ 23, 222 (224), spricht sich jedoch gleichzeitig unter Berufung auf ein Urteil des OLG Schleswig[409] für die Tilgungswirkung der Zahlung einer fremden Geldstrafe durch Dritte aus, indem er ausführt: „Bei öffentlich-rechtlichen Geldstrafen gebietet zwar der Strafzweck, dass der Täter die ihm auferlegte Geldstrafe grundsätzlich aus seinem eigenen Vermögen aufbringt. Allerdings folgt daraus nicht die fehlende Tilgungswirkung einer Zahlung durch Dritte“[410]. Demnach scheint auch *Unberath* die höchstpersönliche Leistungserbringung der Geldstrafe durch den Verurteilten anzuerkennen, ohne jedoch hieraus mit der überwiegenden zivilrechtlichen Literatur den Schluss der Unanwendbarkeit von § 267 Abs. 1 S. 1 BGB und der fehlenden Tilgungswirkung einer gleichwohl vorgenommenen Drittzahlung zu ziehen. Die von *Unberath* vorgenommene befürwortende Stellungnahme ist im Hinblick auf die Höchstpersönlichkeit der Leistungspflicht des verurteilten Geldstrafenschuldners einerseits und des gleichwohl möglichen Eintritts der Tilgungswirkung nach § 267 Abs. 1 S. 1 BGB andererseits nichts anderes als die Anerkennung einer Gegenausnahme zu der im Wortlaut von § 267 Abs. 1 S. 1 BGB verankerten Ausnahme, dass nämlich die Begleichung einer fremden Schuld durch einen Dritten ausnahmsweise dann nicht zulässig ist, wenn den Schuldner eine höchstpersönliche Leistungspflicht trifft.

Hingewiesen sei an dieser Stelle auch auf die beiden Einwände von *Gernhuber*, dass sich die von der herrschenden Meinung angenommene Höchstpersönlichkeit der Zahlungspflicht bei der Geldstrafe zum einen deswegen nicht durchsetzen lasse, da der Dritte dem persönlich zahlenden Verurteilten, ohne sich dadurch nach § 258 Abs. 2 StGB strafbar zu machen, nachträglich die gezahlte Geldstrafe erstatten könne[411]. Zum anderen sei die gezahlte Geldstrafe nach der Entscheidung BGHZ 23, 222 (225) sogar als zivilrechtlicher Erstattungsanspruch auf den Dritten abwälzbar, „wenn der Dritte vertraglich verpflichtet war, den Täter vor der Begehung einer solchen Straftat durch Warnungen oder ähnliche Hinweise zu schützen“[412].

Rechtsprechungsstimmen gibt es zu der Frage, ob § 267 Abs. 1 S. 1 BGB auch bei der Begleichung fremder Geldstrafenverbindlichkeiten Anwendung findet, bis auf die bereits erwähnte Entscheidung des OLG Schleswig nicht. Das OLG Schleswig bejaht die Anwendbarkeit von § 267 Abs. 1 S. 1 BGB und führt zur Begründung unter anderem aus, dass die Tilgung einer Geldstrafe nicht voraussetze, dass diese aus dem Vermögen des Verurteilten gezahlt wird; Zahlungen aus Drittvermögen seien ausreichend[413]. Der die Anwendbarkeit von § 267 Abs. 1 S. 1 BGB ausschließende Passus in Person zu leisten i. S. v. § 267 Abs. 1 S. 1 BGB sei so zu verstehen, dass

408 B/R – Unberath, BGB, 3. Aufl. (2012), Bd. 1, § 267 Rn. 4.
409 OLG Schleswig, Urt. v. 22.06.2004 – 11 U 165/02 = OLGR 2004, 474 ff.
410 B/R – Unberath, BGB, 3. Aufl. (2012), Bd. 1, § 267 Rn. 4.
411 Gernhuber, Erfüllung, 2. Aufl. (1994), Bd. 3, S. 453 Fn. 8.
412 Gernhuber, Erfüllung, 2. Aufl. (1994), Bd. 3, S. 453 Fn. 8.
413 OLG Schleswig, Urt. v. 22.06.2004 – 11 U 165/02 = OLGR 2004, 474 (475).

die Tilgung einer fremden Schuld durch Dritte nur bei unvertretbaren Leistungen ausgeschlossen sei. Bei der Geldzahlung handele es sich um eine vertretbare Leistung[414]. An dieser Einordnung ändere sich im Hinblick auf die Höchstpersönlichkeit der Leistungspflicht bei § 267 BGB auch dadurch nichts, dass der Geldbetrag zur Verwirklichung des Strafzwecks aus dem Vermögen des Verurteilten zu zahlen ist. Hierauf komme es für die Frage der (Un-)Vertretbarkeit nicht an[415]. Dass vertretbare Leistungen nicht personengebunden sind, gelte für öffentlich-rechtliche und zivilrechtliche Schuldverhältnisse gleichermaßen, was sich an § 48 AO bezüglich des Steuerschuldverhältnisses zeige[416]. Die mit der Drittzahlung einhergehende Verfehlung des Strafzwecks habe keinen Einfluss auf die tilgende Wirkung der Drittzahlung[417].

Das OLG Schleswig hat zur Begründung der Anwendbarkeit von § 267 Abs. 1 S. 1 BGB in den Fällen der Zahlung einer fremden Geldstrafe durch Dritte auch darauf verwiesen, dass die Kommentierung im Palandt seit der 60. Auflage nicht mehr davon ausgeht, dass sich bei der Geldstrafe die Höchstpersönlichkeit der Leistungspflicht aus der Natur der Sache ergebe[418], was der aktuellen Auflage des Palandt entspricht[419].

bb) Auswertung und Stellungsnahme

Nach dem vorstehend Ausgeführten stehen sich zur Frage der Tilgung einer fremden Geldstrafe gem. § 267 Abs. 1 S. 1 BGB zwei verschiedene Annahmen gegenüber. Während die herrschende Meinung auf dem Standpunkt steht, dass die Tilgungswirkung nur mit der Strafzweckverwirklichung eintritt und dies nur durch eine Zahlung des Verurteilten aus seinem Vermögen erfolgen kann, lehnen das OLG Schleswig und *Unberath* einen solchen Gleichlauf ab und befürworten die unabhängige Beurteilung von Tilgungswirkung und Strafzweckverwirklichung und daher auch die Möglichkeit wirksamer Zahlungen aus Drittvermögen.

Für die vom OLG Schleswig und *Unberath* vertretene Ansicht spricht schon einmal, dass sie mit der strafgerichtlichen Rechtsprechung des Bundesgerichtshofs in Einklang steht. Auch der Bundesgerichtshof geht in der bereits erörterten Entscheidung BGHSt 37, 226 ff. davon aus, dass mit dem Eintritt der Tilgungswirkung nicht zwangsläufig die Realisierung der Strafzwecke einhergeht, ein solcher gewünschter Gleichlauf in den Drittzahlungsfällen gerade durchbrochen ist. Dies spricht der Bundesgerichtshof zwar nicht ausdrücklich an, doch lässt sich dies seinen Ausführungen zur Straflosigkeit des die Geldstrafe zahlenden Dritten entnehmen. Der Bundesgerichtshof geht davon aus, dass Vollstreckungsvereitelung

414 OLG Schleswig, Urt. v. 22.06.2004 – 11 U 165/02 = OLGR 2004, 474 (475).
415 OLG Schleswig, Urt. v. 22.06.2004 – 11 U 165/02 = OLGR 2004, 474 (475).
416 OLG Schleswig, Urt. v. 22.06.2004 – 11 U 165/02 = OLGR 2004, 474 (475).
417 OLG Schleswig, Urt. v. 22.06.2004 – 11 U 165/02 = OLGR 2004, 474 (476).
418 OLG Schleswig, Urt. v. 22.06.2004 – 11 U 165/02 = OLGR 2004, 474 (475).
419 Vgl. Palandt/Grüneberg, BGB, 75. Aufl. (2016), § 267 Rn. 1.

und Strafzweckvereitelung nicht gleichzusetzen sind. Wenn der Bundesgerichtshof aber ausschließlich die Beeinträchtigung des äußeren Vollstreckungsablaufs unter Strafe gestellt wissen will, er unter Vollstreckung ausschließlich die zwangsweise Erlangung der geschuldeten Geldstrafe versteht, Geld seiner Auffassung nach eine vertretbare Sache ist und er trotz der Drittzahlung den staatlichen Strafanspruch nicht als vereitelt ansieht, so kann unterstellt werden, dass auch der Bundesgerichtshof davon ausgeht, dass die Drittzahlung gem. § 267 Abs. 1 S. 1 BGB wirksam ist und den Geldstrafenanspruch des Staates, unabhängig von der Strafzweckverwirklichung, zum Erlöschen gebracht hat.

Die vom OLG Schleswig und *Unberath* vertretene Ansicht ist aber auch deshalb vorzugswürdig, weil eine Strafzweckverwirklichung auch in den Fällen scheitert, in denen der Verurteilte die Geldstrafe zwar selbst aus seinem Vermögen zahlt, er aber dennoch keinen Konsumverzicht erleidet, weil er es versteht, diesen auf Dritte abzuwälzen (sog. Drittwirkung der Geldstrafe). Die Drittwirkung der Geldstrafe ist ein vom gesetzlichen Leitbild abweichendes, unvermeidbares[420] Phänomen, mit dem regelmäßig eine Strafzweckverfehlung einhergeht[421]. Dann kann die Notwendigkeit der Strafzweckverwirklichung aber auch nicht als Argument dafür herangezogen werden, dass den Verurteilten eine höchstpersönliche Leistungspflicht trifft, die eine wirksame Drittzahlung gem. § 267 Abs. 1 S. 1 BGB ausschließt. Die Vertreter der entgegengesetzten Ansicht verkennen, dass Bezugspunkt der Höchstpersönlichkeit in zivilrechtlicher und strafrechtlicher Hinsicht ein anderer ist. Während es zivilrechtlich bei § 267 Abs. 1 S. 1 BGB um die Höchstpersönlichkeit der Leistungspflicht und damit die Zurechenbarkeit des Leistungserfolgs geht, kommt es strafrechtlich auf die „persönliche Betroffenheit“[422] als Ausdruck des Strafzwecks an, dessen Erreichbarkeit ungewiss ist.

Für die Wirksamkeit der Drittzahlung spricht weiterhin, dass sie den praktischen Gegebenheiten gerecht wird, wenn man bedenkt, dass die Vollstreckungsbehörde nur den Zahlungseingang, aufgrund der vielfältigen Verschleierungsmöglichkeiten aber nicht die Herkunft des Geldes und die damit einhergehende Strafzweckverwirklichung überprüfen kann[423].

cc) Ergebnis

Aus dem fehlenden Gleichlauf von Tilgungswirkung und Strafzweckverwirklichung ist zu schließen, dass der Strafzweck über die Tilgung einer Verbindlichkeit hinausgeht. Seine Einlösung bleibt in Abweichung vom gesetzlichen Leitbild ungewiss, was sich am Beispiel der Drittzahlungsfälle als Fall der Drittwirkung der Geldstrafe gezeigt hat. Die Unvermeidbarkeit der Drittwirkung der Geldstrafe ist ein Beleg

---

420 S. hierzu Hillenkamp in FS Lackner, 1987, S. 455 ff.

421 Siehe hierzu E.II.4.b.aa.

422 BGH, Urt. v. 07.11.1990 – 2 StR 439/90 = BGHSt 37, 226 (230).

423 Vgl. hierzu OLG Schleswig, Urt. v. 22.06.2004 – 11 U 165/02 = OLGR 2004, 474 (476).

dafür, dass die Verwirklichung der Strafzwecke lediglich eine Zielvorgabe in Form eines gesetzlichen Leitbilds sein kann. Die Realisierung der Strafzwecke hängt von bestimmten Unwägbarkeiten ab. Die zwangsweise Durchsetzung der Strafzwecke ist nicht möglich. Folge dessen ist, dass es in den Drittzahlungsfällen der Strafzweckverwirklichung für den Eintritt der Tilgungswirkung nicht zwingend bedarf. Konsequenterweise kann der Verurteilte trotz der Strafzweckverfehlung nicht noch einmal belangt werden. Dies ergibt sich daraus, dass die Drittzahlung nach § 267 Abs. 1 S. 1 BGB wirksam ist mit der Folge, dass das öffentlich-rechtliche Schuldverhältnis zwischen dem Staat und dem Verurteilten, dem ein „öffentlichrechtliches Forderungsrecht eigener Art der Vollstreckungsbehörden“[424] zugrunde liegt, erlischt[425]. Mit dem Wegfall des Schuldverhältnisses entfällt aber auch das Recht der Vollstreckungsbehörde zur Verwirklichung der Strafzwecke noch einmal an den Verurteilten heranzutreten, weder in Form einer Zahlungsaufforderung noch in Form von Vollstreckungsversuchen. Letzteres ergibt sich bereits daraus, dass mit dem Erlöschen des Schuldverhältnisses der Vollstreckungsgegenstand entfällt.

c) Die Bedeutung der Rechtsprechung zur Tilgungswirkung der Geldstrafenzahlung durch Dritte für die Lösung der Insolvenzanfechtungsproblematik

Für die Insolvenzanfechtungsfälle lassen sich aus der Entscheidung des Bundesgerichtshofs zur Strafbarkeit des eine fremde Geldstrafe zahlenden Dritten sowie den hierzu gemachten Ausführungen folgende Schlussfolgerungen ziehen:

Wenn der Bundesgerichtshof die Strafzweckverfehlung aufgrund seiner Entscheidung für eine restriktive Auslegung des Vollstreckungsbegriffs in § 258 Abs. 2 StGB hinnimmt, anstatt eine weite Auslegung dieses Vollstreckungsbegriffs zuzulassen, um durch die drohende Strafbarkeit Drittzahlungen zu unterbinden, den Verurteilten dadurch zur persönlichen Begleichung seiner Schuld zu zwingen und dadurch wiederum die Verwirklichung der Strafzwecke abzusichern, so spricht vieles dafür, dass der Staat in den Insolvenzanfechtungsfällen nicht berechtigt ist, noch einmal mit der Begründung an den Verurteilten heranzutreten, dass durch die Rückzahlung der Geldstrafe zur Insolvenzmasse die Strafzwecke nicht verwirklicht worden sind. In den Insolvenzanfechtungsfällen hat nämlich der Verurteilte durch die Zahlung der Geldstrafe mehr für die Erreichung des Strafzwecks getan als in den Drittzahlungsfällen, in denen der Verurteilte sein Vermögen nie antasten musste, er das Strafübel, das bei der Geldstrafe nicht im Vermögensabfluss, sondern im

424 LK – Häger, StGB, 12. Aufl. (2006), Bd. 2, vor §§ 40 bis 43 Rn. 21.

425 I.E. ebenso Zeitler, Rpfleger 2012, 113 (119), der der Geldstrafenzahlung durch Dritte „forderungsbefreiende“ Wirkung beimisst und Janca/Heßlau, ZInsO 2012, 2128 (2135), die im Falle der Zahlung der Geldstrafe durch Dritte die Schuld als getilgt ansehen.

zeitweiligen Konsumverzicht als mittelbare Folge des Vermögensabflusses besteht[426], also nie auf sich nehmen musste.

Dass das Erreichen der Strafzwecke vom Willen des Verurteilten abhängt, erkennt auch der Bundesgerichtshof an, wenn er die Durchsetzbarkeit der „persönlichen Betroffenheit“[427] mit der Begründung ablehnt, dass diese vom Willen des Verurteilten abhängig sei. Die vom Bundesgerichtshof angesprochene „persönliche Betroffenheit“[428] ist mit dem Strafübel gleichzusetzen, welches wiederum Ausdruck des verwirklichten Strafzwecks ist[429]. Für die Insolvenzanfechtungsfälle bedeutet dies Folgendes: Wenn die Strafzweckverfehlung schon in den Drittzahlungsfällen hinzunehmen ist, in denen der Verurteilte mangels Zahlung keinerlei Willen gezeigt hat, sich der Strafe und damit den Strafzwecken unterzuordnen und der Verurteilte zu keinem Zeitpunkt „persönlich betroffen“[430] war, so muss dies erst recht dann gelten, wenn der Verurteilte die Geldstrafe gezahlt hat und diese später angefochten wird. Ansonsten würde der zahlungswillige Verurteilte gegenüber einem zahlungsunwilligen Verurteilten, der seine Zahlungspflicht zu umgehen weiß, benachteiligt.

Aus den genannten Gründen spricht vieles dafür, dass jedenfalls aus den Strafzwecken kein Argument dafür abgeleitet werden kann, dass der zu einer Geldstrafe Verurteilte in den Insolvenzanfechtungsfällen nach der insolvenzrechtlichen Rückabwicklung noch einmal belangt werden muss. Das ist aber nur als erstes Indiz einzustufen – die im Folgenden anzustellenden detaillierten Strafzweckerwägungen müssen zeigen, ob dieser erste Anschein zutrifft.

d) Anforderungen an die Strafzweckverwirklichung und die Realisierung der Strafzwecke in den Insolvenzanfechtungsfällen

Zu überlegen ist, ob im Falle einer insolvenzrechtlichen Rückabwicklung einer Geldstrafenzahlung den Strafzwecken genüge getan ist. Dies insbesondere dann, wenn man wie *v. Spiegel*[431] und *Hillenkamp*[432] aus präventiven Gründen für die Verwirklichung der Strafzwecke die Verurteilung nicht ausreichen lässt und die Einlösung der Strafe durch den Täter verlangt. *Hillenkamp* begründet dieses Erfordernis zu Recht damit, dass Strafe für den Täter spürbar sein müsse, hierfür die Verurteilung als solche aber nicht ausreiche[433]. Die Spürbarkeit ist Ausdruck des Strafübels, das

426 LK – Häger, StGB, 12. Aufl. (2006), Bd. 2, vor §§ 40 bis 43 Rn. 44; Zipf, Geldstrafe, S. 53; a.A. Eggers/Reuker, wistra 2011, 413 (414), die bei der Realisierung der Straffunktion der Geldstrafe auf die Vermögensminderung abstellen; vermittelnd Kemperdick, ZInsO 2010, 1307 (1308), der einen dauerhaften Konsumverzicht verlangt.

427 BGH, Urt. v. 07.11.1990 – 2 StR 439/90 = BGHSt 37, 226 (230).

428 BGH, Urt. v. 07.11.1990 – 2 StR 439/90 = BGHSt 37, 226 (230).

429 Geiger, Rechtsnatur der Sanktion, S. 100.

430 BGH, Urt. v. 07.11.1990 – 2 StR 439/90 = BGHSt 37, 226 (230).

431 v. Spiegel, Drittwirkung der Geldstrafe, S. 91 ff.

432 Hillenkamp in FS Lackner, 1987, S. 455 (460 f.).

433 Hillenkamp in FS Lackner, 1987, S. 455 (460 f.).

bei der Geldstrafe nicht im unmittelbaren Vermögensabfluss, sondern im mittelbaren Konsumverzicht liegt[434]. Der Konsumverzicht soll den Täter treffen, dem die Geldstrafe durch das Urteil auferlegt wurde[435]. Dass der Konsumverzicht Strafübel der Geldstrafe ist, hat das LG Göttingen mit seiner Entscheidung vom 19.01.2016 dadurch klargestellt, dass seiner Auffassung nach Zweck der Geldstrafe die „Konsumverkürzung"[436] beim Verurteilten und nicht die Bereicherung des Landes sei[437]. Da der dauerhafte Verbleib der gezahlten Geldstrafe im Staatsvermögen keinen Einfluss auf die Spürbarkeit des Konsumverzichts bzw. des Strafübels für den Täter hat, kann es auf den Verbleib im Staatsvermögen an sich nicht ankommen. Denn der Täter empfindet den Konsumverzicht auch dann als Einbuße, wenn der Staat den vereinnahmten Geldbetrag ausgibt. Für die Frage, ob den Strafzwecken hinreichend Genüge getan ist, kann demnach nur entscheidend sein, ob durch die Rückzahlung der Geldstrafe zur Insolvenzmasse die Spürbarkeit der Geldstrafe für den Täter aufgehoben wird.

aa) Der Konsumverzicht als maßgebliches Strafübel der Geldstrafe

Der nachträgliche Wegfall des Strafübels könnte sich daraus ergeben, dass die Geldstrafe in das Tätervermögen zurückfließt, der Vermögensabfluss als notwendige Voraussetzung für den Konsumverzicht also wieder rückgängig gemacht wird. Zunächst sei noch einmal darauf hingewiesen, dass das Strafübel der Geldstrafe nicht in der Vermögensminderung als solcher, sondern in dem hieraus resultierenden Konsumverzicht durch den Verurteilten liegt[438]. Ob durch die Rückzahlung zur Insolvenzmasse das zunächst eingetretene Strafübel beseitigt wird, erscheint fraglich[439]. Hierzu bedarf es einer Antwort auf die Frage, ob auch nach der Rückzahlung der geleisteten Geldstrafe der bezweckte Konsumverzicht erreicht wird. Durch die

---

434 Siehe E.I.2.c.

435 I.E. so auch LG Göttingen, Beschl. v. 19.01.2016 – 5 Qs 3/15 = wistra 2016, 167 (168), demzufolge die angefochtene Geldstrafe nicht zur Tilgung der Strafe geführt habe, da es beim Verurteilten nicht zum Vermögensabfluss und einem Konsumverzicht gekommen sein kann, da die Geldstrafe den Insolvenzgläubigern aufgrund der summenmäßigen Zugehörigkeit der Geldstrafe zur Insolvenzmasse bereits zum Zeitpunkt der Geldstrafenzahlung zugestanden habe und der Verurteilte die Geldstrafe deshalb mit fremdem Geld gezahlt habe.

436 LG Göttingen, Beschl. v. 19.01.2016 – 5 Qs 3/15 = wistra 2016, 167 (168).

437 LG Göttingen, Beschl. v. 19.01.2016 – 5 Qs 3/15 = wistra 2016, 167 (168).

438 Siehe E.I.2.c.

439 So Eggers/Reuker, wistra 2011, 413 (414) und Lorenz/Roth, PStR 2011, 129 (131), die für die Straffunktion der Geldstrafe die bloße Vermögensminderung für maßgeblich erachten und deshalb bei ausgeglichener Vermögenslage nach einer erfolgreichen Insolvenzanfechtung die Straffunktion als nicht erfüllt ansehen. So auch LG Göttingen, Beschl. v. 19.01.2016 – 5 Qs 3/15 = wistra 2016, 167 (168), das es für den Konsumverzicht und die damit verbundene Realisierung des Strafzwecks nicht ausreichen lässt, dass sich die gezahlte Geldstrafe eine Zeit lang im

Rückgewähr zur Insolvenzmasse stehen dem Verurteilten die Geldmittel, die er zum Begleichen der Geldstrafe eingesetzt hat, grundsätzlich wieder zur Verfügung. Dies folgt aus § 143 Abs. 1 S. 1 InsO, demzufolge das, was durch die anfechtbare Handlung aus dem Vermögen des Schuldners veräußert, weggegeben oder aufgegeben ist, zur Insolvenzmasse zurückgewährt werden muss. Die Insolvenzmasse besteht aus dem pfändbaren Vermögen des Insolvenzschuldners[440]. In diese Vermögensmasse erfolgt nach § 143 Abs. 1 S. 1 InsO die Rückgewähr dessen, was zunächst aus dem schuldnerischen Vermögen abgeflossen ist. Aus § 143 Abs. 1 S. 1 InsO ist daher der Schluss zu ziehen, dass im Wege der Insolvenzanfechtung die fehlende Verfügbarkeit von Vermögenswerten, die dem Schuldnervermögen zuzuorden sind, rückgängig gemacht wird. Folge dessen ist in den Insolvenzanfechtungsfällen, dass der Konsumverzicht nicht mehr mit der fehlenden Verfügbarkeit der zur Begleichung der Geldstrafe eingesetzten Finanzmittel begründet werden kann.

bb) Der Konsumverzicht nach der Rückgewähr der Geldstrafe zur Insolvenzmasse gem. § 143 Abs. 1 S. 1 InsO

(1) Die Verfügungsbefugnis des Insolvenzschuldners nach der Rückgewähr

Der Konsumverzicht könnte sich jedoch nach der insolvenzrechtlichen Rückabwicklung aus § 80 Abs. 1 InsO ergeben. Danach geht durch die Eröffnung des Insolvenzverfahrens das Recht des Schuldners, das zur Insolvenzmasse gehörende Vermögen zu verwalten und über es zu verfügen, auf den Insolvenzverwalter über. Der hiermit einhergehende zeitweilige Wegfall der Verwaltungs- und Verfügungsbefugnis des insolventen Schuldners, der nur für die Dauer des Insolvenzverfahrens gilt[441], wird durch die Unwirksamkeitsanordnung in § 81 Abs. 1 S. 1 InsO abgesichert. Danach ist eine Verfügung unwirksam, die der Schuldner nach der Eröffnung des Insolvenzverfahrens über einen Gegenstand der Insolvenzmasse vorgenommen hat. Kann der Schuldner während des laufenden Insolvenzverfahrens nicht wirksam über sein zur Insolvenzmasse gehörendes Vermögen verfügen, so ist dies einem tatsächlichen Konsumverzicht in Form der fehlenden Verfügbarkeit der zur Tilgung der Geldstrafe verwendeten Geldmittel gleichzusetzen. Denn für die Spürbarkeit des Strafübels beim Verurteilten macht es keinen Unterschied, ob er die Geldmittel aus tatsächlichen Gründen nicht einsetzen kann oder dies aus rechtlichen Gründen nicht darf und dies deshalb auch nicht wirksam kann. Hinzu kommt, dass Vermögensverfügungen Ausdruck von Konsum sind, der wiederum die Möglichkeit voraussetzt, eigenes Vermögen zu konsumptiven Zwecken ungehindert einsetzen zu können. Der Verurteilte kann sich jedoch in der Möglichkeit, über sein Vermögen zu verfügen, nicht nur aufgrund von fehlenden Finanzmitteln, sondern

---

Landesvermögen befand, da wegen der insolvenzanfechtungsbedingten Rückzahlung keine Verzichtsleistung des Verurteilten vorliege.

440 Siehe B.II.1.b.bb.

441 MüKo – Ott/Vuia, InsO, 3. Aufl. (2013), Bd. 2, § 80 Rn. 7.

auch durch rechtliche Hinderungsgründe wie der fehlenden Verwaltungs- und Verfügungsbefugnis gem. § 80 Abs. 1 InsO gehindert sehen. Wird der Schuldner also in der Möglichkeit beschränkt, ungehindert über sein Vermögen zu verfügen, so bedeutet das für ihn zwangsläufig, dass er auf Konsum verzichten muss. Vor diesem Hintergrund kann auch die Ansicht *Kemperdicks* nicht überzeugen, dass ein Konsumverzicht ausscheidet, weil der Verurteilte nach der anfechtungsbedingten Rückgewähr der Geldstrafe zur Insolvenzmasse diesen Geldbetrag zur quotalen Tilgung seiner Verbindlichkeiten im Insolvenzverfahren verwenden kann[442]. Denn durch den Insolvenzbeschlag der Insolvenzmasse werden die hiervon erfassten Gelder zur zumindest anteilsmäßigen Befriedigung der Gläubigerforderungen im Insolvenzverfahren gesperrt, wodurch es dem Schuldner verwehrt ist, selber zu entscheiden, welchen Gläubiger er in welcher Höhe befriedigt. Da Konsum eine solche Entscheidungsfreiheit hinsichtlich der Vermögensverwendung aber gerade voraussetzt, kann die durch die Insolvenzordnung vorgegebene und damit gesetzlich erzwungene Schuldtilgung nicht als Konsum gewertet werden.

(2) Die Verpflichtungsbefugnis des Insolvenzschuldners nach der Rückgewähr

Der Annahme eines Konsumverzichts steht auch nicht entgegen, dass der Verurteilte nach Eröffnung des Insolvenzverfahrens noch wirksam Verpflichtungsgeschäfte abschließen kann. Denn der Schuldner kann dies nur insoweit, als es sich nicht um Verpflichtungsgeschäfte zulasten der Insolvenzmasse handelt. Insoweit fehlt ihm die Verpflichtungsbefugnis, die ab Eröffnung des Insolvenzverfahrens der Insolvenzverwalter innehat. Nur dieser kann die Insolvenzmasse gem. § 55 Abs. 1 Nr. 1 InsO durch sein Tätigwerden belasten. Verpflichtungsgeschäfte des Schuldners können sich nicht auf die Insolvenzmasse auswirken, da der Insolvenzschuldner deren Erfüllung den Gläubigern lediglich aus seinem insolvenzfreien Vermögen schuldet[443]. Der Versuch, auch nach Rückgewähr der Geldstrafe zur Insolvenzmasse sein Konsumbedürfnis durch den Abschluss von Verpflichtungsgeschäften zu befriedigen, ist gerade deshalb unschädlich, da der verurteilte Insolvenzschuldner diese Kausalgeschäfte ohnehin nur aus dem nicht der Insolvenzmasse unterfallenden unpfändbaren Vermögen erfüllen kann. Zwar ist eine solche Erfüllung aus unpfändbarem Vermögen auch als Konsum zu werten, jedoch kann und darf dies der Annahme eines Konsumverzichts als Strafübel gleichwohl nicht entgegenstehen. Dies folgt daraus, dass sich der zunächst durch die Zahlung der Geldstrafe eingetretene Konsumverzicht wegen der erfolgreichen Insolvenzanfechtung nur auf die pfändbaren, der Insolvenzmasse unterfallenden Geldmittel beziehen konnte. Denn die Insolvenzanfechtung setzt nach § 129 Abs. 1 InsO eine Benachteiligung der Insolvenzgläubiger voraus, die ohne eine Schmälerung der Insolvenzmasse, zu der lediglich pfändbare Gegenstände gehören (vgl. § 36 Abs. 1 InsO), nicht möglich

442 Kemperdick, ZInsO 2010, 1307 (1308 f.).
443 Reischl, Insolvenzrecht, 3. Aufl. (2014), Rn. 186 f.

ist. Da die Rückgewähr nach § 143 Abs. 1 S. 1 InsO zur Insolvenzmasse erfolgt, kann es für die Frage, ob gleichwohl von einem fortbestehenden Konsumverzicht auszugehen ist, auch nur auf das zur Insolvenzmasse gehörende Vermögen des Insolvenzschuldners ankommen. Da hierzu gem. § 36 Abs. 1 InsO unpfändbare Gegenstände aber nicht gehören, kann Konsum aus unpfändbarem Vermögen einen Konsumverzicht bezogen auf die Insolvenzmasse nicht ausschließen.

(3) Zwischenfazit

Festzuhalten bleibt, dass das Strafübel des Konsumverzichts trotz der Rückgewähr der Geldstrafe zur Insolvenzmasse aufrechterhalten bleibt. Dies liegt daran, dass der Insolvenzschuldner seine Bedürfnisse aufgrund der fehlenden Verwaltungs- und Verfügungsbefugnis (§ 80 Abs. 1 InsO) und der Unwirksamkeitsfolge des § 81 Abs. 1 S. 1 InsO sowie der fehlenden Verpflichtungsbefugnis hinsichtlich der Insolvenzmasse (vgl. § 55 Abs. 1 InsO) weder durch die wirksame Vornahme eines Verfügungsgeschäfts noch durch den Abschluss eines Verpflichtungsgeschäfts zulasten der Insolvenzmasse befriedigen kann. Darauf, dass er Verpflichtungsgeschäfte über das nicht der Insolvenzmasse unterfallende unpfändbare Vermögen abschließen und die eingegangenen Verpflichtungen aus dem unpfändbaren Vermögen erfüllen kann, kommt es nicht an, da der maßgebliche, die Insolvenzmase betreffende Konsumverzicht dadurch nicht ausgeschlossen wird.

Damit steht fest, dass der Konsumverzicht und die hiermit verbundene Strafzweckverwirklichung unabhängig vom endgültigen Verbleib der Geldstrafe im Staatsvermögen[444] und einem endgültigen Vermögensabfluss beim Geldstrafenschuldner sind[445]. Für den ersten Aspekt folgt dies erstens daraus, dass der Konsumverzicht als Strafübel den Täter treffen soll und dies auch der Fall ist, wenn der Staat das vereinnahmte Geld ausgibt[446]. Zweitens darf es dem Staat bei der Vereinnahmung der Geldstrafe ausschließlich um die Erreichung des Strafzwecks und nicht um die Verfolgung fiskalischer Interessen gehen[447]. Letzteres wäre aber

---

444 So auch LG Göttingen, Beschl. v. 19.01.2016 – 5 Qs 3/15 = wistra 2016, 167 (168), demzufolge es nicht darauf ankommen soll, ob das Geld im Landesvermögen bleibt, da mit der Geldstrafe der Konsumverzicht beim Verurteilten und nicht die Bereicherung des Landes bezweckt sei.

445 A.A. LG Göttingen, Beschl. v. 19.01.2016 – 5 Qs 3/15 = wistra 2016, 167 (168), welches für den Konsumverzicht und die Strafzweckverwirklichung eine Verzichtsleistung des Verurteilten für notwenig hält, welche im Falle der insolvenzanfechtungsbedingten Rückzahlung zur Insolvenzmasse nicht vorliege, weshalb ein Konsumverzicht nicht schon deshalb vorliege, weil sich die Geldstrafe eine Zeit lang im Landesvermögen befunden habe.

446 Siehe E.I.2.d.

447 Vgl. BVerfG, Beschl. v. 24.08.2006 – 2 BvR 1552/06 = NJW 2006, 3626 (3627), das die Verfolgung fiskalischer Interessen mit der Geldstrafe allerdings nicht ausschließt, da es darauf abstellt, dass die vermögensmäßige Besserstellung durch die Geldstrafe nicht vorrangig beabsichtigt sein soll; s. hierzu Zipf, Geldstrafe, S. 46 und

der Fall, wenn man für das Erreichen des Strafzwecks zusätzlich zum Konsumverzicht verlangen würde, dass die Geldstrafe endgültig im Staatsvermögen bleibt. Dann würde der Strafzweck nicht mehr ausschließlich auf das Strafrecht bezogen bleiben. Da die Strafzwecke aber gerade auf die intendierte Wirkung der konkret auferlegten Strafe zur Erfüllung der Aufgabe des Strafrechts abstellen, dürfen die Strafzwecke dem Zweck des Strafrechts gerade nicht zuwiderlaufen[448]. Dass es nicht auf einen endgültigen Vermögensabfluss beim Verurteilten ankommen kann, belegt die Tatsache, dass ein Konsumverzicht auch ohne einen Vermögensabfluss möglich ist, der Vermögensabfluss also nicht notwendige Voraussetzung des Strafübels Konsumverzicht ist. Erforderlich ist aber, dass der Konsumverzicht statt auf den Vermögensabfluss auf rechtliche Verfügungsbeschränkungen (§§ 80 Abs. 1, 81 Abs. 1 S. 1 InsO) bzw. Verpflichtungsbeschränkungen (vgl. § 55 Abs. 1 InsO) oder sonstige den Konsum einschränkende Umstände zurückgeht.

cc) Der Auslöser des Konsumverzichts

Nicht beantwortet ist damit aber die Frage, wodurch der fortbestehende Konsumverzicht nach der insolvenzrechtlichen Rückabwicklung ausgelöst wird. Als Ursache auszuschließen ist jedenfalls die ursprüngliche Zahlung der Geldstrafe. Diese kann für den aus §§ 80 Abs. 1, 81 Abs. 1 S. 1 InsO abzuleitenden Konsumverzicht aufgrund der insolvenzrechtlichen Rückabwicklung nicht mehr kausal sein. Denn die Zahlung der Geldstrafe war nur für den tatsächlichen Konsumverzicht in Form der fehlenden Verfügbarkeit von Geldmitteln kausal, nicht jedoch für den Konsumverzicht rechtlicher Art, der sich aus den §§ 80 Abs. 1, 81 Abs. 1 S. 1 InsO ergibt. Auslöser dieses Konsumverzichts kann nur die Eröffnung des Insolvenzverfahrens sein, da dem Schuldner, wie sich aus dem Wortlaut von §§ 80 Abs. 1, 81 Abs. 1 S. 1 InsO ergibt, ab diesem Zeitpunkt die Verwaltungs- und Verfügungsbefugnis fehlt.

Dadurch, dass Auslöser des rechtlichen Konsumverzichts die Eröffnung des Insolvenzverfahrens ist und diese zeitlich stets vor der insolvenzrechtlichen Rückabwicklung liegt, wird der tatächliche Konsumverzicht, der mit der insolvenzrechtlichen

v. Spiegel, Drittwirkung der Geldstrafe, S. 13 f.; so Wollmann, ZInsO 2011, 1521 (1524) zur Geldauflagenzahlung an die Staatskasse gem. § 153 a Abs. 1 S. 2 Nr. 2 Alt. 2 StPO, der darauf hinweist, dass entscheidend das Erreichen der Sanktionswirkung beim Beschuldigten, nicht aber fiskalische Interessen der Staatskasse seien, da die die Geldauflagenzahlung an die Staatskasse nur eine unter vielen anderen denkbaren Auflagen sei und die Begünstigung der Staatskasse nur ein positiver Nebeneffekt der bezweckten Sanktionierung des Beschuldigten sei. Auch Drees hält in Anm. zu BGH, Urt. v. 05.06.2008 – IX ZR 17/07, NStZ 2009, 521 (523) bei Geldauflagen nach § 153 a Abs. 1 S. 2 Nr. 2 StPO für die Erfüllung i.S.v. § 153 a Abs. 1 S. 5 StPO nur die Vermögensminderung beim Beschuldigten für entscheidend, da Zweck der Geldauflage die Sanktionierung des Beschuldigten zum Unrechtsausgleich und nicht die Bereicherung der Staatskasse und gemeinütziger Einrichtungen sei.

448 Roxin, AT I, 4. Aufl. (2006), § 3 Rn. 1.

Rückabwicklung endet, ohne zeitliche Unterbrechung von dem rechtlichen Konsumverzicht abgelöst. Durch das nahtlose Ineinanderübergehen der einen Erscheinungsform des Konsumverzichts in die andere bringt dem Verurteilten die Rückzahlung zur Insolvenzmasse noch nicht einmal vorübergehende Vorteile. Erst kann er die ihm durch die Geldstrafenzahlung fehlenden Geldmittel nicht zu konsumptiven Zwecken einsetzen und ab dem Zeitpunkt wo er dies rückzahlungsbedingt könnte, darf er es bereits nicht mehr. Dass die anfechtungsbedingte Rückabwicklung nach § 143 Abs. 1 S. 1 InsO nach Eröffnung des Insolvenzverfahrens erfolgt, ergibt sich daraus, dass das Entstehen des Anfechtungsrechts zugunsten der Insolvenzmasse unter der aufschiebenden Bedingung der Eröffnung des Insolvenzverfahrens steht, die Anfechtung also erst ab wirksamer Eröffnung des Insolvenzverfahrens durch den vom Richter unterschriebenen Eröffnungsbeschluss zulässig ist[449]. Erst ab diesem Zeitpunkt kann der Anfechtungsberechtigte von seinem Insolvenzanfechtungsrecht Gebrauch machen, dessen Ausübung notwendige Voraussetzung für die Durchsetzbarkeit des Rückgewähranspruchs gem. § 143 Abs. 1 S. 1 InsO ist[450].

dd) Der Konsumverzicht nach Beendigung des Insolvenzverfahrens

Abschließend bedarf es noch der Beantwortung der Frage, ob der Konsumverzicht auch über das Stadium des Insolvenzverfahrens hinaus aufrechterhalten wird. Denn wenn der Abschluss des Insolvenzverfahrens dazu führt, dass das Verwaltungs- und Verfügungsrecht wieder beim Schuldner liegt[451], so endet auch der mit den §§ 80 Abs. 1, 81 Abs. 1 S. 1 InsO begründbare Konsumverzicht.

Dass der Konsumverzicht auch nach Beendigung des Insolvenzverfahrens aufrechterhalten bleibt, folgt jedoch unter Zugrundelegung einer rein insolvenzrechtlichen Betrachtung aus den §§ 201 Abs. 1, 302 Nr. 2, 39 Abs. 1 Nr. 3 InsO. Der Staat ist gem. § 39 Abs. 1 Nr. 3 InsO nachrangiger Insolvenzgläubiger. Dies bedeutet, dass der Staat als Insolvenzgläubiger zwar am Verteilungsverfahren teilnimmt, seine Geldstrafenforderung im Insolvenzverfahren aber erst nach der vollständigen Befriedigung der vorrangigen Forderungen anderer Insolvenzgläubiger zum Zuge kommt[452]. Dies führt regelmäßig dazu, dass der Staat im Insolvenzverfahren leer ausgeht, bedeutet jedoch nicht, dass die Geldstrafenforderung dauerhaft ungetilgt bleibt. Denn nach § 201 Abs. 1 InsO haftet der Schuldner nach Ende des Insolvenzverfahrens für diejenigen Forderungen, die im Insolvenzverfahren mangels ausreichender Insolvenzmasse nicht mehr befriedigt werden konnten unbeschränkt weiter. Dies gilt trotz des Restschuldbefreiungsverfahrens, da die Geldstrafenforderung des Fiskus gem. § 302 Nr. 2 InsO nicht von der Restschuldbefreiung erfasst wird. Für den verurteilten Schuldner bedeutet dies, dass er im Ergebnis um

---

449 MüKo – Kayser, InsO, 3. Aufl. (2013), Bd. 2, § 129 Rn. 186 i. V. m. Rn. 192.
450 Siehe B.IV.2.
451 MüKo – Ott/Vuia, InsO, 3. Aufl. (2013), Bd. 2, § 80 Rn. 7.
452 MüKo – Ehricke, InsO, 3. Aufl. (2013), Bd. 1, § 39 Rn. 1 f.

die Zahlung der Geldstrafe nicht herumkommt[453]. Der Konsumverzicht als Strafübel liegt nach Abschluss des Insolvenzverfahrens darin, dass der Verurteilte zur Begleichung der weiterhin fortbestehenden Geldstrafenforderung des Staates den Zahlungsbetrag in seinem Vermögen bereithalten muss, um die Forderung tilgen zu können, ihn also nicht zu konsumptiven Zwecken einsetzen kann.

Dem wird man auch nicht entgegenhalten können, dass nur der redliche, zahlungswillige Täter den geschuldeten Betrag im eigenen Vermögen zur Tilgung der Geldstrafe bereithalten und auf Konsum verzichten wird. Schließlich ist bei unredlichen, zahlungsunwilligen Tätern nach Abschluss des Insolvenzverfahrens die zwangsweise Durchsetzung des Geldstrafenanspruchs möglich. Dem steht auch nicht das Vollstreckungsverbot des § 89 Abs. 1 InsO entgegen, da dieses seinem Wortlaut nach nur für die Dauer des Insolvenzverfahrens gilt.

Unter Umständen könnte der Konsumverzicht aber gleichwohl nur vorübergehender Natur sein. Zwar ergibt sich die Vollstreckbarkeit des Geldstrafenanspruchs strafvollstreckungsrechtlich aus § 459 StPO i. V. m. §§ 6 ff. JBeitrO. Das Vollstreckungsverbot des § 89 Abs. 1 InsO, auf das § 459 StPO i. V. m. § 6 Abs. 1 Nr. 2 JBeitrO verweisen[454], steht der Strafvollstreckung wegen der ausschließlichen Geltung im Insolvenzverfahren[455] nicht entgegen. Dieser im Grundsatz zu bejahenden Vollstreckbarkeit des Geldstrafenanspruchs zulasten des zahlungsunwilligen Verurteilten nach Beendigung des Insolvenzverfahrens und der damit gegebenen Möglichkeit, den Konsumverzicht notfalls zwangsweise auch über das Insolvenzverfahren hinaus aufrecht erhalten zu können, könnten jedoch andere Vollstreckungshindernisse entgegenstehen. Auf diese soll im Folgenden näher eingegangen werden.

3. Das Eingreifen von Vollstreckungshindernissen bei der erneuten Geltendmachung der Geldstrafe

Die ordnungsgemäße Strafvollstreckung setzt voraus, dass sowohl die allgemeinen, also unabhängig von der Art der durchzusetzenden Rechtsfolge zu fordernden Vollstreckungsvoraussetzungen, als auch die besonderen, rechtsfolgengebundenen Vollstreckungsvoraussetzungen vorliegen. Negative allgemeine Vollstreckungsvoraussetzung ist, dass keine Vollstreckungshindernisse eingreifen[456]. Zu diesen zählen u. a., dass die Strafvollstreckung schon durchgeführt worden ist sowie ein Verstoß gegen den im Rechtsstaatsprinzip des Art. 20 Abs. 3 GG verankerten Vertrauensgrundsatz[457]. Es stellt sich die Frage, ob durch die Zahlung der Geldstrafe diese Vollstreckungshindernisse sowie das in § 459 e Abs. 4 S. 1 StPO normierte besondere

453 I.E. ebenso Rinjes, wistra 2009, 16 (16); Wilk, wistra 2011, 416 (418), der aus diesem Grund eine Benachteiligung derjenigen Verurteilten ablehnt, die solvent sind oder erst zu einem wesentlich späteren Zeitpunkt insolvent werden.

454 Siehe E.I.1.

455 Siehe E.I.2.d.dd.

456 Laubenthal/Nestler, Strafvollstreckung, 2010, Rn. 12.

457 Laubenthal/Nestler, Strafvollstreckung, 2010, Rn. 40 f.

Vollstreckungshindernis ausgelöst werden und welchen Einfluss die Rückzahlung der Geldstrafe zur Insolvenzmasse nach § 143 Abs. 1 S. 1 InsO auf den Bestand der Vollstreckungshindernisse hat.

a) Die Geldstrafenzahlung als Vollstreckungshindernis nach § 459 e Abs. 4 S. 1 StPO (analog)

Nach § 459 e Abs. 4 S. 1 StPO wird die Ersatzfreiheitsstrafe nicht vollstreckt, soweit die Geldstrafe entrichtet oder beigetrieben wird oder die Vollstreckung nach § 459 d unterbleibt. Durch die Zahlung oder Beitreibung der Geldstrafe entsteht ein Vollstreckungshindernis hinsichtlich der Ersatzfreiheitsstrafe[458]. Zwar bezieht sich dieses Vollstreckungshindernis nur auf den Fall, dass die Geldstrafe nach der Anordnung der Ersatzfreiheitsstrafe nach 459 e Abs. 1 StPO getilgt oder diese nach diesem Zeitpunkt beigetrieben wurde[459]. Nichts anders kann aber in den Insolvenzanfechtungsfällen gelten, in denen die Geldstrafe, wenn auch in anfechtbarer Weise, gezahlt wurde. Auch die anfechtbare Geldstrafenzahlung löst analog § 459 e Abs. 4 S. 1 StPO ein Vollstreckungshindernis aus[460]. Schließlich fehlt es wegen der Geldstrafenzahlung schon an den Anordnungsvoraussetzungen der Ersatzfreiheitsstrafe, da die Zahlung die von § 459 e Abs. 2 Alt. 1 StPO vorausgesetzte Uneinbringlichkeit der Geldstrafe ebenso ausschließt wie die für §§ 459 e Abs. 2 Alt. 2 i. V. m. 459 c Abs. 2 StPO notwendige zu erwartende Erfolglosigkeit der Vollstreckung. Mangels Vollstreckungsgrundlage – gem. § 459 e Abs. 1 StPO wird die Ersatzfreiheitsstrafe auf Anordnung der Vollstreckungsbehörde vollstreckt – verbietet sich die Vollstreckung der Ersatzfreiheitsstrafe ebenso wie wenn es bei Vorliegen der Anordnungsvoraussetzungen nachträglich zur Tilgung der Geldstrafe kommt. Es kann daher keinen Unterschied machen, ob die Geldstrafe erst nach Eingreifen der Anordnungsvoraussetzungen der Ersatzfreiheitsstrafe gezahlt wird und die Anordnungsvoraussetzungen dadurch nachträglich hinfällig werden oder ob schon vor dem Eingreifen der Anordnungsvoraussetzungen der Ersatzfreiheitsstrafe gezahlt wird und dadurch die Anordnungsvoraussetzungen der Ersatzfreiheitsstrafe von vornherein ausgeschlossen sind. In beiden Fällen liegen die Anordnungsvoraussetzungen der Ersatzfreiheitsstrafe nicht vor. Aus dieser Vergleichbarkeit heraus rechtfertigt sich die analoge Anwendung von § 459 e Abs. 4 S. 1 StPO. Für die Insolvenzanfechtungsfälle bedeutet dies, dass die Vollstreckung der Ersatzfreiheitsstrafe während des Insolvenzverfahrens nach einer insolvenzrechtlichen Rückabwicklung

458 OLG Düsseldorf, Beschl. v. 05.03.1979 – 5 Ws 18/79 = NJW 1980, 250; OLG Zweibrücken, Beschl. v. 09.09.1986 – 1 Ws 321 – 322/86 = MDR 1987, 782; M-G/Schmitt-Schmitt, StPO, 58. Aufl. (2015), § 459 e Rn. 5.

459 I.E. ebenso OLG Zweibrücken, Beschl. v. 09.09.1986 – 1 Ws 321 – 322/86 = MDR 1987, 782; M-G/Schmitt-Schmitt, StPO, 58. Aufl. (2015), § 459 e Rn. 5; HK – StPO – Pollähne, 5. Aufl. (2012), § 459 e Rn. 4.

460 I.E. ebenso Pfordte, StV 2010, 591 (595).

unzulässig ist, weil durch die Zahlung der Geldstrafe vor der Insolvenzanfechtung ein Vollstreckungshindernis entstanden ist.

b) Das Vollstreckungshindernis der durchgeführten Vollstreckung

Es stellt sich die Frage, ob der Vollstreckung der Ersatzfreiheitsstrafe nach einer erfolgreichen Insolvenzanfechtung und Rückgewähr zur Insolvenzmasse das Verbot der wiederholten Vollstreckung von rechtskräftigen Strafentscheidungen entgegensteht, da der Verurteilte die Geldstrafe trotz der insolvenzrechtlichen Rückabwicklung schon einmal, wenn auch in anfechtbarer Weise, gezahlt hat.

aa) Gesetzliche Verankerung des Verbots mehrfacher Vollstreckung und dessen Anforderungen

Das Doppelvollstreckungsverbot wurzelt nicht in Art. 103 Abs. 3 GG, demzufolge niemand wegen derselben Tat auf Grund der allgemeinen Strafgesetze mehrmals bestraft werden darf. Denn dieses Doppelbestrafungsverbot setzt voraus, dass auch die zweite Sanktionierung aufgrund der allgemeinen Strafgesetze vorgenommen wurde[461], worunter jedoch nicht alle staatlichen Akte mit Sanktionswirkung, sondern nur die staatlicherseits auferlegten Kriminalstrafen fallen[462]. Hierzu zählen Vollstreckungsmaßnahmen wie die Vollstreckung der Ersatzfreiheitsstrafe gerade nicht[463]. Hieraus kann aber nicht gefolgert werden, dass Vollstreckungsmaßnahmen auch im Falle einer zweiten Sanktionierung uneingeschränkt zulässig sind. Der Möglichkeit einer weiteren Sanktionierung wird durch das Rechtsstaatsprinzip, genauer gesagt durch die das Rechtsstaatsprinzip ausformenden Prinzipien der Rechtssicherheit und der Verhältnismäßigkeit, eine Schranke gesetzt[464]. Dies bedeutet, dass jede Zweitsanktionierung im Hinblick auf ihre Verhältnismäßigkeit auf ihre Notwendigkeit hin zu überprüfen ist, denn eine nochmalige Sanktionierung ist nicht per se ausgeschlossen[465]. So hat das Bundesverwaltungsgericht festgestellt, dass es „einen allgemeinen Rechtssatz, daß aus ein und demselben Vorgang nicht zweimal nachteilige Folgen für den Betroffenen hergeleitet werden dürften" nicht gibt[466]. Die fehlende Existenz einer solchen Regelung wird damit begründet, dass es dem Staat möglich sein muss, seinen diversen Aufgaben (z.B. der Aufrechterhaltung

---

461 Vgl. Maunz-Dürig/Schmidt-Aßmann, GG, Bd. 6, Art. 103 Rn. 302 (Stand: Dezember 1992).

462 Hill, Gewährleistungen gegenüber der staatlichen Strafgewalt, in: HStR VI, 2. Aufl. (2001), § 156 Rn. 71.

463 Vgl. Maunz-Dürig/Schmidt-Aßmann, GG, Bd. 6, Art. 103 Rn. 278 (Stand: Dezember 1992).

464 Maunz-Dürig/Schmidt-Aßmann, GG, Bd. 6, Art. 103 Rn. 302, 275 f. (Stand: Dezember 1992).

465 Maunz-Dürig/Schmidt-Aßmann, GG, Bd. 6, Art. 103 Rn. 277 f. (Stand: Dezember 1992).

466 BVerwG, Urt. v. 23.04.1985 – 2 WD 42/84 = BVerwGE 83, 1 (17).

der Ordnung sowie den Straf- und Präventivaufgaben) durch den Rückgriff auf mehrere Sanktionsmittel nachzukommen[467]. Die Begrenzung der Mehrfachsanktionierung durch das Rechtsstaatsprinzip erfolgt u. a. über die Berücksichtigung folgender Grundsätze: Die Pflicht zur hinreichenden Konkretisierung dessen, was mit der Sanktionierung erreicht werden soll sowie dem Grundsatz, dass eine mehrfache Sanktionierung nur dann zulässig ist, wenn die hinter der jeweiligen Sanktion stehenden Ziele und Aufgaben in hinreichendem Maße voneinander abweichen. Letzteres bedeutet, dass ein Geschehen nicht mehrmals mit einer identischen oder nahezu identischen staatlichen Maßnahme sanktioniert werden darf[468].

bb) Das Verbot der mehrfachen Vollstreckung in den Insolvenzanfechtungsfällen

Eine Doppelsanktionierung könnte in den Insolvenzanfechtngsfällen darin zu sehen sein, dass die Geldstrafe zunächst vor Eröffnung des Insolvenzverfahrens getilgt worden ist, der Staat die Geldstrafe aber gleichwohl ein weiteres Mal aufgrund der Rückgewähr der Geldstrafe zur Insolvenzmasse (§ 143 Abs. 1 S. 1 InsO) fordert und im Wege der Ersatzfreiheitsstrafe vollstreckt. In diesem Fall kann sich, wie soeben ausgeführt[469], ein Doppelsanktionierungsverbot zwar nicht aus Art. 103 Abs. 3 GG ergeben, jedoch unter Umständen aus dem Rechtsstaatsprinzip, sofern die dadurch erfolgte nochmalige Sanktionierung gegen den Verhältnismäßigkeitsgrundsatz oder das Rechtssicherheitsgebot verstößt. Dies gilt auch dann, wenn es sich wie im vorliegenden Fall bei der Erstsanktion um eine Kriminalstrafe und damit um eine Bestrafung aufgrund der allgemeinen Strafgesetze i. S. v. Art. 103 Abs. 3 GG handelt. Denn bei allen nicht unter Art. 103 Abs. 3 GG fallenden Sanktionen ist das Rechtsstaatsprinzip sowohl untereinander als auch im Verhältnis zu einer Kriminalstrafe zu beachten[470].

Ob die Vollstreckung der Ersatzfreiheitsstrafe als Zweitsanktion unter Rechtsstaatsgesichtpunkten zulässig ist, hängt davon ab, was Ziel der Geldstrafe und der Vollstreckung der Ersatzfreiheitsstrafe ist, inwieweit sich Ziel und Aufgabe dieser beiden Sanktionen decken und ob die zur Zielerreichung bzw. Aufgabenumsetzung eingesetzten Maßnahmen identisch oder nahezu identisch sind. Denn die Zulässigkeit der Zweitsanktionierung steht – wie dargelegt – unter dem Vorbehalt, dass eine Deckungsgleichheit der Ziele, Aufgaben und Maßnahmen gerade nicht gegeben sein darf[471]. Hierzu bedarf es eines genaueren Blicks auf das Verhältnis von Geld- und Ersatzfreiheitsstrafe zueinander. Ausgangspunkt hierfür muss

467 Maunz-Dürig/Schmidt-Aßmann, GG, Bd. 6, Art. 103 Rn. 278 (Stand: Dezember 1992).

468 Maunz-Dürig/Schmidt-Aßmann, GG, Bd. 6, Art. 103 Rn. 279 f. (Stand: Dezember 1992); BVerwG, Urt. v. 23.04.1985 – 2 WD 42/84 = BVerwGE 83, 1 (17).

469 Siehe E.I.3.b.aa.

470 Maunz-Dürig/Schmidt-Aßmann, GG, Bd. 6, Art. 103 Rn. 276 (Stand: Dezember 1992).

471 Siehe E.I.3.b.aa.

§ 43 S. 1 und 2 StGB sein, wonach an die Stelle einer uneinbringlichen Geldstrafe Freiheitsstrafe tritt (S. 1) und einem Tagessatz ein Tag Freiheitsstrafe entspricht (S. 2). Dem Wortlaut von S. 1 („An die Stelle einer uneinbringlichen Geldstrafe tritt Freiheitsstrafe.“) lässt sich im Hinblick auf das Verhältnis der Ersatzfreiheitsstrafe zur Geldstrafe zweierlei entnehmen: Geldstrafe und Ersatzfreiheitsstrafe stehen in einem gegenseitigen Ausschlussverhältnis dergestalt, dass die Ersatzfreiheitsstrafe nur bei Uneinbringlichkeit der Geldstrafe an deren Stelle tritt, sie bei Einbringlichkeit der Geldstrafe also nicht mehr erforderlich wird. Weiterhin soll der Ersatzfreiheitsstrafe eine Ersatzfunktion für die wirkungslose Geldstrafe zukommen, indem das nicht über die Geldstrafe zu verwirklichende Strafübel, das in der zeitweiligen Einschränkung des bisherigen Lebensstandards durch den Entzug von Geldmitteln zugunsten der Staatskasse liegt[472], durch das regelmäßig durchsetzbare Strafübel der Ersatzfreiheitsstrafe ersetzt wird[473]. Bei der Ersatzfreiheitsstrafe handelt es sich demnach wie bei der Geldstrafe um eine Strafe und nicht um ein Beugemittel, das die Zahlung der Geldstrafe erzwingen soll. Gerade hierin liegt der wesentliche Unterschied zwischen Ersatzfreiheitsstrafe und Erzwingungshaft, der zur Folge hat, dass der Geldstrafenanspruch des Staates anders als bei der Erzwingungshaft mit der Vollstreckung der Ersatzfreiheitsstrafe erlischt[474]. Aus dem beschriebenen Verhältnis von Geld- und Ersatzfreiheitsstrafe zueinander lässt sich folgern, dass beide das gleiche Ziel verfolgen: Die Durchsetzung eines spürbaren Strafübels, das bei der Geldstrafe im vorübergehenden Konsumverzicht[475] und bei der Ersatzfreiheitsstrafe im Freiheitsentzug zu sehen ist. Dies wird auch daraus ersichtlich, dass es sich bei der Vollstreckung der Ersatzfreiheitsstrafe um Geldstrafenvollstreckung handelt[476].

Die Identität der Sanktionsziele von Geld- und Ersatzfreiheitsstrafe ließe sich nur dann in Frage stellen, wenn mit einer von ihnen neben der Straffunktion noch eine weitere staatliche Aufgabe wie beispielsweise die Aufrechterhaltung der Ordnung oder die Prävention erfüllt werden sollte. Dies ist aber weder bei der Geld- noch bei der Ersatzfreiheitsstrafe der Fall. In beiden Fällen handelt es sich um reine Kriminalstrafen, bei denen die eine bei Uneinbringlichkeit durch die andere substituiert wird. Gerade diese Ersatzfunktion der Ersatzfreiheitsstrafe und der Umstand, dass die Vollstreckung der Ersatzfreiheitsstrafe Geldstrafenvollstreckung ist, sprechen dafür, von der doppelten Sanktionierung eines Geschehens mit der gleichen, zumindest jedoch gleichartigen Maßnahme auszugehen, wenn zunächst die Geldstrafe beglichen wird, der Staat dann aber nach einer Insolvenzanfechtung und Rückgewähr der Geldstrafe zur Insolvenzmasse die Ersatzfreiheitsstrafe vollstreckt[477].

472 LK – Häger, StGB, 12. Aufl. (2006), Bd. 2, vor §§ 40 bis 43 Rn. 44.
473 LK – Häger, StGB, 12. Aufl. (2006), Bd. 2, § 43 Rn. 1.
474 LK – Häger, StGB, 12. Aufl. (2006), Bd. 2, § 43 Rn. 3.
475 Zipf, Geldstrafe, S. 53.
476 Fischer, StGB, 63. Aufl. (2016), § 43 Rn. 8.
477 Ähnlich Pfordte, StV 2010, 591 (595), der im nochmaligen Einfordern der Geldstrafe bzw. der Ersatzfreiheitsstrafenvollstreckung nach erfolgreicher Insolvenzanfechtung der Geldstrafenzahlung einen Verstoß gegen das Doppelbestrafungsverbot

c) Der Vertrauensgrundsatz als Vollstreckungshindernis

aa) Die gesetzliche Verankerung des Vertrauensgrundsatzes und dessen Anforderungen

Der Vollstreckung der Ersatzfreiheitsstrafe könnte auch der im Rechtsstaatsprinzip (Art. 20 Abs. 3 GG) verankerte Vertrauensgrundsatz entgegenstehen. Dieser Grundsatz besagt, dass das Vertrauen des Bürgers auf die Beständigkeit des Rechts und seine damit verbundenen Erwartungen zu schützen sind[478]. Er gilt auch im strafrechtlichen Vollstreckungsverfahren[479]. Ein solches Vertrauen kann jedoch nur dann durch das Verhalten der Staatsanwaltschaft als Strafvollstreckungsbehörde enttäuscht werden, wenn dem Bürger eine ihn begünstigende Position zusteht, mit deren Entzug er nicht gerechnet hat. Der Verlust günstiger Rechtspositionen ist nicht unmöglich; er bedarf allerdings, wie z.B. die Änderung oder Aufhebung von Zahlungserleichterungen zuungunsten des Verurteilten gem. § 459 a Abs. 2 StPO und der Widerruf der Strafaussetzung zur Bewährung gem. § 56 f StGB zeigen, einer gesetzlichen Grundlage, welche die Voraussetzungen des Rechtsverlusts regelt[480].

bb) Der Vertrauensgrundsatz in den Insolvenzanfechtungsfällen

Im vorliegenden Fall kommt als Anknüpfungspunkt für die Schaffung eines Vertrauenstatbestands seitens der Staatsanwaltschaft als Vollstreckungsbehörde (§ 2 Nr. 1 EBAO i. V. m. § 1 Abs. 1, § 4 Nr. 1 StVollstrO; § 2 Abs. 1 S. 1 i. V. m. § 1 Abs. 1 Nr. 1, Abs. 2 JBeitrO i. V. m. § 451 Abs. 1 StPO) die Aufforderung in Betracht, die Geldstrafe zu zahlen. Ist die gerichtliche Entscheidung in Rechtskraft erwachsen und sind daher zugleich auch Geldstrafe und Kosten fällig (§ 449 StPO, § 6 Abs. 2 GKG)[481], wird die Einforderung der Geldstrafe und Kosten durch den gem. § 31 Abs. 2 S. 1 RpflG zuständigen Rechtspfleger angeordnet (§ 3 EBAO). Mit der vom

---

sieht; a.A. LG Göttingen, Beschl. v. 19.01.2016 – 5 Qs 3/15 = wistra 2016, 167 (168), das die Vollstreckung der Ersatzfreiheitsstrafe als mit dem Doppelbestrafungsverbot vereinbar hält, da die angefochtene Geldstrafe mangels Konsumverzicht beim Verurteilten nicht zur Tilgung der Geldstrafe geführt habe, da das Geld schon zum Zeitpunkt der Zahlung aufgrund der Zugehörigkeit zur Insolvenzmasse den Insolvenzgläubigern zugestanden habe; Lorenz/Roth, PStR 2011, 129 (130 f.), die von der ex-tunc-Wirkung der Insolvenzanfechtung ausgehen und daher die angefochtene Geldstrafenzahlung nicht als erfolgreiche Erstbestrafung ansehen; i.E. ebenso Kemperdick, ZInsO 2010, 1307 (1308), der im Wiederaufleben des Geldstrafenanspruchs gem. § 144 Abs. 1 InsO keine unzulässige Doppelbestrafung erkennen mag, da die anfechtbare Geldstrafenzahlung keine ordnungsgemäße Zahlung sei, da der Verurteilte keinen Anspruch auf die Vornahme einer gläubigerbenachteiligender Geldstrafenzahlung hat.

478 Maunz-Dürig/Grzeszick, GG, Bd. 3, Art. 20 VII Rn. 69 (Stand: November 2006).

479 KK – Appl, 7. Aufl. (2013), § 458 StPO Rn. 12.

480 Laubenthal/Nestler, Strafvollstreckung, 2010, Rn. 40.

481 Laubenthal/Nestler, Strafvollstreckung, 2010, Rn. 258.

Kostenbeamten der Vollstreckungsbehörde erstellten Kostenrechnung wird der Verurteilte sodann unter Setzung einer zweiwöchigen Zahlungsfrist (§ 4 Abs. 2 i. V. m. § 3 Abs. 2 EBAO, vgl. § 459 c Abs. 1 StPO) zur Zahlung aufgefordert (§§ 4, 5 EBAO). Die Staatsanwaltschaft erzeugt beim Verurteilten durch die Zahlungsaufforderung das Vertrauen, dass sich mit der Tilgung der Geldstrafe der Strafausspruch aus der gerichtlichen Entscheidung endgültig erledigt hat und die Staatsanwaltschaft nicht ein weiteres Mal wegen derselben Sache an ihn mit der Absicht zu vollstrecken herantreten wird. Dass dieses Vertrauen des Verurteilten schutzwürdig ist, ergibt sich daraus, dass in der Kostenrechnung kein Hinweis auf die drohende Vollstreckung der Ersatzfreiheitsstrafe enthalten ist[482], sich der Verurteilte also darauf einstellen kann, dass es mit der Zahlung der Geldstrafe sein Bewenden haben wird. Das Fehlen eines solchen rechtlichen Hinweises in der Kostenrechnung ergibt sich aus § 27 der Kostenverfügung, der über § 4 Abs. 3 EBAO zur Anwendung kommt. Er legt den Inhalt der Kostenrechnung fest und ihm lässt sich nicht entnehmen, dass in die Kostenrechnung auch eine Androhung der Ersatzfreiheitsstrafe mit aufzunehmen wäre.

Im Übrigen könnte dem Verurteilten in der Kostenrechnung die Vollstreckung der Ersatzfreiheitsstrafe für den Fall, dass die gezahlte Geldstrafe infolge einer Insolvenzanfechtung zur Insolvenzmasse zurückgezahlt wird, auch gar nicht in zulässiger Weise angedroht werden. Für die Rückzahlung der Geldstrafe zur Insolvenzmasse und die Vollstreckung der Ersatzfreiheitsstrafe nach einer erfolgreichen Insolvenzanfechtung würde es an der erforderlichen Rechtsgrundlage fehlen. Mit der Bindung der Staatsanwaltschaft an Gesetz und Recht gem. Art. 20 Abs. 3 GG[483] ist es damit unvereinbar, in der Kostenrechnung die Ersatzfreiheitsstrafe anzudrohen. Dem steht auch nicht entgegen, dass die Vollstreckung der Ersatzfreiheitsstrafe in der Insolvenz des Verurteilten nach einhelliger Rechtsprechung[484] und überwiegender Ansicht in der Literatur[485] auf der Grundlage von § 459 e Abs. 2 StPO zulässig ist[486]. § 459 e Abs. 2 StPO kann nach der hier vertretenen Ansicht in den

---

482 E-Mail-Verkehr mit dem Rechtspfleger Herrn Domnick bei der Staatsanwaltschaft Oldenburg vom 04.04.2013, demzufolge auf die Vollstreckung der Ersatzfreiheitsstrafe erst in der Mahnung hingewiesen wird.

483 Vgl. J/P – Jarass, GG, 13. Aufl. (2014), Art. 20 Rn. 37.

484 BVerfG, Beschl. v. 24.08.2006 – 2 BvR 1552/06 = NJW 2006, 3626 (3627); LG Frankfurt a.M., Beschl. v. 31.08.2006 – 2/13 T 130/06 = NZI 2006, 714; LG Leipzig, Beschl. v. 22.06.2001 – 1 Qs 30/01 = ZIP 2002, 142; LG Osnabrück, Beschl. v. 22.06.2006 – 1 Qs 37/06 = Nds. Rpfl. 2006, 351 (352).

485 LR – Graalmann-Scheerer, StPO, 26. Aufl. (2010), Bd. 9, § 459 c Rn. 10; Uhlenbruck – Hirte, 14. Aufl. (2015), § 39 InsO Rn. 23; HambKomm/Lüdtke, 5. Aufl. (2015), § 39 InsO Rn. 12; Petershagen, ZInsO 2007, 703 (704 f.); Zeitler, Rpfleger 2012, 113 (115); Janca/Heßlau, ZInsO 2012, 2128 (2128 f.); Rein, NJW-Spezial 2014, 661 (661); a.A.: Rönnau/Tachau, NZI 2007, 208 (211 ff.); Heinze, ZVI 2006, 14 (16 f.); Fortmann, ZInsO 2005, 140 (141 f.); Kemperdick, ZInsO 2010, 1307 (1310).

486 Siehe E.I.1.

Insolvenzanfechtungsfällen nicht taugliche Rechtsgrundlage sein, weil der Verurteilte die Geldstrafe, auch wenn sie aufgrund der Insolvenzanfechtung zur Insolvenzmasse zurückgewährt wurde, zunächst einmal gezahlt hat und diese Zahlung ein Vollstreckungshindernis auslöst, das einer Zweitvollstreckung in derselben Sache entgegensteht[487]. Für eine solche Mehrfachvollstreckung durch die Vollstreckung der Ersatzfreiheitsstrafe bedarf es einer gesetzlichen Grundlage, die bislang nicht gegeben ist. Aus diesem Grund wäre es richtiger Ansicht nach auch gar nicht möglich, einen Vorbehalt der Vollstreckung der Ersatzfreiheitsstrafe für den Fall der insolvenzrechtlichen Rückabwicklung gem. § 143 Abs. 1 S. 1 InsO in die Kostenrechnung aufzunehmen, um das Aufkommen schutzwürdigen Vertrauens beim Verurteilten von vornherein zu verhindern.

d) Der nachträgliche Wegfall von Vollstreckungshindernissen

Die erörterten Vollstreckungshindernisse sind also durch die Zahlung der Geldstrafe eingetreten. Es stellt sich nun aber die Frage, ob diese Vollstreckungshindernisse durch die Insolvenzanfechtung und die dadurch bedingte Rückzahlung der Geldstrafe zur Insolvenzmasse nach § 143 Abs. 1 S. 1 InsO wieder entfallen sind und den Weg zur Vollstreckung der Ersatzfreiheitsstrafe wieder eröffnen.

aa) Kein Wegfall der Vollstreckungshindernisse durch Entfallen des Strafübels bis zur Beendigung des Insolvenzverfahrens

Äußerste Grenze der Belastbarkeit des Verurteilten ist die Realisierung des Strafzwecks. Dies ergibt sich daraus, dass nach § 459 f StPO die Vollstreckung der Ersatzfreiheitsstrafe unterbleibt, wenn die Vollstreckung für den Verurteilten eine unbillige Härte wäre. Hierfür bedarf es „besonderer Umstände, auf Grund deren mit der Vollstreckung der Ersatzfreiheitsstrafe eine außerhalb des Strafzwecks liegende zusätzliche Härte verbunden wäre, die dem Verurteilten auch unter Berücksichtigung des Zwecks der Strafe nicht zugemutet werden kann“[488]. Ausgehend von dieser Annahme kann der Versuch, den staatlichen Strafanspruch nach der insolvenzrechtlichen Rückabwicklung abermals durchzusetzen, nur gerechtfertigt sein, wenn das zunächst eingetretene Strafübel durch die Rückzahlung zur Insolvenzmasse nachträglich wieder weggefallen ist. Dass der Konsumverzicht auch im Falle der insolvenzrechtlichen Rückabwicklung der Geldstrafenzahlung bis zur Beendigung des Insolvenzverfahrens aufrechterhalten bleibt, wurde bereits ausführlich erörtert[489]. Folge dessen ist, dass die insolvenzrechtliche Rückabwicklung der Geldstrafenzahlung den Wegfall der durch die Zahlung eingetretenen Vollstreckungshindernisse jedenfalls bis zum Abschluss des Insolvenzverfahrens nicht rechtfertigen kann, sodass die Vollstreckung bis zu diesem Zeitpunkt nicht möglich

487 Siehe E.I.3.a. und b.

488 BVerfG, Beschl. v. 24.08.2006 – 2 BvR 1552/06 = NJW 2006, 3626 (3627).

489 Siehe E.I.2.d.bb.

ist. Das Absehen von der Vollstreckung der Ersatzfreiheitsstrafe nach erfolgter insolvenzrechtlicher Rückabwicklung steht mit Sinn und Zweck der Ersatzfreiheitsstrafe im Einklang. Wenn die Ersatzfreiheitsstrafe auf die Durchsetzung eines Strafübels beim Täter abzielt, indem das nicht zu verwirklichende Strafübel der Geldstrafe, der Konsumverzicht, durch ein anderes realisierbares Strafübel, den Freiheitsentzug, ersetzt wird[490], dann bedarf es der Ersatzfreiheitsstrafe nicht, wenn das Strafübel der Geldstrafe nach der insolvenzrechtlichen Rückabwicklung bis zum Ende des Insolvenzverfahrens in Form des Konsumverzichts rechtlicher Art fortbesteht. Die Ersatzfunktion der Ersatzfreiheitsstrafe kann dann nicht eingreifen.

Damit steht fest, dass es mangels Entfallen des Strafübels infolge der insolvenzrechtlichen Rückabwicklung bis zum Ende des Insolvenzverfahrens nicht zum nachträglichen Wegfall der erörterten Vollstreckungshindernisse kommt.

bb) *Auswirkungen der Vollstreckungshindernisse auf die Durchsetzbarkeit des Geldstrafenanspruchs nach Abschluss des Insolvenzverfahrens*

Es stellt sich die Frage, welche Schlüsse aus der Annahme des Bestehens von Vollstreckungshindernissen bis zur Beendigung des Insolvenzverfahrens für die ggfs. notwendig werdende zwangsweise Durchsetzung des Geldstrafenanspruchs nach Beendigung des Insolvenzverfahrens zu ziehen sind. Der Insolvenzschuldner haftet zwar für im Insolvenzverfahren unbefriedigt gebliebene Geldstrafenansprüche unbeschränkt über das Insolvenzverfahren hinaus, da hinsichtlich der Geldstrafe die Restschuldbefreiung nicht greift (vgl. §§ 201 Abs. 1 InsO, 302 Nr. 2, 39 Abs. 1 Nr. 3 InsO)[491]. Allerdings ist der Geldstrafenanspruch nach Abschluss des Insolvenzverfahrens wegen des Eingreifens der strafrechtlichen Vollstreckungshindernisse nicht mehr zwangsweise durchsetzbar. Strafübel und Strafzwecke bleiben auch nach Abschluss des Insolvenzverfahrens voll verwirklicht. Strafübel der Geldstrafe ist nur der vorübergehende Konsumverzicht[492]; auf die Endgültigkeit des Konsumverzichts kommt es nicht an[493], sofern den Täter nach der Verurteilung zunächst für eine gewisse Zeit das Strafübel getroffen hat[494]. Da der Konsumverzicht den Verurteilten ohne Unterbrechung von der Zahlung der Geldstrafe bis zur Beendigung

490 LK – Häger, StGB, 12. Aufl. (2006), Bd. 2, § 43 Rn. 1.
491 Siehe E.I.2.d.dd.
492 LK – Häger, StGB, 12. Aufl. (2006), Bd. 2, vor §§ 40 bis 43 Rn. 44; Zipf, Geldstrafe, S. 53.
493 Hillenkamp in FS Lackner, 1987, S. 455 (462).
494 Hillenkamp in FS Lackner, 1987, S. 455 (462); a.A. wohl LG Göttingen, Beschl. v. 19.01.2016 – 5 Qs 3/15 = wistra 2016, 167 (168), welches es für den Konsumverzicht und die Strafzweckverwirklichung nicht ausreichen lässt, dass sich die gezahlte Geldstrafe nur vorübergehend im Landesvermögen befunden hat, da der Verurteilte durch die Insolvenzanfechtung ansonsten keine Verzichtsleistung erbingen müsste.

des Insolvenzverfahrens getroffen hat[495], sich der Vermögensengpass daher nicht nur auf einen kurzen Zeitraum bezogen hat, ist von einer vollumfänglichen Verwirklichung der Strafzwecke mit Beendigung des Insolvenzverfahrens auszugehen. Folge dessen ist, dass die Vollstreckungshindernisse auch nach Beendigung des Insolvenzverfahrens als vollstreckungshindernd anzusehen sind. Aus diesem Grund stehen die erörterten Vollstreckungshindernisse der zwangsweisen Durchsetzung des Konsumverzichts auch nach Abschluss des Insolvenzverfahrens entgegen.

Abschließend ist zu klären, ob sich die Beitreibung der Geldstrafe nach Ende des Insolvenzverfahrens dadurch rechtfertigen ließe, dass der Verurteilte ansonsten durch die Ersparnis von Aufwendungen ungerechtfertigt bereichert wäre. Für die Zeit des Insolvenzverfahrens kann eine Bereicherung durch die Ersparnis der Geldstrafenzahlung aber schon deshalb nicht vorliegen, weil der zurückgezahlte Geldbetrag für den Verurteilten keinen abschöpfbaren persönlichen Mehrwert mehr hat. Zum einen kann der Verurteilte die Geldmittel während des Insolvenzverfahrens aufgrund der §§ 80 Abs. 1, 81 Abs. 1 S. 1 InsO nicht wirksam zu eigennützigen Vermögensdispositionen einsetzen. Zum anderen bleiben ihm die Geldmittel regelmäßig nicht erhalten, weil nach § 143 Abs. 1 S. 1 InsO die Rückgewähr in die Insolvenzmasse erfolgt, die im Verteilungsverfahren (§§ 187 ff. InsO) Haftungssubstrat der Insolvenzgläubiger ist. Da dieses Haftungssubstrat regelmäßig aufgezehrt wird, bleibt dem Verurteilten auch nach Abschluss des Insolvenzverfahrens dieser Betrag nicht als Überschuss erhalten, da er den übrigen Insolvenzgläubigern zugutekommt. Zwar kann eine Bereicherung nach Abschluss des Insolvenzverfahrens darin gesehen werden, dass sich der Umfang der Nachhaftung nach § 201 Abs. 1 InsO durch das Einfließen der zurückgezahlten Geldstrafe in die Insolvenzmasse und die Verteilung nach den §§ 187 ff. InsO verringert und der Verurteilte in geringerem Umfang von den Insolvenzgläubigern wegen offener Forderungen in Anspruch genommen werden kann. Dies käme dem Verurteilten allerdings nur dann zugute, wenn es nicht zur Restschuldbefreiung (§§ 287 ff. InsO) hinsichtlich der der Nachhaftung nach § 201 Abs. 1 InsO unterliegenden Restforderungen kommt. Gleichwohl kann die Beitreibung der Geldstrafe nach Abschluss des Insolvenzverfahrens nicht zur Vermeidung einer ungerechtfertigten Bereicherung des Verurteilten zugelassen werden, da die Geldstrafenvollstreckung sowieso ausschließlich auf die zwangsweise Durchsetzung des Strafübels gerichtet ist, nicht aber der Abschöpfung ungerechtfertigter Bereicherungen dient. Dies zeigt sich daran, dass die Abschöpfung von nicht rechtmäßigen, weil auf die rechtswidrige Tatbegehung zurückführbare Vermögensmehrungen beim Täter bzw. Teilnehmer ausschließlich über die an das zivilrechtliche Bereicherungsrecht (§§ 812 ff. BGB) angelehnten und diesem ähnliche Verfallsvorschriften der §§ 73 ff. StGB erfolgen kann, nicht jedoch über die Geldstrafe, der gem. § 40 Abs. 2 S. 2 StGB im Regelfall das Nettoeinkommen des Täters

495 Siehe E.I.2.d.cc.

zugrunde gelegt wird[496]. Aus diesem Grund ist es nicht möglich, die Vollstreckungshindernisse zu durchbrechen, um ungerechtfertigte Bereicherungen zu verhindern.

4. Die Auswirkungen der Rechtsnatur der Insolvenzanfechtung auf die Zulässigkeit der Vollstreckung der Ersatzfreiheitsstrafe nach einer Insolvenzanfechtung

Die Unzulässigkeit der Vollstreckung der Ersatzfreiheitsstrafe nach der insolvenzrechtlichen Rückabwicklung lässt sich unter Umständen auch mit der Rechtsnatur der Insolvenzanfechtung erklären.

a) Die Theorien zur Rechtsnatur der Insolvenzanfechtung

aa) Die dinglichen Theorien

Die Vertreter dieser Theorie gehen davon aus, dass das fehlerhafte Vollzugsgeschäft durch Ausübung des Insolvenzanfechtungsrechts als Gestaltungsrecht dinglich und rückwirkend (ex-tunc) unwirksam wird[497] bzw. aufgrund seiner Fehlerhaftigkeit schon kraft Gesetzes von Anfang an unwirksam ist[498].

bb) Die schuldrechtliche Theorie

Demgegenüber sieht die herrschende Meinung in § 143 Abs. 1 S. 1 InsO einen schuldrechtlichen Anspruch auf Rückgewähr zur Insolvenzmasse, der im Falle der Übereignung auf Rückübereignung gerichtet sei. Grundlage des Anspruchs sei ein gesetzliches Schuldverhältnis, das in § 143 Abs. 1 S. 1 InsO normiert sei[499]. Voraussetzung der Anspruchsentstehung sei das Vorliegen eines Anfechtungstatbestands sowie die Eröffnung des Insolvenzverfahrens. Nicht erforderlich sei hingegen, dass der Anfechtungsberechtigte sein Anfechtungsrecht durch Abgabe einer Anfechtungserklärung ausübt[500].

---

496 Meier, Strafrechtliche Sanktionen, 4. Aufl. (2015), S. 441.

497 Hellwig, Verträge auf Leistung an Dritte, S. 379 ff.; Windscheid/Kipp, Pandektenrecht II, S. 1020 ff.; Crome, System des Deutschen Bürgerlichen Rechts I, S. 353 f.

498 S. hierzu Jaeger/Henckel, InsO, 2008, Bd. 4, § 143 Rn. 6 m.w.N. und MüKo – Kirchhof, InsO, 3. Aufl. (2013), Bd. 2, vor §§ 129 – 147 Rn. 13 i. V. m. Rn. 15 m.w.N.

499 BGH, Urt. v. 29.04.1986 – IX ZR 145/85 = ZIP 1986, 787 (790); BGH, Urt. v. 09.07.1987 – IX ZR 167/86 = BGHZ 101, 286 (288); BGH, Urt. v. 11.01.1990 – IX ZR 27/89 = ZIP 1990, 246 (246 f.); BGH, Urt. v. 21.09.2006 – IX ZR 235/04 = ZIP 2006, 2176 (2176 f.); BGH, Urt. v. 24.05.2007 – IX ZR 105/05 = ZIP 2007, 1274 (1274); FK – InsO/Dauernheim, 8. Aufl. (2015), § 129 InsO Rn. 9 i. V. m. Rn. 6; Graf-Schlicker/Huber, InsO, 4. Aufl. (2014), vor §§ 129 – 147 Rn. 8; LSZ – Zeuner, InsO, 3. Aufl. (2010), § 129 Rn. 4 i. V. m. § 143 Rn. 1.

500 BGH, Urt. v. 09.07.1987 – IX ZR 167/86 = BGHZ 101, 286 (288); FK – InsO/Dauernheim, 8. Aufl. (2015), § 143 InsO Rn. 37.

cc) *Die Theorie von der haftungsrechtlichen Unwirksamkeit*

Die Vertreter dieser Theorie trennen zwischen der dinglichen Zuordnung der Sache zum Haftungssubstrat Insolvenzmasse und den sonstigen Funktionen, die mit der Sache zusammenhängen. Unbeschadet der haftungsrechtlichen Zugehörigkeit stünden die sonstigen Funktionen des subjektiven Rechts dem Anfechtungsgegner zu[501]. Der Schutz der Insolvenzgläubiger sei durch die Erhaltung der Insolvenzmasse zu erreichen, was zur Folge habe, dass die Insolvenzanfechtung zur Unwirksamkeit der angefochtenen Rechtshandlung führe. Daher bedürfe es grundsätzlich auch keines schuldrechtlichen Anspruchs zwecks Anreicherung der Insolvenzmasse auf ihren ursprünglichen Umfang[502].

b) *Schlussfolgerungen betreffend die Zulässigkeit der Vollstreckung der Ersatzfreiheitsstrafe nach der insolvenzrechtlichen Rückabwicklung gem. § 143 Abs. 1 S. 1 InsO*

Die von der herrschenden Meinung vertretene schuldrechtliche Theorie ist für die Frage nach der Zulässigkeit der Vollstreckung der Ersatzfreiheitsstrafe insoweit von Bedeutung, als diese Theorie von der Wirksamkeit des anfechtbaren Vollzugsgeschäfts ausgeht. Denn der Wechsel der Vermögenssphären ist notwendige Voraussetzung für die Rückgewähr zur Insolvenzmasse gem. § 143 Abs. 1 S. 1 InsO. Durch die Wirksamkeit der Übereignung waren dem verurteilten Insolvenzschuldner demnach die an den Staat abgeführten Geldmittel zumindest eine Zeit lang zu Konsumzwecken entzogen, sodass sich das Strafübel nach der Verurteilung zumindest zeitweise verwirklichen konnte. Dies ist bei der dinglichen Theorie und derjenigen von der haftungsrechtlichen Unwirksamkeit anders, weil nach diesen Theorien die Geldstrafenzahlung als Vollzugsgeschäft von Anfang an unwirksam ist. Die Unwirksamkeit des Erfüllungsgeschäfts hat zur Folge, dass das Strafübel nicht vollumfänglich zu Tage treten kann, obwohl der Staat in den Besitz der zur Begleichung der Geldstrafe gezahlten Geldmittel gelangt ist[503]. Der Verurteilte ist weiterhin Eigentümer der weggegebenen Geldmittel und hat aufgrund der Unwirksamkeit der Übereignung gegen den Staat einen Anspruch auf Herausgabe der gezahlten Geldmittel aus § 985 BGB. Mit der Belastung des Vermögens des Verurteilten in Form der Besitzverschaffung an den Staat geht zugleich eine Entlastung durch Erlangung

---

501 Vgl. Henckel, JuS 1985, 836 (842); Schmidt, JZ 1990, 619 (621 f.).

502 Paulus, AcP 155 (1956), 277 (322 ff.); Biehl, KTS 60 (1999), 313 (314 ff.).

503 Vgl. insoweit zur Geldauflage nach § 153 a StPO Pfordte, StV 2010, 591 (592), der die Auswirkungen des Streits um die Rechtsnatur der Insolvenzanfechtung auf die Fortsetzung des Strafverfahrens nach erfolgreicher Insolvenzanfechtung darstellt und der herrschenden schuldrechtlichen Theorie folgend aus der Rechtsfolge des § 143 Abs. 1 S. 1 InsO die ex-nunc-Wirkung der Insolvenzanfechtung ableitet und damit den Fortbestand der Verfahrenseinstellung trotz Erfolgs der Insolvenzanfechtung begründet.

eines Anspruchs aus § 985 BGB einher, wodurch die intendierte Belastung des Verurteilten unter Umständen verhindert wird.

Die nach der schuldrechtlichen Theorie über § 143 Abs. 1 S. 1 InsO vorzunehmende Rückabwicklung zur Insolvenzmasse hat ebenso wie die Unwirksamkeit des Vollzugsgeschäfts im Falle der beiden anderen Theorien nur die endgültige vermögensrechtliche Zuordnung des in anfechtbarer Weise weggegebenen Gegenstandes zum Haftungssubstrat Insolvenzmasse im Sinn. Eine Aussage, inwieweit das Strafübel der Geldstrafe durch die Insolvenzanfechtung tangiert wird, lässt sich den Theorien zur Rechtsnatur der Insolvenzanfechtung nicht entnehmen. Die insolvenzrechtliche Rückabwicklung kann daher nicht mit dem Wegfall des zunächst eingetretenen Strafübels gleichgesetzt werden, zumal die vorstehenden Ausführungen gezeigt haben, dass das Strafübel auch noch nach der insolvenzrechtlichen Rückabwicklung fortbesteht[504]. Zur Lösung des Problems, ob die Vollstreckung der Ersatzfreiheisstrafe nach einer Insolvenzanfechtung zulässig ist oder nicht, kann die schuldrechtliche Theorie insofern herangezogen werden, als die danach wirksame Geldstrafenzahlung von vornherein geeignet war, den staatlichen Strafanspruch zum Erlöschen zu bringen und der Ersatzfreiheitsstrafe dadurch zugleich die Vollstreckungsgrundlage zu entziehen.

5. Der Einfluss der Rechtsprechung zur Zulässigkeit der Vollstreckung der Ersatzfreiheitsstrafe in der Insolvenz auf die Zulässigkeit der Vollstreckung der Ersatzfreiheitsstrafe nach der insolvenzrechtlichen Rückabwicklung gem. § 143 Abs. 1 S. 1 InsO

Das hier gefundene Ergebnis, wonach die Vollstreckung der Ersatzfreiheitsstrafe im Insolvenzverfahren im Anschluss an die insolvenzrechtliche Rückabwicklung nicht möglich ist, steht auf den ersten Blick im Widerspruch zur bereits angeführten einhelligen Rechtsprechung[505], derzufolge die Vollstreckung der Ersatzfreiheitsstrafe in der Insolvenz des Verurteilten zulässig ist. Bei genauerem Hinsehen handelt es sich hierbei jedoch um einen scheinbaren Widerspruch, denn die entschiedenen Fälle sind gerade anders gelagert. Diese Rechtsprechung geht nämlich genau genommen nicht von der hier zentral diskutierten Ausgangssituation aus, dass die Geldstrafe schon einmal bezahlt worden ist und es als Rechtsfolge der anschließenden Insolvenzanfechtung zur Rückgewähr zur Insolvenzmasse nach § 143 Abs. 1 S. 1 InsO kommt. Eine solche Konstellation lässt sich den entsprechenden Beschlüssen jedenfalls nicht entnehmen. Die Rechtsprechung geht vielmehr von

504 Siehe E.I.2.d.bb.(1).

505 BVerfG, Beschl. v. 24.08.2006 – 2 BvR 1552/06 = NJW 2006, 3626 (3627); LG Frankfurt a.M., Beschl. v. 31.08.2006 – 2/13 T 130/06 = NZI 2006, 714; LG Leipzig, Beschl. v. 22.06.2001 – 1 Qs 30/01 = ZIP 2002, 142; LG Osnabrück, Beschl. v. 22.06.2006 – 1 Qs 37/06 = Nds. Rpfl. 2006, 351 (352).

der für die Ersatzfreiheitsstrafe üblichen Situation aus, dass entweder aufgrund der schlechten wirtschaftlichen Verhältnisse des insolventen Verurteilten die Vollstreckung der Geldstrafe von vornherein aussichtslos ist, weswegen sie unterbleibt, oder die Geldstrafe aufgrund der mit Eröffnung des Insolvenzverfahrens eintretenden Beschränkungen uneinbringlich ist. Diese Situation ist jedoch nicht mit der hier zugrunde gelegten Fallgestaltung vergleichbar[506], in der der insolvente Verurteilte die Geldstrafe gezahlt hat und es trotz der späteren Insolvenzanfechtung und Rückgewähr zur Insolvenzmasse zur Erfüllung der Straffunktion gekommen ist[507].

Nur die anfechtbare Geldstrafenzahlung zieht ein Vollstreckungshindernis hinsichtlich der Ersatzfreiheitsstrafe nach sich. In den von der Rechtsprechung entschiedenen Fällen konnte hingegen mangels Tilgung der Geldstrafe weder die Straffunktion noch ein Vollstreckungshindernis eintreten, weshalb in diesen Fällen die Vollstreckung der Ersatzfreiheitsstrafe durchaus gerechtfertigt ist.

Auch die Begründung des bereits eingangs behandelten Beschlusses des Bundesverfassungsgerichts, in dem die Vollstreckung der Ersatzfreiheitsstrafe in der Insolvenz des Verurteilten für verfassungskonform erklärt wurde, spricht dafür, dass es die Vollstreckung der Ersatzfreiheitsstrafe nach einer Insolvenzanfechtung ebenfalls als unzulässig einstufen würde. Das Bundesverfassungsgericht beruft sich u. a. darauf, dass mit der Geldstrafe keine fiskalischen Interessen des Staates verfolgt würden, diese vielmehr zur Umsetzung der Strafzwecke den Verurteilten treffen soll[508]. Aus diesem Grund sei die Ersatzfreiheitsstrafe nicht als Beugemittel zur Einbringung der Geldstrafe, sondern als Strafe zu verstehen, die die uneinbringliche Geldstrafe ersetzt[509]. Der Vollstreckung der Ersatzfreiheitsstrafe in der Insolvenz stünden weder § 39 Abs. 1 Nr. 3 InsO noch § 302 Nr. 2 InsO entgegen, da diese Normen nur bezwecken, dass die Geldstrafe wegen ihres Strafcharakters ausschließlich den Verurteilten und nicht die Insolvenzgläubiger durch eine Verringerung der Insolvenzquote oder eine Restschuldbefreiung treffen[510]. Die Vollstreckung der Ersatzfreiheitsstrafe sei schon in der Insolvenz geboten, da eine längere Zeitspanne zwischen der Verhängung der Geldstrafe und ihrer Vollstreckung dem Erreichen des Strafzwecks nicht gerade förderlich sei[511].

Wenn das Bundesverfassungsgericht danach die Anordnung und Vollstreckung der Ersatzfreiheitsstrafe in der Insolvenz des Verurteilten mit dem Erreichen des Strafzwecks rechtfertigt, so wird es wohl kaum die Vollstreckung der Ersatzfreiheitsstrafe nach einer Insolvenzanfechtung und Rückgewähr der Geldstrafe zur

---

506 Auf die unterschiedliche Fallkonstellation hinweisend Pfordte, StV 2010, 591 (595 f.); a.A. Lorenz/Roth, PStR 2011, 129 (132), die die Rspr. des BVerfG zur Zulässigkeit der Ersatzfreiheitsstrafenvollstreckung in der Insolvenz zur Begründung der Vollstreckung der Ersatzfreiheitsstrafe nach einer Insolvenzanfechtung heranziehen.
507 Siehe E.I.2.d.bb.
508 BVerfG, Beschl. v. 24.08.2006 – 2 BvR 1552/06 = NJW 2006, 3626 (3627).
509 BVerfG, Beschl. v. 24.08.2006 – 2 BvR 1552/06 = NJW 2006 3626 (3627).
510 BVerfG, Beschl. v. 24.08.2006 – 2 BvR 1552/06 = NJW 2006, 3626 (3627).
511 BVerfG, Beschl. v. 24.08.2006 – 2 BvR 1552/06 = NJW 2006, 3626 (3627 f.).

Insolvenzmasse befürworten, wenn der Strafzweck bereits durch die Zahlung der Geldstrafe realisiert wurde und sich der Strafzweck trotz Rückzahlung der Geldstrafe zur Insolvenzmasse wegen des Fehlens der Verwaltungs- und Verfügungsbefugnis des Schuldners ab Eröffnung des Insolvenzverfahrens (§ 80 Abs. 1 InsO) aufrechterhalten lässt.

Abschließend bleibt festzuhalten, dass die Insolvenz als solche zwar kein Vollstreckungshindernis ist, dass ein solches aber durch die Zahlung der Geldstrafe entstanden ist.

6. Ergebnis

Als Ergebnis kann festgehalten werden, dass der Geldstrafenanspruch des Staates durch die Geldstrafenzahlung endgültig zum Erlöschen gebracht wurde und nicht nachträglich infolge der Insolvenzanfechtung und Rückgewähr zur Insolvenzmasse gem. § 144 Abs. 1 InsO wieder auflebt[512]. Denn durch die Zahlung und die insolvenzrechtlichen Beschränkungen der §§ 80 Abs. 1, 81 Abs. 1 S. 1 InsO hat das Strafübel als Ausdruck des verwirklichten Strafzwecks den Verurteilten bis zum Abschluss des Insolvenzverfahrens und damit über einen hinreichend langen Zeitraum getroffen. Die Geldstrafenzahlung löst ein endgültiges Vollstreckungshindernis aus[513], das sich für die Dauer des Insolvenzverfahrens auf die Vollstreckung der Ersatzfreiheitsstrafe und für die Zeit danach auf die Beitreibung der Geldstrafe bezieht. Eine Einschränkung des Vollstreckungshindernisses lässt sich auch nicht als Abschöpfung einer Bereicherung beim Verurteilten im Wege der Geldstrafenvollstreckung rechtfertigen. Dass das Vollstreckungshindernis dazu führt, dass sich das Strafübel nicht dauerhaft durchsetzen lässt, ist unschädlich. Dem vorstehenden Befund steht auch nicht entgegen, dass der Bundesgerichtshof und das LG Göttingen vom Wiederaufleben der Geldstrafenforderung nach § 144 Abs. 1 InsO ausgehen[514]. Denn der Doppelcharakter des Geldstrafenanspruchs gebietet die separate Beurteilung des Geldstrafenanspruchs als Vermögensanspruch und des Geldstrafenanspruchs als Strafanspruch[515]. § 144 Abs. 1

512 I.E. ebenso Rinjes, wistra 2008, 336 (338); Pfordte, StV 2010, 591 (595); Wilk, wistra 2011, 416 (417); a.A.: LG Göttingen, Beschl. v. 19.01.2016 – 5 Qs 3/15 = wistra 2016, 167 (167 f.); Bittmann, wistra 2009, 15 (16); Lorenz/Roth, PStR 2011, 129 (130 f.); Kemperdick, ZInsO 2010, 1307 (1308); differenzierend Zeitler, Rpfleger 2012, 113 (119), der bei der Geldstrafe das Wiederaufleben des staatlichen Strafanspruchs gem. § 144 Abs. 1 InsO von dem Eintritt der Vollstreckungsverjährung abhängig macht.

513 Rinjes, wistra 2008, 336 (338).

514 BGH, Urt. v. 14.10.2010 – IX ZR 16/10 = wistra 2011, 119 (120); LG Göttingen, Beschl. v. 19.01.2016 – 5 Qs 3/15 = wistra 2016, 167 (167 f.).

515 So Wilk, wistra 2011, 416 (417); in diese Richtung auch Pfordte, StV 2010, 591 (595), der die unterschiedliche Behandlung der Geldstrafe im Insolvenz- und Strafverfahren nach einer erfolreichen Insolvenzanfechtung wegen der Doppelnatur der Geldstrafe für tragfähig hält; a.A.: LG Göttingen, Beschl. v. 19.01.2016 – 5 Qs

InsO kann nur insoweit Geltung beanspruchen, als es um den Vermögensanspruch geht, da der Strafanspruch ausschließlich nach strafrechtlichen Wertungen zu beurteilen ist und sich daher eine schematische Übertragung der Rechtsfolge des § 144 Abs. 1 InsO auf den Strafanspruch verbietet[516]. Dies bedeutet zugleich, dass die Regelungen der Insolvenzordnung nur insoweit für den Strafanspruch gelten können, wie es nicht zu einer Kollision mit strafrechtlichen Wertentscheidungen – wie z.B. dem Eingreifen von strafrechtlichen Vollstreckungshindernissen durch die Geldstrafenzahlung in den Insolvenzanfechtungsfällen – kommt.

II. Zur Frage der Fortsetzung des Strafverfahrens nach der Insolvenzanfechtung der Zahlung von Geldauflagen nach § 153 a Abs. 1 S. 2 Nr. 2 StPO und deren Rückgewähr zur Insolvenzmasse gem. § 143 Abs. 1 S. 1 InsO

Nach § 153 a Abs. 1 S. 5 StPO tritt ein auf Vergehen beschränktes Verfolgungshindernis erst dann ein, wenn der Beschuldigte die ihm beim vorläufigen Absehen von der Erhebung der öffentlichen Klage gem. § 153 a Abs. 1 S. 1 StPO erteilten Auflagen und Weisungen erfüllt hat. Dies gilt über § 153 a Abs. 2 S. 2 StPO auch für den Fall, dass das Gericht nach Anklageerhebung das Verfahren vorläufig gem. § 153 a Abs. 2 S. 1 StPO einstellt. Dies bedeutet einerseits, dass erst mit der Erfüllung der Auflagen und Weisungen aus der vorläufigen Entscheidung von Staatsanwaltschaft bzw. Gericht eine endgültige wird. Andererseits ergibt sich aus einem Umkehrschluss zu § 153 a Abs. 1 S. 5 StPO, dass eine Verfahrensfortsetzung dann gerechtfertigt ist, wenn es nicht zur Erfüllung der Auflagen und Weisungen innerhalb der nach § 153 a Abs. 1 S. 3 StPO zu bestimmenden Frist kommt. Vor diesem Hintergrund stellt sich die Frage, ob in den Fällen, in denen der Beschuldigte die Geldauflage fristgemäß und vollständig vor Eröffnung des Insolvenzverfahrens erfüllt hat und die Geldauflage anschließend infolge einer erfolgreichen Insolvenzanfechtung wieder zur Insolvenzmasse zurückgewährt wird, eine Verfahrensfortsetzung wegen Nichterfüllung der Geldauflage gerechtfertigt ist.

1. Die Verfahrensfortsetzung auf der Grundlage von § 153 a StPO wegen Nichterfüllung der Geldauflage

Vor dem eingangs beschriebenen Hintergrund kommt es demnach entscheidend auf den Begriff der Auflagenerfüllung i. S. v. § 153 a Abs. 1 S. 5 StPO und dessen Auslegung an. Was unter der Erfüllung von Auflagen i. S. v. § 153 a Abs. 1 S. 5 StPO zu

3/15 = wistra 2016, 167 (167 f.), welches die Geldstrafe so wie jede zivilrechtliche Forderung behandelt wissen will, da es keine abweichende Sonderregelung gebe.

516 A.A. LG Göttingen, Beschl. v. 19.01.2016 – 5 Qs 3/15 = wistra 2016, 167 (167 f.).

verstehen ist, definiert weder das Gesetz noch gibt es hierzu, soweit ersichtlich, Definitionsversuche in Rechtsprechung und Literatur. Auch die Gesetzesbegründung zu § 153 a StPO[517] enthält keine Definition. Denkbar ist eine Auslegung dahingehend, dass es auf die bloße Zahlung der Geldauflage ankommt. Es besteht aber auch die Möglichkeit, Erfüllung i. S. v. § 153 a Abs. 1 S. 5 StPO dahingehend zu verstehen, dass es auf das endgültige Verbleiben der Geldauflage im Staatsvermögen[518] und/ oder einen endgültigen Vermögensabfluss beim Beschuldigten ankommt. Die erste Auslegungsmöglichkeit hätte zur Folge, dass trotz der insolvenzrechtlichen Rückabwicklung der Strafklageverbrauch nach § 153 a Abs. 1 S. 5 StPO eingetreten ist, während die zweite Auslegungsmöglichkeit aufgrund der Rückgewähr zu Insolvenzmasse und der mangelnden Auflagenerfüllung zur Fortsetzung des Strafverfahrens führen müsste.

a) Verfahrensförderung, Gerechtigkeit und Rechtssicherheit als Auslegungskriterien

Wenn das Gesetz wie im vorliegenden Fall mehrere Auslegungsmöglichkeiten eröffnet, kommt es auf die Auslegung an, die nicht nur das Verfahren voranbringt, sondern zugleich der Gerechtigkeit dient und Rechtssicherheit bietet[519]. Die erste Auslegungsmöglichkeit fördert den Fortgang des Strafverfahrens durch dessen Abschluss und trägt wegen des damit verbundenen Strafklageverbrauchs zur Rechtssicherheit bei[520]. Es stellt sich die Frage, ob eine bei dieser Auslegung anzunehmende Verfahrenseinstellung wegen der Rückgewähr zur Insolvenzmasse mit dem Gerechtigkeitsgedanken vereinbar ist. Gerechtigkeit kann bei § 153 a StPO nur durch die Beseitigung des öffentlichen Interesses an der Strafverfolgung im Wege der Auflagenerfüllung erreicht werden, da die Auflagenerfüllung der Kompensation des öffentlichen Interesses dient. Den Auflagen kommt insoweit eine Genugtuungsfunktion zu[521]. Ob Genugtuung den endgültigen Verbleib der Geldauflage im Staatsvermögen erfordert, ist sehr zweifelhaft. Denn vor dem Hintergrund, dass es sich bei den Auflagen um außerstrafrechtliche Sanktionen eigener Art handelt[522], muss

---

517 BT-Drs. 7/550, S. 297 f.

518 So Bittmann, wistra 2011, 133 (134), der diese Auslegung des Erfüllungsbegriffs auch bei den geldwerten Bewährungsauflagen nach § 56 b Abs. 2 S. 1 Nr. 2 und 4 StGB heranzieht; Lorenz/Roth, PStR 2011, 129 (131), der anfechtbare Geldauflagenzahlungen nicht ausreichen lassen will.

519 Peters, Strafprozeß, 4. Aufl. (1985), S. 88, 90.

520 So Ziemann in Anm. zu BGH, Urt. v. 05.06.2008 – IX ZR 17/07, JR 2009, 167 (171), der den nachträglichen Wegfall des Verfahrenshindernisses aufgrund einer erfolgreichen Insolvenzanfechtung der Geldauflagenzahlung unter dem Gesichtspunkt der Rechtsssicherheit ablehnt.

521 LR – Beulke, StPO, 26. Aufl. (2008), Bd. 5, § 153 a Rn. 47.

522 LR – Beulke, StPO, 26. Aufl. (2008), Bd. 5, § 153 a Rn. 8 f.

Genugtuung schon mit der Sanktionierung des Beschuldigten erreicht sein[523]. Diese ist jedoch unabhängig davon, ob die Geldauflage im Staatsvermögen verbleibt, da der Staat die vereinnahmte Geldauflage auch ausgeben könnte, ohne dass dadurch die Genugtuungsfunktion der Geldauflage in Frage gestellt würde. Aus diesem Grund kann es nur darauf ankommen, ob die Genugtuungsfunktion den endgültigen Entzug von Finanzmitteln beim Beschuldigten verlangt. Vor diesem Hintergrund stellt sich die Frage, ob wie bei der Geldstrafe für den Eintritt des Sanktionsübels der vorübergehende Konsumverzicht ausreichend ist. Gegen die Übertragbarkeit des bei der Geldstrafe maßgeblichen zeitweiligen Konsumverzichts auf die Geldauflage spricht noch nicht, dass es sich bei der Geldauflage im Gegensatz zur Geldstrafe nicht um eine Kriminalstrafe handelt, der Geldauflage noch nicht einmal strafähnlicher Charakter zukommt[524]. Denn wenn die Geldauflage als außerstrafrechtliche Sanktion qualifiziert wird, so dürfen an sie keine strengeren Anforderungen als an eine Kriminalstrafe gestellt werden. Schließlich ist die Strafe ultima ratio bei der Sanktionierung. Der ultima ratio – Gedanke liegt auch § 153 a StPO zugrunde. Er ist der Grund dafür, dass bei § 153 a StPO das öffentliche Interesse an der Strafverfolgung statt durch die Verhängung einer Strafe durch die weniger einschneidende Geldauflage, die in Fällen kleinerer oder mittlerer Kriminalität als ausreichend angesehen wird, befriedigt wird[525]. Dies spricht dafür, dass es bei der Geldauflage auf eine endgültige Vermögensminderung beim Beschuldigten nicht ankommen kann, solange sich das Sanktionsübel in anderer Gestalt, die maximal die Intensität des vorübergehenden Konsumverzichts erreichen darf, zeigt. Auch bei der Geldauflage ist das, was die Sanktion ausmacht und was der Beschuldigte als Einbuße empfindet, primär die Einschränkung seiner Dispositionsmöglichkeiten über seine Geldmittel. Als Mittel der Bedürfnisbefriedigung hat Geld für den Beschuldigten nur dann einen Wert, wenn er es auch zu Konsumzwecken einsetzen kann. Wie bereits im Rahmen der Geldstrafenproblematik erörtert[526], ist der Konsumverzicht mit Eröffnung des

523 Wollmann, ZInsO 2011, 1521 (1524) weist zurecht darauf hin, dass bei der Geldauflagenzahlung an die Staatskasse gem. § 153 a Abs. 1 S. 2 Nr. 2 Alt. 2 StPO nicht die finanziellen Interssen des Staates, sondern der Eintritt der Sanktionswirkung beim Beschuldigten ausschlaggebend sei, da die Geldauflagenzahlung an die Staatskasse nur eine von mehreren denkbaren Auflagen sei und der Vermögenszuwachs bei der Staatskasse nur ein positiver Nebeneffekt der eigentlich bezweckten Sanktionierung des Beschuldigten sei. Auch Drees hält in Anm. zu BGH, Urt. v. 05.06.2008 – IX ZR 17/07, NStZ 2009, 521 (523) im Hinblick auf den Zweck der Geldauflage, der im Erreichen der Sanktionswirkung beim Beschuldigten zum Zwecke des Unrechtsausgleichs und nicht in der Bereicherung der Staatskasse und gemeinnützigen Einrichtungen bestehe, für die Erfüllung i. S. v. § 153 a Abs. 1 S. 5 StPO eine Vermögensminderung beim Beschuldigten für ausschlaggebend.

524 BT-Drs. 7/1261, S. 28; LR – Beulke, StPO, 26. Aufl. (2008), Bd. 5, § 153 a Rn. 8.

525 Vgl. hierzu LR – Beulke, StPO, 26. Aufl. (2008), Bd. 5, § 153 a Rn. 2, 4.

526 Siehe E.I.2.d.bb.(1).

Insolvenzverfahrens dadurch eingetreten, dass der insolvente Beschuldigte gem. den §§ 80 Abs. 1, 81 Abs. 1 S. 1 InsO für die Dauer des Insolvenzverfahrens nicht mehr wirksam über sein zur Insolvenzmasse gehörendes Vermögen verfügen kann. Dass durch die Rückgewähr zur Insolvenzmasse die Geldauflage wieder dem Vermögen des Beschuldigten zufließt und dinglich dem Beschuldigten zugeordnet ist, steht der Sanktionierung daher nicht entgegen[527]. Aus diesem Grund ist die Auslegung, wonach es für die Erfüllung i. S. v. § 153 a Abs. 1 S. 5 StPO lediglich auf die Zahlung durch den Beschuldigten unabhängig von einer späteren insolvenzrechtlichen Rückabwicklung ankommt, nicht mit dem Gerechtigkeitsgedanken unvereinbar.

b) Intention des Gesetzgebers und Sinn und Zweck der gesetzlichen Regelung

Für die hier zugrunde gelegte Auslegung spricht weiterhin, dass es bei der Auslegung auch auf den gesetzgeberischen Willen, der sich dem Gesetz und dessen Konzeption entnehmen lassen muss, sowie auf den Sinn und Zweck einer Vorschrift ankommt[528]. Aus der Regelung des rechtskraftähnlichen Strafklageverbrauchs und dessen Voraussetzungen in § 153 a Abs. 1 S. 5 StPO kann geschlossen werden, dass es dem Gesetzgeber entscheidend auf eine endgültige Verfahrensbeendigung unter der Bedingung der Auflagenerfüllung ankam, von der nur unter engen Voraussetzungen – der nachträglichen Erkenntnis, dass es sich bei der Tat doch um ein Verbrechen handeln könnte – Abstand genommen werden kann[529]. Zugleich wird aus § 153 a Abs. 1 S. 5 StPO die Intention des Gesetzgebers ersichtlich, wegen der Kompensation des öffentlichen Interesses an der Strafverfolgung im Wege der Auflagenerfüllung und der Schaffung einer rechtskraftähnlichen Regelung Rechtsfrieden herbeizuführen und dem Beschuldigten ein gewisses Maß an Rechtssicherheit zu gewährleisten. Dem Willen des Gesetzgebers wird danach nur dann entsprochen, wenn man unter Erfüllung der Geldauflage bereits deren Zahlung versteht. Würde man die endgültige Beendigung von dem dauerhaften Verbleib der Geldauflage im Staatsvermögen oder einem dauerhaften Geldmittelentzug beim Beschuldigten abhängig machen, so würde das Strafverfahren stets in der Schwebe bleiben, weil unklar wäre, ob es später noch zu einer Insolvenzanfechtung kommt oder nicht. Dies ließe sich mit der beschriebenen gesetzgeberischen Intention aber gerade nicht vereinbaren. Daraus, dass der Gesetzgeber in § 153 Abs. 1 S. 3 StPO eine Frist für die Erbringung von Auflagen und Weisungen vorgesehen hat, ergibt sich der Wille

527 A.A. Beulke/Edlbauer in FS Mehle, 2009, S. 63 (68); Lorenz/Roth, PStR 2011, 129 (131) zufolge lasse sich die Genugtuungs- und Kompensationsfunktion der Geldauflage in den Insolvenzanfechtungsfällen ohne ein Wiederaufleben des staatlichen Strafanspruchs nicht verwirklichen.

528 Peters, Strafprozeß, 4. Aufl. (1985), S. 89.

529 So auch Pfordte, StV 2010, 591 (592), der darauf hinweist, dass die Insolvenzanfechtung der Geldauflagenzahlung die Verfahrenseinstellung mangels entsprechender gesetzlicher Regelung nicht entfallen lassen kann.

des Gesetzgebers, dass spätestens mit dem Fristablauf feststehen muss, ob die Auflage erfüllt wurde und der Strafklageverbrauch eingetreten ist. Würde es durch die insolvenzrechtliche Rückgewähr zur Insolvenzmasse zu einem Wiederaufleben des Strafverfahrens nach dem Fristablauf kommen, so würde die Fristenregelung des § 153 a Abs. 1 S. 3 StPO und der mit ihr verfolgte Zweck leerlaufen.

Auch Sinn und Zweck von § 153 a StPO sprechen für die hier zugrunde gelegte Auslegung. Bei der Schaffung von § 153 a StPO kam es dem Gesetzgeber darauf an, die strafrechtliche Sanktionierung der Bagatellkriminalität durch Schaffung einer alternativen Sanktionierungsmöglichkeit zu reduzieren und im Wege einer Entschlackung des Verfahrens bei Bagatelldelikten einen schnellen Verfahrensabschluss herbeizuführen, um Arbeitsressourcen für die schwereren Delikte zu schaffen[530]. Sinn und Zweck von § 153 a StPO würden jedoch vereitelt, wenn das Strafverfahren wegen der insolvenzrechtlichen Rückabwicklung nachträglich wieder fortgesetzt werden könnte[531].

c) *Auslegung unter Berücksichtigung verfassungsrechtlicher Grenzen*

Für die erste Auslegungsmöglichkeit und somit gegen eine Fortsetzungsmöglichkeit sprechen auch verfassungsrechtliche Erwägungen. Die Notwendigkeit, den Erfüllungsbegriff des § 153 a Abs. 1 S. 5 StPO verfassungskonform auszulegen, ergibt sich daraus, dass sich die Ausübung der staatlichen Strafgewalt nur innerhalb der von der Verfassung gesetzten Grenzen bewegen darf. Aus diesem Grund kann unter Erfüllung i. S. v. § 153 a Abs. 1 S. 5 StPO nur die Zahlung der Geldauflage verstanden werden, unabhängig vom späteren Verbleib der gezahlten Geldauflage. Ansonsten würde es im Falle einer gerichtlichen Verfahrenseinstellung nach § 153 a Abs. 2 StPO durch die Fortsetzung des Strafverfahrens trotz Zahlung der Geldauflage und der damit verbundenen endgültigen Verfahrenseinstellung zu einem Verstoß gegen das Doppelbestrafungsverbot des Art. 103 Abs. 3 GG kommen, sofern es sich nicht um die ausnahmsweise zulässige Verfahrensfortsetzung wegen eines Verbrechens handelt[532]. Gleiches gilt für Entscheidungen der Staatsanwaltschaft nach § 153 a Abs. 1 StPO, wobei sich das Verbot, die Strafverfolgung fortzusetzen, nicht aus Art. 103 Abs. 3 GG, sondern aus einem Verstoß gegen den im Rechtsstaatsprinzip wurzelnden Vertrauensgrundsatz ergeben würde[533]. Ein Verstoß gegen Art. 103 Abs. 3 GG bzw. das Rechtsstaatsprinzip lässt sich nur vermeiden, wenn man

530 BT-Drs. 7/550, S. 298; BT-Drs. 7/551, S. 44; BT-Drs. 7/1261, S. 27; LR – Beulke, StPO, 26. Aufl. (2008), Bd. 5, § 153 a Rn. 3.

531 So auch Pfordte, StV 2010, 591 (592).

532 Maunz-Dürig/Schmidt-Aßmann, GG, Bd. 6, Art. 103 Rn. 296 (Stand: Dezember 1992); Beulke/Edlbauer in FS Mehle, 2009, S. 63 (71).

533 Maunz-Dürig/Schmidt-Aßmann, GG, Bd. 6, Art. 103 Rn. 296 (Stand: Dezember 1992).

für die Erfüllung i. S. v. § 153 a Abs. 1 S. 5 StPO die Zahlung der Geldauflage ohne Berücksichtigung der insolvenzrechtlichen Rückabwicklung ausreichen lässt[534].

d) Enge Auslegung von § 153 a StPO

Gegen die hier zugrunde gelegte Auslegung lässt sich auch nicht anführen, dass es sich bei § 153 a StPO um eine Ausnahme vom Legalitätsprinzip des § 152 Abs. 2 StPO handelt[535] und sich bei Ausnahmeregelungen wegen ihres Ausnahmecharakters grundsätzlich eine weite Auslegung verbietet[536]. Man könnte zwar auf den ersten Blick meinen, dass die Annahme, dass es trotz der insolvenzrechtlichen Rückabwicklung zur Auflagenerfüllung i. S. v. § 153 a Abs. 1 S. 5 StPO gekommen ist, eine extensive Auslegung einer Ausnahmevorschrift ist. Eine solche Betrachtungsweise ließe jedoch außer Acht, dass es bei der Frage, ob es zum endgültigen Absehen von der Anklageerhebung oder der Einstellung des Verfahrens kommt, ausschließlich auf den Zeitpunkt des Fristendes für die Auflagenerfüllung ankommt. Denn schon zu diesem Zeitpunkt entscheidet sich, ob der Beschuldigte die Auflage erfüllt hat. Die erst im anschließenden Insolvenzverfahren mögliche Geltendmachung der Insolvenzanfechtung sowie die insolvenzrechtliche Rückabwicklung können hierauf keinen Einfluss mehr haben, sodass es sich verbietet, die insolvenzrechtliche Rückabwicklung in die Betrachtung mit einzubeziehen.

e) Ordnungsgemäße Erfüllung i. S. v. § 153 a Abs. 1 S. 5 StPO

aa) Anforderungen

Auch wenn es für die Erfüllung i. S. v. § 153 a Abs. 1 S. 5 StPO nicht auf den dauerhaften Verbleib der Geldauflage im Staatsvermögen ankommt, so ist zur Bestimmung des Erfüllungsbegriffs jedenfalls zu fordern, dass die Geldauflage zunächst einmal in das Staatsvermögen gelangt ist. Denn nur so ist sichergestellt, dass es beim Beschuldigten zu einer zumindest zeitweilig spürbaren Sanktionierung kommt. Dies bedeutet, dass es nicht nur auf die Geldauflagenzahlung durch den Beschuldigten, sondern auch auf den Zahlungseingang bei der Staatskasse ankommt. Mit der Einschränkung, dass der Beschuldigte zur Auflagenerfüllung nicht verpflichtet ist[537] und es daher nicht zum Erlöschen eines Anspruchs kommen kann, deckt sich der Erfüllungsbegriff des § 153 a Abs. 1 S. 5 StPO inhaltlich mit dem zivilrechtlichen

534 Lorenz/Roth, PStR 2011, 129 (130 f.) gehen hingegen davon aus, dass wegen der ex-tunc-Wirkung der Insolvenzanfechtung keine Mehrfachbestrafung vorliegen könne, da wegen der Rückwirkung die Geldauflage nicht erbracht worden sei und der Strafklageverbrauch daher nicht habe eintreten können.

535 LR – Beulke, StPO, 26. Aufl. (2008), Bd. 5, § 152 Rn. 46.

536 Peters, Strafprozeß, 4. Aufl. (1985), S. 90.

537 Siehe C.II.2.b.

Erfüllungsbegriff, der den §§ 362 ff. BGB zugrunde liegt[538]. Denn auch für das Bewirken der geschuldeten Leistung i. S. v. § 362 Abs. 1 BGB kommt es auf den Eintritt des Leistungserfolges und nicht bloß auf die Leistungshandlung an[539].

bb) Leistungsstörungen

(1) Nichtleistung

Da bei der hier zugrunde gelegten Auslegung des Erfüllungsbegriffs davon ausgegangen werden muss, dass trotz der insolvenzrechtlichen Rückabwicklung nach § 143 Abs. 1 S. 1 InsO die Auflage i. S. v. § 153 a Abs. 1 S. 5 StPO erfüllt wurde, kann die Rückgängigmachung der erbrachten Geldauflage auch nicht als Leistungsstörung in Form der Nichtleistung gewertet werden, die eine Verfahrensfortsetzung rechtfertigt[540]. Denn eine Nichtleistung ist nur dann anzunehmen, wenn der Beschuldigte die mit seiner Zustimmung festgelegte Auflage oder Weisung nicht erfüllt[541]. Nichts anderes ergibt sich auch aus dem bereits an anderer Stelle[542] dargestellten Streit um die Rechtsnatur der Insolvenzanfechtung. Denn nur bei Zugrundelegung der dinglichen Theorie, die von der ex-tunc-Wirkung der Insolvenzanfechtung ausgeht, ließe sich begründen, dass es nicht zur Auflagenerfüllung i. S. v. § 153 a Abs. 1 S. 5 StPO gekommen ist. Dies verbietet sich aber, wenn man mit der herrschenden schuldrechtlichen Theorie, die im Hinblick auf die Rechtsfolge der insolvenzrechtlichen Rückabwicklung gem. § 143 Abs. 1 S. 1 InsO vorzugswürdig ist, von der bloßen ex-nunc-Wirkung der Insolvenzanfechtung ausgeht[543].

(2) Schlechtleistung

Auch wird man die Erbringung einer anfechtbaren Geldauflage nicht als Schlechtleistung qualifizieren können. Unter einer Schlechtleistung sind alle Leistungen des Beschuldigten zu verstehen, die er im Hinblick auf die festgesetzte Auflage oder Weisung vornimmt, die aber nicht einer ordnungsgemäßen Auflagen- oder Weisungserfüllung entsprechen[544]. Die Ordnungsgemäßheit der Leistung des Beschuldigten

---

538 A.A. Drees in Anm. zu BGH, Urt. v. 05.06.2008 – IX ZR 17/07, NStZ 2009, 521 (523), der den Erfüllungsbegriff des § 153 a Abs. 1 S. 5 StPO nicht nach zivilrechtlichen Kriterien bestimmen will, sondern im Hinblick auf den Zweck von § 153 a StPO nur auf die Vermögensminderung beim Beschuldigten und nicht auf eine dauerhafte Vermögensmehrung auf Seiten des Zahlungsempfängers abstellt, da Zweck der Geldauflage lediglich der Eintritt der Sanktionswirkung beim Beschuldigten zum Zwecke des Unrechtsausgleichs, nicht aber die Vermögensmehrung zugunsten der Staatskasse oder gemeinnütziger Einrichtungen sei.

539 Palandt/Grüneberg, BGB, 75. Aufl. (2016), § 362 Rn. 2.

540 Zur Frage der Verfahrensfortsetzung s. Jostes, Leistungsstörungen, S. 91 ff.

541 Jostes, Leistungsstörungen, S. 91.

542 Siehe E.I.4.a.

543 So auch Pfordte, StV 2010, 591 (592).

544 Jostes, Leistungsstörungen, S. 91.

kann sich nur danach bemessen, was ihm von Staatsanwaltschaft und Gericht mit seiner Zustimmung an Auflagen und Weisungen erteilt wurde. Dies ergibt sich zum einen daraus, dass die Strafprozessordnung hinsichtlich der Qualität der vom Beschuldigten zu erbringenden Auflagen und Weisungen keine Anforderungen aufstellt. Zum anderen folgt dies aus der Funktion des für Auflagen und Weisungen geltenden Bestimmtheitserfordernisses. Danach müssen die von Staatsanwaltschaft und Gericht mit Zustimmung des Beschuldigten festzusetzenden Auflagen und Weisungen ein bestimmtes Maß an hinreichender Bestimmtheit aufweisen[545]. Nur so kann sichergestellt werden, dass es durch die Auflagenerfüllung zur Kompensation des öffentlichen Interesses an der Strafverfolgung kommt. Darüber hinaus dient das Bestimmtheitserfordernis der Festlegung wann und unter welchen Voraussetzungen durch die Erfüllung der erteilten Auflagen und Weisungen das Verfahrenshindernis gem. § 153 a Abs. 1 S. 5 StPO eintritt[546]. Für die Erteilung von Geldauflagen bedeutet dies, dass für den Beschuldigten der zu zahlende Geldbetrag, die Zahlungsfrist sowie der Zahlungsempfänger eindeutig erkennbar sein müssen[547]. Da die dem Bestimmtheitserfordernis zugedachten Funktionen nur bei auflagenkonformer Erfüllung verwirklicht werden, liegt eine Schlechtleistung demnach nur dann vor, wenn sich die erteilte Auflage und die Erfüllung nicht decken. Vor diesem Hintergrund kann in den Insolvenzanfechtungsfällen von einer Schlechtleistung nicht die Rede sein, wenn der insolvente Beschuldigte die Geldauflage so erbracht hat, wie sie ihm seitens der Staatsanwaltschaft oder des Gerichts auferlegt worden ist. Eine Schlechtleistung des Beschuldigten lässt sich auch nicht damit begründen, dass die ordnungsgemäß erbrachte Geldauflage angefochten wurde. Denn der Beschuldigte kann die Geldauflage mangels Anfechtungsberechtigung ohnehin nicht anfechten[548] und wird auch auf die Geltendmachung der Insolvenzanfechtung durch den Anfechtungsberechtigten keinen Einfluss nehmen können[549].

2. Der Vertrauensschutz des Beschuldigten als Hinderungsgrund einer Verfahrensfortsetzung

Eine Verfahrensfortsetzung nach der insolvenzrechtlichen Rückabwicklung verbietet sich jedoch auch unter Vertrauensschutzgesichtspunkten. Der Beschuldigte wird regelmäßig darauf vertrauen, dass das Verfahrenshindernis in Bezug auf Vergehen, das mit der vollständigen und fristgerechten Erbringung der dem Beschuldigten

545 LR – Beulke, StPO, 26. Aufl. (2008), Bd. 5, § 153 a Rn. 50.
546 LR – Beulke, StPO, 26. Aufl. (2008), Bd. 5, § 153 a Rn. 50.
547 LR – Beulke, StPO, 26. Aufl. (2008), Bd. 5, § 153 a Rn. 50.
548 Siehe B.IV.1.a.
549 So auch Eggers/Reuker, wistra 2011, 413 (414 f.), die entgegen Bittmann, wistra 2011, 133 (134) die Einflussnahmemöglichkeit auf den Insolvenzverwalter ablehen und dies damit begründen, dass der Insolvenzverwalter nicht Interessenvertreter des Beschuldigten sei, da sein Tätigwerden ausschließlich auf die Sicherung der Insolvenzmasse ausgerichtet sei.

erteilten zulässigen Auflagen eingetreten ist, Bestand haben wird[550]. Dies wird man jedenfalls dann annehmen müssen, wenn der Beschuldigte zum Zeitpunkt der Auflagenerfüllung keine Kenntnis von einer bevorstehenden Insolvenz, einer drohenden Insolvenzanfechtung der erbrachten Geldauflage und ihrer Rückgewähr zur Insolvenzmasse hat.

Das Vertrauen des Beschuldigten ist deshalb schutzwürdig, weil er den ihm staatlicherseits auferlegten Auflagen zugestimmt hat, um durch die Auflagenerfüllung die für ihn günstige Verfahrenseinstellung zu erreichen[551]. Dem Beschuldigten kommt der Vertrauensschutz nicht erst mit der Auflagenerfüllung zugute[552]. Die Auflagenerfüllung schließt sich an die im allseitigen Einverständnis erfolgte vorläufige Verfahrenseinstellung gegen Auflagen an, wobei bereits das Einverständnis aller Verfahrensbeteiligten den Vertrauenstatbestand zugunsten des Beschuldigten schafft[553]. Aus diesem Grund darf der Beschuldigte schon ab der vorläufigen Verfahrenseinstellung gegen Auflagen berechtigterweise darauf vertrauen, dass er durch die Erfüllung der Auflagen die endgültige Verfahrenseinstellung wegen Vergehen herbeiführen kann[554]. Darüber hinaus ist das Vertrauen des Beschuldigten ab der bedingten Sperrwirkung deshalb schutzwürdig, weil Staatsanwaltschaft bzw. Gericht die vorläufige Verfahrensbeendigung gegen Auflagen und Weisungen mit Eintritt der bedingten Sperrwirkung nur noch widerrufen können, wenn sich die Tat nachträglich als Verbrechen erweist[555].

Wenn nach den vorstehenden Ausführungen aber schon das Vertrauen des Beschuldigten auf die in Gang gesetzte Verfahrensentwicklung geschützt ist, so muss dies erst recht für sein Vertrauen auf die am Ende des Prozessverlaufs stehende Verfahrenseinstellung und deren Endgültigkeit gelten. Zugleich bedeutet dies aber auch, dass die insolvenzrechtliche Rückabwicklung auf den Bestand des geschützten Vertrauens nur dann Einfluss haben kann, wenn das Vertrauen des Beschuldigten, wie eingangs erwähnt, von vornherein wegen Kenntnis der die Insolvenzanfechtung rechtfertigenden tatsächlichen Umstände nicht schutzwürdig war[556]. Für die

---

550 Vgl. Beulke/Edlbauer in FS Mehle, 2009, S. 63 (71).

551 Schuth, Einstellung unter Auflagen, S. 18, 20 f.

552 So wohl aber Krey, Strafverfahrensrecht, 1990, Bd. 2 Rn. 227 zum Vertrauensschutz des Beschuldigten bei fehlender Zustimmung von Gericht bzw. Staatsanwaltschaft zur vorläufigen Verfahrenseinstellung.

553 Schuth, Einstellung unter Auflagen, S. 20 f.

554 Schuth, Einstellung unter Auflagen, S. 20 f.; i.E. ebenso Eggers/Reuker, wistra 2011, 413 (414); so wohl auch LR – Beulke, StPO, 26. Aufl. (2008), Bd. 5, § 153 a Rn. 93 zum Vertrauensschutz des Beschuldigten bei fehlender Zustimmung von Gericht bzw. Staatsanwaltschaft zur Auflagen-/Weisungserteilung.

555 Eggers/Reuker, wistra 2011, 413 (414).

556 Vgl. Wollmann, ZInsO 2011, 1521 (1525) zum fehlenden Vertrauensschutz des Steuerhinterziehers bei erfolgreicher Insolvenzanfechtung der Steuernachentrichtung nach Abgabe einer strafbefreienden Selbstanzeige (§ 371 Abs. 1, 3 AO) und Wiederaufnahme des Strafverfahrens, da das entgegenstehende Vertrauen nicht

nachträgliche Versagung des Vertrauensschutzes in diesen Fällen bedarf es jedoch einer gesetzlichen Grundlage[557]. Schließlich gibt § 153 a StPO die Grenze des Vertrauensschutzes insofern selbst vor, als sie dort verläuft, wo sich die Tat als Verbrechen darstellt[558]. Da de lege lata die Rückgewähr der Geldauflage zur Insolvenzmasse infolge einer Insolvenzanfechtung bei entsprechender Kenntnis des Beschuldigten nicht als Vertrauensschutzgrenze in § 153 a StPO normiert ist, ist eine Verfahrensfortsetzung aus Vertrauensschutzgesichtspunkten nicht möglich.

3. Die Endgültigkeit der Verfahrensbeendigung nach § 153 a StPO unter dem Gesichtspunkt der Einordnung der Erfüllung i. S. v. § 153 a Abs. 1 S. 5 StPO als Prozesshandlung

Das in § 153 a Abs. 1 S. 5 StPO geregelte Verfahrenshindernis wird unmittelbar durch die Erfüllung der Auflagen und Weisungen ausgelöst. Eines Einstellungsbescheids von Staatsanwaltschaft oder Gericht bedarf es hierzu nicht[559], da ein solcher Bescheid nur deklaratorischen Charakter hat[560]. Da bereits die Auflagenerfüllung verfahrensbeendend ist, stellt sich die Frage, ob man die Auflagenerfüllung durch den Beschuldigten nicht als Prozesshandlung einzuordnen hat. Diese Einordnung wäre für die Frage der Fortsetzung des Strafverfahrens nach einer insolvenzrechtlichen Rückabwicklung insofern von Bedeutung, als sich diejenigen Prozesshandlungen, bei denen es sich um prozessuale, den Prozess tragende Willenserklärungen handelt, durch ihre Beständigkeit auszeichnen, sie also grundsätzlich unwiderruflich und nicht zurücknehmbar sind[561]. Diese Beständigkeit würde jedoch unterlaufen, wenn man über die Insolvenzanfechtung und die durch sie ausgelöste Rückabwicklung die in der Auflagenerfüllung liegende Prozesshandlung rückgängig machen könnte, um auf diesem Weg das Verfahren fortsetzen zu können.

---

schutzwürdig sei, wenn der Steuerhinterzieher bei Vornahme der Steuernachentrichtung Kenntnis von seinen schlechten wirtschaftlichen Verhältnissen und der damit zusammenhängenden Anfechtbarkeit der Zahlung hat, wobei Wollmann eine Verfahrensfortsetzung auch dann für möglich hält, wenn der Steuerhinterzieher die Anfechtbarkeit der Steuernachentrichtung ausnahmsweise nicht kennen sollte.

557 Siehe E.I.3.c.aa.

558 Schuth, Einstellung unter Auflagen, S. 21.

559 LR – Beulke, StPO, 26. Aufl. (2008), Bd. 5, § 153 a Rn. 101.

560 Schäfer, Praxis des Strafverfahrens, 6. Aufl. (2000), Rn. 1558; M-G/Schmitt-Schmitt, StPO, 58. Aufl. (2015), § 153 a Rn. 53.

561 Peters, Strafprozeß, 4. Aufl. (1985), S. 264; M-G/Schmitt-Meyer-Goßner, StPO, 58. Aufl. (2015), Einl Rn. 116; vgl. LR – Kühne, StPO, 26. Aufl. (2006), Bd. 1, Einl. Abschn. K Rn. 23 f.

a) *Die Erfüllung der Geldauflagen des § 153 a Abs. 1 S. 2 Nr. 2 StPO als Prozesshandlung*

aa) *Die Auflagenerfüllung i. S. v. § 153 a Abs. 1 S. 5 StPO als Prozesshandlung*

Zunächst ist zu klären, ob die Erfüllung von Auflagen und Weisungen als Prozesshandlung einzustufen ist und unter welchen Voraussetzungen eine Prozesshandlung ordnungsgemäß vorgenommen ist, um von Bestand zu sein. Die herrschende Meinung versteht unter Prozesshandlungen „prozessgestaltende Verhaltensweisen, die in Voraussetzungen und Wirkungen vom Prozessrecht geregelt sind“[562].

Der Beschluss nach § 153 a Abs. 2 StPO[563] bzw. die an den Beschuldigten gerichtete Anfrage der Staatsanwaltschaft, seine Zustimmung zur Einstellung des Verfahrens zu erteilen[564] – gleiches dürfte auch für eine entsprechende Zustimmungsanfrage des Gerichts gelten – bzw. die Verweigerung der Zustimmung zur Verfahrenseinstellung nach den §§ 153 ff. StPO durch die Staatsanwaltschaft[565] – auch insoweit dürfte für eine Weigerung des Gerichts nichts anderes gelten – wird als Prozesshandlung eingeordnet. Ob gleiches auch für die Erfüllung der Auflagen und Weisungen durch den Beschuldigten gilt, lässt sich Rechtsprechung und Literatur soweit ersichtlich nicht entnehmen. Die besseren Gründe sprechen jedoch dafür, auch die Auflagenerfüllung als Prozesshandlung zu qualifizieren, da auch bei der Auflagenerfüllung die Begriffsmerkmale der eingangs wiedergegebenen Definition erfüllt sind. Der Auflagenerfüllung kommt prozessgestaltender Charakter schon deshalb zu, weil sie unmittelbar und konstitutiv zur Verfahrensbeendigung führt[566] und daher auf den Prozessverlauf ausgerichtet ist. Darüber hinaus regelt § 153 a Abs. 1 StPO die Voraussetzungen und Wirkungen der Auflagenerfüllung. In § 153 a Abs. 1 S. 5 StPO ist mit dem auf Vergehen beschränkten Strafklageverbrauch die Rechtsfolge der Auflagenerfüllung geregelt, deren Voraussetzungen und Modalitäten in § 153 a Abs. 1 S. 1 bis 3 StPO näher bestimmt sind.

Für die Qualifizierung der Auflagenerfüllung als Prozesshandlung spricht weiterhin, dass die für § 153 a StPO erforderliche Zustimmung des Beschuldigten und die Auflagenerfüllung zeitgleich dadurch erfolgen können, dass der Beschuldigte auf die Zustimmungsanfrage hin die in dieser enthaltenen Auflagen und/oder Weisungen erfüllt. In diesen Fällen ist in der Auflagenerfüllung die angeforderte konkludente Zustimmung enthalten, die eine vorläufige Entscheidung hinfällig macht[567]. Wenn aber die Zustimmungsanfrage der Staatsanwaltschaft sowie die

---

562 LR – Kühne, StPO, 26. Aufl. (2006), Bd. 1, Einl. Abschn. K Rn. 9.

563 Peters, Strafprozeß, 4. Aufl. (1985), S. 250; ebenso Grunst, Prozeßhandlungen, S. 281 in Bezug auf sämtliche Einstellungen aus Opportunitätsgesichtspunkten nach den §§ 153 ff. StPO.

564 BayObLG, Beschl. v. 11.03.1999 – 1 St RR 257/98 = NJW 2000, 968 (968).

565 OLG Hamm, Beschl. v. 25.04.1985 – 1 VAs 149/84 = NStZ 1985, 472 (472).

566 Siehe E.II.3.

567 LR – Beulke, StPO, 26. Aufl. (2008), Bd. 5, § 153 a Rn. 43.

Verweigerung der Zustimmung durch die Staatsanwaltschaft wie bereits erörtert als Prozesshandlung eingeordnet werden, so kann für die Antwort des Beschuldigten auf eine solche Anfrage nichts anderes gelten. Denn die Zustimmungsanfrage und die Auflagenerfüllung sind insoweit vergleichbar als sie beide die konkludente Zustimmung zur Verfahrenseinstellung enthalten. Da demnach die Zustimmung von Staatsanwaltschaft bzw. Gericht und diejenige des Beschuldigten aufeinander bezogen sind, wäre es unter systematischen Gesichtspunkten nicht stimmig, die eine Zustimmung als Prozesshandlung zu werten, die Einordnung der anderen Zustimmung als Prozesshandlung jedoch abzulehnen. Dies muss unabhängig davon gelten, ob der Beschuldigte seine Zustimmung vor oder zeitgleich mit der Auflagenerfüllung erteilt. Andernfalls müsste man in den Fällen, in denen mit der Auflagenerfüllung konkludent die Zustimmung erteilt wird, den einheitlichen Vorgang der Auflagenerfüllung in zwei Elemente aufteilen: In die konkludente, als Prozesshandlung zu wertende Zustimmung und die unabhängig hiervon zu qualifizierende Auflagenerfüllung.

bb) Die Auflagenerfüllung i. S. v. § 153 a Abs. 1 S. 5 StPO als prozesstragende Willenserklärung

Da die Beständigkeit von Prozesshandlungen von ihrer Einordnung als prozesstragende Willenserklärung abhängt[568], bedarf es der Klärung, ob der Auflagenerfüllung i. S. v. § 153 a Abs. 1 S. 5 StPO diese Attribute zugeschrieben werden können. Eine Prozesshandlung ist dann als Willenserklärung einzuordnen, wenn es sich bei ihr um eine Erklärung handelt, die den Zweck verfolgt, eine prozessuale Rechtsfolge auszulösen[569]. Hiervon wird man bei der Geldauflagenzahlung ohne Weiteres ausgehen können. Wegen der vorangegangenen bloß vorläufigen Verfahrenseinstellung gegen Auflagen kommt in der Zahlung an die Staatskasse durch den Beschuldigten konkludent dessen Wille zum Ausdruck, mit dem Zahlungseingang die endgültige Verfahrenseinstellung und den Strafklageverbrauch herbeizuführen[570]. Die Zahlung der dem Beschuldigten mit seiner Zustimmung auferlegten Geldauflage kann man als Bestätigung seines bereits bei der vorläufigen Verfahrensbeendigung erklärten Willens, das Verfahren abschließen zu wollen, verstehen.

Ob es sich bei der Erfüllung um eine prozesstragende Willenserklärung handelt, hängt davon ab, ob sie „den Prozeß in seiner Struktur aufbaut, weiterführt und beendet“[571]. Gemeint sind „Handlungen, die das in Gang befindliche oder sich anschließende Prozeßstadium tragen oder endgültig abschließen“[572]. Auch dies lässt sich bei der Geldauflagenerfüllung mit gutem Grund vertreten, weil die Auflagenerfüllung

568 Siehe E.II.3.
569 Peters, Strafprozeß, 4. Aufl. (1985), S. 253.
570 Vgl. Schuth, Einstellung unter Auflagen, S. 18.
571 Peters, Strafprozeß, 4. Aufl. (1985), S. 252.
572 Peters, Strafprozeß, 4. Aufl. (1985), S. 252.

unmittelbar und endgültig zur Beendigung des Strafverfahrens wegen eines Vergehens und insoweit zum Strafklageverbrauch führt[573]. Insoweit handelt es sich bei der Auflagenerfüllung um eine Bewirkungshandlung, die eine Prozesssituation zum Abschluss bringt[574].

cc) Anforderungen an die ordnungsgemäße Vornahme von Prozesshandlungen

Wie alle rechtlich erheblichen Verhaltensweisen müssen auch Prozesshandlungen so vorgenommen werden, dass sie die ihnen zugeschriebenen Wirkungen entfalten können. Welche Anforderungen an eine ordnungsgemäße Vornahme einer Prozesshandlung zu stellen sind, lässt sich mit *Peters* anhand der ausschließlich prozessual zu beurteilenden Kriterien der Gültigkeit, Wirksamkeit, Zulässigkeit und Begründetheit der Prozesshandlung festmachen[575].

(1) Die Gültigkeit und Wirksamkeit der Auflagenerfüllung i. S. v. § 153 a Abs. 1 S. 5 StPO

Ob eine Prozesshandlung gültig ist, bemisst sich nach der Existenz der Prozesshandlung, während es bei der Wirksamkeit von Prozesshandlungen um die Frage geht, ob die Prozesshandlung prozessuale Rechtsfolgen nach sich zieht[576]. Unter der Voraussetzung, dass die Auflagenerfüllung vollständig und fristgerecht vorgenommen wird, wird man trotz der insolvenzrechtlichen Rückabwicklung von der Gültigkeit und Wirksamkeit der Auflagenerfüllung ausgehen müssen. Dies schon deshalb, weil beide Wertungskriterien ausschließlich mit Blick auf den Strafprozess zu beurteilen sind[577] und daher nicht von außerstrafprozessualen, sprich insolvenzrechtlichen Gegebenheiten abhängen dürfen. Aus diesem Grund kann die insolvenzrechtliche Rückabwicklung zur Insolvenzmasse nicht geeignet sein, die Existenz und damit die Gültigkeit der Auflagenerfüllung sowie die hiermit zusammenhängende Wirksamkeit der Auflagenerfüllung in Frage zustellen.

(2) Die Zulässigkeit und Begründetheit der Auflagenerfüllung i. S. v. § 153 a Abs. 1 S. 5 StPO

Im Gegensatz zu anderen Prozesshandlungen kommt es bei der Auflagenerfüllung nicht auf deren Zulässigkeit und Begründetheit an. Bei der Auflagenerfüllung handelt es sich um eine Bewirkungshandlung[578]. Bei diesen findet eine Zulässigkeits- und

573 Siehe E.II.3.
574 Peters, Strafprozeß, 4. Aufl. (1985), S. 252.
575 Peters, Strafprozeß, 4. Aufl. (1985), S. 261 f.
576 Peters, Strafprozeß, 4. Aufl. (1985), S. 262.
577 Peters, Strafprozeß, 4. Aufl. (1985), S. 262.
578 Siehe E.II.3.a.bb.

Begründetheitsprüfung nicht statt[579]. Dies steht nicht im Widerspruch dazu, dass die Auflagenerfüllung in den Fällen ihrer Auferlegung nach § 153 a Abs. 1 StPO durch die Staatsanwaltschaft und bei Erteilung nach §153 a Abs. 2 StPO durch das Gericht zu überprüfen ist[580]. Nach den zur Begriffsbestimmung der Auflagenerfüllung gemachten Ausführungen[581] werden Staatsanwaltschaft und Gericht nur den Zahlungseingang bei der Staatskasse überprüfen. Dies betrifft aber nur die Frage nach der Vornahme der Prozesshandlung und damit deren Gültigkeit und Wirksamkeit.

Auf die Zulässigkeit der Auflagenerfüllung als Prozesshandlung kann es auch deshalb nicht ankommen, weil das, was unter der Zulässigkeit einer Prozesshandlung verstanden wird, nämlich die Frage, ob die Prozesshandlung im Hinblick auf ihre Art und ihre Voraussetzungen prozessual überhaupt möglich ist[582], schon bei der vorläufigen Einstellung des Strafverfahrens eine Rolle spielt und nicht erst nach der Auflagenerfüllung. Die Prüfung der Zulässigkeit der Prozesshandlung findet vorgelagert schon bei der Entscheidung statt, ob von der Einstellung nach § 153 a StPO Gebrauch gemacht wird oder nicht. Dies ergibt sich daraus, dass lediglich im Rahmen der vorläufigen Entscheidung und damit vor der Auflagenerfüllung eine Beurteilung des Falles durch Staatsanwaltschaft bzw. Gericht stattfindet, die sich am Maß der Schuld und dem öffentlichen Interesse an der Strafverfolgung orientiert. Nach diesen beiden Kriterien entscheidet sich, ob eine vorläufige Verfahrenseinstellung überhaupt in Betracht kommt und wie die zu erteilenden Auflagen der Art und dem Umfang nach festzusetzen sind[583]. Da bei der endgültigen Entscheidung eine solche Bewertung nicht mehr stattfindet[584] – hier geht es nur noch um den Abgleich der festgesetzten mit der erbrachten Auflage[585] – ist eine Zweitprüfung der Zulässigkeit der Auflagenerfüllung als Prozesshandlung nach der Leistung der Geldauflage entbehrlich.

Auf die Begründetheit der Prozesshandlung, also die Frage nach der „inhaltlichen Rechtfertigung“[586], kann es schon wegen des prozessualen Vorrangs der Zulässigkeit vor der Begründetheit[587] nicht ankommen. Im Übrigen bedarf es einer Begründetheitsprüfung bei der Prozesshandlung der Auflagenerfüllung deshalb nicht, weil mit der inhaltlichen Rechtfertigung nicht die Frage gleichzusetzen ist, ob Erfüllung i. S. v. § 153 a Abs. 1 S. 5 StPO eingetreten ist; hierbei handelt es sich um die Existenz und damit Gültigkeit der Prozesshandlung. Darüber hinaus handelt es sich bei der

579 Peters, Strafprozeß, 4. Aufl. (1985), S. 263.
580 LR – Beulke, StPO, 26. Aufl. (2008), Bd. 5, § 153 a Rn. 80.
581 Siehe E.II.1.e.aa.
582 Peters, Strafprozeß, 4. Aufl. (1985), S. 262.
583 Schuth, Einstellung unter Auflagen, S. 18.
584 Schuth, Einstellung unter Auflagen, S. 18 f.
585 Schuth, Einstellung unter Auflagen, S. 19.
586 Peters, Strafprozeß, 4. Aufl. (1985), S. 263.
587 Peters, Strafprozeß, 4. Aufl. (1985), S. 263.

Auflagenerfüllung als Prozesshandlung weder um einen Antrag noch um eine Entscheidung, die einer Begründetheitsprüfung zugänglich sind[588].

b) Der Wegfall der Prozesshandlung der Geldauflagenerfüllung durch die insolvenzrechtliche Rückabwicklung gem. § 143 Abs. 1 S. 1 InsO

Prozesshandlungen, bei denen es sich um prozesstragende Willenserklärungen handelt, sind grundsätzlich beständig, können also weder widerrufen noch zurückgenommen werden[589]. Unter welchen Voraussetzungen dieser Grundsatz durchbrochen werden kann, wird vom Schrifttum uneinheitlich beantwortet.

aa) Streitstand

Peters lässt eine Durchbrechung nicht nur bei Bestehen einer ausdrücklichen gesetzlichen Regelung, sondern auch dann zu, wenn sich dies aus dem Wesen der Prozesshandlung ergibt oder neue Umstände tatsächlicher Art eine Durchbrechung gebieten[590]. Um dem Eindruck einer nahezu unbegrenzten Revidierung von Prozesshandlungen vorzubeugen, sei darauf hingewiesen, dass *Peters* die Rückgängigmachung von Prozesshandlungen nur so lange für möglich hält, wie diese noch nicht überholt sind. Unter dem auf *Goldschmidt* zurückgehenden Begriff der Überholung versteht *Peters*, dass der Prozess als Ganzes oder ein Teil von diesem durch das Fortschreiten des Prozesses sein Ende gefunden hat und die Revidierung der Prozesshandlung in diesem Stadium hätte vorgenommen werden müssen[591].

Schäfer hingegen hält einen Widerruf oder eine Rücknahme einer bewirkenden Prozesshandlung nur dann für möglich, wenn dies vom Gesetz wie im Fall der Rücknahme eines Strafantrags (§ 77 d StGB) oder der Rücknahme von Rechtsmitteln (§ 302 StPO) vorgesehen ist[592].

bb) Gesetzliche Ausnahme vom Grundsatz der Beständigkeit prozesstragender Erklärungen

De lege lata ist eine gesetzlich geregelte Ausnahme von dem Grundsatz, dass Prozesshandlungen in Form von prozesstragenden Erklärungen beständig sind, nicht gegeben. Weder § 153 a Abs. 1 StPO noch sonstige strafrechtliche Vorschriften sehen in der insolvenzrechtlichen Rückabwicklung gem. § 143 Abs. 1 S. 1 InsO einen Grund für die Rückgängigmachung der Auflagenerfüllung und der hierin liegenden Prozesshandlung.

---

588 Peters, Strafprozeß, 4. Aufl. (1985), S. 263.
589 Siehe E.II.3.
590 Peters, Strafprozeß, 4. Aufl. (1985), S. 264.
591 Peters, Strafprozeß, 4. Aufl. (1985), S. 265.
592 Schäfer, Praxis des Strafverfahrens, 6. Aufl. (2000), Rn. 179.

cc) Das Wesen der Prozesshandlung als Grund für deren Rückgängigmachung

Auch mit dem Wesen der Auflagenerfüllung als Prozesshandlung lässt sich die Revidierung der Prozesshandlung nicht begründen. Im Hinblick auf die Regelung des beschränkten Strafklageverbrauchs in § 153 a Abs. 1 S. 5 StPO spricht das Wesen der Auflagenerfüllung nicht gegen, sondern ganz im Gegenteil gerade für ihre Beständigkeit. Zu Recht verweist *Pfordte* zur Begründung der Nichtfortsetzung des Strafverfahrens nach einer erfolgreichen Insolvenzanfechtung darauf, dass die Feststellung der Auflagen- und Weisungserfüllung gem. § 153 a Abs. 2 S. 5 StPO nicht anfechtbar ist[593]. Hieraus folgt die Endgültigkeit der Verfahrensbeendigung, die sich darüber hinaus schon daran zeigt, dass das in § 153 a Abs. 1 S. 5 StPO geregelte Verfahrenshindernis seinem Wortlaut nach als endgültiges Verfahrenshindernis ausgestaltet worden ist[594]. Anders als bei der Einstellung nach § 170 Abs. 2 S. 1 StPO, die keine strafklageverbrauchende Wirkung entfaltet[595], kann das Strafverfahren – abgesehen von der nachträglichen Erkenntnis, dass es sich bei der Tat um ein Verbrechen handelt – nicht wieder fortgesetzt werden. Hieran zeigt sich, dass das Wesen der Auflagenerfüllung und die hieran geknüpften Wirkungen durch deren Unumstößlichkeit gekennzeichnet sind, die es verbietet die Beständigkeit der Prozesshandlung der Auflagenerfüllung zu entwerten.

dd) Das Vorliegen neuer tatsächlicher Umstände als Grund für die Rückgängigmachung der Geldauflagenerfüllung als Prozesshandlung

Es stellt sich die Frage, ob die insolvenzrechtliche Rückabwicklung der Geldauflage zur Insolvenzmasse gem. § 143 Abs. 1 S. 1 InsO als neuer tatsächlicher Umstand gewertet werden kann, der die Beständigkeit der Prozesshandlung aufhebt. In diese Richtung scheinen einige Stimmen in der Literatur zu tendieren. So wird von *Wollmann*[596] und *Drees*[597] im Zusammenhang mit § 153 b StPO vertreten, dass die erfolgreiche Anfechtung geleisteter Zahlungen eine neue Tatsache sei, die geeignet sei, das beendete Verfahren fortzusetzen.

---

593 Pfordte, StV 2010, 591 (592).

594 So auch Wollmann, ZInsO 2011, 1521 (1523); a.A. Graf – Beukelmann, StPO, 2. Aufl. (2012), § 153 a Rn. 55, der in Fällen der erfolgreichen Insolvenzanfechtung von einem nur „vermeintlich endgültigen Verfahrenshindernis“ ausgeht.

595 S. hierzu BGH, Urt. v. 04.05.2011 – 2 StR 524/10 = NJW 2011, 2310 (2311); M-G/Schmitt-Schmitt, StPO, 58. Aufl. (2015), § 170 Rn. 9. Wollmann, ZInsO 2011, 1521 (1525) und Lorenz/Roth, PStR 2011, 129 (132) begründen mit dem fehlenden Strafklageverbrauch der Einstellungsentscheidung nach § 170 Abs. 2 S. 1 StPO die Wiederaufnahme des Ermittlungsverfahrens, wenn die Steuernachentrichtung im Rahmen der strafbefreienden Selbstanzeige (§ 371 Abs.1, 3 AO) erfolgreich mit der Insolvenzanfechtung angefochten wurde, da es in diesen Fällen zur Verfahrenseinstellung nach § 170 Abs. 2 S. 1 StPO gekommen sei.

596 Wollmann, ZInsO 2011, 1521 (1525).

597 Drees in Anm. zu BGH, Urt. v. 05.06.2008 – IX ZR 17/07, NStZ 2009, 521 (523 f.).

(1) Begrifflichkeit der neuen tatsächlichen Umstände und deren Geeignetheit zur Rückgängigmachung von Prozesshandlungen

Es stellt sich zunächst die Frage, was unter neuen tatsächlichen Umständen, die eine Prozesshandlung entfallen lassen können, zu verstehen ist und ob diese überhaupt geeignet sein können, den Bestand von Prozesshandlungen aufzuheben. Der Begriff der neuen Tatsache findet sich in den §§ 174 Abs. 2, 211 StPO und § 47 Abs. 3 JGG wieder. Nach diesen Vorschriften wird die erneute Anklageerhebung von dem Vorliegen neuer Tatsachen oder Beweismittel abhängig gemacht. Da auch die insolvenzrechtliche Rückabwicklung infolge der Insolvenzanfechtung die Frage einer Verfahrensfortsetzung aufwirft, stellt sich die Frage, ob zur Begriffsbestimmung des neuen tatsächlichen Umstands, der die Prozesshandlung hinfällig macht, auf den in den §§ 174 Abs. 2, 211 StPO, § 47 Abs. 3 JGG verwandten Begriff der neuen Tatsache zurückgegriffen werden kann. Ein solcher Rückgriff wäre jedoch nur dann gerechtfertigt, wenn neue tatsächliche Umstände im Rahmen von § 153 a StPO überhaupt berücksichtigungsfähig sind. Dem steht der in § 153 a Abs. 1 S. 5 StPO geregelte rechtskraftähnliche Strafklageverbrauch entgegen. Dem Wortlaut von § 153 a Abs. 1 S. 5 StPO und dem Regelungszusammenhang des § 153 a Abs. 1 StPO lässt sich entnehmen, dass der Strafklageverbrauch auf Vergehen beschränkt ist und von der vollständigen und fristgerechten Auflagenerfüllung abhängig ist. Aus diesem Grund kommt eine Durchbrechung des Strafklageverbrauchs nur dann in Betracht, wenn sich die prozessuale Tat nachträglich als Verbrechen herausstellt oder die Auflagen nicht vollständig und fristgerecht vom Beschuldigten erbracht worden sind. Eine Verfahrensfortsetzung beim Vorliegen neuer Tatsachen sieht § 153 a Abs. 1 StPO im Gegensatz zu den §§ 174 Abs. 2, 211 StPO und § 47 Abs. 3 JGG gerade nicht vor. Daher kann es nicht wie bei § 211 StPO darauf ankommen, ob die neuen Tatsachen geeignet sind, die der Altentscheidung zugrunde liegenden Gründe hinfällig zu machen[598]. Wollte man dies auch für § 153 a Abs. 1 StPO annehmen, so würde damit der Wille des Gesetzgebers umgangen, dass die vorläufige Verfahrenseinstellung mit der Auflagenerfüllung zur endgültigen Einstellung erstarkt. Die Endgültigkeit der Verfahrenseinstellung wäre damit auf unabsehbare Zeit in Frage gestellt, weil neue tatsächliche Umstände jederzeit eintreten können und § 153 a StPO keine zeitliche Grenze für das Eintreten neuer Tatsachen enthält. § 153 a Abs. 1 StPO enthält damit ein endgültiges, nicht behebbares Verfahrenshindernis, das auch nicht durch die Qualifikation der Auflagenerfüllung als Prozesshandlung und deren Wegfall aufgrund neuer tatsächlicher Umstände umgangen werden kann.

(2) Die Bedeutung neuer außerstrafrechtlicher Umstände für den Bestand der Prozesshandlung

Selbst wenn man davon ausginge, dass neue tatsächliche Umstände grundsätzlich geeignet sind, die Prozesshandlung der Auflagenerfüllung zu revidieren, so

---

598 LR – Stuckenberg, StPO, 26. Aufl. (2008), Bd. 5, § 211 Rn. 12.

bestehen jedenfalls insoweit Bedenken, ob auch außerstrafrechtliche Umstände wie die insolvenzrechtliche Rückabwicklung infolge der Insolvenzanfechtung Einfluss auf den Bestand strafprozessualer Prozesshandlungen haben können. Dass nur bei neuen Tatsachen strafrechtlicher Art eine Ausnahme vom Grundsatz der Beständigkeit von Prozesshandlungen möglich sein kann, ergibt sich aus einem Vergleich mit den anderen beiden von *Peters* befürworteten Ausnahmen. Unter welchen Voraussetzungen strafprozessuale Prozesshandlungen rückgängig gemacht werden können, ist im Strafgesetzbuch und in der Strafprozessordnung explizit geregelt. Für die Rücknahme des Strafantrags ergibt sich dies aus § 77 d StGB und für die Rücknahme von Rechtsmitteln aus § 302 StPO. Die Rücknahme der Anklage ist in § 156 StPO normiert. Die Annahme, dass auch Institute anderer Rechtsgebiete ohne ausdrückliche Anordnung in strafrechtlichen Gesetzen getätigte Prozesshandlungen aufheben können, ist nicht einleuchtend. Zwar kann und soll nicht in Abrede gestellt werden, dass das Strafrecht auch von anderen Rechtsgebieten überlagert und von diesen beeinflusst wird und es daher zu Wechselwirkungen vielfältiger Art kommen kann[599]. Dennoch ist zu beachten, dass die einzelnen Prozessgesetze aufgrund ihrer Zugehörigkeit zu einem bestimmten Rechtsgebiet von jeweils eigenständigen Verfahrensmaximen geprägt sind und aufgrund der damit verbundenen Geschlossenheit des jeweiligen Rechtsgebiets einer eigenständigen, nicht an andere Rechtsgebiete gekoppelten Wertung unterliegen[600]. Im Hinblick auf strafprozessuale Regelungen bedeutet dies, dass sie immer noch auf das Strafrecht bezogen bleiben müssen, um zu verhindern, dass Wertungen fremder Rechtsgebiete den Strafprozess durchsetzen und dadurch Unstimmigkeiten entstehen lassen[601]. Hinzu kommt, dass es andernfalls wegen der großen Anzahl von außerstrafrechtlichen Rechtsgebieten und der vielfältigen Einwirkungsmöglichkeiten auf das Strafprozessrecht zu einer unübersehbaren Ausdehnung von Ausnahmen kommen würde, bei denen der Grundsatz der Beständigkeit von Prozesshandlungen regelmäßig und nicht bloß ausnahmsweise eine Durchbrechung erfahren würde. Dies würde dem im Strafprozess zu beachtenden Rechtssicherheitsgedanken zuwiderlaufen. Dass auch bei der zweiten von *Peters* angenommenen Ausnahme, dass Prozesshandlungen dann nicht beständig sind, wenn sich dies aus ihrem Wesen ergibt, ein Bezug zum Strafrecht vorhanden ist, versteht sich von selbst. Denn auch das Wesen einer strafprozessualen Prozesshandlung ist strafrechtlich geprägt, sodass eine abweichende Bewertung der Prozesshandlung nur aus strafrechtlichen Gesichtspunkten heraus erfolgen kann.

---

599 S. hierzu Rinjes, wistra 2008, 336 (337), der die Anfechtbarkeit der Geldstrafe mit dem Argument zulässt, dass die „Überlagerung des Strafvollstreckungsrechtes durch das Insolvenzrecht“ dem gesetzgeberischem Willen entspricht.

600 Peters, Strafprozeß, 4. Aufl. (1985), S. 14.

601 Peters, Strafprozeß, 4. Aufl. (1985), S. 14.

(3) Der Einfluss Dritter auf die Entstehung der neuen tatsächlichen Umstände

Wollte man die Beseitigung verfahrensbeendender Prozesshandlungen (Auflagenerfüllung) bei Vorliegen neuer tatsächlicher Umstände für prinzipiell zulässig erachten, stellt sich im Zusammenhang mit den hier diskutierten Fällen der Insolvenzanfechtung allerdings die Frage, ob Dritte solche neuen tatsächlichen Umstände zur Entstehung bringen können und auf diesem Wege den Bestand von Prozesshandlungen beeinflussen können.

(a) Die Insolvenzanfechtung als Drittverhalten

Mit Dritten sind in diesem Zusammenhang Personen gemeint, die die Prozesshandlung nicht vorgenommen haben, deren Verhalten sich aber nachträglich auf den Bestand der fremden Prozesshandlung auswirkt. Als Drittverhalten steht hier die Insolvenzanfechtung durch den jeweiligen Anfechtungsberechtigten im Raum. Diese kann mangels Anfechtungsberechtigung nie vom insolventen Beschuldigten, der die Prozesshandlung der Auflagenerfüllung vorgenommen hat, ausgeübt werden[602]. In den Fällen der Insolvenzanfechtung einer Geldauflagenerfüllung kommt es daher stets zur Beteiligung Dritter.

(b) Keine strafprozessuale Handlungslegitimation des Anfechtungsberechtigten

Dem Insolvenzverwalter fehlt es als anfechtungsberechtigten Dritten an der Handlungslegitimation, auf den Bestand der vom Beschuldigten vorgenommenen Prozesshandlung der Auflagenerfüllung Einfluss zu nehmen. Unter Handlungslegitimation ist das „prozessuale Berufensein“[603] zur Vornahme von Prozesshandlungen durch bestimmte Personen zu verstehen[604]. Die Berechtigung zur Teilnahme am Prozeßverkehr macht das Gesetz von der Stellung des Tätigwerdenden im Prozess abhängig[605]. Da sich die Handlungslegitimation demnach auf die Vornahme von Prozesshandlungen bezieht, bedarf es jedoch zunächst der Klärung, ob es sich auch bei der Rückgängigmachung von Prozesshandlungen wiederum um eine Prozesshandlung handelt. Dies wird man im Hinblick darauf, dass es sich um den actus-contrarius zur Prozesshandlung handelt, bejahen müssen. Es kommt also entscheidend darauf an, ob sich dem Gesetz etwas zur Handlungslegitimation der zur Insolvenzanfechtung berechtigten Personen hinsichtlich der Rückgängigmachung der vom Beschuldigten vorgenommenen Auflagenerfüllung entnehmen lässt. § 153 a Abs. 1 StPO trifft zur Berechtigung der Anfechtungsberechtigten, die vom Beschuldigten vorgenommene Prozesshandlung der Auflagenerfüllung rückgängig zu machen, keine Aussage.

602 Siehe B.IV.1.a.
603 Peters, Strafprozeß, 4. Aufl. (1985), S. 260.
604 Peters, Strafprozeß, 4. Aufl. (1985), S. 259 f.
605 Peters, Strafprozeß, 4. Aufl. (1985), S. 259 f.

§ 153 a Abs. 1 S. 1 und 5 StPO sagen nur, dass Adressat der Auflagenerteilung der Beschuldigte ist und dass die Auflagen von diesem zu erfüllen sind.

Eine Aussage zur Handlungslegitimation der Anfechtungsberechtigen lässt sich jedoch über einen Vergleich mit der Rückgängigmachung anderer Prozesshandlungen gewinnen. Gegen die Handlungslegitimation der Anfechtungsberechtigten lässt sich anführen, dass auch der Strafantrag und die Rechtsmitteleinlegung grundsätzlich von demjenigen zurückgenommen werden, der hiervon berechtigterweise Gebrauch gemacht hat[606]. Bezogen auf die Auflagenerfüllung bedeutet dies, dass sie nur vom Beschuldigten selbst rückgängig gemacht werden kann, weil nur dieser nach § 153 a Abs. 1 S. 5 StPO zur Auflagenerfüllung berechtigt und insoweit handlungslegitimiert ist. Eine Handlungslegitimation der Anfechtungsberechtigten besteht insoweit gerade nicht.

Die Handlungslegitimation lässt sich auch nicht damit begründen, dass der Insolvenzverwalter ab der Eröffnung des Insolvenzverfahrens prozessführungsbefugt und postulationsfähig ist[607], den Anfechtungsanspruch auf Rückgewähr der Geldauflage zur Insolvenzmasse also gerichtlich im eigenen Namen geltend machen könnte. Denn es verbietet sich, Rückschlüsse von der einen Prozessart auf eine andere zu ziehen[608]. Aus diesem Grund lässt sich mit der zivilprozessualen Prozessführungsbefugnis und Postulationsfähigkeit die strafprozessuale Handlungslegitimation hinsichtlich der Revidierung der Prozesshandlung der Auflagenerfüllung nicht rechtfertigen.

(c) Der Anfechtungsberechtigte als Vertreter des handlungslegitimierten Beschuldigten

Auch wird man die Anfechtungsberechtigten nicht als Vertreter des Beschuldigten ansehen können. Auch im Strafprozess ist eine Stellvertretung nur zulässig, solange es sich nicht um höchstpersönliche Prozesshandlungen handelt[609]. Dafür, dass die Auflagenerfüllung und damit auch die Rückgängigmachung derselben höchstpersönlicher Natur sind und deshalb eine Stellvertretung durch den Anfechtungsberechtigten ausgeschlossen ist, spricht nicht nur der Umstand, dass die Handlungslegitimation hinsichtlich der Auflagenerfüllung in § 153 a Abs. 1 S. 5 StPO explizit an die Person des Beschuldigten geknüpft ist. Entscheidend ist, dass der Auflagenerfüllung Sanktionscharakter zukommt[610] und deshalb, wie auch bei der Geldstrafenzahlung[611], von der Höchstpersönlichkeit der Auflagenerfüllung auszugehen ist, auch wenn sich diese in den Drittzahlungsfällen nicht durchsetzen

606 Fischer, StGB, 63. Aufl. (2016), § 77 d Rn. 5; M-G/Schmitt-Meyer-Goßner, StPO, 58. Aufl. (2015), § 302 Rn. 3.
607 MüKo – Ott/Vuia, InsO, 3. Aufl. (2013), Bd. 2, § 80 Rn. 74.
608 Siehe E.II.3.b.dd.(2).
609 Peters, Strafprozeß, 4. Aufl. (1985), S. 257.
610 LR – Beulke, StPO, 26. Aufl. (2008), Bd. 5, § 153 a Rn. 8.
611 LK – Häger, StGB, 12. Aufl. (2006), Bd. 2, vor §§ 40 bis 43, Rn. 27.

lässt[612]. Diese Höchstpersönlichkeit erstreckt sich auch auf den actus-contrarius in Form der Rückgängigmachung der Prozesshandlung.

(d) Vertrauensschutz

Das vorstehende Ergebnis, dass Dritte vom Beschuldigten vorgenommene Prozesshandlungen nicht durch ihr Verhalten zunichtemachen können, muss jedenfalls dann gelten, wenn es um Prozesshandlungen des Beschuldigten geht, mit denen er sich eine ihn begünstigende Rechtsposition verschafft hat. Denn der Beschuldigte nimmt solche Prozesshandlungen im Vertrauen auf die Erlangung der günstigen Rechtsposition vor. Andernfalls könnten Dritte den durch das Rechtsstaatsprinzip vermittelten Vertrauensschutz des Beschuldigten auf die Beständigkeit der günstigen Rechtsposition durch ihr Verhalten zunichtemachen. Dies ließe sich mit dem im Rechtsstaatsprinzip verbürgten Grundsatz der Rechtssicherheit nicht vereinbaren. Hierzu würde es aber kommen, wenn der Anfechtungsberechtigte von seinem Insolvenzanfechtungsrecht Gebrauch machen würde. Er würde damit die vom Beschuldigten vorgenommene Prozesshandlung der Auflagenerfüllung, die ihn gem. § 153 a Abs. 1 S. 5 StPO vor einer Fortsetzung des Verfahrens wegen eines Vergehens schützt, zu Fall bringen. Der Anfechtungsberechtigte hätte es als Dritter ansonsten in der Hand, die Fortsetzung des Strafverfahrens zu erzwingen, was dem Vertrauen des Beschuldigten auf die Verbindlichkeit des erreichten Prozesstandes zuwiderlaufen würde[613].

ee) Die prozessuale Überholung als Grenze der Revidierung der Geldauflagenerfüllung

Es stellt sich zuletzt die Frage, ob die Prozesshandlung der Auflagenerfüllung wegen prozessualer Überholung nicht mehr durch die Insolvenzanfechtung und Rückgewähr der Geldauflage zur Insolvenzmasse revidiert werden kann. Denn *Peters* zufolge können Prozesshandlungen nur solange rückgängig gemacht werden, wie es nicht zur prozessualen Überholung durch die Beendigung des Prozesses oder eines Teils davon gekommen ist[614]. *Kühne* beschreibt die prozessuale Überholung als „unabänderliche Verfahrenslage, auf die sich die intendierten Wirkungen der in Frage stehenden Prozesshandlung nicht mehr auswirken können“[615]. Der Begriff der prozessualen Überholung wird zwar überwiegend im Zusammenhang mit Rechtsmitteln und Rechtsbehelfen gebraucht[616], ist aber auch darüber hinaus anwendbar[617].

---

612 Siehe E.I.2.a.

613 Beulke/Edlbauer in FS Mehle, 2009, S. 63 (71).

614 Siehe E.II.3.b.aa.

615 LR – Kühne, StPO, 26. Aufl. (2006), Bd. 1, Einl. Abschn. K Rn. 21.

616 S. hierzu M-G/Schmitt-Meyer-Goßner, StPO, 58. Aufl. (2015), vor § 296 Rn. 17 ff. und LR – Kühne, StPO, 26. Aufl. (2006), Bd. 1, Einl. Abschn. K Rn. 21 f. jeweils mit Beispielen.

617 LR – Kühne, StPO, 26. Aufl. (2006), Bd. 1, Einl. Abschn. K Fn. 57 zu Rn. 21.

Demnach ist ein Rückgriff auf das Institut der prozessualen Überholung auch bei § 153 a StPO nicht per se ausgeschlossen. Für die Annahme der prozessualen Überholung in den Fällen der Auflagenerfüllung nach § 153 a Abs. 1 S. 5 StPO spricht Folgendes: Das Strafverfahren endet bei § 153 a StPO bereits mit der konstitutiven Auflagenerfüllung, ohne dass es hierzu einer Einstellungsentscheidung bedarf[618]. Bei der prozessualen Überholung ist das Ende des Strafverfahrens der spätestmögliche Zeitpunkt, bis zu dem Prozesshandlungen, um das Verfahren noch beeinflussen zu können, rückgängig gemacht werden können. Dies ist der Grund warum Auflagen, nachdem sie erfüllt worden sind, nicht mehr revidiert werden können. Die Auflagenerfüllung fällt mit dem Zeitpunkt der Beendigung des Strafverfahrens zusammen, sodass der Beschuldigte von der Auflagenerbringung wegen der unmittelbar mit ihr einhergehenden prozessualen Überholung nicht mehr Abstand nehmen kann. Dies ist die Konsequenz, die sich daraus ergibt, dass der endgültigen Einstellungsentscheidung von Staatsanwaltschaft bzw. Gericht nur deklaratorische Bedeutung zukommt[619]. Denn würde man dieser Entscheidung konstitutiven Charakter beimessen, so würde das Strafverfahren nicht schon mit der Auflagenerfüllung durch den Beschuldigten, sondern erst mit der endgültigen Entscheidung von Staatsanwaltschaft bzw. Gericht enden. Die Rückgängigmachung der Auflagenerfüllung wäre dann bis zum Ergehen dieser endgültigen Entscheidung von Staatsanwaltschaft bzw. Gericht möglich und eine prozessuale Überholung durch die Auflagenerfüllung ausgeschlossen.

4. Die Verfahrensfortsetzung wegen Fehlerhaftigkeit der Entscheidung der Verfahrensbeendigung nach § 153 a StPO

Es stellt sich die Frage, ob in den Fällen einer erfolgreichen Insolvenzanfechtung der Geldauflagenerfüllung bereits die Opportunitätsentscheidung nach § 153 a StPO fehlerhaft und infolgedessen unwirksam ist und das Strafverfahren aus diesem Grund zwingend fortzusetzen ist. Die Fehlerhaftigkeit der Entscheidung von Staatsanwaltschaft bzw. Gericht kann sich daraus ergeben, dass sie bei angespannten wirtschaftlichen Verhältnissen des Beschuldigten die drohende Anfechtbarkeit der Geldauflagenzahlung hätten erkennen und bei ihrer Entscheidung entsprechend berücksichtigen müssen. Die Nichtigkeit von verfahrensbeendenden Opportunitätsentscheidungen nach den §§ 153 ff. StPO ist in dogmatischer Hinsicht kaum geklärt[620]. Der Umgang mit dieser Problematik richtet sich jedenfalls nicht nach den Grundsätzen, die für die Urteilsnichtigkeit gelten, sondern ist einzelfallbezogen zu lösen[621].

---

618 Siehe E.II.3.

619 Siehe E.II.3.

620 LR – Kühne, StPO, 26. Aufl. (2006), Bd. 1, Einl. Abschn. K Rn. 127.

621 LR – Kühne, StPO, 26. Aufl. (2006), Bd. 1, Einl. Abschn. K Rn. 127.

a) *Die Entscheidung des Bundesgerichtshofs vom 05.06.2008*[622] *als Anknüpfungspunkt für die Unwirksamkeit der Verfahrensbeendigung in den Fällen der Insolvenzanfechtung*

In seiner Entscheidung vom 05.06.2008[623] verbietet der Bundesgerichtshof im ersten Leitsatz die Einstellung des Strafverfahrens gegen Zahlung einer Geldauflage an die Staatskasse (§ 153 a Abs. 1 S. 2 Nr. 2 Alt. 2 StPO) bei einer drohenden Gläubigerbenachteiligung durch Erfüllung der Auflage und erachtet im dritten Leitsatz die Vorsatzanfechtung nach § 133 Abs. 1 InsO im Falle der Zahlung der Geldauflage für zulässig.

In Leitsatz 1 und 3 der Entscheidung des Bundesgerichtshofs vom 05.06.2008 heißt es hierzu:

„Die Einstellung eines Strafverfahrens darf nicht von der Zahlung einer Geldauflage an die Staatskasse abhängig gemacht werden, wenn der Angeschuldigte durch die Erfüllung der Auflage seine Gläubiger benachteiligt."[624] (Leitsatz 1)

„Die vom Schuldner an die Staatskasse geleisteten Zahlungen können vom Insolvenzverwalter zurückverlangt werden, wenn der Schuldner die hierdurch bewirkte Benachteiligung seiner Gläubiger billigend in Kauf genommen hat, um durch Erfüllung einer entsprechenden Auflage die Einstellung eines gegen ihn laufenden Strafverfahrens zu erreichen, während die Staatsanwaltschaft wusste, dass die Zahlungsunfähigkeit des Schuldners zumindest drohte und die geleisteten Zahlungen seine Gläubiger benachteiligten."[625] (Leitsatz 3)

b) *Die Ableitung einer Unterlassungsverpflichtung von Staatsanwaltschaft und Gericht aus der Drittwirkung der Geldauflagen des § 153 a Abs. 1 S. 2 Nr. 2 StPO*

Die Unwirksamkeit der Entscheidung nach § 153 a StPO könnte sich aus einem Verstoß von Staatsanwaltschaft bzw. Gericht gegen das im ersten Leitsatz der Entscheidung des Bundesgerichtshofs aufgestellte Einstellungsverbot ergeben. Dies setzt voraus, dass insoweit von einem echten Einstellungsverbot gesprochen werden kann, welches die Unwirksamkeit der Entscheidung der Verfahrensbeendigung zur Folge hat. Es stellt sich daher zunächst die Frage, ob Staatsanwaltschaft bzw. Gericht überhaupt verpflichtet sind, eine Verfahrenseinstellung nach § 153 a Abs. 1 S. 2 Nr. 2 Alt. 2 StPO zu unterlassen, wenn die Auflagenerfüllung zu einer Gläubigerbenachteiligung führt[626]. Zwar ist eine solche Verpflichtung nicht gesetzlich in § 153 a StPO

622 BGH, Urt. v. 05.06.2008 – IX ZR 17/07 = NJW 2008, 2506 ff.
623 BGH, Urt. v. 05.06.2008 – IX ZR 17/07 = NJW 2008, 2506 ff.
624 BGH, Urt. v. 05.06.2008 – IX ZR 17/07 = NJW 2008, 2506 (2506).
625 BGH, Urt. v. 05.06.2008 – IX ZR 17/07 = NJW 2008, 2506 (2506).
626 Ablehnend insoweit Beulke/Edlbauer in FS Mehle, 2009, S. 63 (67 f.); Ziemann in Anm. zu BGH, Urt. v. 05.06.2008 – IX ZR 17/07, JR 2009, 167 (171); Pfordte, StV

normiert, doch könnte sie sich aus einem entsprechenden Schutzauftrag von Staatsanwaltschaft bzw. Gericht hinsichtlich der Belange der Insolvenzgläubiger eines bevorstehenden Insolvenzverfahrens ergeben. Einen solchen Schutzauftrag impliziert der erste Leitsatz der oben genannten Entscheidung des Bundesgerichtshofs.

aa) Die Berücksichtigung von Drittinteressen im Strafverfahren am Beispiel der Geldstrafe

Die grundsätzliche Notwendigkeit der Berücksichtigung von schutzwürdigen Belangen Dritter bei Entscheidungen im Rahmen des Strafverfahrens zeigt sich an der Höchstpersönlichkeit der Geldstrafe und der Verhinderung ihrer Umgehung durch entsprechende gerichtliche Maßnahmen. Mit dem höchstpersönlichen Charakter der Geldstrafe[627] ist es unvereinbar, wenn Dritte das Strafübel der Geldstrafe freiwillig auf sich nehmen könnten, der Täter dieses auf Dritte gegen deren Willen übertragen könnte oder dieses den Dritten anderweitig treffen würde[628]. Das Gericht hat daher die Möglichkeit, bei Kenntnis von der freiwilligen Übernahme der Geldschuld durch Dritte auf die Freiheitsstrafe auszuweichen, um ein Unterlaufen der Strafzwecke zu verhindern[629]. Solche Verlagerungen des Strafübels auf Dritte werden zurückgehend auf die Dissertation von *v. Spiegel*[630] unter dem Begriff „Drittwirkung" der Geldstrafe zusammengefasst[631].

Drittinteressen sind im Strafverfahren jedoch nicht nur vom Gericht, sondern auch seitens der Staatsanwaltschaft als Vollstreckungsbehörde (§ 451 Abs. 1 StPO) zu beachten. Darauf weist auch *Stallinger* in seiner Arbeit[632] zur Berücksichtigung von Opferinteressen bei der Vollstreckung monetärer Sanktionen hin, in welcher er die im Insolvenzverfahren geltenden Besonderheiten in den Blick nimmt. Er fordert, dass entgegen der vorherrschenden Handhabung in der Praxis die Interessen von

2010, 591 (593), der Staatsanwaltschaft und Gericht nicht für verpflichtet hält zum Ausschluss einer Gläubigerbenacheiligung die Finanzsituation des Beschuldigten umfassend zu ermitteln, da dies vom Gesetz nicht mehr gedeckt sei, dies dem Telos von § 153 a StPO – auf den unteren und mittleren Kriminalitätsbereich mit einer schnellen und unaufwendigen Verfahrensabschluss zu reagieren – zuwider laufen würde und ein verlässlicher Ausschluss der Insolvenzanfechtung nicht stets möglich sei, da bei der Anfechtung nach § 133 InsO die wirtschaftlichen Verhältnisses des Beschuldigten zum Zeitpunkt der Geldauflagenzahlung, nicht aber zur Zeit der Verfahrenseinstellung ausschlaggebend seien. Auch sei nicht ersichtlich warum Staatsanwaltschaft und Gericht zur Wahrung der Interessen der Insolvenzgläubiger verpflichtet sein sollten.

627 LK – Häger, StGB, 12. Aufl. (2006), Bd. 2, vor §§ 40 bis 43 Rn. 26 f.

628 LK – Häger, StGB, 12. Aufl. (2006), Bd. 2, vor §§ 40 bis 43 Rn. 26.

629 LK – Häger, StGB, 12. Aufl. (2006), Bd. 2, vor §§ 40 bis 43 Rn. 28.

630 v. Spiegel, Drittwirkung der Geldstrafe.

631 LK – Häger, StGB, 12. Aufl. (2006), Bd. 2, vor §§ 40 bis 43 Rn. 26.

632 Stallinger, Die Vollstreckung monetärer Sanktionen unter besonderer Berücksichtigung von Opferinteressen.

Opfern einer Straftat, die in der Realisierung ihrer Ersatzansprüchen bestünden, bei der Vollstreckung der Geldstrafe zu berücksichtigen seien[633]. Andernfalls könne es durch die Vollstreckung der Ersatzfreiheitsstrafe zum Unterlaufen der Ersatzansprüche kommen, da es dem Verurteilten durch den damit verbundenen Freiheitsentzug nicht möglich sei, durch eine Erwerbstätigkeit die Opferansprüche zu erfüllen[634]. Vor diesem Hintergrund sei eine restriktive Handhabung der Vollstreckung der Ersatzfreiheitsstrafe unter Einbeziehung von Opferinteressen notwendig[635].

bb) Die Pflicht zur Berücksichtigung von Drittinteressen bei den Geldauflagen nach § 153 a Abs. 1 S. 2 Nr. 2 StPO

Es spricht viel dafür, schutzwürdige Interessen Dritter nicht nur bei der Verhängung und Vollstreckung einer Geldstrafe, sondern auch bei der Beendigung des Strafverfahrens gegen eine Geldauflage nach § 153 a Abs. 1 S. 2 Nr. 2 StPO zu berücksichtigen. Zum einen kann es für die Beeinträchtigung von Drittinteressen durch Zahlungen im Rahmen des Strafverfahrens zunächst einmal keinen Unterschied machen, ob es um die Zahlung einer Geldstrafe oder einer Geldauflage gem. § 153 a StPO geht. Hinzu kommt, dass bei der Bestimmung der Höhe der Geldauflage gem. § 153 a Abs. 1 S. 2 Nr. 2 StPO auch die persönlichen und finanziellen Verhältnisse des Beschuldigten zu beachten sind[636]. Hierzu wird man aber auch Forderungen Dritter gegen den Beschuldigten zählen müssen, da sich die persönlichen und wirtschaftlichen Verhältnisse des Beschuldigten zwangsläufig auch aus seiner persönlichen und wirtschaftlichen Verflechtung rechtlicher Art mit Dritten ergeben. Darüber hinaus ist auch bei der Erteilung von Auflagen und Weisungen gem. § 153 a StPO die Unzumutbarkeitsgrenze der §§ 56 b Abs. 1 S. 2, 56 c Abs. 1 S. 2 StGB zu beachten[637], derzufolge an den Verurteilten bzw. an dessen Lebensführung keine unzumutbaren Anforderungen gestellt werden dürfen. Vor diesem Hintergrund bleibt dem Staat, will er dem Beschuldigten nicht etwas Unzumutbares abverlangen, nichts anderes übrig, als Drittinteressen in seine Entscheidung über Art und Höhe der Auflagen miteinzubeziehen. Andernfalls würde sich der Staat dem Vorwurf gesetzeswidrigen Handelns aussetzen, wenn er durch zu starke finanzielle Beanspruchung des Beschuldigten zur Unaufbringbarkeit der Geldauflage durch den Beschuldigten beitragen und es auf diesem Weg zur Fortsetzung des Strafverfahrens kommen lassen würde[638]. Für die Berücksichtigung von Drittinteressen bei der Auflagenerteilung gem. § 153 a StPO lässt sich weiterhin anführen, dass auch bei den geldwerten Bewährungsauflagen gem. § 56 b Abs. 2 S. 1 Nr. 2 und 4 StGB

---

633 Stallinger, Vollstreckung monetärer Sanktionen, S. 82 f.
634 Stallinger, Vollstreckung monetärer Sanktionen, S. 82.
635 Stallinger, Vollstreckung monetärer Sanktionen, S. 82.
636 LR – Beulke, StPO, 26. Aufl. (2008), Bd. 5, § 153 a Rn. 57.
637 LR – Beulke, StPO, 26. Aufl. (2008), Bd. 5, § 153 a Rn. 48.
638 Vgl. insoweit zur Bewährungsauflage MüKo – Groß, StGB, 2. Aufl. (2012), Bd. 2, § 56 b Rn. 6.

die Betroffenheit von Angehörigen durch die Geldauflage zu berücksichtigen ist[639]. Für die nahezu identische Geldauflage gem. § 153 a Abs. 1 S. 2 Nr. 2 StPO kann dann aber nichts anderes gelten[640].

Dem kann auch nicht entgegengehalten werden, dass die Berücksichtigung von Belangen Dritter bei Entscheidungen nach § 153 a StPO ohne eine entsprechende Ermittlungspflicht von Staatsanwaltschaft und Gericht nicht umsetzbar ist und eine solche Ermittlungspflicht vor dem Hintergrund der Aufrechterhaltung der Funktionstüchtigkeit der Strafrechtspflege abzulehnen ist[641]. Denn wenn das Gericht bei den Bewährungsauflagen gem. § 56 b Abs. 2 S. 1 Nr. 2 und 4 StGB eine Erkundigungspflicht hinsichtlich der wirtschaftlichen Verhältnisse des Verurteilten trifft, um anhand dessen die Höhe der Bewährungsauflage bestimmen zu können[642], so kann für die Geldauflage bei § 153 a StPO nichts anderes gelten[643]. Als entscheidendes Argument für eine Ermittlungspflicht wird man jedoch in den Insolvenzanfechtungsfällen ins Feld führen müssen, dass sie auch im Eigeninteresse von Staatsanwaltschaft und Gericht geboten ist, um die Endgültigkeit der Auflagenerfüllung und damit zugleich die Rechtmäßigkeit des von § 153 a StPO vorgesehenen Verfahrens sicherzustellen. Denn vor dem Hintergrund der eingangs genannten Entscheidung des Bundesgerichtshofs zur Insolvenzanfechtung von Geldauflagen zugunsten der Staatskasse gem. § 153 a Abs. 1 S. 2 Nr. 2 Alt. 2 StPO kann es im Falle einer Gläubigerbenachteiligung gem. § 129 Abs. 1 InsO zur Insolvenzanfechtung und infolgedessen gem. § 143 Abs. 1 S. 1 InsO zur Rückgewähr der Geldauflage zur Insolvenzmasse kommen. Da Staatsanwaltschaft und Gericht die Endültigkeit ihrer Entscheidung aber von der Erbringung der Geldauflage abhängig gemacht haben, ist es nicht zuviel verlangt, ihnen eine Prüfungspflicht hinsichtlich einer drohenden Gläubigerbenachteiligung aufzuerlegen, um ggfs. eine erfolgreiche Insolvenzanfechtung von vornherein durch ein Absehen von der Verfahrenseinstellung gegen eine

---

639 NK – Ostendorf, StGB, 4. Aufl. (2013), Bd. 1, § 56 b Rn. 11, 17.

640 Vgl. LR – Beulke, StPO, 26. Aufl. (2008), Bd. 5, § 153 a Rn. 55, der in FS Dahs, 2005, S. 209 (219 f.) bei Anordnungen i. R. v. § 153 a StPO zwischen der unmittelbar aus dem Inhalt der Anordnung resultierenden rechtlichen Betroffenheit Dritter und der lediglich faktischen, mittelbaren Drittbetroffenheit, die sich aus der Einbindung des Beschuldigten in sein soziales Umfeld ergibt, differenziert und die rechtliche, unmittelbare Drittbetroffenheit für unzulässig, eine lediglich faktische, mittelbare Betroffenheit Dritter durch Geldauflagen nach § 153 a Abs. 1 S. 2 Nr. 2 StPO jedoch für unbedenklich hält.

641 In diese Richtung aber Beulke/Edlbauer in FS Mehle, 2009, S. 63 (70, 71), die eine vorbehaltlose Pflicht zur Überprüfung der wirtschaftlichen Verhältnisse des Angeschuldigten durch Staatsanwaltschaft und Gericht ablehnen, andererseits aber eine konkrete, vom wirtschaftlich angeschlagenen Angeschuldigten ausgehende Missbrauchsgefahr der Einstellungsauflage nicht unberücksichtigt lassen wollen.

642 NK – Ostendorf, StGB, 4. Aufl. (2013), Bd. 1, § 56 b Rn. 11, 17; S/S – Stree/Kinzig, StGB, 29. Aufl. (2014), § 56 b Rn. 19.

643 Vgl. LR – Beulke, StPO, 26. Aufl. (2008), Bd. 5, § 153 a Rn. 55.

Geldauflage auszuschließen[644]. Auch lässt sich dies damit rechtfertigen, dass es sich bei § 153 a StPO um eine Ausnahme vom Legalitätsprinzip des § 152 Abs. 2 StPO handelt, von der ohnehin nur mit Bedacht Gebrauch gemacht werden sollte[645]. Dann verbietet sich aber eine Verfahrenseinstellung gegen eine Geldauflage, wenn schon zum Zeitpunkt der Verfahrenseinstellung absehbar ist, dass die Auflagenerfüllung wegen einer Gläubigerbenachteiligung und einer Insolvenzanfechtung mit hoher Wahrscheinlichkeit nicht von Bestand sein wird.

cc) Umfang der Berücksichtigungspflicht von Drittinteressen bei § 153 a Abs. 1 S. 2 Nr. 2 StPO

Bei der Frage, ob von § 153 a StPO Gebrauch zu machen ist, wird man nicht sämtliche Anliegen Dritter, die die wirtschaftlichen und persönlichen Verhältnisse des Beschuldigten berühren, berücksichtigen müssen. Dies wäre aufgrund der Vielzahl an denkbaren berücksichtigungsfähigen Drittinteressen in der Praxis auch nicht handhabbar; die Funktionstüchtigkeit der Strafrechtspflege ließe sich nicht mehr aufrechterhalten. Darüber hinaus führte die grenzenlose Einbeziehung von Anliegen Dritter dazu, dass die Befugnis von Staatsanwaltschaft und Gericht, in geeigneten Fällen zur Entlastung der Justiz nach § 153 a StPO zu verfahren, unterlaufen würde. Dies würde dem hinter § 153 a StPO stehenden Normzweck der Justizentlastung[646] zuwiderlaufen.

Vor diesem Hintergrund ist die Ermittlungspflicht von Staatsanwaltschaft und Gericht auf solche Anliegen Dritter beschränkt, die als schutzwürdig anzusehen sind und an deren Berücksichtigung Staatsanwaltschaft oder Gericht ein Eigeninteresse haben. Als in den Schutzbereich einzubeziehende Dritte wird man die Gläubiger im Insolvenzverfahren ansehen müssen. Dies lässt sich den eingangs wiedergegebenen Leitsätzen der Entscheidung des Bundesgerichtshofs entnehmen, wonach das Einstellungsverbot und die Anfechtbarkeit der Geldauflagenerfüllung

644 Drees in Anm. zu BGH, Urt. v. 05.06.2008 – IX ZR 17/07, NStZ 2009, 521 (523) weist jedoch darauf hin, dass es auf die wirtschaftlichen Verhältnisse des Beschuldigten zum Zeitpunkt der Zahlung ankommt, sodass die Insolvenzanfechtung nicht durch die Ermittlung der Finanzsituation vor der vorläufigen Verfahrenseinstellung ausgeschlossen werden kann, da sich die zu diesem Zeitpunkt stabilen wirtschaftlichen Verhältnisse zum maßgeblichen Zeitpunkt der Zahlung schon zum Negativen hin geändert haben können. Vgl. zur fehlenden Schutzwürdigkeit von Staatsanwaltschaft und Gericht in den Insolvenzanfechtungsfällen bei Beendigung des Verfahrens nach § 153 a StPO in Kenntnis der/trotz Kenntnisnahmemöglichkeit von den wirtschaftlichen Verhältnissen des Beschuldigten, unter Verletzung der Pflicht zur Ermittlung der wirtschaftlichen Verhältnisse des Beschuldigten bzw. trotz drohendem Missbrauch der Insolvenzanfechtung durch den Beschuldigten Eggers/Reuker, wistra 2011, 413 (415), Wollmann, ZInsO 2011, 1521 (1523 und 1524) und Beulke/Edlbauer in FS Mehle, 2009, S. 63 (71).

645 Siehe E.II.1.d.

646 Siehe E.II.1.b.

dem Gläubigerschutz dienen. Der Bundesgerichtshof setzt im ersten Leitsatz für das Einstellungsverbot eine Gläubigerbenachteiligung durch die Auflagenerfüllung voraus. Zugleich rechtfertigt diese Gläubigerbenachteiligung dem dritten Leitsatz zufolge eine Insolvenzanfechtung durch den Insolvenzverwalter. Dass Staatsanwaltschaft und Gericht an der Berücksichtigung der Anliegen der Insolvenzgläubiger ein Eigeninteresse haben, wurde bereits erörtert[647].

dd) Die Heranziehung der Drittwirkung der Geldstrafe zur Begründung des Verbots der Verfahrensbeendigung nach § 153 a StPO

Nach dem ersten Leitsatz der eingangs genannten Entscheidung des Bundesgerichtshofs ist Voraussetzung für das Eingreifen des Einstellungsverbots eine durch die Auflagenerfüllung ausgelöste Gläubigerbenachteiligung. Es stellt sich die Frage, ob das Einstellungsverbot allein von dieser Drittbetroffenheit abhängig gemacht werden kann oder ob hierfür möglicherweise weitere Vorausetzungen gegeben sein müssen. In Anlehnung an die Drittwirkung der Geldstrafe könnte zusätzlich eine mit der Drittbelastung verbundene Entlastung des Beschuldigten zu fordern sein[648]. Denn wie die Geldstrafe ist auch die Auflagenerfüllung aufgrund ihres Sanktionscharakters höchstpersönlicher Natur[649], mit der eine Verlagerung der Betroffenheit vom Beschuldigten auf Dritte nicht in Einklang zu bringen ist. Vor diesem Hintergrund stellt sich auch bei der Geldauflage die Frage, ob ihr eine der Geldstrafe vergleichbare Drittwirkung zukommt, der durch entsprechende Maßnahmen, im vorliegenden Fall durch ein Absehen von einer Verfahrensbeendigung nach § 153 a StPO, zu begegnen ist.

(1) Die Drittwirkung im Strafrecht

Unter der strafrechtlichen Drittwirkung versteht *v. Spiegel* die negativen tatsächlichen oder rechtlichen Auswirkungen einer strafrechtlichen Entscheidung und deren Durchsetzung auf unbeteiligte Personen, die dem Willen des Betroffenen entgegenstehen und ihn nur deshalb treffen, weil ihn mit dem Adressaten der Entscheidung ein Verhältnis persönlicher, wirtschaftlicher und/oder rechtlicher Natur verbindet[650]. Der Geldstrafe soll Drittwirkung beispielsweise dann zukommen können, wenn der zu einer Geldstrafe verurteilte Arbeitnehmer von seinem Arbeitgeber die teilweise Erstattung der Geldstrafe unter dem Gesichtspunkt der arbeitgeberseitigen Fürsorgepflicht mit der Begründung verlangt, dass mit seiner Tätigkeit, derentwegen er zu der Geldstrafe verurteilt worden ist, zwangsläufig die Gefahr einer Strafbarkeit einhergehe (z. B. fahrlässige Tötung (§ 222 StGB) im Straßenverkehr

647 Siehe E.II.4.b.bb.
648 Siehe E.II.4.b.dd.(2).
649 Siehe E.II.3.b.dd.(3).(c).
650 v. Spiegel, Drittwirkung der Geldstrafe, S. 9 f.

bei Berufskraftfahrern)[651]. Als weiteres Beispiel nennt *v. Spiegel* Einschränkungen des Lebensstandards von Familienangehörigen, die dadurch entstünden, dass das zu einer Geldstrafe verurteilte Familienmitglied wegen der Geldstrafe nicht mehr in gewohntem Umfang zum Familieneinkommen beitragen kann und dadurch beispielsweise auf den geplanten Hausbau verzichtet oder dieser hinten angestellt werden muss[652]. Ein weiterer Fall der Drittwirkung der Geldstrafe soll dann vorliegen, wenn der zu einer Geldstrafe Verurteilte wegen der Geldstrafe mit anderen Zahlungsverpflichtungen beispielsweise aus Kauf- und Mietverträgen in Verzug befindet[653]. *V. Spiegel* verweist darauf, dass die Drittwirkungsproblematik nicht auf den Bereich der Geldstrafe beschränkt sei, sondern sich bei allen „strafrechtlichen Sanktionen"[654] stelle[655]. Dabei steht der Anwendbarkeit der Drittwirkungsproblematik auf die Geldauflagen nach § 153 a Abs. 1 S. 2 Nr. 2 StPO noch nicht entgegen, dass es sich bei der Geldauflage lediglich um eine außerstrafrechtliche Sanktion eigener Art handelt, der noch nicht einmal strafähnlicher Charakter zukommt[656]. Entscheidend kann nur die Drittwirkung der Sanktionierung an sich sein. Denn die Sanktionierung als solche ist personengebunden, unabhängig davon, ob es sich um eine strafrechtliche, strafrechtsähnliche oder nichtstrafrechtliche Sanktion handelt. Daher macht es für das Fehlgehen des Sanktionszwecks keinen Unterschied, um welche Art von Sanktionierung es geht. Von der strafrechtlichen Drittwirkungsproblematik sind neben den eigentlichen strafrechtlichen Sanktionen daher auch sonstige nichtstrafrechtliche Sanktionen erfasst, die im Rahmen eines Strafverfahrens erteilt werden. In den Fällen, in denen sich die Insolvenzanfechtung auf die Zahlung der Geldauflage bezieht, besteht die wirtschaftliche und rechtliche Verbundenheit zwischen demjenigen, dem die Geldauflage erteilt wurde und den Insolvenzgläubigern als betroffenen Dritten darin, dass letztere im Insolvenzverfahren versuchen werden, ihre Vermögensansprüche gegen den insolventen Geldauflagenempfänger mit einer möglichst hohen Insolvenzquote zumindest anteilig zu realisieren. Dies ist der Grund, warum die mit der Geldauflagenzahlung einhergehende Beeinträchtigung der Insolvenzquote über die Insolvenzanfechtung rückgängig gemacht wird.

(2) Die Drittwirkung bei der Geldstrafe und den Geldauflagen nach § 153 a Abs. 1 S. 2 Nr. 2 StPO

Die Drittwirkung im Strafrecht lässt sich nicht sanktionenübergreifend verallgemeinern. Die Erscheinungsformen strafrechtlicher Drittwirkung sind vielmehr von der jeweiligen Sanktionsart abhängig. Anders als bei der Freiheitsstrafe, bei der

651 v. Spiegel, Drittwirkung der Geldstrafe, S. 32 f.
652 v. Spiegel, Drittwirkung der Geldstrafe, S. 39 f.
653 v. Spiegel, Drittwirkung der Geldstrafe, S. 40.
654 v. Spiegel, Drittwirkung der Geldstrafe, S. 10.
655 v. Spiegel, Drittwirkung der Geldstrafe, S. 10.
656 Siehe C.II.2.a.

der Dritte zusätzlich zum Täter belastet wird[657], zeichnet sich die Drittwirkung bei der Geldstrafe gerade dadurch aus, dass die Belastung des Dritten zugleich eine Entlastung auf Seiten des verurteilten Geldstrafenschuldners bewirkt[658]. Wie *v. Spiegel* zutreffend ausführt, geht es bei der Frage der Entlastung des Täters vorwiegend um die Erreichbarkeit des Strafzwecks[659].

Da auch die Geldauflagen nach § 153 a Abs. 1 S. 2 Nr. 2 StPO monetäre Sanktionen sind, stellt sich die Frage, ob sich die Charakteristika der Geldstrafen-Drittwirkung – die Belastung des Dritten bei gleichzeitiger Entlastung des Verurteilten – auf die Geldauflagen nach § 153 a Abs. 1 S. 2 Nr. 2 StPO übertragen lassen. Schließlich könnte eine unterschiedliche Beurteilung der Drittwirkungsproblematik dadurch geboten sein, dass die Geldauflage im Gegensatz zur Geldstrafe, bei der es sich um eine Strafe handelt[660], lediglich eine außerstrafrechtliche Sanktion eigener Art darstellt[661]. Hinsichtlich des Merkmals der Drittbelastung wird man die Übertragbarkeit ohne Weiteres annehmen können, da sich die strafrechtliche Drittwirkung gerade dadurch auszeichnet, dass der unbeteiligte Dritte gegen seinen Willen durch eine strafrechtliche Entscheidung beeinträchtigt wird, die eine andere Person betrifft.

Auf die Entlastung des Beschuldigten kommt es aber auch bei der Drittwirkung der Geldauflage an. Ausschlaggebend für die Entlastungsfrage ist, wie bereits angesprochen, die Entlastung von den Strafzwecken, die auch bei § 153 a StPO insofern eine Rolle spielen als die Tatbestandsvoraussetzungen des öffentlichen Interesses an der Strafverfolgung und der Schwere der Schuld Ausdruck der materiell-rechtlichen Strafzwecke sind[662]. Die materiellrechtlichen Strafzwecke geben den Ausschlag bei der Entscheidung für bzw. gegen eine Verfahrenseinstellung nach § 153 a StPO. Es ist danach zu fragen, ob unter dem Gesichtspunkt der Schuld oder der Spezial- bzw. Generalprävention die Verhängung einer Strafsanktion notwendig ist, um dem Strafbedürfnis gerecht zu werden[663]. Vor dem Hintergrund, dass Strafzweckerwägungen bei § 153 a StPO ebenso zu beachten sind wie bei materiell-strafrechtlichen Sanktionen, wird man wie bei der Geldstrafendrittwirkung eine Entlastung des Beschuldigten auch für die Drittwirkung einer Geldauflage fordern müssen.

---

657 v. Spiegel, Drittwirkung der Geldstrafe, S. 27.
658 v. Spiegel, Drittwirkung der Geldstrafe, S. 27, 61.
659 v. Spiegel, Drittwirkung der Geldstrafe, S. 62.
660 LK – Häger, StGB, 12. Aufl. (2006), Bd. 2, vor §§ 40 bis 43 Rn. 20.
661 LR – Beulke, StPO, 26. Aufl. (2008), Bd. 5, § 153 a Rn. 9.
662 LR – Beulke, StPO, 26. Aufl. (2008), Bd. 5, § 153 a Rn. 31 und § 153 Rn. 23; Schulenburg, JuS 2004, 765 (768); Fezer, ZStW 106 (1994), 1 (29); Rieß, NStZ 1981, 2 (7).
663 LR – Beulke, StPO, 26. Aufl. (2008), Bd. 5, § 153 Rn. 23; Schulenburg, JuS 2004, 765 (768); Fezer, ZStW 106 (1994), 1 (29).

(3) Die Relevanz der Drittwirkung der Geldauflagen des § 153 a Abs. 1 S. 2 Nr. 2 StPO für das Verbot einer Verfahrensbeendigung nach § 153 a StPO

Für das im ersten Leitsatz der Entscheidung des Bundesgerichtshofs aufgestellte Einstellungsverbot ist damit zu folgern, dass sich dieses Verbot nur rechtfertigen lässt, wenn das Merkmal der Entlastung des Beschuldigten zur Drittbetroffenheit in Form der Gläubigerbenachteiligung hinzutritt. Schließlich haben Staatsanwaltschaft und Gericht ihrer Entscheidung vornehmlich Strafzweckerwägungen zugrunde zu legen[664] und nicht primär auf Anliegen Dritter Rücksicht zu nehmen.

c) Die Drittwirkung der Geldauflagen des § 153 a Abs. 1 S. 2 Nr. 2 StPO unter besonderer Berücksichtigung der Insolvenzanfechtung und der insolvenzrechtlichen Rückabwicklung gem. § 143 Abs. 1 S. 1 InsO

Mit dem Einstellungsverbot im ersten Leitsatz der Entscheidung des Bundesgerichtshofs ist eine Einschränkung von § 153 a StPO verbunden. Vor diesem Hintergrund kann eine trotz dieses Verbots erfolgte Entscheidung nach § 153 a StPO nur dann unwirksam sein, wenn es durch die Auflagenerfüllung überhaupt zu einer Belastung der Gläubiger und zu einer Entlastung des Beschuldigten kommen kann.

aa) Die Belastung der Gläubiger

Zur Beantwortung der Frage, ob und inwieweit durch die Auflagenerfüllung eine Gläubigerbenachteiligung möglich ist, bedarf es zunächst einmal der Klarstellung, dass der Bundesgerichtshof mit der Gläubigerbenachteiligung im ersten Leitsatz der eingangs genannten Entscheidung die Benachteiligung von Insolvenzgläubigern, wie sie in § 129 Abs. 1 InsO für die Insolvenzanfechtung vorausgesetzt wird, meint. Dies ergibt sich aus dem Zusammenhang mit dem dritten Leitsatz der Entscheidung, in dem der Bundesgerichtshof zur Vorsatzanfechtung einer gezahlten Geldauflage nach § 133 InsO Stellung nimmt.

Eine Belastung der Insolvenzgläubiger ist zu bejahen, weil die Vornahme der Zahlung aus der Insolvenzmasse zu einer Schmälerung des Haftungssubstrats Insolvenzmasse führt, wenn später das Insolvenzverfahren eröffnet wird. Da die Insolvenzmasse ohnehin regelmäßig nicht zur Befriedigung aller Forderungen der Insolvenzgläubiger im Insolvenzverfahren ausreicht, führt der Beschuldigte durch die Zahlung der Geldauflage eine Reduzierung der Insolvenzquote herbei, sodass Forderungen der Insolvenzgläubiger in höherem Maße unbefriedigt bleiben, als wenn der für die Geldauflage aufgewendete Betrag in der Insolvenzmasse zur späteren Verteilung geblieben wäre.

Gegen die Annahme einer solchen Drittbelastung spricht nicht, dass die im Insolvenzverfahren unbefriedigt gebliebenen Forderungen der Insolvenzgläubiger nach Abschluss des Insolvenzverfahrens unbeschränkt gem. § 201 Abs. 1 InsO geltend

---

664 Siehe E.II.4.b.dd.(2).

gemacht werden können. Denn eine Belastung der Insolvenzgläubiger ließe sich auch dann nicht wegdiskutieren, wenn es nicht zur Restschuldbefreiung hinsichtlich der der Nachhaftung unterliegenden Forderungen gem. § 201 Abs. 3 InsO i. V. m. §§ 286 ff. InsO kommt und diese Forderungen nach Ende des Insolvenzverfahrens getilgt werden würden. Schließlich ist eine Drittbelastung jedenfalls dann nicht von vornherein ausgeschlossen, wenn die Insolvenzgläubiger auf den Geldbetrag, der ihnen über die erhöhte Insolvenzquote schon im Verteilungsverfahren zugutegekommen wäre, wirtschaftlich angewiesen sind, um beispielsweise eigene Verbindlichkeiten rechtzeitig begleichen zu können. Die durch eine solche Vorenthaltung von Geldern entstandenen Folgekosten sowie sonstige für die Insolvenzgläubiger damit verbundene Unannehmlichkeiten sind grundsätzlich geeignet, eine Drittbelastung zu begründen.

Die Drittbelastung in Form einer geringeren Insolvenzquote lässt sich auch nicht mit dem Argument aus dem Weg räumen, dass die Belastung durch die Rückgewähr zur Insolvenzmasse infolge der Insolvenzanfechtung nachträglich aufgehoben wurde. Denn der Insolvenzanfechtung kommt nach der heute herrschenden schuldrechtlichen Theorie keine dingliche ex-tunc-Wirkung zu. Vor diesem Hintergrund ist davon auszugehen, dass die durch die Geldauflagenzahlung eintretende Belastung der Insolvenzgläubiger solange fortbesteht, bis es zur Rückzahlung zur Insolvenzmasse nach § 143 Abs. 1 S. 1 InsO kommt.

Die Frage der Drittbelastung ist jedoch dann anders zu beurteilen, wenn man die Insolvenzanfechtung und die durch sie bedingte Rückgewähr der Zahlungen zur Insolvenzmasse in die Betrachtung der Belastung des Dritten miteinbezieht. Von einer Belastung der Gesamtheit der Insolvenzgläubiger kann dann nicht die Rede sein, da die Insolvenzmasse durch die erfolgreiche Insolvenzanfechtung wieder auf ihren ursprünglichen Bestand angereichert wird. Bei der Betrachtung der Belastung des Dritten ist die Insolvenzanfechtung zwangsläufig zu berücksichtigen, da sich die Drittwirkungsproblematik mit den Elementen der Belastung der Insolvenzgläubiger bei gleichzeitiger Entlastung des Beschuldigten nur bei Einbeziehung der Insolvenzanfechtung und der Rechtsfolge des § 143 Abs. 1 S. 1 InsO stellt. Schließlich kann sich die unerwünschte Entlastung des Beschuldigten erst aufgrund der erfolgreichen Insolvenzanfechtung und der Rückgewähr der Geldauflage zur Insolvenzmasse gem. § 143 Abs. 1 S. 1 InsO ergeben. Für das Merkmal der Drittbelastung bedeutet dies, dass die Belastung der Insolvenzgläubiger zeitlich gesehen auch noch nach der Rückgewähr der Geldauflage zur Insolvenzmasse und der damit möglicherweise einhergehenden Entlastung des Beschuldigten gegeben sein muss. Dies ist aber gerade nicht der Fall, weil durch die Insolvenzanfechtung und die Rückgewähr der Geldauflage zur Insolvenzmasse diese wieder im insolvenzrechtlichen Verteilungsverfahren zur Verfügung steht und es daher nicht zu einer Reduzierung der Insolvenzquote der Insolvenzgläubiger kommen kann.

bb) Die Entlastung des Beschuldigten

Ob es durch die Rückgewähr der Geldauflage zur Insolvenzmasse gem. § 143 Abs. 1 S. 1 InsO zu einer Entlastung des Beschuldigten kommt, wird man unter dem Blickwinkel der Strafzwecke des materiellen Rechts beurteilen müssen. Denn bei der Frage der Entlastung geht es um eine Entlastung von den Strafzwecken[665], die auch bei § 153 a StPO eine Rolle spielen[666]. Es kommt also in Anlehnung an die Verwirklichung der Strafzwecke bei der angefochtenen Geldstrafe entscheidend darauf an, ob es durch die anfechtungsbedingte Rückabwicklung gem. § 143 Abs. 1 S. 1 InsO zu einer Entlastung vom Strafübel des zeitweiligen Konsumverzichts kommt. Den vorübergehenden Konsumverzicht wird man auch bei den Geldauflagen des § 153 a Abs. 1 S. 2 Nr. 2 StPO als Sanktionsübel zugrunde legen müssen. Hiergegen spricht noch nicht, dass es sich bei der Geldauflage im Gegensatz zur Geldstrafe um eine nichtstrafrechtliche Sanktion handelt. Im Hinblick auf die bei Geldstrafe und Geldauflage gleichermaßen zu verwirklichenden Strafzwecke ist allein die Spürbarkeit der Sanktion für den Betroffenen ausschlaggebend, unabhängig von der Einordnung der Sanktion in das strafrechtliche Sanktionensystem. Die Spürbarkeit des Geldmittelentzugs in Form eines vorübergehenden Konsumverzichts ist für den Betroffenen jedoch bei Geldstrafe und Geldauflage gleichermaßen gegeben, da es sich in beiden Fällen um monetäre Sanktionen handelt, hinter denen gleichermaßen Strafzweckerwägungen stehen[667].

Vor diesem Hintergrund stellt die Zahlung der Geldauflage wegen des im Geldmittelentzug liegenden formellen Strafübels[668] und dem daraus resultierenden Konsumverzicht als materielles Strafübel[669] eine Belastung des Täters dar. Von einer Aufhebung des maßgeblichen materiellen Strafübels durch die insolvenzrechtliche Rückabwicklung kann im Hinblick auf die Verfügungsbeschränkung des § 80 Abs. 1 InsO und die in § 81 Abs. 1 S. 1 InsO geregelte Unwirksamkeitsfolge aber keine Rede sein, wie sich den an anderer Stelle bereits gemachten Ausführungen entnehmen lässt. Das Strafübel bleibt trotz der Rückgewähr nach § 143 Abs. 1 S. 1 InsO aufrechterhalten und der Strafzweck verwirklicht. Insoweit sei auf die zur Geldstrafe gemachten Ausführungen verwiesen[670].

Eine trotz der insolvenzrechtlichen Rückabwicklung gem. § 143 Abs. 1 S. 1 InsO bestehende Belastung durch die Geldauflage lässt sich nicht, wie es *v. Spiegel* bei der Geldstrafe tut, mit der Nachhaftung des Beschuldigten nach Abschluss des

---

665 Siehe E.II.4.b.dd.(2).

666 Siehe E.II.4.b.dd.(2).

667 Vgl. Geiger, Rechtsnatur der Sanktion, S. 77 zur Identität des Strafübels bei Geldstrafe und geldwerten Bewährungsauflagen.

668 v. Spiegel, Drittwirkung der Geldstrafe, S. 29, 31.

669 v. Spiegel, Drittwirkung der Geldstrafe, S. 29, 31.

670 Siehe E.I.2.d.bb.(1).

Insolvenzverfahrens gem. § 201 Abs. 1 InsO begründen[671]. Der Gesichtspunkt der Nachhaftung kann bei der Geldauflage keine Rolle spielen. Ein unbeschränktes Nachforderungsrecht der Insolvenzgläubiger nach Abschluss des Insolvenzverfahrens (§ 201 Abs. 1 InsO) besteht mangels Forderung i. S. v. § 201 Abs. 1 InsO, worunter alle Insolvenzforderungen zu verstehen sind[672], gerade nicht. Durch die Erteilung der Geldauflage wird kein Anspruch zugunsten des Staates auf die Geldauflage begründet; es handelt sich bei den Auflagen des § 153 a StPO vielmehr um bloße Obliegenheiten[673]. Hinzu kommt, dass einer unbeschränkten Nachforderung entgegenstünde, dass nach dem oben gefundenen Ergebnis[674] trotz der insolvenzrechtlichen Rückabwicklung von einer Auflagenerfüllung i. S. v. § 153 a Abs. 1 S. 5 StPO auszugehen ist. Auch ließe sich die Nachhaftung nach § 201 Abs. 1 InsO nicht zwangsweise durchsetzen, weil die bereits im Zusammenhang mit der Geldstrafe erörterten strafrechtlichen Vollstreckungshindernisse der verbotenen Doppelbestrafung und des entgegenstehenden Vertrauensschutzes im Hinblick auf die Zahlung der Geldauflage auch der Durchsetzung des staatlichen Strafanspruchs bei der Geldauflage entgegenstehen würden. Darüber hinaus bedürfte es einer Belastung des Beschuldigten nach Abschluss des Insolvenzverfahrens nicht. Es sei nochmals in Erinnerung gerufen, dass es bei der Geldstrafe nur auf den vorübergehenden Konsumverzicht als materielles Strafübel ankommt. Dann kann bei der Geldauflage, bei der es sich noch nicht einmal um eine strafrechtliche bzw. strafrechtsähnliche Sanktion handelt, aber kein intensiveres Strafübel in Form eines dauerhaften Konsumverzichts verlangt werden.

Der Vollständigkeit halber sei nochmals darauf hingewiesen, dass sich die Entlastungsfrage immer nur auf den Strafzweck beziehen kann. Aus diesem Grund kann eine Entlastung nicht darin gesehen werden, dass der Beschuldigte im insolvenzrechtlichen Verteilungsverfahren aufgrund der nicht ausreichenden Insolvenzmasse weniger an die übrigen Insolvenzgläubiger zahlen muss, bei ihm insoweit eine Aufwendungsersparnis zu verzeichnen ist. Bei einer solchen Entlastung fehlt es an dem erforderlichen Bezugspunkt zu den Strafzwecken, da es sich bei der Entlastung nur um eine insolvenzrechtliche Entlastung im Verteilungsverfahren handelt. Dies gilt jedenfalls insoweit, wie es sich bei den Forderungen der übrigen Insolvenzgläubiger nicht um solche im Zusammenhang mit einem Strafverfahren handelt. Bei der Geldauflage ist eine Entlastung schon deshalb nicht möglich, weil die Geldauflagenerteilung keinen Anspruch begründet und eine Entlastung in Gestalt einer geringeren Insolvenzquote damit nicht möglich ist. Im Übrigen würde sich die Aufwendungsersparnis wegen der Nachhaftung gem. § 201 Abs. 1 InsO nur zeitweilig

671 Zur Belastung durch die Nachhaftung des Verurteilten bei der Geldstrafe s. v. Spiegel, Drittwirkung der Geldstrafe, S. 159, der in seine Überlegungen jedoch nicht den Fall der Insolvenzanfechtung und der Rückgewähr gem. § 143 Abs. 1 S. 1 InsO miteinbezieht.

672 MüKo – Hintzen, InsO, 3. Aufl. (2013), Bd. 2, § 201 Rn. 7.

673 Siehe C.II.2.b.

674 Siehe E.II.1.a.

auf die Dauer des Insolvenzverfahrens beziehen, weshalb von einer Entlastung schon aus diesem Grund keine Rede sein kann.

d) Ergebnis

Allein mit der Gläubigerbenachteiligung i. S. v. § 129 Abs. 1 InsO lässt sich die zur Verfahrensfortsetzung führende Drittwirkung der Geldauflage nach 153 a Abs. 1 S. 2 Nr. 2 StPO nicht begründen, da auch das weitere für die Drittwirkung der Geldauflage charakteristische Merkmal der Entlastung des Beschuldigten nicht gegeben ist. Das für die Drittwirkung der Geldauflage charakteristische Bild der Belastung des Dritten bei gleichzeitiger Entlastung des Beschuldigten ist in den Fällen der erfolgreichen Insolvenzanfechtung genau umgekehrt. Der Beschuldigte bleibt trotz der insolvenzrechtlichen Rückabwicklung belastet und der Dritte wird durch die insolvenzrechtliche Rückabwicklung entlastet. Dies entspricht dem Leitbild von der Höchstpersönlicheit einer jeden Sanktion und dem Postulat, dass eine Drittbelastung durch die Sanktionierung vermieden werden soll. Die fehlende Drittwirkung der Geldauflage hat zur Folge, dass mangels Betroffenheit der Insolvenzgläubiger Staatsanwaltschaft und Gericht unter dem Gesichtspunkt eines entsprechenden Schutzauftrags des Staates auch nicht zur Berücksichtigung der Gläubigerinteressen bei der Entscheidung über die Verfahrensbeendigung nach § 153 a StPO verpflichtet sind. Sie können daher unbeschränkt von der Verfahrensbeendigung nach § 153 a StPO Gebrauch machen und sind daran auch nicht durch den ersten Leistsatz der Entscheidung des Bundesgerichtshofs gehindert. Für die Frage der Verfahrensfortsetzung folgt daraus, dass sich mangels Verstoßes von Staatsanwaltschaft und Gericht gegen den ersten Leitsatz des genannten Urteils des Bundesgerichtshofs die Unwirksamkeit der Verfahrenseinstellung ebenso wenig begünden lässt wie eine aus ihr folgende Verfahrensfortsetzung.

5. Die Fortsetzung des Strafverfahrens unter dem Gesichtspunkt der Wiederaufnahme des Verfahrens zuungunsten des Angeklagten gem. § 362 StPO

a) Die Wiederaufnahme des Verfahrens nach § 362 StPO

Weiterhin ist zu überlegen, ob Staatsanwaltschaft und Gericht in den Fällen einer erfolgreichen Insolvenzanfechtung das Strafverfahren gegen den Beschuldigten bzw. Angeschuldigten über einen Rückgriff auf die Wiederaufnahmevorschrift des § 362 StPO, der die Wiederaufnahme des Verfahrens zuungunsten des Angeklagten regelt, fortsetzen könnten. Dies ist indes nicht der Fall. De lege lata fehlt es an einem der in § 362 StPO abschließend[675] aufgezählten Wiederaufnahmegründe[676].

---

675 M-G/Schmitt-Meyer-Goßner, StPO, 58. Aufl. (2015), vor §§ 359 ff. Rn. 1; Pfeiffer, StPO, 5. Aufl. (2005), vor § 359 ff. Rn. 1.

676 Eggers/Reuker, wistra 2011, 413 (415).

b) Die entsprechende Anwendung von § 362 StPO

Unabhängig von der umstrittenen Frage, ob § 362 StPO auch auf Beschlüsse anwendbar ist[677], stellt sich die Frage der Anwendbarkeit von § 362 StPO in den Fällen einer Verfahrenseinstellung nach § 153 a StPO noch unter einem ganz anderen Gesichtspunkt – dem Vorrang der in § 153 a Abs. 1 StPO selbst geregelten Wiederaufnahmemöglichkeiten.

aa) Die Wiederaufnahme des Verfahrens nach § 153 a Abs. 1 S. 5 StPO

Der erste Wiederaufnahmegrund versteckt sich in § 153 a Abs. 1 S. 5 StPO. § 153 a Abs. 1 S. 5 StPO enthält ein auf Vergehen beschränktes Verfahrenshindernis, das eine Verfahrensfortsetzung nicht ausschließt, wenn sich die Tat nachträglich als Verbrechen herausstellt. Das beschränkte Verfahrenshindernis des § 153 a Abs. 1 S. 5 StPO ist der Grund dafür, dass sich die Frage der Wiederaufnahme des Strafverfahrens nach den §§ 359 ff. StPO nicht stellt. Denn wenn sich die Tat nachträglich als Verbrechen herausstellt, ist das Strafverfahren wegen der Beschränktheit des Verfahrenshindernisses auf Vergehen ohnehin fortzusetzen, sodass es einer Wiederaufnahme des Strafverfahrens nicht bedarf[678]. Und soweit das Verfahrenshindernis im Vergehensbereich greift, handelt es sich bei § 153 a Abs. 1 S. 5 StPO um eine abschließende Spezialregelung der Wiederaufnahme, die die Wiederaufnahme des Strafverfahrens nach den §§ 359 ff. StPO verdrängt[679].

bb) Die Wiederaufnahme des Verfahrens nach § 153 a Abs. 1 S. 4 HS 2 StPO

Die zweite Wiederaufnahmemöglichkeit zuungunsten des Beschuldigten verbirgt sich hinter § 153 a Abs. 1 S. 4 HS 2 StPO. Danach kann die Staatsanwaltschaft mit Zustimmung des Beschuldigten auch Auflagen und Weisungen nachträglich auferlegen und ändern. Dass § 153 a Abs. 1 S. 4 HS 2 StPO spezieller gegenüber § 362 StPO sein muss, ergibt sich schon aus dem in § 153 a Abs. 1 S. 4 HS 2 StPO normierten Zustimmungserfordernis des Beschuldigten. Diese Voraussetzung würde durch die Anwendbarkeit von § 362 StPO unterlaufen, da § 362 StPO eine Zustimmung des Angeklagten gerade nicht verlangt, in den Fällen des § 362 StPO das Verfahren anders als bei § 153 a Abs. 1 S. 4 HS 2 StPO auch gegen den Willen des Angeklagten zu seinen Ungunsten wieder aufgenommen werden kann.

Dass den hier aufgezeigten Möglichkeiten der Wiederaufnahme des Verfahrens zuungunsten des Beschuldigten Vorrang gegenüber § 362 StPO zukommt, zeigt sich auch daran, dass diese Wiederaufnahmemöglichkeiten im Sachzusammenhang mit § 153 a StPO und nicht im Regelungskomplex der §§ 359 ff. StPO geregelt wurden.

---

677 S. hierzu LR – Gössel, StPO, 26. Aufl. (2013), Bd. 7 Teilbd. 2, vor § 359 Rn. 49 m.w.N.

678 LR – Gössel, StPO, 26. Aufl. (2013), Bd. 7 Teilbd. 2, vor § 359 Rn. 56.

679 Pfordte, StV 2010, 591 (592); LR – Gössel, StPO, 26. Aufl. (2013), Bd. 7 Teilbd. 2, vor § 359 Rn. 58.

6. Die Fortsetzung des Verfahrens im Wege des nachträglichen Auferlegens oder Änderns von Geldauflagen gem. § 153 a Abs. 1 S. 4 HS 2 StPO

Es stellt sich die Frage, ob Staatsanwaltschaft und Gericht auf die insolvenzrechtliche Rückabwicklung von gezahlten Geldauflagen dadurch regagieren können, dass sie dem Beschuldigten gem. § 153 a Abs. 1 S. 4 HS 2 StPO nachträglich die nochmalige Zahlung der Geldauflage auferlegen oder die zunächst erteilte Geldauflage in eine anfechtungssichere andere Auflage ändern können. Hierfür ließe sich anführen, dass für das nachträgliche Auferlegen von neuen und das nachträgliche Ändern von bestehenden Auflagen und Weisungen ohnehin ein Anlass erforderlich ist, dies also nicht grundlos passieren darf[680]. Selbst wenn die insolvenzrechtliche Rückabwicklung geeigneter Anlass für das nachträgliche Auferlegen einer weiteren Geldauflage oder das Ändern der Geldauflage in eine anfechtungssichere andere Auflage wäre, stünde einer solchen Fortsetzung des Strafverfahrens die Gesetzessystematik von § 153 a Abs. 1 StPO entgegen. Ihr zufolge ist das nachträgliche Auferlegen und Ändern von Auflagen nur solange möglich, wie der Beschuldigte die ihm ursprünglich erteilten Auflagen und Weisungen noch nicht i. S. v. § 153 a Abs. 1 S. 5 StPO erfüllt hat. Da § 153 a Abs. 1 S. 4 StPO hinter § 153 a Abs. 1 S. 1 – 3 StPO steht, der die Auflagenerteilung und ihre Modalitäten bei der vorläufigen Einstellung regelt, kann sich der Begriff nachträglich in § 153 a Abs. 1 S. 4 HS 2 StPO nur auf den Zeitpunkt nach der vorläufigen Einstellung gegen Auflagenerteilung beziehen. Dass eine Auflagenmodifizierung nur bis zur Auflagenerfüllung, also der endgültigen Verfahrenseinstellung, möglich ist, folgt daraus, dass mit der Auflagenerfüllung und dem eintretenden Strafklageverbrauch das öffentliche Interesse an der Strafverfolgung beseitigt ist und nicht durch die Erfüllung der über § 153 a Abs. 1 S. 4 HS 2 StPO zusätzlich auferlegten oder geänderten Auflagen ein weiteres Mal kompensiert werden kann. Die Erfüllung der nachträglich auferlegten oder geänderten Auflagen kann den bereits eingetretenen Strafklageverbrauch nicht mehr auslösen und sich auf diesen auch nicht mehr vertiefend auswirken. Sofern man den oben[681] vertretenen Erfüllungsbegriff zugrunde legt und dennoch das nachträgliche Auferlegen einer zusätzlichen oder das Abändern der ursprünglichen Auflage für zulässig erachten würde, hätte dies eine unzulässige Doppelsanktionierung zur Folge. Dies wäre willkürlich und mit dem rechtsstaatlichen Grundsatz der Rechtssicherheit unvereinbar, da der Beschuldigte sich nicht sicher sein könnte, ob der Strafklageverbrauch bereits mit der angefochtenen Geldauflagenzahlung eingetreten ist und er durch die Auflagenerfüllung vor weiterer Strafverfolgung geschützt ist. Hieraus folgt, dass Staatsanwaltschaft und Gericht nur bis zur Erbringung der Geldauflage durch den Beschuldigten bzw. Angeschuldigten die ursprünglich erteilte Geldauflage ändern können, um im Vorhinein einer sich abzeichnenden konkreten

680 Vgl. hierzu LR – Beulke, StPO, 26. Aufl. (2008), Bd. 5, § 153 a Rn. 81.
681 Siehe E.II.1.a.

Missbrauchsgefahr durch den wirtschaftlich angeschlagenen Beschuldigten bzw. Angeschuldigten durch die Insolvenzanfechtung zu begegnen[682]. Folge dessen ist aber auch, dass die neue bzw. geänderte Auflage so beschaffen sein muss, dass eine Insolvenzanfechtung der geleisteten Auflage ausgeschlossen ist. Auf die Frage, ob dies möglich ist, soll an anderer Stelle noch näher eingegangen werden[683].

Wollte man der hier befürworteten Auslegung des Erfüllungsbegriffs nicht folgen und deshalb mangels Erfüllung der Geldauflage das nachträgliche Auferlegen bzw. Ändern der unerfüllt gebliebenen Geldauflage zulassen, so dürfte dies an der hierfür nach § 153 a Abs. 1 S. 4 HS 2 StPO erforderliche Zustimmung des Beschuldigten scheitern.

7. Möglichkeit der Verfahrensfortsetzung durch die analoge Anwendung von § 257 c Abs. 4 S. 1, 4 i. V. m. Abs. 5 StPO auf die vorläufige Verfahrensbeendigung nach § 153 a StPO

Die vorläufige Verfahrensbeendigung weist wegen ihrer vertragsähnlichen Ausgestaltung[684] Gemeinsamkeiten mit der Verständigung im Strafverfahren nach § 257 c StPO auf. Wie bei § 153 a StPO ist bei einer solchen Verständigung die Zustimmung der übrigen Verfahrensbeteiligten erforderlich. So bestimmt § 257 c Abs. 3 S. 4 StPO, dass die Verständigung zustande kommt, wenn Angeklagter und Staatsanwaltschaft dem Vorschlag des Gerichts zustimmen. Soweit es bei § 153 a Abs. 1 StPO um die Einstellung des Ermittlungsverfahrens geht, stellt § 153 a Abs. 1 StPO die Parallelnorm zu § 257 c StPO dar, der nur für das Hauptverfahren gilt[685]. Vor diesem Hintergrund stellt sich nunmehr die Frage, ob sich Staatsanwaltschaft bzw. Gericht von der Verfahrensbeendigung lossagen dürfen, wenn die Voraussetzungen des § 257 c Abs. 4 S. 1 StPO vorliegen. Danach entfällt die Bindung des Gerichts an eine Verständigung, wenn rechtlich oder tatsächlich bedeutsame Umstände übersehen worden sind oder sich neu ergeben haben und das Gericht deswegen zu der Überzeugung gelangt, dass der in Aussicht gestellte Strafrahmen nicht mehr tat- oder schuldangemessen ist.

Die Insolvenzanfechtung und die insolvenzrechtliche Rückabwicklung könnten einen neuen tatsächlich bzw. rechtlich bedeutsamen Umstand im o. g. Sinn darstellen, der die Bindungswirkung von Staatsanwaltschaft und Gericht an die bedingte Sperrwirkung entfallen lassen könnte. Eine analoge Anwendung von § 257 c Abs. 4 S. 1, 2 StPO auf § 153 a StPO ist nicht schon wegen dem im Strafrecht geltenden Analogieverbot zulasten des Täters ausgeschlossen. Denn das materiell–strafrechtliche Analogieverbot zulasten des Täters gilt im Strafprozessrecht nicht[686].

---

682 Vgl. Beulke/Edlbauer in FS Mehle, 2009, S. 63 (71).
683 Siehe hierzu unter F.I.3. und 5. und F.III.
684 LR – Beulke, StPO, 26. Aufl. (2008), Bd. 5, § 153 a Rn. 2, 10, 15.
685 LR – Beulke, StPO, 26. Aufl. (2008), Bd. 5, § 153 a Rn. 15.
686 Peters, Strafprozeß, 4. Aufl. (1985), S. 91 f.; Roxin, AT I, 4. Aufl. (2006), § 5 Rn. 43.

a) Planwidrige Regelungslücke

Problematisch ist jedoch das für eine Analogie notwendige Vorliegen einer planwidrigen Regelungslücke. Eine Regelungslücke ist darin zu sehen, dass § 153 a StPO eine Fortsetzung des Strafverfahrens in den in § 257 c Abs. 4 S. 1, 2 StPO genannten Fällen gerade nicht vorsieht. Für eine geplante Regelungslücke und damit gegen eine Analogie spricht jedoch, dass der Gesetzgeber mit § 153 a StPO unter anderem bezweckt hat, eine Möglichkeit zur vereinfachten, ressourcensparenden Verfahrenserledigung zu schaffen. Dem würde es aber gerade zuwiderlaufen, wollte man die in § 257 c Abs. 4 S. 1, 2 StPO genannten Voraussetzungen auf § 153 a StPO übertragen, um damit ein Entfallen der Bindung von Staatsanwaltschaft und Gericht an die Verfahrensbeendigung zu erreichen.

b) Vergleichbarkeit der Sachverhalte

Gegen die Vergleichbarkeit der Sachverhalte spricht, dass das Gericht nach § 257 c Abs. 4 S. 1 StPO aufgrund der übersehenen oder neu entstandenen tatsächlichen oder rechtlichen Umstände der Ansicht sein muss, dass der im Raum stehende Strafrahmen nicht mehr tat- oder schuldangemessen ist. Die Begründung des Entwurfs eines Gesetzes zur Regelung der Verständigung im Strafverfahren rechtfertigt die Regelung des § 257 c Abs. 4 S. 1 StPO damit, „dass das Ergebnis des Prozesses stets ein richtiges und gerechtes Urteil sein muss“[687]. Hierauf kommt es bei § 153 a StPO aber gerade nicht an. Denn Sinn und Zweck von § 153 a StPO war bei seiner Schaffung eine Alternative zur Bestrafung von Tätern im Bereich der Kleinkriminalität zur Verfügung zu stellen und gleichzeitig durch die Vermeidung einer Hauptverhandlung in diesem Bereich einen schnellen Verfahrensabschluss herbeizuführen und dadurch die Ressourcen der Justiz zur Behandlung der mittleren und schweren Kriminalität zu schonen[688]. Da diese Gesetzeszwecke aber denjenigen des § 257 c Abs. 4 S. 1 StPO entgegenstehen, fehlt es schon insoweit wegen der unterschiedlichen Zielsetzungen der Regelungen an einer Vergleichbarkeit.

Hinzu kommt, dass § 257 c Abs. 4 S. 1 StPO und sein Gesetzeszweck mit der Rechtsnatur von § 153 a StPO unvereinbar sind. § 257 c Abs. 4 S. 1 StPO setzt voraus, dass sich tatsächliche oder rechtliche Umstände nachträglich auf den bereits in Aussicht gestellten Strafrahmen dergestalt auswirken, dass der ursprüngliche Strafrahmen nicht mehr tat- oder schuldangemessen ist. Bei einer Verfahrenseinstellung gegen Auflagen kann es aber weder auf die Schuldfrage noch auf die Angemessenheit eines Strafrahmens ankommen. Ein Strafrahmen steht bei § 153 a StPO schon mangels Bestrafung[689] nicht im Raum, weil es sich bei den Auflagen, wie bereits an anderer Stelle erörtert[690], weder um eine Kriminalstrafe noch um

---

687 BT-Drs. 16/11736, S. 12.

688 BT-Drs. 7/550, S. 298 f.; BT-Drs. 7/551, S. 44; BT-Drs. 7/1261, S. 26 f.

689 BT-Drs. 7/550, S. 298.

690 Siehe C.II.2.a.

eine sonstige Sanktion mit Strafcharakter[691], sondern um eine außerstrafrechtliche Sanktion sui generis handelt. Entscheidend kommt aber hinzu, dass § 153 a StPO trotz der Auflagenerteilung keine Schuldzuweisung an den Beschuldigten seitens des Staates zugrunde liegt; bei § 153 a StPO bleibt die Schuldfrage bei fortgeltender Unschuldsvermutung unabhängig von der Auflagenerteilung bzw. -erfüllung gerade ungeklärt[692]. Vor diesem Hintergrund bleibt abschließend festzuhalten, dass die Gesetzesbegründung zu § 257 c Abs. 4 S. 1 StPO bei § 153 a Abs. 1 StPO gerade nicht trägt, weil es hier nicht um ein richtiges und gerechtes Urteil geht, sondern die Entlastung der Justiz und die Vermeidung einer strafrechtlichen Sanktionierung des Beschuldigten im Vordergrund stehen. Staatsanwaltschaft und Gericht können bei § 153 a StPO mangels Schuldfeststellung und Strafcharakter der Auflagen gar nicht zu dem Ergebnis kommen, dass der Strafrahmen nicht mehr tat- und schuldangemessen ist.

8. Die Verwirkung des staatlichen Strafanspruchs als Hinderungsgrund einer Verfahrensfortsetzung

Auch stellt sich die Frage nach der Zulässigkeit einer Verfahrensfortsetzung unter dem Gesichtspunkt der Verwirkung des staatlichen Strafanspruchs. Hierzu bedürfte es an sich zunächst der Klärung, was den staatlichen Strafanspruch ausmacht, ob hierzu auch das Recht von Staatsanwaltschaft und Gericht zählt, wegen einer insolvenzrechtlichen Rückabwicklung infolge einer Insolvenzanfechtung das Strafverfahren fortzusetzen, ob dieses Recht Gegenstand der Verwirkung sein kann und ob eine solche auch gegeben ist. Da Gegenstand der vorliegenden Arbeit weder der staatliche Strafanspruch noch dessen Verwirkung ist[693], soll hierauf nur insoweit eingegangen werden, wie es zur Beantwortung der Frage, ob eine Verfahrensfortsetzung nach der insolvenzrechtlichen Rückabwicklung noch möglich ist, nötig ist.

Der staatliche Strafanspruch beinhaltet vier Komponenten: die abstrakte staatliche, an bestimmte gesetzlich normierte Voraussetzungen geknüpfte Sanktionierungsbefugnis, das Staatsmonopol hinsichtlich der Strafverfolgung und Bestrafung als Bereich staatlicher Aufgabenwahrnehmung, das konkretisierte Eingriffsrecht des Staates bei Verwirklichung von Tatbeständen des materiellen Strafrechts sowie die Pflicht des Staates zur Geltendmachung des aus der Verletzung des materiellen Strafrechts herrührenden Strafanspruchs[694]. Bei der Frage nach der Fortsetzung des Strafverfahrens infolge einer insolvenzrechtlichen Rückabwicklung geht es um die letzte Komponente des staatlichen Strafanspruchs. Denn die darin zum Ausdruck kommende Pflicht, die begangene Tat strafrechtlich zu ahnden, findet

691 BT-Drs. 7/1261, S. 28.
692 BT-Drs. 7/550, S. 298; BT-Drs. 7/551, S. 44; BT-Drs. 7/1261, S. 27 f.
693 Näheres hierzu s. Wolfslast, Staatlicher Strafanspruch und Verwirkung.
694 Wolfslast, Staatlicher Strafanspruch und Verwirkung, S. 93 ff.

sich im Legalitätsprinzip des § 152 StPO wieder[695], das durch die Verfahrenseinstellung gegen Auflagen eine Durchbrechung erfährt. Wenn aber aufgrund der insolvenzrechtlichen Rückabwicklung der Geldauflage die Endgültigkeit der Verfahrenseinstellung und damit zugleich das Eingreifen des Opportunitätsprinzips sowie die Frage nach der Zulässigkeit einer Verfahrensfortsetzung im Raum steht, so geht es letztendlich um nichts anderes als die Fortgeltung des Legalitätsprinzips und damit um diejenige Komponente des Strafanspruchs, der die Verfolgung der begangenen Tat durch den Staat verlangt. Dieser staatliche Strafanspruch unterliegt jedoch gerade nicht der Verwirkung. Denn diese bezieht sich ausschließlich auf das durch die Tatbegehung konkretisierte Recht des Staates zur Sanktionierung[696]. Entscheidend ist also, ob dem Staat die konkrete Strafbefugnis zu versagen ist, „weil der Staat in das Tatgeschehen im weiteren Sinne involviert ist; etwa weil er eine Tat überhaupt erst provoziert hat, oder weil er strafbares Handeln geduldet oder sogar gefördert hat“[697]. Da es bei der strafrechtlichen Verwirkung demnach ausschließlich um Fälle geht, in denen den Staat eine Mitverantwortung an der Straftatbegehung trifft, kann die Fortsetzung des Strafverfahrens nach einer insolvenzrechtlichen Rückabwicklung nicht unter Verwirkungsgesichtspunkten ausgeschlossen sein.

9. Die Bedeutung der Drittzahlungsfälle für die Insolvenzanfechtungsfälle

Für die Unzulässigkei der Verfahrensfortführung im Anschluss an die insolvenzrechtliche Rückabwicklung gem. § 143 Abs. 1 S. 1 InsO lässt sich wie bei der Geldstrafe der Vergleich mit den Drittzahlungsfällen anführen. Auch hier müssen die zur Geldstrafe gemachten Ausführungen gelten, wonach an die Rückgewähr der Geldauflage des § 153 a Abs. 1 S. 2 Nr. 2 StPO zur Insolvenzmasse keine strengeren Konsequenzen geknüpft werden dürfen als an die Zahlung dieser Geldauflage durch Dritte[698]. Es sei nochmal in Erinnerung gerufen, dass der Beschuldigte durch die, wenn auch anfechtbare, Geldauflagenzahlung unter Strafzweckerwägungen mehr getan hat als in den Drittzahlungsfällen, wo er noch nicht einmal Leistungsanstrengungen unternommen hat[699]. Sein Zahlungsversuch muss ihm in den Insolvenzanfechtungsfällen daher zumindest insoweit zugutekommen, dass der Nichteintritt eines endgültigen Zahlungserfolges keine schwierwiegenderen Nachteile für ihn hat als die Drittzahlung.

Aus diesem Grund stellt sich auch bei den Geldauflagen des § 153 a Abs. 1 S. 2 Nr. 2 StPO die Frage, ob von den Drittzahlungsfällen ein Erst-Recht-Schluss zu den Insolvenzanfechtungsfällen dergestalt gezogen werden kann, dass wenn die

695 Wolfslast, Staatlicher Strafanspruch und Verwirkung, S. 98.
696 Wolfslast, Staatlicher Strafanspruch und Verwirkung, S. 100.
697 Wolfslast, Staatlicher Strafanspruch und Verwirkung, S. 100.
698 Siehe E.I.2.c. zur Geldstrafe.
699 Siehe E.I.2.c. zur Geldstrafe.

Drittzahlung nicht zur Verfahrensfortsetzung führt, dies aus den soeben angeführten Erwägungen in den Insolvenzanfechtungsfällen erst recht nicht der Fall sein kann. Dass ein solcher Erst-Recht-Schluss gerechtfertigt ist, weil auch die Zahlung der dem Beschuldigten mit seiner Zustimmung auferlegten Geldauflage durch Dritte geeignet ist, den in § 153 a Abs. 1 S. 5 StPO normierten Strafklageverbrauch auszulösen[700], soll im Folgenden näher erläutert werden.

a) *Wortlaut von § 153 a Abs. 1 S. 1 und 5 StPO*

Der Wortlaut von § 153 a Abs. 1 S. 1 und 5 StPO spricht zunächst einmal dagegen, dass das Verfahrenshindernis des § 153 a Abs. 1 S. 5 StPO durch die Zahlung Dritter eintritt. Schließlich werden nach § 153 a Abs. 1 S. 1 StPO dem Beschuldigen Auflagen und Weisungen erteilt, die nach § 153 a Abs. 1 S. 5 StPO vom Beschuldigten zu erfüllen sind. Von dieser Erfüllung hängt der auf Vergehen beschränkte Strafklageverbrauch ab. Das Gesetz geht somit davon aus, dass die Herbeiführung des Strafklageverbrauchs an die Person des Beschuldigten gebunden ist. Dies zugrunde gelegt, müsste es sich bei der Drittzahlung um einen Fall der Leistungsstörung in Form der Nichtleistung durch den Beschuldigten handeln, die mangels Eingreifen des Verfahrenshindernisses die Frage nach einer Fortsetzung des Verfahrens gegen den Beschuldigten aufwirft. Denn, wie bereits in anderem Zusammenhang erörtert[701], werden unter der Leistungsstörung Nichtleistung die Fälle verstanden, in denen der Beschuldigte die mit seiner Zustimmung festgelegte Auflage oder Weisung nicht erfüllt[702].

b) *Die Herbeiführung des Leistungserfolgs durch Dritte und Zurechnung des Leistungserfolgs zugunsten des Beschuldigten*

Gegen diese Sichtweise spricht aber, dass der Gesetzgeber innerhalb der Strafprozessordnung zwischen den Begrifflichkeiten der Erfüllung (§ 153 a Abs. 1 S. 5 StPO) und dem der Leistung (§ 116 Abs. 1 S. 2 Nr. 4 StPO) unterscheidet und damit davon ausgeht, dass Leistung und Erfüllung nicht gleichzusetzen sind. § 116 Abs. 1 S. 1, 2 Nr. 4 StPO sieht die Aussetzung des Vollzugs eines Haftbefehls gegen die Leistung

700 So i.E. auch BGH, Urt. v. 29.10.1992 – 4 StR 353/92 = NJW 1993, 605 (605 f.), der es unter Verweis auf die Entscheidung BGHSt 37, 226 für bedeutungslos erachtet, dass nicht der Beschuldigte persönlich, sondern dessen Tochter den Scheck zur Zahlung einer Geldauflage an eine gemeinnützige Einrichtung (§ 153 a Abs. 1 S. 2 Nr. 2 StPO) ausstellte. Bedingung für die endgültige Einstellung sei eine Schmälerung des Vermögens des Beschuldigten, von der bei einer Scheckzahlung erst dann ausgegangen werden könne, wenn das Kreditinstitut seinen Willen zur Scheckeinlösung zum Ausdruck gebracht habe, was in der Regel durch die Belastung des Kontos des Scheckausstellers erfolge.

701 Siehe E.II.1.e.bb.(1).

702 Jostes, Leistungsstörungen, S. 91.

einer angemessenen Sicherheit durch den Beschuldigten oder einen anderen vor. Diese Formulierung des Gesetzes macht deutlich, dass der Passus „Leistung ... durch den Beschuldigten oder einen anderen“ auf die Urheberschaft der vorzunehmenden Handlung abstellt, während es für die Begrifflichkeit der Erfüllung lediglich auf den Leistungserfolg ankommen soll, unabhängig davon, wer diesen herbeigeführt hat. Dem steht auch nicht entgegen, dass in § 153 a Abs. 1 S. 5 StPO von der Erfüllung des Beschuldigten die Rede ist. Hiermit kann nur die Zurechnung des Leistungserfolgs zum Beschuldigten gemeint sein. Denn wenn man wie hier aufgrund der Verwendung unterschiedlicher Begrifflichkeiten von einer unterschiedlichen Wortbedeutung ausgeht, dann kann sich hieran nichts dadurch ändern, dass die Erfüllung an die Person des Beschuldigten geknüpft wird. Der Gesetzgeber hätte dann nämlich eine dem § 116 Abs. 1 S. 2 Nr. 4 StPO ähnliche Formulierung etwa dergestalt gebrauchen können, dass die Erfüllung durch Leistung des Beschuldigten zu erfolgen hat. Damit hätte er klarstellen können, dass es auf eine höchstpersönliche Auflagenerbringung durch den Beschuldigten ankommt. Da der Gesetzgeber hiervon abgesehen hat, kann unter Erfüllung des Beschuldigten in § 153 a Abs. 1 S. 5 StPO nur ein dem Beschuldigten zurechenbarer Leistungserfolg zu verstehen sein, der keine höchstpersönliche Leistungserbringung durch den Beschuldigten voraussetzt.

Hiervon scheint auch die mittlerweile gängige Praxis auszugehen, die darin besteht, dass Unternehmen die gegen ihre Mitarbeiter verhängten Geldauflagen nach § 153 a Abs. 1 S. 2 Nr. 2 StPO übernehmen. In diesen Fällen erfolgt die Zuordnung der Erfüllung und des damit verbundenen Leistungserfolgs zum Beschuldigten dergestalt, dass im Betreff des Überweisungsträgers angegeben wird, gegen wen sich das Strafverfahren richtet, um welches Aktenzeichen es sich handelt und auf welche Zahlungsaufforderung sich die Zahlung bezieht. Im Betreff des Überweisungsträgers wird es dann regelmäßig heißen: „Strafverfahren gegen ..., Az. ..., gemäß Zahlungsaufforderung vom ....“. Schon durch einen solchen Hinweis auf die Zahlungsaufforderung wird klargestellt, dass die Überweisung auf die an den Beschuldigten ergangene Zahlungsaufforderung erfolgt, dem Beschuldigten zugerechnet und ihm zugutekommen soll. Eine solche vom Dritten vorgenommene Tilgungsbestimmung würde im Zivilrecht aufgrund des in ihr zum Ausdruck kommenden Fremdtilgungswillens des Dritten gem. §§ 267 Abs. 1 S. 1 i. V. m. 362 Abs. 1 BGB zum Erlöschen des Schuldverhältnisses führen[703]. Aus der zivilrechtlichen Behandlung von Drittzahlungen wird ersichtlich, dass auch die soeben beschriebene strafrechtliche Praxis § 267 Abs. 1 S. 1 BGB dem Rechtsgedanken nach auf den staatlichen Strafanspruch überträgt, um die Zahlung von Geldauflagen nach § 153 a Abs. 1 S. 2 Nr. 2 StPO durch Dritte zu ermöglichen.

Anders als bei der Geldstrafe muss bei den Geldauflagen nach § 153 a Abs. 1 S. 2 Nr. 2 StPO eine direkte Anwendung von § 267 Abs. 1 S. 1 BGB jedoch ausscheiden, da den Geldauflagen des § 153 a Abs. 1 S. 2 Nr. 2 StPO im Gegensatz zur Geldstrafe

703 Palandt/Grüneberg, BGB, 75. Aufl. (2016), § 267 Rn. 3.

kein Vermögensanspruch zugrunde liegt[704], der erfüllt werden könnte. Die Geldauflagen des § 153 a Abs. 1 S. 2 Nr. 2 StPO unterliegen mangels Doppelcharakter einer ausschließlich strafrechtlichen Beurteilung. Diese schließt es jedoch nicht aus, zivilrechtliche Normen dem Rechtsgedanken nach heranzuziehen, sofern die zivilrechtliche Wertung auch im Strafrecht eine Stütze findet. Eine solche liegt schon in der durch die Strafprozessordnung vorgenommenen Differenzierung zwischen dem Begriff der Leistung in § 116 Abs. 1 S. 2 Nr. 4 StPO und dem Begriff der Erfüllung in § 153 a Abs. 1 S. 5 StPO.

c) Praktische Erwägungen

aa) Prüfungsmaßstab bei der Kontrolle der Auflagen- und Weisungserfüllung

Dafür, dass auch Drittzahlungen als Erfüllung des Beschuldigten i. S. v. § 153 a Abs. 1 S. 5 StPO anzuerkennen sind, sprechen eine Reihe praktischer Erwägungen. Insoweit ist zum einen der Prüfungsumfang, den Staatsanwaltschaft bzw. Gericht bei der Überwachung der Auflagen- und Weisungserfüllung zulässigerweise anlegen dürfen, anzuführen. Der zulässige Prüfungsumfang wird sich im Hinblick auf die Herbeiführung des Strafklageverbrauchs durch den Beschuldigten danach richten, was er an Anstrengungen unternehmen muss, um den Strafklageverbrauch auszulösen. Entscheidend kann daher nur die Ordnungsgemäßheit der Erfüllung sein, die sich nach den dem Beschuldigten erteilten Auflagen und Weisungen richtet[705]. Aus diesem Grund werden und dürfen Staatsanwaltschaft bzw. Gericht nur das kontrollieren, was sie dem Beschuldigten mit seiner Zustimmung zur Auflage bzw. Weisung gemacht haben. Sollte dem Beschuldigten nur auferlegt worden sein, einen bestimmten Geldbetrag bis zu einem bestimmten Zeitpunkt an die Staatskasse oder eine bestimmte gemeinnützige Einrichtung zu zahlen, dann muss sich die Überprüfung der Auflagenerfüllung auf den fristgerechten Eingang der vollständigen Zahlung beim richtigen Zahlungsempfänger beschränken. Die Herkunft des Geldes fällt dann von vornherein aus dem zulässigen Prüfraster von Staatsanwaltschaft bzw. Gericht heraus, weil dem Beschuldigten insoweit keine näheren Vorgaben gemacht wurden. Aus diesem Grund kann es keine Rolle spielen, von welchem Konto die Geldauflage gezahlt wurde. Da von vornherein ohnehin nur der Zahlungseingang geprüft wird, kann die später erlangte Kenntnis von Staatsanwaltschaft bzw. Gericht von der Drittzahlung die Ordnungsgemäßheit der Erfüllung nicht in Frage stellen, da die Herkunft des Geldes schon zum Zeitpunkt der Überprüfung des Geldeingangs keine Rolle spielen durfte.

bb) Die Drittzahlung als Schlechtleistung

Die Drittzahlung kann auch nicht zur Begründung einer Schlechtleistung herangezogen werden. Soweit Art und Weise der Auflagen- und Weisungserbringung

---

704 Siehe C.II.2.b.
705 Siehe E.II.1.e.bb.(2).

bei der vorläufigen Verfahrensbeendigung durch Staatsanwaltschaft bzw. Gericht nicht näher bestimmt worden sind, gibt es keinen verbindlichen Prüfungsmaßstab, anhand dessen die Erfüllungsbemühungen des Beschuldigten gemessen werden können. Eine Abweichung der tatsächlich erbrachten Auflagen und Weisungen von den Vorstellungen von Staatsanwaltschaft bzw. Gerichts von einer ordnungsgemäßen, aber im Vorhinein nicht definierten Auflagenerfüllung lässt sich nicht zur Begründung einer Schlechtleistung anführen. Die Frage, ob der Beschuldigte nicht oder schlecht geleistet hat, kann sich nur danach richten, was ihm bei der vorläufigen Verfahrensbeendigung zur Auflage bzw. Weisung gemacht wurde[706]. Im Übrigen muss es ihm freistehen, wie er die Auflage bzw. Weisung erfüllt, sodass ihm die Ausübung seiner insoweit bestehenden Gestaltungsbefugnis auch nicht zum Nachteil gereichen darf. Solange der Beschuldigte durch Staatsanwaltschaft bzw. Gericht nicht ausdrücklich darauf hingewiesen wird, dass die Zahlung der Geldlauflage durch Dritte zur Auflagenerfüllung nicht ausreicht, es daher einer Zahlung durch ihn persönlich bedarf, kann die nachträglich bekannt gewordene Drittzahlung die Fortsetzung des Strafverfahrens gegen den Beschuldigten nicht rechtfertigen.

Der Beschuldigte darf bei fehlendem Hinweis auf die Unzulänglichkeit der Drittzahlung berechtigerweise darauf vertrauen, dass es lediglich auf den Geldeingang, nicht aber auf die Vornahme der Zahlung aus seinem Vermögen ankommt. Eine solche Schutzwürdigkeit des Vertrauens wird insbesondere bei unverteidigten Beschuldigten anzunehmen sein, muss jedoch in gleichem Maße auch für verteidigte Beschuldigte gelten, weil ein Hinweis des Verteidigers auf die Unzulässigkeit von Drittzahlungen eine entsprechende Hinweispflicht von Staatsanwaltschaft bzw. Gericht nicht ersetzt. Da an der Drittzahlung der Eintritt des in § 153 a Abs. 1 S. 5 StPO geregelten Verfahrenshindernisses scheitern kann, sofern man der oben zugrunde gelegten Auslegung des Erfüllungsbegriffs nicht folgt, ist eine Hinweispflicht von Staatsanwaltschaft bzw. Gericht auf die Unzulänglichkeit der Drittzahlung unter dem Gesichtspunkt der prozessualen Fürsorgepflicht im Strafverfahren[707] jedenfalls dann geboten, wenn sie der Meinung sind, dass die Drittzahlung eine Nichtleistung des Beschuldigten und damit eine Leistungsstörung darstellt, die den Strafklageverbrauch nicht herbeiführen kann. Die prozessuale Fürsorgepflicht folgt hier schon daraus, dass nicht der Beschuldigte, sondern Staatsanwaltschaft und Gericht das Recht zu kennen haben[708], die zuverlässige Beurteilung, ob eine Drittzahlung das Verfahrenshindernis nach § 153 a Abs. 1 S. 5 StPO auslösen kann daher nicht in den Verantwortungsbereich des Beschuldigten bzw. seines Verteidigers fallen kann. Dem Beschuldigten dürfen aus dem Unterlassen von an sich erforderlichen

706 Siehe E.II.1.e.bb.(1) und (2).

707 S. hierzu M-G/Schmitt-Meyer-Goßner, StPO, 58. Aufl. (2015), Einl Rn. 155 ff.

708 Der Rechtsgrundsatz iura novit curia gilt zwar für alle Verfahrensarten, richtet sich aber an das Gericht (Deutsches Rechts–Lexikon, 3. Aufl. (2001), Bd. 2, S. 2375). Für die Staatsanwaltschaft dürfte der Grundsatz dem Rechtsgedanken nach aber in gleicher Weise gelten, wobei er sich für diese ohnehin schon aus ihrer Bindung an Gesetz und Recht gem. Art. 20 Abs. 3 GG ergeben dürfte.

Prozesshandlungen, zu denen auch die Erfüllung i. S. v. § 153 a Abs. 1 S. 5 StPO gehört[709], keine Nachteile erwachsen, wenn er die Prozesshandlung in Unkenntnis der Erwartung ihrer persönlichen Vornahme von Dritten hat vornehmen lassen.

cc) Die Gleichbehandlung von unmittelbaren und mittelbaren Drittzahlungen

Die Zulässigkeit von Drittzahlungen folgt auch daraus, dass es für den Eintritt des Strafklageverbrauchs keinen Unterschied machen kann, ob der Dritte direkt an die Staatskasse oder die gemeinnützige Einrichtung zahlt oder dem Beschuldigten den Geldbetrag schenkt oder als Darlehen zur Verfügung stellt, damit er zur Herbeiführung des Verfahrenshindernisses die Zahlung aus seinem Vermögen vornehmen kann. Dies muss schon deshalb richtig sein, weil der Beschuldigte den Dritten nicht immer dahingehend wird steuern können, dass dieser die Zahlungen ausschließlich ihm zur Weiterleitung an die Staatskasse bzw. gemeinnützige Einrichtung zugutekommen lässt. Ansonsten würde die Fortsetzung des Strafverfahrens gegen den Beschuldigten von Zufälligkeiten abhängen, die nicht gewollt sein können. Darüber hinaus spricht für die Gleichbehandlung von unmittelbaren und mittelbaren Drittzahlungen die Entscheidung BGHSt 37, 226 ff.. In dieser hat sich der Bundesgerichtshof bei der Frage der Strafbarkeit des eine fremde Geldstrafe zahlenden Dritten wegen Vollstreckungsvereitelung gem. § 258 Abs. 2 StGB auf den Standpunkt gestellt, dass sowohl unmittelbare als auch mittelbare Drittzahlungen straflos sind[710]. Wenn der Bundesgerichtshof damit die unmittelbare und mittelbare Zahlung fremder Geldstrafen in materiell – rechtlicher Hinsicht gleich behandelt wissen will, kann nichts anderes für Behandlung von Drittzahlungen in prozessrechtlicher Hinsicht gelten.

dd) Die fehlende Durchsetzbarkeit der persönlichen Betroffenheit des Beschuldigten

Die Entscheidung BGHSt 37, 226 ff. spricht jedoch noch unter einem anderen Gesichtspunkt für die strafprozessuale Erfüllungswirkung von Drittzahlungen. Wenn der Bundesgerichtshof die „persönliche Betroffenheit"[711] des zu einer Strafe Verurteilten für nicht zwangsweise durchsetzbar hält[712], dann kann es auch bei den Geldauflagen des § 153 a Abs. 1 S. 2 Nr. 2 StPO nicht richtig sein, die fehlende „persönliche Betroffenheit"[713] des Beschuldigten durch die Drittzahlung dadurch zu erzwingen, dass die Drittzahlung als Nichterfüllung durch den Beschuldigten deklariert wird und ihm im fortgesetzten Strafverfahren ein ersatzweises Übel durch die ausgeurteilte und damit ggfs. sogar zu vollstreckende Strafe auferlegt wird. Wie

709 Siehe E.II.3.a.aa.
710 BGH, Urt. v. 07.11.1990 – 2 StR 439/90 = BGHSt 37, 226 (229).
711 BGH, Urt. v. 07.11.1990 – 2 StR 439/90 = BGHSt 37, 226 (230).
712 BGH, Urt. v. 07.11.1990 – 2 StR 439 /90 = BGHSt 37, 226 (229 f.).
713 BGH, Urt. v. 07.11.1990 – 2 StR 439/90 = BGHSt 37, 226 (230).

bei der Geldstrafe[714] ist auch bei den Geldauflagen des § 153 a Abs. 1 S. 2 Nr. 2 StPO die Verfehlung der „persönlichen Betroffenheit“[715] hinzunehmen.

Im Übrigen könnten Staatsanwaltschaft und Gericht in den Drittzahlungsfällen an einer persönlichen Zahlung des Beschuldigten nicht festhalten. Als Rechtsgrundlage kommt allenfalls § 153 a Abs. 1 S. 4 HS 2 StPO in Betracht. Danach kann die Staatsanwaltschaft mit Zustimmung des Beschuldigten auch Auflagen und Weisungen nachträglich auferlegen und ändern. Abgesehen davon, dass der Beschuldigte wohl kaum seine Zustimmung erteilen wird, wäre es nicht zulässig, dadurch an der dem Beschuldigten erteilten Geldauflage festzuhalten, dass ihm dieselbe Auflage nachträglich ein weiteres Mal auferlegt bzw. die ursprüngliche Auflage nachträglich geändert wird. Nach dem oben zugrunde gelegten Verständnis des Erfüllungsbegriffs, wonach durch die Zahlung von dritter Seite Erfüllung i. S. v. § 153 a Abs. 1 S. 5 StPO eingetreten ist, würde es im Falle des Bestehens auf die Auflagenerfüllung durch den Beschuldigten zu einer doppelten Begünstigung der Staatskasse bzw. gemeinnützigen Einrichtung kommen. Die Inanspruchnahme des Beschuldigten ließe sich auch nicht mehr rechtfertigen, da die vorläufige Verfahrensbeendigung gegen Auflagen nicht mehr Rechtsgrund seiner Zahlung sein kann. Der Rechtsgrund wäre zum Zeitpunkt seiner Zahlung schon durch die vorher erfolgte Drittzahlung verbraucht worden.

d) Schlussfolgerung

Für die Insolvenzanfechtungsfälle lässt sich aus der Lösung der Drittzahlungsproblematik folgende Schlussfolgerung ziehen: Wenn der Staat schon in den Drittzahlungsfällen das Verfahren gegen den Beschuldigten weder fortsetzen noch ihn zur Zahlung heranziehen kann, muss dies erst recht in den Insolvenzanfechtungsfällen gelten, in denen der Beschuldigte den ihm erteilten Auflagen nachgekommen ist. Schließlich hat der Beschuldigte zur Herbeiführung des Verfahrenshindernisses mehr getan als der Beschuldigte in den Drittzahlungsfällen, der mangels Zahlungsbemühungen noch nicht einmal seinen Willen zur Auflagenerfüllung unter Beweis gestellt hat. Die Bereitschaft des Beschuldigten in den Insolvenzanfechtungsfällen den bei der vorläufigen Verfahrensbeendigung im allseitigen Einverständnis getroffenen Absprachen bestmöglich nachzukommen, muss ihm dann aber dergestalt zugutekommen, dass das Verfahren trotz der insolvenzrechtlichen Rückabwicklung gem. § 143 Abs. 1 S. 1 InsO nicht fortgesetzt wird und er auch nicht zu einer zweiten, insolvenzanfechtungssicheren Zahlung aus unpfändbarem Vermögen herangezogen werden darf. Ansonsten würde der Beschuldigte in den Insolvenzanfechtungsfällen gegenüber einem Beschuldigten in den Drittzahlungsfällen in nicht mehr zu rechtfertigender Weise schlechter gestellt.

---

714 Siehe E.I.2.a. und b.

715 BGH, Urt. v. 07.11.1990 – 2 StR 439/90 = BGHSt 37, 226 (230).

10. Ergebnis

Die insolvenzrechtliche Rückabwicklung gem. § 143 Abs. 1 S. 1 InsO führt nicht dazu, dass das Strafverfahren fortgesetzt werden kann. Zwar ist die Möglichkeit, das gem. § 153 a StPO beendete Strafverfahren fortzuführen, noch nicht verwirkt. Gleichwohl fehlt es an einem die Verfahrensfortsetzung rechtfertigenden Grund bzw. liegen Gründe vor, die einer Verfahrensfortsetzung entgegenstehen.

III. Zum Widerruf der Strafaussetzung gem. § 56 f Abs. 1 S. 1 Nr. 3 StGB und der Möglichkeit nachträglicher Maßnahmen nach §§ 56 f Abs. 2 S. 1 Nr. 1, 56 e StGB nach einer Insolvenzanfechtung der Bewährungsauflagen des § 56 b Abs. 2 S. 1 Nr. 2 und 4 StGB und deren Rückgewähr zur Insolvenzmasse gem. § 143 Abs. 1 S. 1 InsO

Auch bei den Bewährungsauflagen des § 56 b Abs. 2 S. 1 Nr. 2 und 4 StGB stellt sich die Frage, ob und ggfs. welche Auswirkungen die durch die Insolvenzanfechtung ausgelöste Rückabwicklung gem. § 143 Abs. 1 S. 1 InsO auf das Strafverfahren hat.

1. Der Widerruf der Strafaussetzung gem. § 56 f Abs. 1 S. 1 Nr. 3 StGB

a) Kein Auflagenverstoß des Verurteilten durch Ausübung des Insolvenzanfechtungsrechts

Gem. § 56 f Abs. 1 S. 1 Nr. 3 StGB widerruft das Gericht die Strafaussetzung, wenn die verurteilte Person gegen Auflagen gröblich oder beharrlich verstößt. Es stellt sich die Frage, ob die anfechtungsbedingte Rückgewähr der Bewährungsauflagen des § 56 b Abs. 2 S. 1 Nr. 2 bzw. 4 StGB zur Insolvenzmasse gem. § 143 Abs. 1 S. 1 InsO geeignet ist, einen gröblichen Auflagenverstoß darzustellen. Dies ist insofern problematisch als § 56 f Abs. 1 S. 1 Nr. 3 StGB einen Auflagenverstoß des Verurteilten voraussetzt. Ein solcher lässt sich in den Insolvenzanfechtungsfällen jedoch nie bejahen, weil der Verurteilte, über dessen Vermögen das Insolvenzverfahren eröffnet wird, die Insolvenzanfechtung nicht selbst vornimmt. Dem Verurteilten fehlt es als insolventem Schuldner an der Anfechtungsberechtigung[716]. Da der Verurteilte vor diesem Hintergrund die Rückgewähr zur Insolvenzmasse gem. § 143 Abs. 1 S. 1 InsO nicht herbeiführen kann, fehlt es für den Widerruf der Strafaussetzung auf den ersten Blick auch an einem auf ihn zurückgehenden Auflagenverstoß.

---

716 Siehe B.IV.1.a.

b) *Kein Auflagenverstoß des Verurteilten wegen Rückzahlung in sein Vermögen*

Gleichwohl stellt sich die Frage, ob sich ein Auflagenverstoß des Verurteilten gem. § 56 f Abs. 1 S. 1 Nr. 3 StGB aufgrund der Tatsache annehmen lässt, dass durch die insolvenzrechtliche Rückabwicklung gem. § 143 Abs. 1 S. 1 InsO eine Rückzahlung des Geldes in das Vermögen des Verurteilten erfolgt ist. Dass § 56 f Abs. 1 S. 1 Nr. 3 StGB hier nicht einschlägig ist, zeigt ein Vergleich mit den Fällen, in denen dem Verurteilten die Bewährungsauflage der Schadenswiedergutmachung (§ 56 b Abs. 2 S. 1 Nr. 1 StGB) erteilt wurde und für diesen Schaden neben dem Verurteilten noch ein Dritter als Gesamtschuldner haftet. Hat dieser Dritte den Schaden – welcher Gegenstand der Schadenswiedergutmachungsauflage ist – bereits vor Erteilung der Schadenswiedergutmachungsauflage und Erfüllung durch den Verurteilten beglichen, kann die „zweite Zahlung" des Verurteilten unter dem Gesichtspunkt einer ungerechtfertigten Bereicherung rückabgewickelt werden, ohne dass dies den Widerruf der Strafaussetzung gem. § 56 f Abs. 1 S. 1 Nr. 3 StGB zur Folge hat[717]. Eine solche Rückzahlung ist deshalb möglich, weil der Verurteilte ohne hierzu aufgrund der Bewährungsauflage verpflichtet zu sein, auf eine nicht mehr bestehende, weil schon getilgte Schuld, gezahlt hat und die Bewährungsauflage nicht causa der Zahlung ist[718].

Gleiches gilt, wenn der über die Bewährungsauflage nach § 56 b Abs. 2 S. 1 Nr. 1 StGB wiedergutzumachende Schaden von einer Versicherung beglichen wird und es infolgedessen zum gesetzlichen Forderungsübergang (cessio legis) gem. § 86 Abs. 1 S. 1 VVG kommt[719]. Denn auch in diesen Fällen geht durch die Drittzahlung der zivilrechtliche Schadensersatzanspruch gegen den Verurteilten, an den die Bewährungsauflage der Schadenswiedergutmachung nach § 56 b Abs. 2 S. 1 Nr. 1 StGB gebunden ist, unter[720]. Dies hat zur Folge, dass die Bewährungsauflage gegenstandslos wird, dem Verurteilten die Nichtzahlung der Bewährungsauflage daher nicht angelastet werden kann und ein Widerruf der Strafaussetzung ausgeschlossen ist[721]. Sofern der Verurteilte gleichwohl die Bewährungsauflage erfüllt, wird man auch hier aus den gleichen Erwägungen wie bei der Zahlung des anderen Gesamtschuldners eine bereicherungsrechtliche Rückabwicklung zulassen müssen.

---

717 Baur, GA 1957, 338 (342), unklar insoweit Dilcher, NJW 1956, 1346 f., der einerseits eine Rückzahlung der erfüllten Schadenswiedergutmachungsauflage wegen des vom Zivilgericht verneinten Schadensersatzanspruchs für mit dem Auflagenzweck unvereinbar hält (1346), andererseits aber davon ausgeht, dass die Erfüllung des zivilgerichtlich festgestellten Schadensersatzanspruchs durch den anderen Gesamtschuldner dazu führt, dass die Auflage mangels Schadens gegenstandslos und damit die Auflagenerfüllung durch den Verurteilten unmöglich geworden ist (1347).

718 Baur, GA 1957, 338 (342).

719 LG Frankenthal (Pfalz), Beschl. v. 17.02.2009 – II Qs 29/09 = StraFo 2009, 218 (218).

720 LG Frankenthal (Pfalz), Beschl. v. 17.02.2009 – II Qs 29/09 = StraFo 2009, 218 (218).

721 LG Frankenthal (Pfalz), Beschl. v. 17.02.2009 – II Qs 29/09 = StraFo 2009, 218 (218).

Der Widerruf der Strafaussetzung lässt sich demnach nicht schon damit rechtfertigen, dass die Zahlung der Bewährungsauflage nicht von dauerhaftem Bestand ist und damit der dem Veruteilten durch die Bewährungsauflage auferlegte Geldbetrag nicht langfristig dem Vermögen des Verurteilten entzogen ist.

c) Kein Widerruf der Strafaussetzung bei ernsthaften Leistungsanstrengungen

Ein Auflagenverstoß folgt auch nicht stets daraus, dass das gerichtlicherseits verfolgte Auflagenziel unerreicht bleibt[722]. So scheidet ein Widerruf der Strafaussetzung nach § 56 f Abs. 1 S. 1 Nr. 3 StGB beispielsweise dann aus, wenn sich der Verurteilte ernsthaft, aber erfolglos um Wiedergutmachung bemüht bzw. Leistungsanstrengungen unternommen hat, ohne dass ihn an der Erfolglosigkeit, die Bewährungsauflage zu erfüllen, ein Verschulden trifft[723]. Dieses Beispiel zeigt, dass die Erfüllung der Bewährungsauflagen gerade nicht den Eintritt eines Leistungserfolges voraussetzt, solange der Verurteilte ernsthaft um den Eintritt eines solchen Erfolges bemüht ist. Für die Insolvenzanfechtungsfälle folgt daraus, dass es nicht auf den endgültigen Verbleib der Zahlungsauflagen beim Empfänger ankommen kann und daher die Rückzahlung zur Insolvenzmasse gem. § 143 Abs. 1 S. 1 InsO nicht als Auflagenverstoß i. S. v. § 56 f Abs. 1 S. 1 Nr. 3 StGB gewertet werden kann. Schließlich hat sich der Verurteilte um den Eintritt des Leistungserfolgs nicht nur ernsthaft bemüht, sondern diesen durch den Eingang seiner Zahlung bei der gemeinnützigen Einrichtung (§ 56 b Abs. 2 S. 1 Nr. 2 StGB) bzw. der Staatskasse (§ 56 b Abs. 2 S. 1 Nr. 4 StGB) auch herbeigeführt.

Die insolvenzrechtliche Rückabwicklung ist nicht geeignet, die Leistungsanstrengungen des Verurteilten nachträglich in Frage zu stellen. Zum einen hat der Verurteilte die Rückzahlung der Bewährungsauflage nicht durch sein Verhalten ausgelöst. Ausgelöst wurde die insolvenzrechtliche Rückabwicklung durch die Insolvenzanfechtung des Anfechtungsberechtigten. Zum anderen kann der Verurteilte den zur Insolvenzanfechtung Berechtigten nicht anhalten, von seiner Anfechtungsbefugnis keinen Gebrauch zu machen[724]. Schließlich ist es Aufgabe des Anfechtungsberechtigten, die Insolvenzmasse auf ihren ursprünglichen Bestand durch Ausübung der Insolvenzanfechtung wieder anzureichern. Kann der Verurteilte die Insolvenzanfechtung nicht verhindern, so kann ihm die Insolvenzanfechtung nicht zum Nachteil gereichen, indem es durch außerhalb seiner Person liegende Umstände zur Rückzahlung der von ihm gezahlten Bewährungsauflage und infolgedessen zum Widerruf der Strafaussetzung zur Bewährung nach § 56 f Abs. 1 S. 1 Nr. 3 StGB kommt. Schließlich hat der Verurteilte in den Insolvenzanfechtungsfällen durch die Erfüllung der ihm auferlegten Bewährungsauflage alles in seiner Macht Stehende

722 SK – StGB/Schall, 8. Aufl. (2012), Bd. 2, § 56 f Rn. 27 (Stand: April 2010).
723 SK – StGB/Schall, 8. Aufl. (2012), Bd. 2, § 56 f Rn. 27 (Stand: April 2010).
724 Siehe E.II.1.e.bb.(2).

getan, um die drohende Strafvollstreckung abzuwenden. Die Insolvenzanfechtung geht auf von der Rechtsordnung vorgesehene Rechte, nicht jedoch auf ein vom Verurteilten steuerbares Verhalten zurück[725], das zur Begründung eines gröblichen Auflagenverstoßes i. S. v. § 56 f Abs. 1 S. 1 Nr. 3 StGB herangezogen werden könnte.

Hinzu kommt, dass der Verurteilte gegen die auf Zahlung gerichteten Bewährungsauflagen des § 56 b Abs. 2 S. 1 Nr. 2 und 4 StGB nur dann verstoßen kann, wenn er zahlungsfähig ist oder aber der Verurteilte wegen Zahlungsunfähigkeit nicht zahlt, die Zahlungsunfähigkeit aber zu verschulden hat[726]. Denn wenn ein gröblicher oder beharrlicher Auflagenverstoß i. S. v. § 56 f Abs. 1 S. 1 Nr. 3 StGB nur dann anzunehmen ist, wenn die Nichterfüllung der erteilten Auflage Ausdruck einer „ablehnenden Haltung oder fehlenden Genugtuungswillen“[727] des Verurteilten ist[728], der Verstoß also vom Willen des Verurteilten getragen sein muss, so wird man dies bei zahlungsunfähigen Verurteilten nicht ohne Weiteres bejahen können. Da der Verurteilte nicht zahlen kann, kann aus seiner Zahlungsunfähigkeit nicht der Schluss auf seine Zahlungsunwilligkeit gezogen werden. Der Verurteilte kann nicht zahlen, selbst wenn er dies gern wollte. Vor diesem Hintergrund kann es nicht richtig sein, die insolvenzrechtliche Rückabwicklung gem. § 143 Abs. 1 S. 1 InsO als Widerrufsgrund des § 56 f Abs. 1 S. 1 Nr. 3 StGB zu begreifen. Denn in der insolvenzrechtlichen Rückabwicklung zeigt sich weder, dass der Verurteilte einer Erfüllung der Bewährungsauflage, die von dauerhaftem Bestand ist, ablehnend gegenüber steht, noch, dass er den in der Auflagenerfüllung zum Ausdruck kommenden Genugtuungswillen wieder rückgängig machen will. Da der Verurteilte, wie bereits erörtert, nicht anfechtungsberechtigt ist und die Insolvenzanfechtung auch nicht beeinflussen kann, diese vielmehr auch ohne bzw. gegen seinen Willen vorgenommen werden kann, lässt die vollkommen eigenständig von dritter Seite vorgenommene Insolvenzanfechtung keinen Rückschluss auf eine Änderung, genauer gesagt Rückgängigmachung des zunächst durch die Auflagenerfüllung des Verurteilten zum Ausdruck gebrachten Genugtuungswillens zu.

d) Parallelität zu den Fällen der Auflagenerfüllung nach Insolvenzeröffnung

Gegen einen Widerruf der Strafaussetzung gem. § 56 f Abs. 1 S. 1 Nr. 3 StGB spricht weiterhin, dass ein gröblicher oder beharrlicher Auflagenverstoß ausgeschlossen ist, sobald das Insolvenzverfahren über das Vermögen des Verurteilten eröffnet ist,

---

725 Vgl. hierzu Dilcher, NJW 1956, 1346 (1347), der bei der Frage, ob die Unausführbarkeit der Bewährungsauflage der Schadenswiedergutmachung zur Rechtswidrigkeit der erteilten Auflage führt, danach differenziert, ob sich die Unausführbarkeit der Bewährungsauflage aus der Rechtsordnung oder „persönlichen Eigenschaften des Verurteilten“ ergibt.

726 SK – StGB/Schall, 8. Aufl. (2012), Bd. 2, § 56 f Rn. 27 (Stand: April 2010).

727 S/S/W – Mosbacher, StGB, 2. Aufl. (2014), § 56 f Rn. 23.

728 S/S/W – Mosbacher, StGB, 2. Aufl. (2014), § 56 f Rn. 23.

da der Verurteilte dann den Verfügungsbeschränkungen der §§ 80 Abs. 1, 81 Abs. 1 S. 1 InsO unterworfen ist und die ihm erteilten Zahlungsauflagen infolgedessen nicht mehr wirksam aus seinem zur Insolvenzmasse gehörenden Vermögen erbringen kann[729]. In diesen Fällen scheitert die Annahme eines Auflagenverstoßes i. S. v. § 56 f Abs. 1 S. 1 Nr. 3 StGB nicht an der fehlenden Zahlungsfähigkeit des Verurteilten, sondern an der Tatsache, dass der zahlungsfähige Verurteilte aus rechtlichen Gründen sein Vermögen nicht ohne Weiteres zur Erfüllung der geldwerten Bewährungsauflagen einsetzen kann. Der Nichteintritt des Leistungserfolges kann dem Verurteilten nicht zum Vorwurf gemacht werden, da er durch die Vornahme der Verfügung alles ihm Mögliche getan hat, der Leistungserfolg aber dennoch aufgrund der Unwirksamkeitsfolge des § 81 Abs. 1 S. 1 InsO nicht eintreten kann.

Für die Insolvenzanfechtungsfälle und die insolvenzrechtliche Rückabwicklung der Bewährungsauflage zur Insolvenzmasse gem. § 143 Abs. 1 S. 1 InsO bedeutet dies Folgendes: Ebensowenig wie ein gröblicher oder beharrlicher Auflagenverstoß i. S. v. § 56 f Abs. 1 S. 1 Nr. 3 StGB mit der Unwirksamkeitsanordnung des § 81 Abs. 1 S. 1 InsO begründet werden kann, ist dies damit möglich, dass es infolge der Insolvenzanfechtung zur Rückgewähr der Bewährungsauflage zur Insolvenzmasse gem. § 143 Abs. 1 S. 1 InsO kommt. Beiden Fällen ist gemein, dass es nicht zu einem dauerhaften Leistungserfolg durch die Zahlung der Bewährungsauflage kommen kann. Bei § 81 Abs. 1 S. 1 InsO konnte er nie eintreten, während er in den Insolvenzanfechtungsfällen über § 143 Abs. 1 S. 1 InsO wieder rückgängig gemacht wurde. Weiterhin ergibt sich die Vergleichbarkeit der beiden Fallgruppen daraus, dass der verurteilte Insolvenzschuldner beide Male, wenn auch erfolglos, alles ihm Mögliche getan hat, um den Leistungserfolg zu erreichen. Der Unterschied besteht lediglich darin, dass seine Bemühungen zu unterschiedlichen Zeitpunkten vorgenommen wurden. Gem. § 81 Abs. 1 S. 1 InsO muss die Verfügung nach Eröffnung des Insolvenzverfahrens vorgenommen worden sein, während es in den Insolvenzanfechtungsfällen für die Vornahme der Rechtshandlung gem. § 129 Abs. 1 InsO auf den Zeitpunkt vor Eröffnung des Insolvenzverfahrens ankommt. Der Verurteilte kann in der Insolvenz der Zahlungsauflage zur Abwendung der ansonsten drohenden Freiheitsstrafenvollstreckung nicht nachkommen. Ebensowenig kann er verhindern, dass der Anfechtungsberechtigte im Insolvenzverfahren von der Insolvenzanfechtung Gebrauch macht und dadurch die von ihm mit der Zahlung der Bewährungsauflage zunächst erfolgreich abgewendete Freiheitsstrafenvollstreckung wieder hinfällig macht. In beiden Fällen ist es die Rechtsordnung – § 81 Abs. 1 S. 1 InsO und § 143 Abs. 1 S. 1 InsO -, die dem insolventen Verurteilten die Herbeiführung des Leistungserfolgs bzw. dessen langfristigen Erhalt unmöglich macht, ohne dass den leistungswilligen Verurteilten hieran ein Verschulden trifft.

729 S/S/W – Mosbacher, StGB, 2. Aufl. (2014), § 56 f Rn. 24.

2. Das Erteilen zusätzlicher Auflagen nach § 56 f Abs. 2 S. 1 Nr. 1 StGB

§ 56 f Abs. 2 S. 1 Nr. 1 StGB ist lex specialis gegenüber § 56 e StGB[730]. Vor diesem Hintergrund stellt sich die Frage, ob dem Verurteilten im Hinblick auf die Rückgewähr der Bewährungsauflage des § 56 b Abs. 2 S. 1 Nr. 2 bzw. 4 StGB zur Insolvenzmasse gem. § 143 Abs. 1 S. 1 InsO als weitere Auflage i. S. v. § 56 f Abs. 2 S. 1 Nr. 1 StGB auferlegt werden kann, die zunächst gezahlte, dann aber angefochtene Auflage ein weiteres Mal aus unpfändbarem Vermögen zu zahlen, um eine erneute Insolvenzanfechtung von vornherein auszuschließen[731]. Dass dem nicht so sein kann, ergibt sich daraus, dass die insolvenzrechtliche Rückabwicklung gem. § 143 Abs. 1 S. 1 InsO nicht Widerrufsgrund nach § 56 f Abs. 1 S. 1 Nr. 3 StGB ist. Denn Voraussetzung für die Anwendbarkeit von § 56 f Abs. 2 StGB ist das Vorliegen eines Widerrufsgrundes nach 56 f Abs. 1 StGB[732]. Da in den Fällen einer erfolgreichen Insolvenzanfechtung und Rückgewähr der Bewährungsauflage zur Insolvenzmasse keiner der in § 56 f Abs. 1 StGB genannten Widerrufsgründe einschlägig ist, können dem Verurteilten nachträglich auch keine zusätzlichen Auflagen über § 56 f Abs. 2 S. 1 Nr. 1 StGB erteilt werden.

3. Nachträgliche Entscheidung gem. § 56 e StGB

Da dem Verurteilten über die vorrangige Regelung des § 56 f Abs. 2 S. 1 Nr. 1 StGB nicht auferlegt werden kann, die Bewährungsauflage nach § 56 b Abs. 2 S. 1 Nr. 2 bzw. 4 StGB aus unpfändbarem Vermögen zu zahlen, bleibt die Frage, ob eine solche Anordnung über § 56 e StGB möglich ist. Danach kann das Gericht Entscheidungen nach den §§ 56 b bis 56 d auch nachträglich treffen, ändern oder aufheben.

a) Die Grenzen richterlicher Eingriffsbefugnisse bei nachträglichen Entscheidungen gem. § 56 e StGB unter besonderer Berücksichtigung der Eingriffsintensität in den Insolvenzanfechtungsfällen

§ 56 e StGB regelt nicht, unter welchen Voraussetzungen das Gericht nachträgliche Entscheidungen treffen kann. Dies bedeutet jedoch noch nicht, dass es von

---

730 SK – StGB/Schall, 8. Aufl. (2012), Bd. 2, § 56 f Rn. 29 a (Stand: April 2010), § 56 e Rn. 8 (Stand: April 2010).

731 Zur grundsätzlichen Möglichkeit, Zahlungen aus unpfändbarem Vermögen anzuordnen, siehe Bittmann, wistra 2011, 133 (133 f.), Pfordte, StV 2010, 591 (597) und Lorenz/Roth, PStR 2011, 129 (133).

732 OLG Düsseldorf, Beschl. v. 27.08.1990 – 1 Ws 771/90 = VRS 80, 20 (20 f.); Fischer, StGB, 63. Aufl. (2016), § 56 f Rn. 14, SK – StGB/Schall, 8. Aufl. (2012), Bd. 2, § 56 f Rn. 29 (Stand: April 2010), LK – Hubrach, StGB, 12. Aufl. (2008), Bd. 3, § 56 f Rn. 45.

dem ihm in § 56 e StGB eingeräumten Ermessen[733] grenzenlos Gebrauch machen kann. Das Ermessen ist pflichtgemäß auszuüben[734] und richtet sich danach, ob die Entscheidung nach § 56 e StGB in ihrer Wirkung für den Verurteilten belastend, entlastend oder belastungsneutral ist[735]. Zur pflichtgemäßen Ermessensausübung gehört aber auch, dass sich die Notwendigkeit, eine nachträgliche Entscheidung gem. § 56 e StGB zu treffen, auf einen hinreichend bestimmten Anlass zurückführen lässt. Denn wenn § 56 e StGB dazu dient, eine „Anpassung an die jeweiligen Bedürfnisse des Einzelfalles zu ermöglichen“[736], dann bedarf es zwangsläufig eines nachträglichen Ereignisses, das eine nachträgliche Anpassung erforderlich macht. Aus diesem Grund sind nachträgliche Entscheidungen gem. § 56 e StGB nur dann möglich, wenn neue Umstände vorliegen[737], wobei im Einzelnen unklar ist, was genau hierunter zu verstehen ist. Soweit ersichtlich besteht in der Praxis jedoch Einigkeit, dass unter neuen Umständen jedenfalls neu eingetretene oder nachträglich bekanntgewordene Umstände zu verstehen sind[738].

Eine sorgsame Ermessensausübung durch das Gericht ist insbesondere in den Fällen von Bedeutung, in denen es um nachträgliche Entscheidungen geht, die den Verurteilten belasten. Schließlich tritt das Gericht dem Verurteilten in Ausübung seiner staatlichen Aufgabe hoheitlich im Über–Unterordnungs–Verhältnis gegenüber, weshalb belastende Entscheidungen des Gerichts stets grundrechtsrelevant sind. Die drohende Verletzung von Grundrechten des Verurteilten und die Bindung der Rechtsprechung an die Grundrechte (Art. 1 Abs. 3 GG) und Gesetz und Recht (Art. 20 Abs. 3 GG) machen eine Beachtung der Grundrechte bei der Ermessensausübung erforderlich. Eine gleichwohl dem Gericht unterlaufende Grundrechtsverletzung würde deshalb wegen der damit verbundenen Ermessensüberschreitung zu einem Ermessensfehler führen. Vor diesem Hintergrund kommt es für die Ermessensausübung des Gerichts darauf an, ob sich die nachträgliche

---

733 Fischer, StGB, 63. Aufl. (2016), § 56 e Rn. 2; MüKo – Groß, StGB, 2. Aufl. (2012), Bd. 2, § 56 e Rn. 9.

734 MüKo – Groß, StGB, 2. Aufl. (2012), Bd. 2, § 56 e Rn. 9.

735 MüKo – Groß, StGB, 2. Aufl. (2012), Bd. 2, § 56 e Rn. 10.

736 BT-Drs. IV/650, S. 203 hinsichtlich § 77 StGB – einer wortgleichen Vorschrift zum heutigen § 56 e StGB.

737 SK – StGB/Schall, 8. Aufl. (2012), Bd. 2, § 56 e Rn. 3 (Stand: April 2010); LK – Hubrach, StGB, 12. Aufl. (2008), Bd. 3, § 56 e Rn. 3.

738 Vgl. BGH, Beschl. v. 16.02.1982 – 5 StR 1/82 = JR 1982, 338 (338); OLG Stuttgart, Beschl. v. 10.02.1969 – 2 Ws 29/69 = NJW 1969, 1220 (1220); OLG Stuttgart, Beschl. v. 26.08.2003 – 1 Ws 231/03 = NStZ-RR 2004, 89 (89); OLG Stuttgart, Beschl. v. 24.09.2004 – 1 Ws 248/04 = NStZ-RR 2004, 362 (363); OLG Koblenz, Beschl. v. 22.10.1976 – 1 Ws 513/76 = JR 1977, 346 (346); OLG Hamm, Beschl. v. 23.03.1978 – 5 Ws 54/78 = NJW 1978, 1596 (1597); OLG Hamm, Beschl. v. 30.05.1996 – 3 Ws 153/96 = JMBl. NW 1996, 238 (239); SchlHOLG, Beschl. v. 26.10.1994 – 1 Ws 370/94 – Hn = SchlHA 1995, 16 (17); LG Kempten, Beschl. v. 15.09.1977 – 2 Qs 210/77 = NJW 1978, 839 (840).

Entscheidung gem. § 56 e StGB für den Verurteilten nachteilig auswirkt. Daher stellt sich in den Insolvenzanfechtungsfällen wegen der Rückgewähr der Bewährungsauflage zur Insolvenzmasse gem. § 143 Abs. 1 S. 1 InsO die Frage, ob es sich bei der auf § 56 e StGB zu stützenden Entscheidung, den gleichen Geldbetrag ein weiteres Mal aus unpfändbarem Vermögen zu zahlen, um eine bloß belastungsneutrale Entscheidung handelt, an die im Verhältnis zu belastenden Entscheidungen mangels Eingriffs in die geschützte Rechtssphäre des Verurteilten geringere Anforderungen zu stellen sind.

Für eine belastungsneutrale Entscheidung spricht, dass das Vermögen des Verurteilten letztendlich nur einmal um den schon im Bewährungsbeschluss nach § 268 a Abs. 1 HS 1 StPO festgesetzten Geldbetrag geschmälert würde. Durch die insolvenzrechtliche Rückabwicklung der Erstzahlung und die nochmalige Zahlungsanordnung in gleicher Höhe würde es nur zu einer zeitlichen Verzögerung der Belastung des Verurteilten mit einer bestandsfesten weil insolvenzanfechtungssicheren Zahlung kommen. Die nachträglich über § 56 e StGB angeordnete Zweitzahlung würde im Verhältnis zu der im Beschluss nach § 268 a StPO festgesetzten geldwerten Bewährungsauflage des § 56 b Abs. 2 S. 1 Nr. 2 bzw. 4 StGB daher keine zusätzliche Belastung des Verurteilten darstellen.

Diese Sichtweise greift jedoch zu kurz, weil sie ausschließlich auf die identische Höhe von Erst- und Zweitzahlung abstellt, ohne zu berücksichtigen, dass eine Belastung des Verurteilten darin zu sehen ist, dass er trotz der Zahlung der Bewährungsauflage aufgrund der erfolgreichen Insolvenzanfechtung ein weiteres Mal zu deren Erfüllung herangezogen wird. Darüber hinaus liegt eine Belastung des Verurteilten darin, dass die nachträgliche Zahlungsaufforderung gem. § 56 e StGB, um eine abermals drohende Insolvenzanfechtung auszuschließen, den Zusatz enthält, dass die Bewährungsauflage des § 56 b Abs. 2 S. 1 Nr. 2 bzw. 4 StGB aus unpfändbarem Vermögen des Verurteilten zu zahlen ist. Dieser Zusatz ist für den Verurteilten aber belastend, weil der Verurteilte ab der Eröffnung des Insolvenzverfahrens nur noch über nicht der Insolvenzmasse unterfallende unpfändbare Gegenstände wirksam verfügen kann (arg. e. §§ 80 Abs. 1, 81 Abs. 1 S. 1 InsO i. V. m. §§ 35 Abs. 1, 36 Abs. 1 InsO). Da dem Verurteilten unpfändbare Barmittel aber nur in begrenztem Umfang zur Verfügung stehen, wird ihm die Kapitalaufbringung zur nochmaligen Zahlung der geldwerten Bewährungsauflage des § 56 b Abs. 2 S. 1 Nr. 2 bzw. 4 StGB schwerer fallen als bei der Erstzahlung, da dieser ein entsprechender Zusatz hinsichtlich der Herkunft des Geldes aufgrund der erfolgreichen Insolvenzanfechtung nicht zugrunde liegen konnte[739]. Dies folgt daraus, dass eine erfolgreiche Insolvenzanfechtung

739 Vgl. hierzu Rinjes, wistra 2009, 16 (16), der bei der Geldstrafenproblematik darauf hinweist, dass für Verurteilte mit nur unpfändbaren Einnahmen die Geldstrafenzahlung schwerer wiege als bei denjenigen Verurteilten, die auch über pfändbare Mittel verfügen können, da letztgenannten das Bestreiten des notwendigen Lebensunterhalts leichter falle als den minderbemittelten Verurteilten mit nur unpfändbarem Vermögen. Dies sei ein grundlegendes Problem bei der Durchsetzung der Geldstrafe bei finanzschwachen Verurteilten.

ohne eine Zahlung aus pfändbarem Vermögen nicht denkbar ist, da dies notwendige Voraussetzung einer Gläubigerbenachteiligung i. S. v. § 129 Abs. 1 InsO ist[740].

b) Streitstand zur Problematik der nachträglichen Änderung von Bewährungsauflagen zulasten des Verurteilten

Nachträgliche Entscheidungen belastender Art sind nicht per se von § 56 e StGB ausgeschlossen. Denn das Verschlechterungsverbot kommt bei nachträglichen Entscheidungen gem. § 56 e StGB nicht zur Anwendung[741]. Gleichwohl spielt im Rahmen der vom Gericht anzustellenden Ermessenserwägungen eine Rolle, ob im Hinblick auf den Charakter der Bewährungsauflagen § 56 e StGB dahingehend teleologisch zu reduzieren ist, dass nachträgliche Entscheidungen zum Nachteil des Verurteilten, die sich auf die hier interessierenden geldwerten Bewährungsauflagen des § 56 b Abs. 2 S. 1 Nr. 2 bzw. 4 StGB beziehen, von vornherein ausgeschlossen sind. Problematisch ist nämlich, ob nachträgliche Entscheidungen zulasten des Verurteilten lediglich bei der Bewährungsauflage der Schadenswiedergutmachung nach § 56 b Abs. 2 S. 1 Nr. 1 StGB möglich sind oder ob dies auch dann gilt, wenn es um die Verschärfung einer Bewährungsauflage nach § 56 b Abs. 2 S. 1 Nr. 2 – 4 StGB geht. Hinter dieser Problematik verbirgt sich die Frage, ob es mit dem repressiv ausgerichteten Zweck der Auflagen, der Genugtuung für das begangene Unrecht zu dienen (§ 56 b Abs. 1 S. 1 StGB), vereinbar ist, dass der im Urteils- und Beschlusszeitpunkt über Strafhöhe und Auflagenumfang festgelegte Umfang notwendiger Genugtuung nachträglich über eine Auflagenverschärfung gem. § 56 e StGB veränderten Verhältnissen angepasst wird. Bei der hierzu geführten Diskussion geht es letztendlich um die Frage, ob das Genugtuungsinteresse durch Urteil und Bewährungsbeschluss (§ 268 a StPO) abschließend beurteilt worden ist oder nicht[742].

740 Siehe B.II.1.b.bb.

741 NK – Ostendorf, StGB, 4. Aufl. (2013), Bd. 1, § 56 e Rn. 3; LK – Hubrach, StGB, 12. Aufl. (2008), Bd. 3, § 56 e Rn. 8; MüKo – Groß, StGB, 2. Aufl. (2012), Bd. 2, § 56 e Rn. 13; HK – GS/Braasch, 3. Aufl. (2013), § 56 e StGB Rn. 3; S/S/v. G, Strafzumessung, 5. Aufl. (2012), Rn. 270; Meier, Strafrechtliche Sanktionen, 4. Aufl. (2015), S. 131. Der Sonderausschuss für die Strafrechtsreform hat die Aufnahme eines sich auf Auflagen beziehenden Verschlechterungsverbots in § 77 StGB, der dem heutigen § 56 e StGB wörtlich entspricht, abgelehnt (Protokoll der 111. Sitzung des Sonderausschusses für die Strafrechtsreform, S. 2155 (2163)).

742 Zu dieser Problematik s. MüKo – Groß, StGB, 2. Aufl. (2012), Bd. 2, § 56 e Rn. 14; S/S/W – Mosbacher, StGB, 2. Aufl. (2014), § 56 e Rn. 4; NK – Ostendorf, StGB, 4. Aufl. (2013), Bd. 1, § 56 e Rn. 3; Lackner/Kühl, StGB, 28. Aufl. (2014), § 56 e Rn. 3; HK – GS/Braasch, 3. Aufl. (2013), § 56 e StGB Rn. 3; S/S – Stree/Kinzig, StGB, 29. Aufl. (2014), § 56 e Rn. 4 i. V. m. Rn. 6; Jescheck/Weigend, AT, 5. Aufl. (1996), S. 845; Kindhäuser, LPK – StGB, 6. Aufl. (2015), § 56 e Rn. 4; LK – Hubrach, StGB, 12. Aufl. (2008), Bd. 3, § 56 e Rn. 6 f.

aa) Meinungsstand in der Literatur

(1) Die Befürworter einer Auflagenverschärfung

Diejenigen, die eine Auflagenverschärfung über § 56 e StGB für möglich halten[743], führen zur Begründung an, dass es in der Natur der Sache liege, dass Schadensumfang und Leistungsfähigkeit des Verurteilten zum Zeitpunkt des Urteils nicht sicher beurteilt werden können. Deshalb sehe das Gesetz in § 56 e StGB eine umfassende, nicht auf Auflagen nach § 56 b Abs. 2 S. 1 Nr. 1 StGB beschränkte Grundlage für die Auflagenänderung vor[744]. Eine Beschränkung des Anwendungsbereichs von § 56 e StGB auf die Bewährungsauflage der Schadenswiedergutmachung nach § 56 b Abs. 2 S. 1 Nr. 1 StGB sei „inkonsequent und systemwidrig“[745]. Weder Wortlaut noch Sinn und Zweck des § 56 e StGB stünden einer Verschärfung von Bewährungsauflagen des § 56 b Abs. 2 S. 1 Nr. 2 – 4 StGB entgegen[746]. Weiterhin wird angeführt, dass aus dem Genugtuungszweck der Auflage nicht der Schluss gezogen werden könne, dass das Genugtuungsbedürfnis nur ein einziges Mal verbindlich bestimmt werden dürfe und deshalb eine auf Geld gerichtete Auflage nicht angehoben werden könne[747]. Nachträgliche Entscheidungen gem. § 56 e StGB seien an der „Resozialisiserung in Freiheit“[748] auszurichten; bei dem Genugtuungszweck handele es sich im Verhältnis zur „Resozialisierung in Freiheit“[749] lediglich um ein nachrangiges Ziel[750]. Die zunächst getroffene Entscheidung über die Bewährungsauflage sei daher nur vorbehaltlich einer Zweitentscheidung wegen neuer Tatsachen oder besserer Erkenntnisse ergangen[751].

(2) Die Gegner einer Auflagenverschärfung

Die Gegenansicht lehnt eine Verschärfung von Auflagen über § 56 e StGB grundsätzlich ab und lässt lediglich bei der Bewährungsauflage der Schadenswiedergutmachung (§ 56 b Abs. 2 S. 1 Nr. 1 StGB) eine nachträgliche Anhebung der Wiedergutmachungsleistungen zulasten des Verurteilten zu, sofern der Schaden nachträglich größer wird oder die Leistungsfähigkeit des Verurteilten zunimmt[752].

---

743 HK – GS/Braasch, 3. Aufl. (2013), § 56 e StGB Rn. 3; LK – Hubrach, StGB, 12. Aufl. (2008), Bd. 3, § 56 e Rn. 6 f.; Lackner/Kühl, StGB, 28. Aufl. (2014), § 56 e Rn. 3; NK – Ostendorf, StGB, 4. Aufl. (2013), Bd. 1, § 56 e Rn. 3.
744 HK – GS/Braasch, 3. Aufl. (2013), § 56 e StGB Rn. 3.
745 HK – GS/Braasch, 3. Aufl. (2013), § 56 e StGB Rn. 3.
746 LK – Hubrach, StGB, 12. Aufl. (2008), Bd. 3, § 56 e Rn. 6 f.
747 NK – Ostendorf, StGB, 4. Aufl. (2013), Bd. 1, § 56 e Rn. 3.
748 NK – Ostendorf, StGB, 4. Aufl. (2013), Bd. 1, § 56 e Rn. 3.
749 NK – Ostendorf, StGB, 4. Aufl. (2013), Bd. 1, § 56 e Rn. 3.
750 NK – Ostendorf, StGB, 4. Aufl. (2013), Bd. 1, § 56 e Rn. 3.
751 NK – Ostendorf, StGB, 4. Aufl. (2013), Bd. 1, § 56 e Rn. 3.
752 S/S – Stree/Kinzig, StGB, 29. Aufl. (2014), § 56 e Rn. 4 i. V. m. Rn. 6; Jeschek/Weigend, AT, 5. Aufl. (1996), S. 845, die bei der Schadenswiedergutmachungsauflage des § 56 b Abs. 2 S. 1 Nr. 1 StGB eine Verschärfung auch dann für möglich halten,

Dieses Ergebnis begründet die Gegenansicht damit, dass es weder kriminalpolitisch noch rechtsstaatlich angezeigt sei, das Gericht zu berechtigen, über § 56 e StGB den Umfang notwendiger Genugtuung nachträglich abweichend von der zunächst zum Urteilszeitpunkt abgegebenen Einschätzung des Genugtuungsbedürfnisses zu bestimmen[753]. Denn bei den Bewährungsauflagen des § 56 b StGB handele es sich um strafähnliche Sanktionen und die Festlegung der notwendigen Genugtuungsleistungen des Verurteilten sei regelmäßig schon zum Zeitpunkt des Urteils endgültig möglich[754]. Dem Gericht sei es wegen dem ausschließlich repressiven Charakter der Auflagen verwehrt, über § 56 e StGB schrankenlos Auflagenänderungen zulasten des Verurteilten vorzunehmen[755]. Eine Besserung der Vermögenssituation des Verurteilten könne nicht zur Begründung eines gesteigerten Genugtuungsbedürfnisses herangezogen werden, um hierüber eine Auflage nach § 56 b Abs. 2 S. 1 Nr. 2 – 4 StGB zu rechtfertigen[756]. Es komme nicht darauf an, dass neue Umstände wie z.B. eine Besserung der Vermögenssituation des Verurteilten oder eine Änderung der Wiedergutmachungsvoraussetzungen zu einer Vergrößerung des Umfangs notwendiger Genugtuung geführt haben, da das Genugtuungsbedürfnis im Urteilszeitpunkt über die Höhe der repressiven Sanktionierung verbindlich bestimmt werde[757]. Auch bei der Geldstrafe sei die Tagessatzhöhe nicht zum Nachteil des Verurteilten abänderbar, wenn sich nachträglich seine Einkommensverhältnisse bessern[758]. Die Ausnahme bei der Schadenswiedergutmachungsauflage gem. § 56 b Abs. 2 S. 1 Nr. 1 StGB sei dadurch gerechtfertigt, dass die Leistungsfähigkeit des Verurteilten und in der Regel auch der Schadensumfang zum Zeitpunkt des Urteils nicht endgültig betimmt werden können, weshalb die Angabe des Schadensumfangs zunächst noch nicht verbindlich sei[759]. Eine Auflagenverschärfung zulasten des Verurteilten sei im Falle nachträglicher Schadenserhöhung oder zunehmender Leistungsfähigkeit des Verurteilten schon deshalb möglich, weil mit ihr dem Verurteilten ohnehin nur das abverlangt wird, was § 56 b Abs. 2 S. 1 Nr. 1 StGB fordert, nämlich „nach Kräften den ... Schaden wieder gutzumachen“[760].

---

wenn das Gericht erst nachträglich Kenntnis von der eigentlichen Schadenshöhe oder Leistungsfähigkeit des Verurteilten erlangt hat; S/S/W – Mosbacher, StGB, 2. Aufl. (2014), § 56 e Rn. 4.

753 S/S – Stree/Kinzig, StGB, 29. Aufl. (2014), § 56 e Rn. 4; vgl. S/S/W – Mosbacher, StGB, 2. Aufl. (2014), § 56 e Rn. 4.

754 S/S – Stree/Kinzig, StGB, 29. Aufl. (2014), § 56 e Rn. 4; Jeschek/Weigend, AT, 5. Aufl. (1996), S. 845; S/S/W – Mosbacher, StGB, 2. Aufl. (2014), § 56 e Rn. 4.

755 S/S/W – Mosbacher, StGB, 2. Aufl. (2014), § 56 e Rn. 3 f.

756 S/S – Stree/Kinzig, StGB, 29. Aufl. (2014), § 56 e Rn. 6.

757 S/S/W – Mosbacher, StGB, 2. Aufl. (2014), § 56 e Rn. 4.

758 S/S/W – Mosbacher, StGB, 2. Aufl. (2014), § 56 e Rn. 4.

759 S/S – Stree/Kinzig, StGB, 29. Aufl. (2014), § 56 e Rn. 6.

760 S/S – Stree/Kinzig, StGB, 29. Aufl. (2014), § 56 e Rn. 6.

(3) Die Ansicht von Groß

Groß hingegen lehnt eine Auflagenverschärfung bei allen Bewährungsauflagen ab, da sich Auflagen dadurch auszeichneten, dass sie den Verurteilten zur Genugtuung für die Straftatbegehung in Anspruch nehmen und das Genugtuungsinteresse, das durch die Bemessung von Strafhöhe und Auflagenumfang zum Ausdruck kommt, vom Gericht abschließend bestimmt worden sei[761]. Aus diesem Grund komme eine Auflagenverschärfung weder bei einer Steigerung des Genugtuungsbedürfnisses hinsichtlich der begangenen Straftat noch bei einer Verbesserung der Vermögensverhältnisse des Verurteilten in Betracht[762]. Letzteres gelte auch für die Bewährungsauflage der Schadenswiedergutmachung (§ 56 b Abs. 2 S. 1 Nr. 1 StGB), wobei diese „belastungsneutral konkretisierbar"[763] sei[764]. Dies sei bei der Auflage „nach besten Kräften den Schaden wiedergutzumachen" dadurch möglich, dass auf die Besserung der Vermögenssituation bzw. die inzwischen erlangte Kenntnis des Gerichts von den wahren Vermögensverhältnissen des Verurteilten nunmehr mit einer betragsmäßen Festsetzung der Auflage reagiert werde[765]. Falls die Auflage „nach besten Kräften den Schaden wiedergutzumachen" zusätzlich mit einem Mindestbetrag versehen sein sollte, sei eine belastungsneutrale Konkretisierung aber auch dadurch möglich, dass der Mindestbetrag angehoben wird[766]. Die Belastungsneutralität ergebe sich in diesen Fällen daraus, dass die Pflicht des Verurteilten zur Schadenswiedergutmachung „nach besten Kräften" ohnehin schon existiere und diese Pflicht lediglich konkretisiert werde[767]. Der Auflagencharakter stehe einer Erhöhung einer Zahlungsauflage in den Fällen entgegen, in denen das Gericht erst nachträglich Kenntnis von der schon zum Zeitpunkt des Bewährungsbeschlusses (§ 268 a StPO) vorliegenden vorteilhaften Vermögenssituation des Verurteilten erlangt, zumal dies bei einem vom Gericht versehentlich zu tief angesetzten Tagessatz im Rahmen der Geldstrafenbemessung nach § 40 StGB auch nicht möglich sei[768].

(4) Die Ansicht von Geiger

Geiger hingegen macht nachträgliche Entscheidungen nach § 56 e StGB von einer Änderung der Umstände abhängig, die das Gericht der Erteilung der Geldauflage zugrundegelegt hat, differenziert jedoch danach, welche Art von Umständen von der Änderung betroffen sind. Geiger unterscheidet dabei zwischen den Aspekten Schuld, Sühne, General- und Spezialprävention[769]. Während seiner Meinung nach

761 MüKo – Groß, StGB, 2. Aufl. (2012), Bd. 2, § 56 e Rn. 14.
762 MüKo – Groß, StGB, 2. Aufl. (2012), Bd. 2, § 56 e Rn. 14.
763 MüKo – Groß, StGB, 2. Aufl. (2012), Bd. 2, § 56 e Rn. 14.
764 MüKo – Groß, StGB, 2. Aufl. (2012), Bd. 2, § 56 e Rn. 14.
765 MüKo – Groß, StGB, 2. Aufl. (2012), Bd. 2, § 56 e Rn. 11.
766 MüKo – Groß, StGB, 2. Aufl. (2012), Bd. 2, § 56 e Rn. 11.
767 MüKo – Groß, StGB, 2. Aufl. (2012), Bd. 2, § 56 e Rn. 11.
768 MüKo – Groß, StGB, 2. Aufl. (2012), Bd. 2, § 56 e Rn. 14.
769 Geiger, Rechtsnatur der Sanktion, S. 161.

die vom Gericht anzustellenden Erwägungen zur Schuld, Sühne und Generalprävention abschließend zum Zeitpunkt des Urteils bzw. Bewährungsbeschlusses nach § 268 a Abs. 1 HS 1 StPO erfolgten und daher eine nachträgliche Beurteilung dieser Gesichtspunkte zulasten des Verurteilten mit dem Verbot der reformatio in peius unvereinbar sei[770], handele es sich bei den spezialpräventiven Gesichtpunkten um Umstände, die geeignet seien, eine nachträgliche Entscheidung nach § 56 e StGB auszulösen[771]. Zur Begründung führt er an, dass der gesamte Regelungskomplex der Strafaussetzung zur Bewährung (§§ 56 ff. StGB) spezialpräventiv ausgerichtet sei. Dies gelte auch für § 56 e StGB, mit dem es möglich sei, in der Bewährungszeit indiviuell auf das Verhalten des Verurteilten zu reagieren und veränderten Verhältnissen gerecht zu werden[772].

bb) Meinungsstand in der Rechtsprechung

Die Rechtsprechung äußert sich soweit ersichtlich nur vereinzelt zur Frage der verbindlichen Festsetzung des Genugtuungsbedürfnisses im Urteilszeitpunkt. In der Literatur wird zwar zu diesem Themenkomplex auf diverse Entscheidungen verwiesen, doch ließen sich trotz der Entscheidungsfülle nur zwei Entscheidungen ausmachen, in denen die Rechtsprechung explizit zur oben dargestellten Problematik Stellung genommen hat.

(1) Verbindliche Festsetzung des Genugtuungsbedürfnisses zum Urteilszeitpunkt

Das OLG Schleswig führt hierzu aus: „Nach § 56 b Abs. 1 S. 1 StGB dienen Auflagen, die dem Verurteilten erteilt werden können, „der Genugtuung für das begangene Unrecht". Mit dem begangenen Unrecht ist selbstverständlich das Unrecht der Tat gemeint, das zu der Verurteilung unter Strafaussetzung zur Bewährung geführt hat (Horn in JR 1991, 291). Auflagen haben repressiven (Gribbohm in LK, § 56 b Rn. 1) und sühnenden Charakter (Dreher/Tröndle, StGB, Kommentar, 46. Aufl., § 56 b Rn. 2), sie sind eine strafähnliche Sanktion (Schönke-Schröder-Stree, StGB, 24. Aufl., § 56 f Rn 11, § 56 e Rn. 3). Sie sind insoweit zu unterscheiden von den Weisungen gemäß § 56 c, § 56 d StGB, die eine spezialpräventive Funktion haben und dem Verurteilten beim Erreichen des Bewährungsziels helfen sollen (Gribbohm aaO). Hat also das die Straftat aburteilende Gericht – wie vorliegend – von Auflagen abgesehen, so ist es unzulässig, solche nachträglich anzuordnen, es sei denn, daß neue Umstände hervorgetreten oder bekannt geworden sind, die nunmehr Genugtuung für das seinerzeitige Unrecht verlangen (OLG Zweibrücken in JR 1991, 290 ff. mit Anm. Horn und Horn in SK, StGB, § 56 f Rn. 27). Die Entscheidung darüber, welche Leistungen des Verurteilten zur Genugtuung erforderlich sind, kann im

770 Geiger, Rechtsnatur der Sanktion, S. 161 f.
771 Geiger, Rechtsnatur der Sanktion, S. 162.
772 Geiger, Rechtsnatur der Sanktion, S. 162.

Urteilszeitpunkt abschließend erfolgen"[773]. Die Entscheidung des OLG Schleswig kann dahin verstanden werden, dass hinsichtlich der verbindlichen Bestimmung des Genugtuungsbedürfnisses zum Urteilszeitpunkt danach zu differenzieren ist, ob zum Urteilszeitpunkt ein Genugtuungsinteresse überhaupt vorhanden ist und ein solches ggfs. auch noch nachträglich bejaht werden kann und der Frage, ob bei vorhandenem Genugtuungsbedürfnis der Umfang der zunächst für erforderlich erachteten Genugtuungsleistungen nachträglich geändert werden kann. Während ersteres nach Ansicht des OLG Schleswig möglich sein soll, sei letzteres abzulehnen.

Das OLG Stuttgart[774] spricht den oben skizzierten Meinungsstand an, ohne sich jedoch ausdrücklich einer Ansicht anzuschließen. Seinen vorherigen Ausführungen lässt sich jedoch entnehmen, dass es die verbindliche Feststellung des Genugtuungsbedürfnisses im Urteilszeitpunkt für entscheidend hält. In der Entscheidung des OLG Stuttgart heißt es hierzu: „Die gem. § 56 b II Nr. 2 StGB erteilte Auflage, 1000 € zu Gunsten einer gemeinnützigen Einrichtung zu bezahlen, dient der Genugtuung für das in der Tatbegehung zu Tage getretene Unrecht; im Gegensatz zu Weisungen gem. § 56 c StGB hat sie einen repressiven, sanktionsähnlichen Charakter (Stree, StGB, 26. Aufl. § 56 b Rn 2; Tröndle/Fischer, StGB, 52. Aufl., § 56 b Rn 2: „strafähnliche Maßnahme"). Die Entscheidung darüber, ob eine Auflage zu erteilen und in welcher Art sie auszugestalten ist, steht in engem Zusammenhang mit der verurteilenden Erkenntnis selbst und bildet mit dieser eine Regelungseinheit. So ist gewährleistet, dass die Rechtsfolgen der Tat insgesamt aufeinander abgestimmt sind (OLG Köln, Beschl. v. 28.9.1999 – 2 Ws 502/99 -, zit. nach Juris). Die Entscheidung gem. § 268 a StPO ist daher von den bei der Urteilsfindung beteiligten Personen, d.h. unter Mitwirkung der Schöffen, in der Hauptverhandlung zu treffen. Aus diesen Gründen ist für die Verhängung von Auflagen die Sicht der Hauptverhandlung maßgeblich."[775]

(2) Keine verbindliche Festsetzung des Genugtuungsbedürfnisses zum Urteilszeitpunkt

Das OLG Zweibrücken und das OLG Hamm gehen hingegen davon aus, dass eine verbindliche Klärung des Genugtuungsbedürfnisses zum Urteilszeitpunkt nicht stattfindet, ohne dies ausdrücklich auszusprechen. Stattdessen sehen die Gerichte, wie aus ihren Ausführungen hervorgeht, das Genugtuungsbedürfnis als Variable an. Dies lässt sich folgender Äußerung des OLG Zweibrücken entnehmen: „Die nachträgliche Erteilung einer Auflage gemäß §§ 56 f Abs. 2 Nr. 1, 56 e StGB ist daher nur zulässig, um das Genugtuungsbedürfnis der sich innerhalb der Bewährungszeit verändernden Bewährungssituation anzupassen, so etwa, wenn sich die Vermögensverhältnisse oder die Wiedergutmachungsvoraussetzungen wesentlich geändert haben (OLG Stuttgart NJW 1969, 1220; Dreher/Tröndle, § 56 e Rdn. 1; Horn, MDR

773 SchlHOLG, Beschl. v. 26.10.1994, – 1 Ws 370/94 – Hn = SchlHA 1995, 16 (17).
774 OLG Stuttgart, Beschl. v. 24.9.2004 – 1 Ws 248/04 = NStZ-RR 2004, 362 ff.
775 OLG Stuttgart, Beschl. v. 24.9.2004 – 1 Ws 248/04 = NStZ-RR 2004, 362 (363).

1981, 13; mit weiteren Einschränkungen: Schönke/Schröder/Stree StGB 23. Aufl., § 56 e Rdn. 3)."[776]

Und in der Entscheidung des OLG Hamm heißt es: „Die nachträgliche Erteilung einer Auflage gem. § 56 f Abs. 2 StGB ist daher nur zulässig, wenn nachträglich hervorgetretene oder erst während der Bewährungszeit bekannt gewordene Umstände nunmehr ein Genugtuungsbedürfnis hinsichtlich des Unrechtes der mit der Bewährungsstrafe geahndeten Tat ergeben, zu dessen Ausgleich die Anordnung einer Auflage i.S.v. § 56 b StGB angezeigt erscheint (vgl. SchlH OLG in SchlHA 96, 86; OLG Zweibrücken in JR 91, 290 m.w.Nachw.; mit weiteren Einschränkungen Horn in SK, StGB, a.a.O., § 56 e Rn. 2 a, 3 und § 56 f Rn. 27, 28)."[777] Weiter führt das OLG Hamm aus: „ ... die nachträgliche Anordnung einer Auflage gem. § 56 f Abs. 2 StGB aufgrund eines nunmehr bestehenden oder erhöhten Genugtuungsbedürfnisses ...."[778].

(3) Weitere Rechtsprechung

Die von der Literatur angeführten Entscheidungen des BGH[779], des OLG Hamm[780] sowie des OLG Koblenz[781] können zur Frage der verbindlichen Festsetzung des Genugtuungsbedürfnisses zum Urteilszeitpunkt und der hiermit zusammenhängenden Problematik der Auflagenverschärfung über § 56 e StGB nichts beitragen. In diesen Fällen ging es zwar auch um die nachträgliche Erteilung von Bewährungsauflagen bzw. die nachträgliche Auflagenverschärfung, allerdings nicht auf der Grundlage von § 56 e StGB. Die nachträgliche Auflagenerteilung bzw. Auflagenverschärfung erfolgte hier im Rahmen einer vom Angeklagten gegen das Urteil eingelegten Revision bzw. Berufung. Das Berufungsgericht hat ebenso wie das Tatgericht nach Aufhebung des Urteils durch das Revisionsgericht und Zurückverweisung nicht nur eine eigene Sachentscheidung zu treffen soweit das angefochtene Urteil betroffen ist. Sie haben zugleich einen neuen Bewährungsbeschluss zu erlassen, da mit Ergehen des Berufungs- bzw. Revisionsurteils das angefochtene Urteil gem. §§ 328 Abs. 1, 353 Abs. 1 StPO aufgehoben wird und damit zugleich aufgrund des „akzessorischen sachlichen Zusammenhang"[782] zwischen Urteil und Bewährungsbeschluss der Bewährungsbeschluss gegenstandslos wird, wenn das Urteil wegfällt[783]. Für die Berufung folgt dies aus den §§ 332 i. V. m. 268 a Abs. 1 HS 1 StPO. Eine vergleichbare Vorschrift gibt es für das Revisionsverfahren hingegen nicht. Allerdings

776 OLG Zweibrücken, Beschl. v. 19.11.1990 – 1 Ws 582/90 = JR 1991, 290 (290).
777 OLG Hamm, Beschl. v. 30.05.1996 – 3 Ws 153/96 = JMBl. NW 1996, 238 (239).
778 OLG Hamm, Beschl. v. 30.05.1996 – 3 Ws 153/96 = JMBl. NW 1996, 238 (239).
779 BGH, Beschl. v. 16.02.1982 – 5 StR 1/82 = JR 1982, 338.
780 OLG Hamm, Beschl. v. 23.03.1978 – 5 Ws 54/78 = NJW 1978, 1596 f.
781 OLG Koblenz, Beschl. v. 22.10.1976 – 1 Ws 513/76 = JR 1977, 346.
782 LR – Stuckenberg, StPO, 26. Aufl. (2013), Bd. 6 Teilbd. 2, § 268 a Rn. 2.
783 LR – Stuckenberg, StPO, 26. Aufl. (2013), Bd. 6 Teilbd. 2, § 268 a Rn. 19, 21 i. V. m. Rn. 2.

können Berufungs- bzw. Tatgericht den neuen Bewährungsbeschluss, sofern es um Bewährungsauflagen geht, nicht treffen, ohne das Genugtuungsbedürfnis neu zu bewerten. Denn im Berufungs- und Revisionsverfahren wird das angefochtene Urteil umfassend und damit auch hinsichtlich der verhängten Rechtsfolgen kontrolliert. Im Rahmen der eigenen erneuten Sachentscheidung des Berufungs- bzw. Tatgerichts kommt es dann auch zwangsläufig zur erneuten Beurteilung des Genugtuungsbedürfnisses. Im Berufungs- und Revisionsverfahren ist mit dieser Neubewertung des Genugtuungsbedürfnisses notwendigerweise die neue Festsetzung der zur Abgeltung erforderlichen Rechtsfolgen verbunden.

Hieraus kann aber noch nicht der Schluss gezogen werden, dass auch bei nachträglichen Entscheidungen gem. § 56 e StGB das Genugtuungsbedürfnis zum Urteilszeitpunkt keiner abschließenden Beurteilung unterzogen worden ist und deshalb eine Auflagenverschärfung möglich sein muss. Die Situation in den Berufungs- und Revisionsfällen ist mit derjenigen bei nachträglichen Entscheidungen gem. § 56 e StGB nicht vergleichbar. Denn bei letzterer geht es nicht um die Überprüfung des Bewährungsbeschlusses, sondern um die Anpassung der im Bewährungsbeschluss zunächst getroffenen Bewährungsentscheidungen an zwischenzeitlich geänderte Verhältnisse. Dies deckt sich mit der in der gerichtlichen Praxis ganz überwiegend vertretenen Ansicht, dass die rechtliche Neubewertung des Genugtuungsbedürfnisses kein Grund für eine über § 56 e StGB vorzunehmende Auflagenverschärfung sein kann[784].

c) *Eigener Standpunkt*

Die besseren Argumente sprechen dafür, eine Auflagenverschärfung über § 56 e StGB zuzulassen. Der Wortlaut von § 56 e StGB beschränkt die Änderung von Auflagen nicht auf die Schadenswiedergutmachungsauflage des § 56 b Abs. 2 S. 1 Nr. 1 StGB. Schließlich verweist der Wortlaut von § 56 e StGB auf § 56 b StGB, wodurch klargestellt ist, dass sämtliche der in § 56 b Abs. 2 S. 1 StGB aufgeführten Auflagen, die im Bewährungsbeschluss angeordnet worden sind (§ 268 a Abs. 1 HS 1 StPO), nachträglich geändert werden können. Auch enthält der Wortlaut von § 56 e StGB keine Einschränkung dahingehend, dass eine Auflagenänderung zulasten des Verurteilten ausgeschlossen sein soll. Der Sonderausschuss für die Strafrechtsreform hat zwar in seiner 111. Sitzung am 2. Oktober 1968 die Aufnahme eines auf Auflagen beschränkten Verbots der reformatio in peius in § 77 StGB – eine gleichlautende Vorschrift zum heutigen § 56 e StGB – im Hinblick auf den Charakter der Bewährungsauflagen diskutiert[785], einen entsprechenden Antrag eines Ausschussmitglieds

---

784 OLG Hamm, Beschl. v. 30.05.1996 – 3 Ws 153/96 = JMBl. NW 1996, 238 (238 f.); OLG Stuttgart, Beschl. v. 26.08.2003 – 1 Ws 231/03 = NStZ-RR 2004, 89 (89); OLG Stuttgart, Beschl. v. 24.09.2004 – 1 Ws 248/04 = NStZ-RR 2004, 362 (362 f.); OLG Koblenz, Beschl. v. 22.10.1976 – 1 Ws 513/76 = JR 1977, 346 (346).

785 Protokoll der 111. Sitzung des Sonderausschussess für die Strafrechtsreform, S. 2155 (2161 ff.).

dann aber abgelehnt[786]. Dass auch Auflagen zulasten des Verurteilten abänderbar sein müssen, ergibt sich darüber hinaus aus dem Telos von § 56 e StGB. Die Vorschrift dient dazu, eine „Anpassung an die jeweiligen Bedürfnisse des Einzelfalles zu ermöglichen“[787]. Da sich die Notwendigkeit einer Anpassung aber auch bei Auflagen stellen kann, muss es möglich sein auf veränderte Verhältnisse mit einer Auflagenänderung, die sich für den Verurteilten auch belastend auswirken kann, zu reagieren. Die Frage unter welchen Voraussetzungen dies möglich ist, sei an dieser Stelle zunächst noch einmal zurückgestellt.

aa) Die Möglichkeit einer Auflagenverschärfung gem. § 56 e StGB

(1) Keine reformatio in peius

Für eine Auflagenverschärfung über § 56 e StGB lässt sich weiterhin anführen, dass es sich bei der hierzu geführten Diskussion nur auf den ersten Blick um ein Problem der reformatio in peius handelt. Vielmehr geht es bei der Frage, ob der repressiv ausgerichtete Auflagenzweck – der Genugtuung für das begangene Unrecht zu dienen (§ 56 b Abs. 1 S. 1 StGB) – zur Folge hat, dass über das in der Auflagenhöhe zum Ausdruck kommende Genugtuungsbedürfnis zum Urteilszeitpunkt verbindlich entschieden wurde und daher nachträgliche Entscheidungen über § 56 e StGB ausgeschlossen sind, um die Frage der Rechtskraft des Bewährungsbeschlusses (§ 268 a Abs. 1 HS 1 StPO). Hiervon gehen auch der *Vors. Dr. h.c. Güde* und *MinDirig. Dr. Dreher* in der 111. Sitzung des Sonderausschusses für die Strafrechtsreform, die am 2. Oktober 1968 stattgefunden hat, aus. Ihnen zufolge gehe es darum, „ob das „Behandlungsprogramm“ für die Bewährungszeit rechtskräftig werde und nicht mehr geändert werden könne“[788].

Unter dem Verbot der reformatio in peius bzw. Verschlechterungsverbot wird ein das gesamte Rechtsmittelrecht durchziehender Grundsatz verstanden, demzufolge die mit dem Rechtsmittel angegriffene Entscheidung im Rechtsmittelverfahren nicht zum Nachteil desjenigen abgeändert werden darf, der das Rechtsmittel eingelegt hat[789]. Eine Entscheidung gem. § 56 e StGB stellt aber keine Rechtsmittelentscheidung dar, sodass das Verbot der reformatio in peius bei nachträglichen Entscheidungen gem. § 56 e StGB nicht zum Zuge kommt. Denn für diese Entscheidungen ist gem. § 462 a Abs. 2 S. 1 StPO das Gericht des ersten Rechtszuges zuständig[790], während im strafprozessualen Rechtsmittelverfahren aufgrund des sog.

786 Protokoll der 111. Sitzung des Sonderausschusses für die Strafrechtsreform, S. 2155 (2163).

787 BT-Drs. IV/650, S. 203 hinsichtlich § 77 StGB – einer wortgleichen Vorschrift zum heutigen § 56 e StGB.

788 Protokoll der 111. Sitzung des Sonderausschusses für die Strafrechtsreform, S. 2155 (2163).

789 Deutsches Rechts-Lexikon, 3. Aufl. (2001), Bd. 3, S. 4538 f.

790 NK – Ostendorf, StGB, 4. Aufl. (2013), Bd. 1, § 56 e Rn. 5; S/S – Stree/Kinzig, StGB, 29. Aufl. (2014), § 56 e Rn. 10.

Devolutiveffekts stets die höhere Instanz entscheidet[791]. An diese höhere Entscheidungsinstanz richtet sich das Verbot der reformatio in peius, das für die Berufung in § 331 Abs. 1 StPO und für die Revision in § 358 Abs. 2 S. 1 StPO geregelt ist. Da das für nachträgliche Entscheidungen nach § 56 e StGB zuständige erstinstanzliche Gericht demnach nicht Adressat des Verbots der reformatio in peius ist, gilt dieser Rechtsgrundsatz bei § 56 e StGB nicht.

Klarzustellen ist, dass die vorstehenden Ausführungen zur Auflagenverschärfung über § 56 e StGB und der Geltung des Verbots der reformatio in peius nicht mit der Frage zu verwechseln sind, ob das Rechtsmittelgericht bei einer Rechtsmitteleinlegung gegen das Urteil erster Instanz durch die Verschlechterungsverbote der §§ 331 Abs. 1, 358 Abs. 2 S. 1 StPO gehindert ist, die im Bewährungsbeschluss angeordnete Bewährungsauflage zulasten des Verurteilten neu festzusetzen[792]. Nur bei letzterem geht es um die Problematik der reformatio in peius, während es sich bei den Auflagenverschärfungen über § 56 e StGB um ein Rechtskraftproblem handelt.

(2) Keine formelle Rechtskraft des Bewährungsbeschlusses

Es stellt sich also die Frage, ob das über die Bewährungsauflagen abzugeltende Genugtuungsbedürfnis, dessen Umfang im Bewährungsbeschluss (§ 268 a Abs. 1 HS 1 StPO) über die Auflagenhöhe festgelegt wird, rechtskräfig festgestellt worden ist und aus diesem Grund eine Auflagenverschärfung nach § 56 e StGB ausgeschlossen ist. Entscheidend ist, ob der Bewährungsbeschluss nach § 268 a Abs. 1 HS 1 StPO formell rechtskräfig geworden ist. Denn mit Eintritt der formellen Rechtskraft kann die hiervon betroffene Entscheidung nicht mehr abgeändert werden[793]. Dies hätte in den Insolvenzanfechtungsfällen zur Folge, dass nach der insolvenzrechtlichen Rückabwicklung gem. § 143 Abs. 1 S. 1 InsO eine Auflagenverschärfung über § 56 e StGB durch die Anordnung, den an die Insolvenzmasse zurückgeflossenen Betrag ein weiteres Mal aus unpfändbarem Vermögen zu zahlen, ausgeschlossen ist. Beschlüsse sind der formellen Rechtskraft nur fähig, sofern das Gesetz ihre Unanfechtbarkeit anordnet oder eine Anfechtung nur mit der sofortigen Beschwerde möglich ist[794]. Letzteres ergibt sich aus der Fristgebundenheit der sofortigen Beschwerde (vgl. § 311 Abs. 2 StPO), die aus Rechtssicherheitsgesichtspunkten erforderlich ist, um durch den Fristablauf eine formell rechtskräftige Entscheidung erreichen zu können[795]. Der Bewährungsbeschluss nach § 268 a Abs. 1 HS 1 StPO

---

791 Beulke, Strafprozessrecht, 12. Aufl. (2012), Rn. 534.

792 Vgl. hierzu LK – Hubrach, StGB, 12. Aufl. (2008), Bd. 3, § 56 e Rn. 6 i. V. m. § 56 a Rn. 7 f.; SK – StPO/Velten, 4. Aufl. (2012), Bd. 5, § 268 a Rn. 2 f.

793 OLG München, Beschl. v. 30.04.1987 – 2 Ws 419-421/87 = MDR 1987, 782 (783); M-G/Schmitt-Meyer-Goßner, StPO, 58. Aufl. (2015), Einl Rn. 164, 166; LR – Kühne, StPO, 26. Aufl. (2006), Bd. 1, Einl. Abschn. K Rn. 69.

794 LR – Kühne, StPO, 26. Aufl. (2006), Bd. 1, Einl. Abschn. K Rn. 71; M-G/Schmitt-Meyer-Goßner, StPO, 58. Aufl. (2015), Einl Rn. 166.

795 LR – Matt, StPO, 26. Aufl. (2014), Bd. 7 Teilbd. 1, vor § 304 Rn. 28.

kann nicht in formelle Rechtskraft erwachsen, weil er weder von Gesetzes wegen unanfechtbar ist noch ausschließlich mit der sofortigen Beschwerde anfechtbar ist. Ersteres ergibt sich daraus, dass § 305 a Abs. 1 S. 1 StPO die Beschwerde nach § 304 Abs. 1 StPO gegen den Beschluss nach § 268 a Abs. 1 StPO ausdrücklich zulässt und damit die Anfechtbarkeit des Bewährungsbeschlusses gerade gesetzlich vorgesehen ist. Dass der Bewährungsbeschluss nach § 268 a Abs. 1 HS 1 StPO nicht mit der sofortigen Beschwerde anfechtbar ist, folgt daraus, dass gem. § 305 a Abs. 1 S. 1 StPO gegen den Beschluss nach § 268 a Abs. 1 Beschwerde zulässig ist. Damit scheidet eine Anfechtung des Bewährungsbeschlusses mit der sofortigen Beschwerde aus. Denn die sofortige Beschwerde ist nur dann einschlägig, wenn das Gesetz sie explizit als Rechtsbehelf zur Verfügung stellt; andernfalls bleibt es beim Regelfall der einfachen Beschwerde[796]. Der Bewährungsbeschluss nach § 268 a Abs. 1 HS 1 StPO kann demzufolge nicht formell rechtskräftig werden, sodass eine Änderung des Bewährungsbeschlusses über § 56 e StGB vor diesem Hintergrund nicht ausgeschlossen ist. Die fehlende Rechtskraft des Bewährungsbeschlusses nach § 268 a Abs. 1 HS 1 StPO ist der Grund dafür, dass das Gericht des ersten Rechtszugs nach § 56 e StGB nachträgliche Entscheidungen treffen kann[797]. In den Insolvenzanfechtungsfällen wäre danach eine Auflagenverschärfung über § 56 e StGB dergestalt, dass die rückabgewickelte Bewährungsauflage des § 56 b Abs. 2 S. 1 Nr. 2 bzw. 4 StGB nochmal aus unpfändbarem Vermögen zu zahlen ist, nicht ausgeschlossen.

bb) Voraussetzungen einer Auflagenverschärfung gem. § 56 e StGB

(1) Der Anstieg des Genugtuungsbedürfnisses am Beispiel der Schadenswiedergutmachungauflage nach § 56 b Abs. 2 S. 1 Nr. 1 StGB

Gleichwohl könnten die Ausführungen zur fehlenden formellen Rechtskraft des Bewährungsbeschlusses nach § 268 a Abs. 1 HS 1 StPO und der hieraus resultierenden Möglichkeit der Auflagenverschärfung über § 56 e StGB uneingeschränkt nur für diejenigen Fälle gelten, in denen wegen einer nachträglichen Zunahme des Schadensumfangs bzw. der nachträglichen Kenntis des Gerichts von der eigentlichen Schadenshöhe eine Verschärfung der in § 56 b Abs. 2 S. 1 Nr. 1 StGB geregelten Schadenswiedergutmachungsauflage im Raum steht. Jedenfalls in diesen Fällen lässt sich die Verschärfung mit der repressiven Ausrichtung der Auflagen – der Genugtuung für das begangene Unrecht zu dienen (§ 56 b Abs. 1 S. 1 StGB) – in

---

796 Beulke, Strafprozessrecht, 12. Aufl. (2012), Rn. 582.

797 MüKo – Groß, StGB, 2. Aufl. (2012), Bd. 2, § 56 e Rn. 1; S/S/W – Mosbacher, StGB, 2. Aufl. (2014), § 56 e Rn. 1; LR – Matt, StPO, 26. Aufl. (2014), Bd. 7 Teilbd. 1, vor § 304 Rn. 60, § 305 a Rn. 7; in diese Richtung NK – Ostendorf, StGB, 4. Aufl. (2013), Bd. 1, § 56 e Rn. 1, der von einer Einengung der Rechtskraftwirkung ausgeht; SK – StGB/Schall, 8. Aufl. (2012), Bd. 2, § 56 e Rn. 2 (Stand: April 2010) hält den Bewährungsbeschluss des § 268 a Abs. 1 HS 1 StPO für rechtskraftfähig, befürwortet aber dennoch nachträgliche Entscheidungen nach § 56 e StGB.

Einklang bringen. Dies folgt daraus, dass auch eine Auflagenverschärfung über § 56 e StGB der Bindung an den in § 56 b Abs. 1 S. 1 StGB genannten Auflagenzweck unterliegt. Dies bedeutet, dass auch die Verschärfung zur Genugtuung für das begangene Unrecht vorgenommen worden sein muss[798]. Dies schließt mit ein, dass die Auflagenverschärfung zur Erreichung der Genugtuungsfunktion geeignet ist. Eine losgelöst vom Auflagenzweck vorgenommene Auflagenverschärfung über § 56 e StGB würde gegen das Gesetz verstoßen[799], weil sie dem in § 56 b Abs. 1 S. 1 StGB niedergelegten Auflagenzweck zuwiderlaufen würde. Aus dieser Bindung an den Auflagenzweck des § 56 b Abs. 1 S. 1 StGB folgt, dass eine Auflagenverschärfung über § 56 e StGB einen Anstieg des Genugtuungsbedürfnisses vorausssetzt[800]. Bedürfte die Auflagenverschärfung über § 56 e StGB nicht dieser Rechtfertigung, wäre sie willkürlich möglich.

Darüber hinaus ist ein Anstieg des Genugtuungsbedürfnisses für eine Auflagenverschärfung über § 56 e StGB schon deshalb unabdingbar, weil der Verurteilte unter Verhältnismäßigkeitsgesichtspunkten nur soweit in Anspruch genommen werden kann, wie dies zur Genugtuung für das begangene Unrecht i. S. v. § 56 b Abs. 1 S. 1 StGB erforderlich ist. Der Auflagenzweck des § 56 b Abs. 1 S. 1 StGB begrenzt damit die Inanspruchnahme des Verurteilten und ist daher die äußerste Grenze seiner Belastbarkeit[801].

Da eine Auflagenverschärfung über § 56 e StGB einen Anstieg des Genugtuungsbedürfnisses voraussetzt, kann es sich bei den neuen Umständen, die eine nachträgliche Entscheidung gem. § 56 e StGB in Form einer Auflagenverschärfung veranlassen, nur um solche handeln, die geeignet sind, das Genugtuungsbedürfnis ansteigen zu lassen. Die Steigerung des Genugtuungsinteresses muss sich kausal auf den neuen Umstand zurückführen lassen[802].

798 MüKo – Groß, StGB, 2. Aufl. (2012), Bd. 2, § 56 e Rn. 7; i.E. ebenso LK – Hubrach, StGB, 12. Aufl. (2008), Bd. 3, § 56 e Rn. 7; SK – StGB/Schall, 8. Aufl. (2012), Bd. 2, § 56 e Rn. 3 (Stand: April 2010); a.A. NK – Ostendorf, StGB, 4. Aufl. (2013), Bd. 1, § 56 e Rn. 2, demzufolge es nur auf die allgemeine Zielsetzung der Strafaussetzung zur Bewährung – der „Resozialisierung in Freiheit" – ankommt.

799 MüKo – Groß, StGB, 2. Aufl. (2012), Bd. 2, § 56 e Rn. 7.

800 I.E. ebenso Lackner/Kühl, StGB, 28. Aufl. (2014), § 56 e Rn. 3; LK – Hubrach, StGB, 12. Aufl. (2008), Bd. 3, § 56 e Rn. 7.

801 Vgl. hierzu BGH, Beschl. v. 20.01.1988 – 3 StR 434/87 = BGHR, Bd. 6, § 56 b StGB Wiedergutmachung 1, wonach die erteilte Schadenswiedergutmachungsauflage des § 56 b Abs. 2 S. 1 Nr. 1 StGB der vollen Höhe nach ausschließlich der Wiedergutmachung des Schadens dienen darf, der durch die Tat entstanden ist und der noch besteht.; S/S – Stree/Kinzig, StGB, 29. Aufl. (2014), § 56 b Rn. 20.

802 Lackner/Kühl, StGB, 28. Aufl. (2014), § 56 e Rn. 3; LK – Hubrach, StGB, 12. Aufl. (2008), Bd. 3, § 56 e Rn. 7.

Für den neuen Umstand als Anlass einer nachträglichen Entscheidung gem. § 56 e StGB sind ausschließlich neue tatsächliche Umstände maßgebend[803]. Denn wenn § 56 e StGB eine Anpassung an die jeweiligen Bedürfnisse des Einzelfalles sicherstellen will[804], dann kann für die hierfür vorausgesetzte Änderung der Verhältnisse nur eine Änderung derjenigen Tatsachengrundlage entscheidend sein, die bereits der Auflagenerteilung und damit dem Bewährungsbeschluss des § 268 a Abs. 1 HS 1 StPO zugrunde lag. Neue Bedürfnisse können sich nur aus einer geänderten Tatsachenlage heraus, nicht jedoch aus neuen rechtlichen Gesichtspunkten ergeben. Ansonsten würde dem Gericht die Pflicht zur sorgfältigen Gesetzesanwendung abgenommen, wenn es die Möglichkeit hätte, die rechtliche Neubewertung des gleichen Sachverhalts zum Anlass einer nachträglichen Entscheidung gem. § 56 e StGB zu gebrauchen. Dies deckt sich mit der Auffassung der Praxis, dass die rechtliche Neubewertung des Genugtuungsbedürfnisses für eine über § 56 e StGB vorzunehmende Auflagenverschärfung gerade nicht ausreichend sein soll[805].

Bei der Bewährungsauflage des § 56 b Abs. 2 S. 1 Nr. 1 StGB (nach Kräften den durch die Tat verursachten Schaden wieder gutzumachen) lässt sich eine Steigerung des Genugtuunginteresses aber nur über eine nachträgliche Schadenserhöhung oder durch die nachträgliche Kenntniserlangung des Gerichts von der eigentlichen Schadenshöhe rechtfertigen[806]. Das über die Erfüllung der Bewährungsauflage zu befriedigende Genugtuungsbedürfnis spiegelt sich in der Schadenshöhe wieder[807]. Mit steigendem Schaden steigt das Genugtuungsbedürfnis an und erhöht sich der Umfang der zur Abgeltung erforderlichen Bewährungsauflagen. Eine hierauf gestützte Auflagenverschärfung über § 56 e StGB würde dann zwangsläufig den repressiven Auflagenzweck – der Genugtuung für das begangene Unrecht zu dienen (§ 56 b Abs. 1 S. 1 StGB) – verfolgen, weil die Zunahme des Schadensumfangs und die damit verbundene Steigerung des Genugtuungsinteresses kausal auf das in der Vergangenheit begangene Unrecht zurückzuführen sind. Auf diesem Wege wird durch die Auflagenverschärfung gem. § 56 e StGB das erreicht, was § 56 b Abs. 2 S. 1 Nr. 1 StGB vorsieht, nämlich „ ... den durch die Tat verursachten Schaden wieder gutzumachen“[808].

---

803 Vgl. OLG Stuttgart, Beschl. v. 10.02.1969 – 2 Ws 29/69 = NJW 1969, 1220 (1220); OLG Stuttgart, Beschl. v. 26.08.2003 – 1 Ws 231/03 = NStZ-RR 2004, 89 (89); OLG Stuttgart, Beschl. v. 24.09.2004 – 1 Ws 248/04 = NStZ-RR 2004, 362 (363); LG Kempten, Beschl. v. 15.09.1977 – 2 Qs 210/77 = NJW 1978, 839 (840); NK – Ostendorf, StGB, 4. Aufl. (2013), Bd. 1, § 56 e Rn. 2; SK – StGB/Schall, 8. Aufl. (2012), Bd. 2, § 56 e Rn. 3 (Stand: April 2010); MüKo – Groß, StGB, 2. Aufl. (2012), Bd. 2, § 56 e Rn. 9, 17; Fischer, StGB, 63. Aufl. (2016), § 56 e Rn. 1; HK – GS/Braasch, 3. Aufl. (2013), § 56 e StGB Rn. 1; LK – Hubrach, StGB, 12. Aufl. (2008), Bd. 3, § 56 e Rn. 6.

804 Siehe E.III.3.a.

805 Siehe E.III.3.b.bb.(3).

806 Jescheck/Weigend, AT, 5. Aufl. (1996), S. 845.

807 Vgl. S/S-Stree/Kinzig, StGB, 29. Aufl. (2014), § 56 b Rn. 5.

808 So auch S/S – Stree/Kinzig, StGB, 29. Aufl. (2014), § 56 e Rn. 6.

(2) Die Förderung der Genugtuungsfunktion bei zunehmender Leistungsfähigkeit des Verurteilten bzw. nachträglich erlangte Kenntnis von der ausreichend vorhandenen Leistungsfähigkeit des Verurteilten

Anders sieht es hingegen in Fällen aus, in denen die Leistungsfähigkeit des Verurteilten eine Rolle spielt, gleichgültig, um welche Art von Bewährungsauflage es sich handelt. Denn ein Anstieg des Genugtuungsbedürfnisses ist weder mit der Verbesserung der Leistungsfähigkeit bzw. den Vermögensverhältnissen des Verurteilten noch mit der nachträglich erlangten Kenntnis des Gerichts von seiner schon zum Urteilszeitpunkt ausreichend vorhandenen Leistungsfähigkeit bzw. guten Finanzausstattung verbunden. Dies ist darauf zurückzuführen, dass erstens das Genugtuungsbedürfnis scharf von der (wirtschaftlichen) Leistungsfähigkeit des Verurteilten zu trennen ist und zweitens die (wirtschaftliche) Leistungsfähigkeit keinen Einfluss auf den Grad des Genugtuungsinteresses haben kann. Die (wirtschaftliche) Leistungsfähigkeit des Verurteilten spielt bei den Bewährungsauflagen nur insoweit eine Rolle als es um den Grad seiner Inanspruchnahme geht. Denn nach § 56 b Abs. 1 S. 2 StGB dürfen an den Verurteilten keine unzumutbaren Anforderungen gestellt werden, soweit es um die Auflagenerteilung geht[809]. Da der Auflagenerteilung und der Frage ihrer Zumutbarkeit zwangsläufig jedoch die Festlegung des abzugeltenden Genugtuungsbedürfnisses vorausgeht, kann eine zwischenzeitliche Veränderung der (wirtschaftlichen) Leistungsfähigkeit oder die nachträgliche Kenntnis des Gerichts von der eigentlichen (wirtschaftlichen) Leistungsfähigkeit des Verurteilten keinen Einfluss auf das bereits feststehende Genugtuungsinteresse mehr haben.

Die Zunahme der (wirtschaftlichen) Leistungsfähigkeit des Verurteilten bzw. die nachträgliche Kenntnis des Gerichts von der schon zum Urteilszeitpunkt bestehenden ausreichenden (wirtschaftlichen) Leistungsfähigkeit des Verurteilten kann allenfalls dazu führen, dass die dem Verurteilten gewährte Ratenzahlung, (Zahlungs-)Frist oder sonstige Erleichterungen bei der Leistungserbringung nachträglich wegfallen und der Verurteilte die zur Befriedigung des Genugtuungsbedürfnisses erforderlichen Auflagen in einem bzw. sofort zu zahlen/zu erbringen hat oder aber er sich den sonstigen erschwerten Bedingungen der Leistungserbringung stellen muss. Denn das Gericht hat die Möglichkeit, dem Verurteilten im Bewährungsbeschluss nach § 268 a Abs. 1 HS 1 StPO Ratenzahlungen zu gewähren und Zahlungsfristen zu bestimmen[810], was schon zur Wahrung des Zumutbarkeitsgebots des § 56 b Abs. 1 S. 2 StGB erforderlich ist, sofern die Vermögensverhältnisse des Verurteilten instabil sind. Da das Zumutbarkeitsgebot des § 56 b Abs. 1 S. 2 StGB für sämtliche der in § 56 b Abs. 2 S. 1 StGB aufgeführten Bewährungsauflagen

---

809 LK – Hubrach, StGB, 12. Aufl. (2008), Bd. 3, § 56 b Rn. 3; SK – StGB/Schall, 8. Aufl. (2012), Bd. 2, § 56 b Rn. 4 (Stand: April 2010); MüKo – Groß, StGB, 2. Aufl. (2012), Bd. 2, § 56 b Rn. 6.

810 OLG Köln, Beschl. v. 9.4.1957 – 1 Ws 114/57 = NJW 1957, 1120; LK – Hubrach, StGB, 12. Aufl. (2008), Bd. 3, § 56 b Rn. 31; S/S – Stree/Kinzig, StGB, 29. Aufl. (2014), § 56 b Rn. 11 zur Bewährungsauflage des § 56 b Abs. 2 S. 1 Nr. 2 StGB.

gilt[811], kann die Gewährung von Erleichterungen bei der Leistungserbringung nicht auf Bewährungsauflagen beschränkt sein, die eine Geldzahlung zum Inhalt haben. Die genannten Erleichterungen bei der Auflagenerbringung lassen sich aber nur solange rechtferigen, wie die (Finanz-)Verhältnisse des Verurteilten angespannt sind, sodass die Besserung seiner Leistungsfähigkeit bzw. Vermögensverhältnisse zum Wegfall der ihm eingeräumten (Zahlungs-)Erleichterungen führt, ohne dass es hierdurch gleichzeitig zu einem Anstieg des Genugtuungsbedürfnisses und damit zu einer Auflagenverschärfung nach § 56 e StGB kommt. Die Besserung der (wirtschaftlichen) Leistungsfähigkeit des Verurteilten wirkt sich daher nur negativ auf die ihm gewährten erleichterten Modalitäten der Leistungserbringung aus, lässt den zur Genugtuung erforderlichen Leistungsumfang aber unberührt.

Die vorstehenden Ausführungen gelten für die Schadenswiedergutmachungsauflage des § 56 b Abs. 2 S. 1 Nr. 1 StGB gleichermaßen. Bei dem in § 56 b Abs. 2 S. 1 Nr. 1 StGB genannten Merkmal „nach Kräften" handelt es sich lediglich um eine spezielle Ausprägung des in § 56 b Abs. 1 S. 2 StGB genannten Zumutbarkeitsgebots[812]. Das Merkmal „nach Kräften" rechtfertigt es jedoch nicht, die steigende (finanzielle) Leistungsfähigkeit des Verurteilten zur Begründung eines höheren Genugtuungsinteresses heranzuziehen, um so über § 56 e StGB den Verurteilten in einem Maße in Anspruch zu nehmen, das über „den durch die Tat verursachten Schaden" i. S. v. § 56 b Abs. 2 S. 1 Nr. 1 StGB hinausgeht. Denn der aus der Tatbegehung resultierende Schaden und der damit verbundene Grad notwendiger Genugtuung stellen im Hinblick auf den Auflagenzweck des § 56 b Abs. 1 S. 1 StGB und den stets zu wahrenden Verhältnismäßigkeitsgrundsatz die Grenze der Belastbarkeit des Verurteilten dar[813]. Diese Grenze ist schon dadurch festgelegt, dass der Schaden i. S. v. § 56 b Abs. 2 S. 1 Nr. 1 StGB nach zivilrechtlichen Grundsätzen zu bestimmen ist, wodurch der Belastungsumfang begrenzt wird[814]. Innerhalb dieses Belastungsumfangs kann dem Merkmal „nach Kräften" nur noch die Funktion zukommen, auf die (wirtschaftliche) Leistungsfähigkeit des Verurteilten angemessen Rücksicht zu nehmen. Vor diesem Hintergrund wäre es verfehlt, aus dem Merkmal „nach Kräften" den Schluss zu ziehen, dass bei der Schadenswiedergutmachungsauflage des § 56 b Abs. 2 S. 1 Nr. 1 StGB eine Auflagenverschärfung über § 56 e StGB wegen einer Zunahme der (wirtschaftlichen) Leistungsfähigkeit des Verurteilten möglich ist, wohingegen dies wegen Fehlens dieses oder eines vergleichbaren Merkmals bei den Bewährungsauflagen nach § 56 b Abs. 2 S. 1 Nr. 2 – 4 StGB ausgeschlossen ist. Wenn § 56 e StGB dazu dient, eine „Anpassung an die jeweiligen Bedürfnisse des

811 LK – Hubrach, StGB, 12. Aufl. (2008), Bd. 3, § 56 b Rn. 3.

812 MüKo – Groß, StGB, 2. Aufl. (2012), Bd. 2, § 56 b Rn. 13; SK – StGB/Schall, 8. Aufl. (2012), Bd. 2, § 56 b Rn. 8 (Stand: April 2010); LK – Hubrach, StGB, 12. Aufl. (2008), Bd. 3, § 56 b Rn. 10.

813 Siehe E.III.3.c.bb.(1).

814 SK – StGB/Schall, 8. Aufl. (2012), Bd. 2, § 56 b Rn. 6 (Stand: April 2010); LK – Hubrach, StGB, 12. Aufl. (2008), Bd. 3, § 56 b Rn. 6.

Einzelfalles zu ermöglichen“[815], dann greift dieser Zweck nicht nur bei der Schadenswiedergutmachungsauflage des § 56 b Abs. 2 S. 1 Nr. 1 StGB, sondern gilt vielmehr für alle in § 56 b Abs. 2 S. 1 StGB genannten Bewährungsauflagen. Der Wortlaut von § 56 e StGB verweist auf § 56 b StGB und differenziert damit nicht nach den in § 56 b Abs. 2 S. 1 StGB aufgeführten Bewährungsauflagen. Eine Auflagenverschärfung über § 56 e StGB ist im Hinblick auf den Auflagenzweck des § 56 b Abs. 1 S. 1 StGB unabhängig von der Art der Bewährungsauflage nur bei einem Anstieg des Genugtuungsbedürfnisses möglich, nicht jedoch bei der bloßen Besserung der (wirtschaftlichen) Leistungsfähigkeit.

Auch wenn die (wirtschaftliche) Leistungsfähigkeit des Verurteilten nicht Teil des Genugtuungsbedürfnisses ist, bleibt sie bei der Auflagenverschärfung im Rahmen von § 56 e StGB nicht vollkommen unberücksichtigt. Denn über das Zumutbarkeitsgebot des § 56 b Abs. 1 S. 2 StGB sind die individuellen Verhältnisse des Verurteilten zu berücksichtigen[816], weshalb eine unter dem eigentlich erforderlichen Genugtuungsumfang liegende Inanspruchnahme des Verurteilten geboten sein kann, wenn die wirtschaftlichen oder sonstigen persönlichen Verhältnisse des Verurteilten eine dem Genugtuungsbedürfnis entsprechende Belastung nicht zulassen oder aber der Verurteilte seine persönlichen Verhältnisse wahrheitswidrig schlechter dargestellt hat als sie tatsächlich sind und das Gericht den Verurteilten nicht in dem Maße über die Bewährungsauflage belangt hat, wie dies eigentlich geboten gewesen wäre. In diesen Fällen werden dem Verurteilten regelmäßig Erleichterungen bei der Aufbringung der ihm abverlangten Bewährungsauflage gewährt. Die damit einhergehende, unter dem Genugtuungsbedürfnis liegende Belastung des Verurteilten lässt sich mit zunehmender (wirtschaftlicher) Leistungsfähigkeit bzw. nachträglich erlangter Kenntnis des Gerichts von der wahren (wirtschaftlichen) Leistungsfähigkeit aber nicht mehr rechtfertigen, sodass eine Anpassung über § 56 e StGB in Form des nachträglichen Wegfalls der dem Verurteilten gewährten Leistungserleichterungen erforderlich wird. Die damit verbundene Auflagenverschärfung gem. § 56 e StGB bezieht sich ausschließlich auf das Entfallen der Erleichterungen bei der Leistungserbringung. Mangels Anstiegs des Genugtuungsbedürfnisses kann die Auflagenverschärfung gem. § 56 e StGB aber nicht auf die Anhebung der zum Urteils-/Beschlusszeitpunkt verbindlich festgelegten Genugtuungsleistungen[817] gerichtet sein[818]. Um in diesen Fällen über § 56 e StGB eine Auflagenverschärfung vornehmen

---

815 BT-Drs. IV/650, S. 203 hinsichtlich § 77 StGB – einer wortgleichen Vorschrift zum heutigen § 56 e StGB.

816 MüKo – Groß, StGB, 2. Aufl. (2012), Bd. 2, § 56 b Rn. 6.

817 SchlHOLG, Beschl. v. 26.10.1994 – 1 Ws 370/94 – Hn = SchlHA 1995, 16 (17), demzufolge die verbindliche Festsetzung des Umfangs an notwendigen Genugtuungsleistungen schon zum Urteilszeitpunkt möglich ist.

818 A.A. LK – Gribbohm, StGB, 11. Aufl. (2003), Bd. 2, § 56 e Rn. 6, der die Erhöhung von Zahlungsauflagen zugunsten gemeinnütziger Einrichtungen oder der Staatskasse für möglich hält, wenn nachträglich bekannt wird, dass die wirtschaftlichen Verhältnisse des Verurteilten entgegen seiner Behauptungen bei Gericht in

zu können, muss die Steigerung der (wirtschaftlichen) Leistungsfähigkeit bzw. die nachträglich erlangte Kenntnis des Gerichts von den wahren (wirtschaftlichen) Verhältnissen des Verurteilten nicht mit einem Anstieg des Genugtuungsbedürfnisses einhergehen. Alles andere würde dem Zweck von § 56 e StGB, der gerade darin besteht, geänderten Verhältnissen Rechnung zu tragen[819], zuwiderlaufen. Die Anhebung der dem Verurteilten abverlangten Leistungen erfolgt mit Blick auf den zum Urteils- /Beschlusszeitpunkt verbindlich festgelegten Genugtuungsumfang, sodass die erhöhten Leistungsanforderungen an den Verurteilten jedenfalls zur Verwirklichung der Genugtuungsfunktion beitragen.

(3) Fazit

Zum Verhältnis von (wirtschaftlicher) Leistungsfähigkeit des Verurteilten und Genugtuungsbedürfnis kann abschließend Folgendes festgehalten werden: Im Hinblick auf die von § 56 e StGB bezweckte Anpassung an sich verändernde Verhältnisse ist eine Auflagenverschärfung gem. § 56 e StGB zulässig, wenn es

(1.) entweder zu einem Anstieg des Genugtuungsbedürfnisses durch neue tatsächliche Umstände oder
(2.) bei unverändertem Genugtuungsbedürfnis zu einer Zunahme der (wirtschaftlichen) Leistungsfähigkeit des Verurteilten kommt bzw. das Gericht erst nachträglich Kenntnis von den schon zum Urteils- /Beschlusszeitpunkt soliden (wirtschaftlichen) Verhältnissen des Verurteilten erlangt.

Die Auflagenverschärfung bezieht sich im letztgenannten Fall nur auf den nachträglichen Wegfall von Erleichterungen bei der Leistungserbringung. Das Genugtuungsbedürfnis ist unabhängig von der (wirtschaftlichen) Leistungsfähigkeit des Verurteilten bzw. der hierauf bezogenen, nachträglich erlangten Kenntis des Gerichts. Mit der Steigerung der (wirtschaftlichen) Leistungsfähigkeit des Verurteilten bzw. der nachträglichen Kenntniserlangung des Gerichts von den wahren (wirtschaftlichen) Verhältnissen muss nicht zwangsläufig ein Anstieg des Genugtuungsbedürfnisses verbunden sein, um eine Auflagenverschärfung über § 56 e StGB rechtfertigen zu können. Dies zeigt sich an den Fällen, in denen dem Verurteilten Erleichterungen bei der Erbringung der Bewährungsauflagen gewährt wurden. Andererseits ist aber auch eine Steigerung des Genugtuungsinteresses bei gleichbleibender (wirtschaftlicher) Leistungsfähigkeit des Verurteilten bzw. weiterhin vorliegender Unkenntnis des Gerichts von den in Wahrheit guten (wirtschaftlichen) Verhältnissen des Verurteilten denkbar, z.B. wegen einer Zunahme des Schadensumfangs bei der Schadenswiedergutmachungsauflage des § 56 b Abs. 2 S. 1 Nr. 1 StGB. Für die Auflagenverschärfung gem. § 56 e StGB sind der Anstieg des Genugtuungsbedürfnisses sowie die Besserung der (wirtschaftlichen) Leistungsfähigkeit

---

Wahrheit hinreichend solide sind oder sich seine Vermögenssituation zwischenzeitlich deutlich stabilisert hat.

819 Siehe E.III.3.a.

des Verurteilten bzw. die nachträglich erlangte Kenntnis des Gerichts von den soliden (wirtschaftlichen) Verhältnissen des Verurteilten als alternative, nicht aber als zwingend kumulativ vorliegende und kausal miteinander verbundene Faktoren zu verstehen.

d) Die Auflagenverschärfung über § 56 e StGB in den Insolvenzanfechtungsfällen

aa) Die insolvenzrechtliche Rückabwicklung gem. § 143 Abs. 1 S. 1 InsO als neuer Umstand

In den Insolvenzanfechtungsfällen stellt sich die Frage, ob die Insolvenz, die Insolvenzanfechtung und die Rückgewähr der geldwerten Bewährungsauflage (§ 56 b Abs. 2 S. 1 Nr. 2 bzw. 4 StGB) zur Insolvenzmasse gem. § 143 Abs. 1 S. 1 InsO neue, also nachträglich eingetretene oder bekannt gewordene Umstände darstellen. Diese Umstände können zum Zeitpunkt der Auflagenerteilung noch nicht vorgelegen haben, sodass es sich nicht um Altumstände, die erst nachträglich bekannt geworden sind, sondern allenfalls um neu eingetretene Umstände handeln kann. Dies ergibt sich daraus, dass eine erfolgreiche Insolvenzanfechtung gem. § 129 Abs. 1 InsO voraussetzt, dass die Rechtshandlung vor Eröffnung des Insolvenzverfahrens vorgenommen worden sein muss. Wenn aber die Bewährungsauflage, um anfechtbar zu sein, vor der Eröffnung des Insolvenzverfahrens nicht nur erfüllt, sondern notwendigerweise im Bewährungsbeschluss nach § 268 a Abs. 1 HS 1 StPO erteilt worden sein muss, dann kann es sich bei der Insolvenz, der Insolvenzanfechtung der Bewährungsauflage sowie deren insolvenzrechtlicher Rückabwicklung gem. § 143 Abs. 1 S. 1 InsO nur um neu eingetretene Umstände handeln, die zum Zeitpunkt der Auflagenerteilung noch nicht vorgelegen haben und deshalb dem Gericht auch nicht nachträglich bekannt geworden sein können. Insolvenz, Insolvenzanfechtung und insolvenzrechtliche Rückabwicklung schließen sich im Hinblick auf § 129 Abs. 1 InsO zwangsläufig an die Auflagenfestsetzung und -erfüllung an.

Ob Insolvenz, Insolvenzanfechtung und insolvenzrechtliche Rückabwicklung als neu einzustufen sind, ist insofern fraglich als die ihnen zugrundeliegenden Tatsachen bei wirtschaftlich angeschlagenen Verurteilten regelmäßig schon zum Zeitpunkt der Erteilung von Auflagen im Bewährungsbeschluss gem. § 268 a Abs. 1 HS 1 StPO vorliegen werden. Dies gilt jedenfalls für diejenigen Tatsachen, aus denen sich die angespannten wirtschaftlichen Verhältnisse des Verurteilten ergeben und die (mit-)ursächlich für die spätere Insolvenz sind. Von diesen Tatsachen und der schlechten Finanzsituation des Verurteilten wird das Gericht, was die Bewilligung von Ratenzahlungen im Bewährungsbeschluss belegen wird, Kenntnis haben. Ein weiterer Anhaltspunkt für eine entsprechende Kenntnis des Gerichts ist eine Befragung nach § 265 a S. 1 StPO, die das Gericht in geeigneten Fällen vor der Gewährung von Ratenzahlungen vorgenommen haben wird. Diese dient unter anderem dazu, die Leistungsfähigkeit des Verurteilten in Erfahrung zu bringen, um ihn nicht über Gebühr in Anspruch zu nehmen, da an den Verurteilten bzw. an dessen Lebensführung gem. §§ 56 b Abs. 1 S. 2, 56 c Abs. 1 S. 2 StGB keine unzumutbaren Anforderungen gestellt werden dürfen[820].

Da das Gericht aber nur Kenntnis von der angespannten Finanzsituation haben wird, nicht jedoch davon, dass diese dermaßen stark angespannt ist, dass es zur Eröffnung des Insolvenzverfahrens kommen wird, wird man die nach Erlass des Bewährungsbeschlusses eintretende Verschärfung der wirtschaftlichen Verhältnisse gleichwohl als neuen Umstand einstufen müssen. Dem steht auch nicht entgegen, dass das Gericht aufgrund der zum Zeitpunkt des Bewährungsbeschlusses ohnehin schon schlechten Finanzausstattung des Verurteilten mit einer Verschärfung der Finanzsituation beim Verurteilten rechnen musste, die Zuspitzung der Finanzlage für das Gericht daher nicht überraschend und vollkommen neu war. Hiermit lässt sich die Frage, ob es sich um einen neu eingetretenen Umstand handelt, nicht wegdiskutieren. Denn die Einbeziehung eines prognostischen Elements kann an bestehenden Tatsachen nichts ändern. Selbst wenn die Verschärfung der Finanzsituation für das Gericht nicht unwahrscheinlich war, konnte es von diesem zukünftigen Umstand keine positive Kenntnis haben. Vor diesem Hintergrund sind diejenigen Tatsachen, die nach der Auflagenfestsetzung im Bewährungsbeschluss nach § 268 a Abs. 1 HS 1 StPO eingetreten und auslösend für die Insolvenz gewesen sind, als neu anzusehen.

Gleichwohl können diese neuen Umstände eine zweite Auflagenerteilung über § 56 e StGB nicht rechtfertigen, da sie nur auslösend für die spätere Insolvenz gewesen sind. Es sind aber nicht diese neu eingetretenen Umstände, sondern die insolvenzrechtliche Rückabwicklung als solche, die nachträglich die Erfüllung der Bewährungsauflage und damit das Genugtuungsinteresse in einem anderen Licht erscheinen lässt und die Frage aufwirft, ob die gleiche Bewährungsauflage modifiziert dergestalt ein weiteres Mal angeordnet werden darf, dass die Zahlung insolvenzanfechtungssicher aus unpfändbarem Vermögen zu erbringen ist. Die Verschärfung der Finanzsituation des Verurteilten nach Erlass des Bewährungsbeschlusses stellt als neu eingetretener Umstand das Genugtuungsbedürfnis nicht in Frage, sodass es aus diesem Grund an dem für eine über § 56 e StGB vorzunehmende Auflagenverschärfung erforderlichen Kausalzusammenhang zwischen neuem Umstand und Genugtuungsbedürfnis fehlt. Aus diesem Grund kann nur die insolvenzanfechtungsbedingte Rückabwicklung zur Insolvenzmasse gem. § 143 Abs. 1 S. 1 InsO nicht aber die Verschärfung der wirtschaftlichen Verhältnisse neuer tatsächlicher Umstand sein, der eine Auflagenverschärfung gem. § 56 e StGB rechtfertigt, sofern hiermit ein Anstieg des Genugtuungsbedürfnisses verbunden ist.

---

820 SK – StPO/Velten, 4. Aufl. (2012), Bd. 5, § 265 a Rn. 1, 5; KK – Kuckein, 7. Aufl. (2013), § 265 a StPO Rn. 1; LR – Stuckenberg, StPO, 26. Aufl. (2013), Bd. 6 Teilbd. 2, § 265 a Rn. 2.

bb) Die Auswirkungen der insolvenzrechtlichen Rückabwicklung gem. § 143 Abs. 1 S. 1 InsO auf das Genugtuungsbedürfnis

Ausgehend von der Annahme, dass eine Änderung von Auflagen zulasten des Verurteilten über § 56 e StGB mangels Rechtskraft des Bewährungsbeschlusses (§ 268 a Abs. 1 HS 1 StPO) möglich ist, sofern das Genugtuungsbedürfnis angestiegen ist, stellt sich die Frage, welche Auswirkungen die insolvenzrechtliche Rückabwicklung gem. § 143 Abs. 1 S. 1 InsO auf das Genugtuungsinteresse hat. Angesichts der Rückgewähr der erfolgreich angefochtenen Bewährungsauflage zur Insolvenzmasse wird man nicht von einer Steigerung des Genugtuungsbedürfnisses sprechen können. Es kann sich hierbei allenfalls um ein Wiederaufleben des durch die Auflagenerfüllung befriedigten Genugtuungsinteresses handeln. Ein solches Wiederaufleben ist aber abzulehnen. Für die geldwerten Bewährungsauflagen des § 56 b Abs. 2 S. 1 Nr. 2 bzw. 4 StGB kommt es nämlich wie bei der Geldstrafe und den Geldauflagen des § 153 a Abs. 1 S. 2 Nr. 2 StPO lediglich auf den zeitweiligen Konsumverzicht als Sanktionsübel an. Denn wenn sich das Strafübel der Geldstrafe – der vorübergehende Konsumverzicht – als Sanktionsübel auf die Geldauflagen des § 153 a Abs. 1 S. 2 Nr. 2 StPO übertragen lässt[821], obwohl es sich bei letzteren um bloß außerstrafrechtliche Sanktionen eigener Art handelt[822], dann muss diese Übertragbarkeit erst recht bei den strafähnlichen Bewährungsauflagen greifen. Denn als strafähnliche Maßnahmen sind sie der Geldstrafe ähnlicher als den nichtstrafrechtlichen Geldauflagen des § 153 a Abs. 1 S. 2 Nr. 2 StPO. Das Sanktionsübel ist bei der Geldstrafe und den geldwerten Bewährungsauflagen des § 56 b Abs. 2 S. 1 Nr. 2 bzw. 4 StGB identisch, weil in beiden Fällen das Sanktionsübel mit einem Zugriff auf das Vermögen des Verurteilten verbunden ist[823]. Wie bei der Geldstrafe ist Sanktionsübel bei den geldwerten Bewährungsauflagen des § 56 b Abs. 2 S. 1 Nr. 2 bzw. 4 StGB nicht der Geldmittelentzug, sondern der hierdurch ausgelöste zeitweilige Konsumverzicht. Dieser wird vom Verurteilten als eigentliches Übel empfunden[824]. Diese Identität des Sanktionsübels rechtfertigt die Gleichbehandlung der Geldstrafe und der geldwerten Bewährungsauflagen des § 56 b Abs. 2 S. 1 Nr. 2 und 4 StGB, was die Beurteilung der Verwirklichung des Straf- bzw. Sanktionszwecks betrifft. Wie bereits im Zusammenhang mit der Geldstrafe und den Geldauflagen des § 153 a Abs. 1 S. 2 Nr. 2 StPO erörtert, liegt der Konsumverzicht nach der insolvenzrechtlichen Rückabwicklung darin, dass der insolvente Verurteilte ab der Eröffnung des Insolvenzverfahrens gem. §§ 80 Abs. 1, 81 Abs. 1 S. 1 InsO nicht mehr wirksam über sein zur Insolvenzmasse gehörendes Vermögen verfügen kann und damit zwangsläufig ein Geldmitteleinsatz zu konsumptiven Zwecken bis zum Abschluss des Insolvenzverfahrens ausgeschlossen ist. Die insoweit zur Geldstrafe und zu den Geldauflagen

---

821 Siehe E.II.1.a.

822 Siehe E.II.1.a.

823 Geiger, Rechtsnatur der Sanktion, S. 77.

824 Siehe E.I.2.d.

des § 153 a Abs. 1 S. 2 Nr. 2 StPO angestellten Erwägungen gelten sinngemäß auch für die geldwerten Bewährungsauflagen des § 56 b Abs. 2 S. 1 Nr. 2 und 4 StGB[825].

Für die Auflagenverschärfung über § 56 e StGB in den Insolvenzanfechtungsfällen bedeutet dies Folgendes: Da sich der zeitweilige Konsumverzicht ununterbrochen bis zum Ende des Insolvenzverfahrens und damit über einen ausreichend langen Zeitraum aufrechterhalten lässt, mit diesem Sanktionsübel das Genugtuungsbedürfnis trotz der insolvenzrechtlichen Rückabwicklung befriedigt bleibt, führt die insolvenzrechtliche Rückabwicklung nicht zum Wiederaufleben des Genugtuungsinteresses. Eine Auflagenverschärfung über § 56 e StGB ist damit ausgeschlossen. Nach der insolvenzrechtlichen Rückabwicklung gem. § 143 Abs. 1 S. 1 InsO können Auflagen über § 56 e StGB daher nicht dergestalt zulasten des Verurteilten geändert werden[826], dass er den in die Insolvenzmasse zurückgeflossenen Geldbetrag noch einmal aus unpfändbarem Vermögen und damit insolvenzanfechtungssicher zu zahlen hat.

cc) Die Auswirkungen der insolvenrechtlichen Rückabwicklung gem. § 143 Abs. 1 S. 1 InsO auf die wirtschaftlichen Verhältnisse des Verurteilten und die Auflagenverschärfung gem. § 56 e StGB

Obwohl es grundsätzlich möglich ist, Auflagen über § 56 e StGB dahingehend zu verschärfen, dass Erleichterungen bei der Auflagenerbringung aufgehoben werden können, wenn sich die (wirtschaftlichen) Verhältnisse des Verurteilten bessern oder sich besser als angenommen herausstellen[827], verbietet es sich in den Insolvenzanfechtungsfällen, mit dieser Begründung eine Auflagenverschärfung gem. § 56 e StGB dergestalt vorzunehmen, dass der Verurteilte die rückabgewickelte Zahlungsauflage (§ 56 b Abs. 2 S. 1 Nr. 2 bzw. 4 StGB) ein weiteres Mal insolvenzanfechtungssicher aus unpfändbarem Vermögen erbringen muss. Durch die insolvenzrechtliche Rückabwicklung gem. § 143 Abs. 1 S. 1 InsO verbessert sich die Vermögenlage des Verurteilten zwar formal. Denn die Rückgewähr der angefochtenen Zahlung erfolgt in die Insolvenzmasse, die aus dem pfändbaren Vermögen des insolventen Verurteilten besteht[828]. Hierbei handelt es sich jedoch nur um eine formale vermögensmäßige Besserstellung des Verurteilten, die für eine über § 56 e StGB vorzunehmende Auflagenverschärfung nicht ausreichend sein kann. Denn der Verurteilte unterliegt während des Insolvenzverfahrens in Bezug auf die Insolvenzmasse den insolvenzrechtlichen Verfügungsbeschränkungen der §§ 80 Abs. 1, 81 Abs. 1 S. 1 InsO, sodass wegen der fehlenden Dispositionsbefugnis über die Insolvenzmasse

---

825 Siehe E.I.2.d.bb.(1) zur Geldstrafe und E.II.1.a. zur Geldauflage.

826 Vgl. Wilk, wistra 2011, 416 (418 Fn. 18), demzufolge die Insolvenzanfechtung dem Verurteilten nicht dergestalt zum Nachteil gereichen darf, dass die Insolvenzanfechtung zum Anlass einer Änderung von Bewährungsauflagen nach § 56 e StGB genommen wird.

827 Siehe E.III.3.c.bb.(2).

828 Siehe B.II.1.b.bb.

von einer Besserung der wirtschaftlichen Verhältnisse nicht die Rede sein kann. Denn dem Vermögen kommt nur dann eine gewisse Werthaltigkeit zu, wenn es als Mittel der Bedürfnisbefriedigung auch zu Konsumzwecken eingesetzt werden kann[829].

Hinzu kommt, dass der Verurteilte durch die insolvenzrechtliche Rückabwicklung im Vergleich zum Zeitpunkt der Auflagenerteilung nicht reicher geworden ist und dass mit der insolvenzrechtlichen Rückabwicklung nicht die Frage nach dem Wegfall von Zahlungserleichterungen aufgeworfen wird.

dd) Die auflagengemäße Erfüllung der Bewährungsauflage als Hindernis der nochmaligen Inanspruchnahme des Verurteilten gem. § 56 e StGB

Darüber hinaus könnte gerade die auflagengemäße Erfüllung der Bewährungsauflage dagegen sprechen, den Verurteilten ein weiteres Mal über § 56 e StGB in Anspruch zu nehmen. Diesen Gedanken hat schon *Schreiner* im Jahr 1977 bei denjenigen Fällen angeführt, in denen der Täter „im Vertrauen auf die Richtigkeit der Wiedergutmachungsauflage“[830] an den insolventen Geschädigten statt an den empfangsberechtigten Konkursverwalter gezahlt hat und es mangels Forderungstilgung zur bereicherungsrechtlichen Rückabwicklung zwischen Täter und Geschädigten kommt[831]. Da der Täter „die in ihn gesetzten Erwartungen ja erfüllt“[832] habe, könne ihm nicht zur Auflage gemacht werden, die Schadenswiedergutmachungsauflage nunmehr ein weiteres Mal an den Konkursverwalter zu erbringen[833]. Diese Ausführungen *Schreiners* zeigen, dass Vertrauensschutzgesichtspunkte auch bei der Frage, ob der Verurteilte über § 56 e StGB zur nochmaligen Zahlung der erfolgreich angefochtenen geldwerten Bewährungsauflage aus unpfändbarem Vermögen herangezogen werden kann, eine Rolle spielen müssen[834]. Denn die von *Schreiner* angeführte Fallgruppe ist mit den Insolvenzanfechtungsfällen insoweit

829 Siehe E.I.2.d.bb.(1).
830 Schreiner, DRiZ 1977, 336 (338).
831 Schreiner, DRiZ 1977, 336 (337 f.).
832 Schreiner, DRiZ 1977, 336 (338).
833 Schreiner, DRiZ 1977, 336 (338).
834 Für die Berücksichtigung von Vertrauensschutzerwägungen bei § 56 e StGB Jescheck/Weigend, AT, 5. Aufl. (1996), S. 845; NK – Ostendorf, StGB, 4. Aufl. (2013), Bd. 1, § 56 e Rn. 4; MüKo – Groß, StGB, 2. Aufl. (2012), Bd. 2, § 56 e Rn. 8; ablehnend Gollwitzer in Anm. zu OLG Koblenz, Beschl. v. 22.10.1976 – 1 Ws 513/76, JR 1977, 346 (347), der Vertrauen des Angeklagten auf Bestand der einmal getroffenen Bewährungsentscheidung ablehnt; differenzierend insoweit OLG Stuttgart, Beschl. v. 24.09.2004 – 1 Ws 248/04 = NStZ-RR 2004, 362 (364), das dem Verurteilten Vertrauensschutz nur insoweit zubilligt, als es um sein Vertrauen auf eine abschließende rechtliche Beurteilung bzw. auf eine verbindliche Beurteilung der zum Zeitpunkt des Bewährungsbeschlusses gerichtsbekannten Tatsachen durch das Gericht geht, im Übrigen aber Vertrauensschutz hinsichtlich der Beständigkeit der gerichtlichen Entscheidung trotz neuer Umstände aber ablehnt.

vergleichbar, dass der Täter in beiden Fallkonstellationen Zahlungen im Vertrauen auf ihre Beständigkeit erbracht hat, es anschließend aber zur bereicherungsrechtlichen bzw. insolvenzrechtlichen Rückabwicklung der Zahlung kommt. Die mit der Auflagenerteilung an den Verurteilten gestellten Erwartungen sowie das hiermit korrespondierende, schutzwürdige Vertrauen des Verurteilten auf die Ordnungsgemäßheit der staatlichen Anordnung stellen nicht nur in den von *Schreiner* beschriebenen Fällen die Grenze der Belastbarkeit des Verurteilten dar. Sie begrenzen auch die nochmalige Inanspruchnahmemöglichkeit des Verurteilten über § 56 e StGB in den Insolvenzanfechtungsfällen. Denn auch in den Insolvenzanfechtungsfällen durfte sich der Verurteilte auf eine korrekte Auflagenerteilung verlassen. Aus diesem Grund darf ihm die Zahlung aus pfändbarem Vermögen, die aufgrund der damit verbundenen Gläubigerbenachteiligung i. S. v. § 129 Abs. 1 InsO die Insolvenzanfechtung ermöglicht, nicht dergestalt zum Nachteil gereichen, dass ihm über § 56 e StGB beispielsweise die nochmalige, insolvenzanfechtungssichere Zahlung aus unpfändbarem Vermögen abverlangt wird. Eine solche Zahlungsanordnung hätte das Gericht von vornherein erlassen können, um eine Insolvenzanfechtung auszuschließen. Dies wäre dem Gericht jedenfalls in den Fällen ohne Weiteres möglich gewesen, in denen es durch die Gewährung von Ratenzahlungen oder die Befragung nach § 265 a S. 1 StPO Kenntnis von den schlechten finanziellen Verhältnissen des Verurteilten erlangt hat[835] und damit eine spätere Insolvenz und Insolvenzanfechtung der gezahlten Bewährungsauflage schon zum Zeitpunkt des Bewährungsbeschlusses nach § 268 a Abs. 1 HS 1 StPO nicht sicher auszuschließen sind. Verlangt die erteilte Bewährungsauflage dem Verurteilten jedoch lediglich die Zahlung eines bestimmten Geldbetrages ab, dann darf der Verurteilte davon ausgehen, dass es nicht von Belang ist, ob die Zahlung aus pfändbarem oder unpfändbarem Vermögen erbracht wird. Unterlässt das Gericht bei der Auflagenerteilung den Zusatz, dass die Zahlung aus unpfändbarem Vermögen vorzunehmen ist, so ist es ihm unter Vertrauensschutzgesichtspunkten verwehrt, über § 56 e StGB eine Fehlerkorrektur des Bewährungsbeschlusses dadurch vorzunehmen, dass es dem Verurteilten nachträglich die nochmalige Zahlung aus unpfändbarem Vermögen auferlegt[836]. Fehler bei der Erteilung von Bewährungsauflagen gehen zulasten des Gerichts[837], da die hinreichend bestimmte Auflagenerteilung schon im Hinblick auf den drohenden

835 Siehe E.III.3.d.aa.

836 Zur Unzulässigkeit der nachträglichen Korrektur des Bewährungsbeschlussess über § 56 e StGB MüKo – Groß, StGB, 2. Aufl. (2012), Bd. 2, § 56 e Rn. 8; NK – Ostendorf, StGB, 4. Aufl. (2013), Bd. 1, § 56 e Rn. 2, 4; HK – GS/Braasch, 3. Aufl. (2013), § 56 e StGB Rn. 2.

837 Vgl. zur fehlenden Schutzwürdigkeit von Staatsanwaltschaft und Gericht in den Insolvenzanfechtungsfällen bei Beendigung des Verfahrens nach § 153 a StPO in Kenntnis der/trotz Kenntnisnahmemöglichkeit von den wirtschaftlichen Verhältnissen des Beschuldigten, unter Verletzung der Pflicht zur Ermittlung der wirtschaftlichen Verhältnisse des Beschuldigten bzw. trotz drohendem Missbrauch der Insolvenzanfechtung durch den Beschuldigten Eggers/Reuker, wistra 2011,

Widerruf der Strafaussetzung wegen gröblicher oder beharrlicher Auflagenverstöße gem. § 56 f Abs. 1 S. 1 Nr. 3 StGB und dem damit verbundenen Freiheitsentzug beim Verurteilten in den gerichtlichen Verantwortungsbereich fällt[838].

4. Ergebnis

Auch bei den geldwerten Bewährungsauflagen des § 56 b Abs. 2 S. 1 Nr. 2 und 4 StGB kann die insolvenzrechtliche Rückabwicklung gem. § 143 Abs. 1 S. 1 InsO nicht Anlass einer Fortsetzung des Strafverfahrens sein. Die insolvenzrechtliche Rückabwicklung der Bewährungsauflagen begründet keinen gröblichen oder beharrlichen Auflagenverstoß i. S. v. § 56 f Abs. 1 S. 1 Nr. 3 StGB, der den Widerruf der Strafaussetzung oder die Erteilung zusätzlicher Auflagen gem. § 56 f Abs. 2 S. 1 Nr. 1 StGB rechtfertigen würde. Das Gericht kann auch keine nachträgliche Entscheidung gem. § 56 e StGB dergestalt treffen, dass der Verurteilte die Bewährungsauflage ein weiteres Mal aus unpfändbarem Vermögen zu erbringen hat.

---

413 (415), Wollmann, ZInsO 2011, 1521 (1523 und 1524) und Beulke/Edlbauer in FS Mehle, 2009, S. 63 (71).

838 OLG Dresden, Beschl. v. 29.04.2009 – 2 Ss 40/08 u. 2 Ws 81/08 = StV 2009, 531(531); OLG Frankfurt a.M., Beschl. v. 27.02.1996 – 3 Ws 159/96 = NStZ-RR 1996, 220 (220).

F. Auflösung der Kollisionsproblematik von Straf- und Insolvenzrecht

Die vorstehenden Ausführungen haben gezeigt, dass die anfechtungsbedingte Rückgewähr von Geldstrafe, Geldauflagen nach § 153 a Abs. 1 S. 2 Nr. 2 StPO und Bewährungsauflagen nach § 56 b Abs. 2 S. 1 Nr. 2 und 4 StGB zur Insolvenzmasse gem. § 143 Abs. 1 S. 1 InsO keine Auswirkungen auf das Strafverfahren hat. Bei der Geldstrafe kann der Staat nicht noch einmal an den Verurteilten herantreten, indem er den Verurteilten zur nochmaligen Zahlung der Geldstrafe auffordert bzw. die Ersatzfreiheitsstrafe im laufenden Insolvenzverfahren vollstreckt. Im Falle der Geldauflagen nach § 153 a Abs. 1 S. 2 Nr. 2 StPO kann das Strafverfahren gegen den Beschuldigten nicht fortgesetzt werden und bei den geldwerten Bewährungsauflagen nach § 56 b Abs. 2 S. 1 Nr. 2 und 4 StGB scheidet ein Widerruf der Strafaussetzung gem. § 56 f Abs. 1 S. 1 Nr. 3 StGB ebenso aus wie nachträgliche Entscheidungen nach §§ 56 f Abs. 2 S. 1 Nr. 1, 56 e StGB. Da sich dieses vom gesetzlichen Leitbild abweichende Ergebnis aus den vorstehenden Erwägungen heraus nicht nachträglich korrigieren lässt, stellt sich die Frage, mit welchen Vorkehrungen dieses Ergebnis zukünftig schon im Vorhinein verhindert werden kann.

I. Insolvenzrechtlicher Lösungsansatz – Die Zahlung aus unpfändbarem Vermögen

Vor dem Hintergrund, dass die erfolgreiche Insolvenzanfechtung Auslöser der Kollisionsproblematik ist, stellt sich zunächst die Frage nach einem Lösungsansatz auf insolvenzrechtlicher Ebene, ob und wie sich eine erfolgreiche Insolvenzanfechtung von Geldstrafen, Geldauflagen nach § 153 a Abs. 1 S. 2 Nr. 2 StPO und Bewährungsauflagen nach § 56 b Abs. 2 S. 1 Nr. 2 und 4 StGB vermeiden lässt.

Denkbar ist eine Lösung dahingehend, dem Verurteilten bzw. Beschuldigten aufzuerlegen, die Geldstrafe, Geldauflage bzw. Bewährungsauflage aus unpfändbarem Vermögen zu zahlen. Über diesen Ansatz, mit dem sich *Bittmann* befürwortend auseinandergesetzt hat[839], der ansonsten von der Literatur aber nur – ohne eingehende Erörterung – in den Raum gestellt worden ist[840], ließe sich eine Insolvenzanfechtung wegen Fehlens einer Benachteiligung der Insolvenzgläubiger i. S. v. § 129 Abs. 1 InsO möglicherweise ausschließen. *Bittmann* hält schon vorinsolvenzlich die Trennbarkeit der Vermögensmasse in einen pfändbaren und unpfändbaren Anteil für möglich, indem der Bewährungshelfer bzw. die Gerichtshilfe in einem Zahlungsplan die Nutzung des pfändbaren Vermögens zweckgebunden bestimmen, sodass dem Verurteilten/Beschuldigten nur noch das unpfändbare Vermögen zur freien

839 Bittmann, wistra 2011, 133 (133 f.).

840 Vgl. Pfordte, StV 2010, 591 (597); Lorenz/Roth, PStR 2011, 129 (133).

Verfügung bleibt, mit der Folge, dass hieraus vorgenommene Zahlungen der Insolvenzanfechtung entzogen sind[841]. Es würde nicht zur Rückgewähr der Geldstrafe, Geldauflage und Bewährungsauflage nach § 143 Abs. 1 S. 1 InsO und damit nicht zum Entstehen des oben erörterten Kollisionsproblems von Straf- und Insolvenzrecht kommen. Ein Ausschluss der Insolvenzanfechtung durch die Vornahme der Strafzahlungen aus unpfändbaren Vermögensbestandteilen knüpft daran an, dass eine Benachteiligung der Insolvenzgläubiger als Voraussetzung einer erfolgreichen Insolvenzanfechtung nach § 129 Abs. 1 InsO ohne eine Schmälerung der Insolvenzmasse nicht möglich ist[842]. Da zur Insolvenzmasse die unpfändbaren Gegenstände nach § 36 InsO nicht gehören, würde die Zahlung aus unpfändbarem Vermögen die Insolvenzmasse nicht schmälern und die Insolvenzanfechtung hätte mangels Beeinträchtigung von Gläubigerinteressen keinen Erfolg[843].

1. Pfändungsschutz von Geld

Für die Frage, ob Geld insolvenzanfechtungssicher aus unpfändbarem Vermögen gezahlt werden kann, bedarf es zunächst eines Blicks darauf, ob und inwieweit Geld pfändungsgeschützt ist. Hierbei ist zwischen der Unpfändbarkeit von an den Schuldner ausgezahltem Bargeld und der Unpfändbarkeit des Guthabens auf einem Pfändungsschutzkonto zu unterscheiden. Ersteres ist über § 811 Abs. 1 Nr. 8 ZPO geschützt, letzteres über § 850 k ZPO[844]. Dass sowohl Bargeld als auch das Guthaben auf einem Pfändungsschutzkonto nicht in die Insolvenzmasse fallen und damit dem Zugriff der Insolvenzgläubiger entzogen sind, folgt für Bargeld aus § 36 Abs. 1 S. 1 InsO i. V. m. § 811 Abs. 1 Nr. 8 ZPO[845] und für das Guthaben auf einem Pfändungsschutzkonto aus dem Verweis von § 36 Abs. 1 S. 2 InsO auf § 850 k ZPO. Soweit Geld nicht von der Pfändung erfasst wird, können diese unpfändbaren Geldbeträge prinzipiell zur insolvenzanfechtungssicheren Zahlung eingesetzt werden. Ob und unter welchen Voraussetzungen sich eine Anordnung, aus diesem unpfändbaren Vermögen zu zahlen, bei der Geldstrafe, den Geldauflagen des § 153 a Abs. 1 S. 2 Nr. 2 StPO sowie den Bewährungsauflagen des § 56 b Abs. 2 S. 1 Nr. 2 und 4 StGB umsetzen lässt, soll im Folgenden näher untersucht werden.

2. Die Geldstrafe

Es stellt sich die Frage, ob eine Tenorierung, die Geldstrafe aus unpfändbarem Vermögen zu zahlen, möglich wäre.

---

841 Bittmann, wistra 2011, 133 (134).
842 Siehe B.II.1.b.bb.
843 Siehe B.II.1.b.bb.
844 PG/Flury, 7. Aufl. (2015), § 811 ZPO Rn. 40.
845 Vgl. MüKo-Peters, InsO, 3. Aufl. (2013), § 36 Rn. 7 i. V. m. Rn. 32.

a) Die Tenorierung der Geldstrafe

Was Inhalt des Tenors eines Geldstrafenurteils sein kann, ergibt sich aus den §§ 40 Abs. 4, 42 S. 1, 2 StGB, § 260 Abs. 4 S. 3 StPO. Neben Zahl und Höhe der Tagessätze (§ 40 Abs. 4 StGB, § 260 Abs. 4 S. 3 StPO) nennt das Gesetz die Zahlungsfrist und die Zahlung in Teilbeträgen (§ 42 S. 1 StGB). Darüber hinaus hat das Gericht die Möglichkeit, mit der Gestattung, die Geldstrafe in Teilbeträgen zu zahlen, zugleich anzuordnen, dass die Vergünstigung, die Geldstrafe in Teilbeträgen zu zahlen, entfällt, wenn der Verurteilte einen Teilbetrag nicht rechtzeitig zahlt (§ 42 S. 2 StGB). Welche der genannten Bestandteile des Tenors eines Geldstrafenurteils zwingend sind, ergibt sich aus den § 260 Abs. 4 S. 3, 5 StPO. Danach ist die Angabe von Zahl und Höhe der Tagessätze in der Urteilsformel zwingend (§ 260 Abs. 4 S. 3 StPO); im Übrigen ist dem Gericht bei der Fassung der Urteilsformel Ermessen eingeräumt (§ 260 Abs. 4 S. 5 StPO). Da das richterliche Ermessen nach § 260 Abs. 4 S. 5 StPO bei der Abfassung der Urteilsformel so weit geht, wie der Inhalt der Urteilsformel nicht durch § 260 Abs. 2 und 4 StPO vorgegeben ist[846], könnte im Tenor grundsätzlich angeordnet werden, dass die Zahlung der Geldstrafe aus unpfändbarem Vermögen zu erfolgen hat.

Zu berücksichtigen ist aber, dass die Urteilsformel einen vollstreckungsfähigen Inhalt haben muss, weil sie als Grundlage einer ggfs. notwendig werdenden Vollstreckung von Bedeutung ist[847]. Dieses Ziel verfolgt auch die Vorschrift des § 260 Abs. 4 S. 3 StPO[848]. Durch die Angabe von Zahl und Höhe der Tagessätze in der Urteilsformel wird der Umfang der Vollstreckung festgelegt. Aus diesem Grund kann das gerichtliche Ermessen bei der Abfassung der Urteilsformel nur soweit gehen wie dadurch nicht die Vollstreckungsfähigkeit der Urteilsformel in Frage gestellt wird[849]. Vor diesem Hintergrund kann nicht angeordnet werden, die Geldstrafe aus unpfändbarem Vermögen zu zahlen, weil die Geldstrafenvollstreckung in unpfändbares Vermögen gem. § 459 StPO i. V. m. § 6 Abs. 1 Nr. 1 JBeitrO i. V. m. §§ 811 Abs. 1 Nr. 8, 850 k ZPO nicht möglich ist. Ein solcher Tenor hätte von vornherein einen nicht vollstreckungsfähigen Inhalt. Der Tenor eines Geldstrafenurteils darf, um die Vollstreckungsfähigkeit des Urteilstenors nicht zu gefährden, daher nur die bloße Zahlungsanordnung enthalten, ohne die Herkunft der Zahlung näher zu bestimmen.

b) Alternativen zur Geldstrafenzahlung aus unpfändbarem Vermögen

Einzig denkbare Alternative zur Geldstrafenzahlung aus unpfändbaren Vermögen ist in diesen Fällen die Verhängung einer kurzen Freiheitsstrafe nach § 47 Abs. 1 StGB. Durch die Verbüßung der kurzen Freiheitsstrafe wird die Insolvenzmasse nicht tangiert, sodass eine Insolvenzanfechtung von vornherein ausgeschlossen

846 SK – StPO/Velten/Schlüchter, 4. Aufl. (2012), Bd. 5, § 260 Rn. 23.
847 SK – StPO/Velten/Schlüchter, 4. Aufl. (2012), Bd. 5, § 260 Rn. 25.
848 SSW-StPO/Franke, 2. Aufl. (2016), § 260 StPO Rn. 11.
849 LR-Stuckenberg, StPO, 26. Aufl. (2013), Bd. 6 Teilbd. 2, § 260 Rn. 31 i. V. m. Rn. 30.

ist[850]. Nach § 47 Abs. 1 StGB verhängt das Gericht eine Freiheitsstrafe unter sechs Monaten nur, wenn besondere Umstände, die in der Tat oder der Persönlichkeit des Täters liegen, die Verhängung einer Freiheitsstrafe zur Einwirkung auf den Täter oder zur Verteidigung der Rechtsordnung unerlässlich machen. Die Verhängung einer kurzen Freiheitsstrafe wird sich jedoch nicht mit dem beabsichtigten Ausschluss der Insolvenzanfechtung rechtfertigen lassen, da es sich bei der drohenden Insolvenzanfechtung nicht um besondere Umstände i. S. v. § 47 Abs. 1 StGB, die in der Tat oder der Persönlichkeit des Täters liegen, handelt. Die Insolvenzanfechtung hängt weder unmittelbar mit der Tat zusammen noch lässt sie Rückschlüsse auf die Persönlichkeit des Täters zu. Die Insolvenzanfechtung ist von der Tat und der Person des Täters schon deshalb losgelöst, da der Verurteilte mangels Anfechtungsbefugnis von der Insolvenzanfechtung keinen Gebrauch machen kann[851] und auf die Anfechtungsberechtigten hinsichtlich der Geltendmachung der Insolvenzanfechtung auch keinen Einfluss hat[852]. Da die tatbestandlichen Voraussetzungen von § 47 Abs. 1 StGB nicht gegeben sind, kann die Verhängung einer kurzen Freiheitsstrafe keine Alternative zur Geldstrafenzahlung aus unpfändbarem Vermögen sein, um eine Insolvenzanfechtung zu vermeiden.

c) Ergebnis

Bei der Geldstrafe kann das Kollisionsproblem von Strafvollstreckungs- und Insolvenzrecht nicht dadurch gelöst werden, dass die Geldstrafe aus unpfändbarem Vermögen zu zahlen ist. Eine solche Tenorierung ist nicht möglich. Insolvenzanfechtungssichere Alternative hierzu kann mangels Vorliegens der tatbestandlichen Voraussetzungen aber auch nicht eine kurze Freiheitsstrafe nach § 47 Abs. 1 StGB sein.

3. Die Geldauflagen des § 153 a Abs. 1 S. 2 Nr. 2 StPO

a) Die Vollstreckungsfähigkeit der Geldauflagen des § 153 a Abs. 1 S. 2 Nr. 2 StPO

Im Gegensatz zur Geldstrafe, bei der die Anordnung die Geldstrafe aus unpfändbarem Vermögen zu zahlen mangels Vollstreckbarkeit des Tenors ausgeschlossen ist[853], bestehen gegen eine solche Anordnung bei der Geldauflage keine so grundsätzlichen Bedenken. Das Absehen von der Erhebung der öffentlichen Klage (§ 153 a Abs. 1 S. 1 StPO) und die Einstellung des Verfahrens (§ 153 a Abs. 2 S. 1 StPO)

---

850 Vgl. Lorenz/Roth, PStR 2011, 129 (133), die darauf hinweisen, dass nicht auszuschließen ist, dass die Praxis der drohenden Insolvenzanfechtung Herr zu werden versucht, indem sie bei finanzschwachen Tätern von der Geldstrafe auf eine kurze Freiheitsstrafe ausweicht.

851 Siehe B.IV.1.a.

852 Siehe E.III.1.c.

853 Siehe F.I.2.a.

bei Zahlung einer Geldauflage sind Formen der Verfahrensbeendigung ohne Verurteilung. Die Entscheidung nach § 153 a StPO enthält daher keinen Tenor, bei dem es auf einen vollstreckungsfähigen Inhalt ankäme. Hinzu kommt, dass die Vollstreckung bei der Geldauflage nach § 153 a Abs. 1 S. 2 Nr. 2 StPO schon deswegen keine Rolle spielt, weil der Staat auf die Zahlung der Geldauflage keinen Anspruch hat[854]. Auch kann die Erbringung der Geldauflage durch den Beschuldigten nicht zwangsweise durchgesetzt werden[855], was sich schon daraus ergibt, dass die Strafprozessordnung die Vollstreckung der in § 153 a Abs. 1 S. 2 StPO geregelten Auflagen und Weisungen in den §§ 449 ff. StPO nicht vorsieht. Auf die Vollstreckung der Auflagen und Weisungen des § 153 a StPO kann es auch deshalb nicht ankommen, weil es sich bei ihnen nicht um Strafen im materiell-rechtlichen Sinne handelt[856] und es Sache des Beschuldigten ist die Auflage bzw. Weisung zu erbringen und für einen entsprechenden Nachweis Sorge zu tragen; insoweit ist die Rolle von Staatsanwaltschaft bzw. Gericht auf eine bloße Kontrolltätigkeit beschränkt[857].

b) Rechtlicher Rahmen für die Anordnung einer Zahlung aus unpfändbarem Vermögen

Bei einer Anordnung, die Geldauflage nach § 153 a Abs. 1 S. 2 Nr. 2 StPO aus unpfändbarem Vermögen zu zahlen, handelt es sich, sofern es um die Unpfändbarkeit der Geldauflage geht, um eine unbenannte Auflage[858]. Eine solche ist grundsätzlich möglich, weil die Aufzählung der in § 153 a Abs. 1 S. 2 StPO genannten Auflagen und Weisungen nicht abschließend ist[859].

Gleichwohl ist die Anordnung von unbenannten Auflagen nicht grenzenlos möglich. Die Möglichkeit ihrer Festsetzung findet dort ihre Grenze, wo sie dem Beschuldigten etwas Unzumutbares abverlangt[860]. Die Anordnung, die Geldauflage aus unpfändbarem Vermögen zu zahlen, muss vor diesem Hintergrund hinreichend bestimmt sein damit der Beschuldigte das Verfahrenshindernis herbeiführen kann. Da bei den Geldauflagen des § 153 a Abs. 1 S. 2 Nr. 2 StPO das Verfahrenshindernis des § 153 a Abs. 1 S. 5 StPO durch die die Insolvenzanfechtung ausschließende Zahlung aus unpfändbarem Vermögen ausgelöst wird, bedarf es für eine hinreichend genaue

---

854 Eggers/Reuker, wistra 2011, 413 (415).

855 LR – Beulke, StPO, 26. Aufl. (2008), Bd. 5, § 153 a Rn. 9; R/H – Radtke, StPO, 2011, § 153 a Rn. 5; Graf – Beukelmann, StPO, 2. Aufl. (2012), § 153 a Rn. 52; Zeitler, Rpfleger 2012, 113 (117).

856 Siehe C.II.2.a.

857 BGH, Urt. v. 29.10.1992 – 4 StR 353/92 = NJW 1993, 605 (606); G/J/W – Ganter, 2011, § 153 a StPO Rn. 23.

858 Bittmann, wistra 2011, 133 (134), der die insolvenzanfechtungssichere Zahlung des Beschuldigten aus unpfändbarem Vermögen über einen von der Gerichtshilfe ausgearbeiteten Zahlungplan sicherstellen will.

859 LR – Beulke, StPO, 26. Aufl. (2008), Bd. 5, § 153 a Rn. 69.

860 LR – Beulke, StPO, 26. Aufl. (2008), Bd. 5, § 153 a Rn. 70, 48.

Auflagenerteilung der hinreichenden Konkretisierung, dass Herkunft der Zahlung das unpfändbare Vermögen sein muss. Dies wirft jedoch insoweit Probleme auf, als die Zuordnung eines gezahlten Geldbetrags zum unpfändbaren Vermögen gewisse praktische Schwierigkeiten mit sich bringt. Denn Geldmittel sind nicht als unpfändbar bzw. pfändbar gekennzeichnet. Die Lösung dieses Problems könnte die Zahlung der unbenannten Auflage von einem Pfändungsschutzkonto (§ 850 k ZPO) sein, bei welchem das geschützte unpfändbare Guthaben gem. § 36 Abs. 1 S. 2 InsO i. V. m. § 850 k ZPO nicht in die Insolvenzmasse fällt und deshalb insolvenzanfechtungssicher gezahlt werden könnte.

c) Automatischer Pfändungsschutz durch Einführung des Pfändungsschutzkontos (§ 850 k ZPO)

aa) Neuregelung des Pfändungsschutzes durch das Gesetz zur Reform des Kontopfändungsschutzes vom 07.07.2009[861]

Mit der Einführung des in § 850 k ZPO normierten sog. Pfändungsschutzkontos zum 01.07.2010 durch das Gesetz zur Reform des Kontopfändungsschutzes vom 07.07.2009[862] stellt sich die Problematik der Trennung des unpfändbaren vom pfändbaren Vermögen nicht mehr. Im Gegensatz zu der vor dem 01.07.2010 geltenden Rechtslage wird dem Schuldner Pfändungsschutz nun automatisch dadurch gewährt, dass er trotz Pfändung seines Guthabens auf dem Pfändungsschutzkonto bei einem Kreditinstitut gem. § 850 k Abs. 1 S. 1 HS 1 ZPO über Guthaben in Höhe des monatlichen Freibetrags nach § 850 c Abs. 1 S. 1 i. V. m. § 850 c Abs. 2 a ZPO jeweils bis zum Ende des Kalendermonats verfügen kann. Der automatische Pfändungsschutz wird dadurch gewährleistet, dass das Guthaben auf dem Pfändungsschutzkonto in Höhe des Freibetrags als unpfändbares Guthaben gem. § 850 k Abs. 1 S. 1 HS 2 ZPO kraft gesetzlicher Anordnung nicht von der Pfändung erfasst wird und der Schuldner weiter darüber verfügen kann.

Nach der bis zum 01.07.2010 geltenden Rechtslage erfasste die Pfändung hingegen das gesamte Kontoguthaben des Schuldners mit der Folge, dass dieser gem. § 850 k Abs. 1 ZPO a. F.[863] einen Antrag beim Vollstreckungsgericht auf Aufhebung der Pfändung in Höhe des der Pfändung nicht unterworfenen Teils der in § 850 k Abs. 1 ZPO a. F. genannten wiederkehrenden Einkünfte für die Zeit von der Pfändung bis zum nächsten Zahlungstermin stellen musste. § 850 k ZPO a. F. ist mit der Einführung des Pfändungsschutzkontos zum 01.07.2010 im Wesentlichen unverändert und um einen vierten Absatz ergänzt in den übergangsweise bis zum 31.12.2011 geltenden § 850 l ZPO a. F.[864] überführt worden. Auch § 850 l ZPO a. F. machte den Pfändungsschutz derjenigen Schuldner, deren Konten von den Kreditinstituten nicht

861 BGBl. I, 2009, S. 1707 ff.
862 BGBl. I, 2009, S. 1707 ff.
863 Der Wortlaut von § 850 k ZPO a. F. ist als Anhang 1 abgedruckt.
864 Der Wortlaut von § 850 l ZPO a. F. ist als Anhang 2 abgedruckt.

als Pfändungsschutzkonto im Sinne von § 850 k Abs. 7 ZPO geführt wurden, von der Stellung eines Antrags auf Aufhebung der Pfändung durch das Vollstreckungsgericht abhängig. Nach § 850 l Abs. 4 ZPO a. F. hing sogar die Zulässigkeit des Antrags des Schuldners von der bei Antragstellung glaubhaft zu machenden Nichtführung eines Pfändungsschutzkontos im Sinne von § 850 k Abs. 7 ZPO bei einem Kreditinstitut ab. Durch den übergangsweise vom 01.07.2010 bis zum 31.12.2011 geltenden § 850 l ZPO a. F. sollte die Umstellung auf die neuen Regelungen des Kontopfändungsschutzes vereinfacht werden[865]. Mit Entfallen des antragsabhängigen Kontopfändungsschutzes zum 31.12.2011 ist das Kontoguthaben vor Pfändungen seit dem 01.01.2012 nur noch über das Pfändungsschutzkonto geschützt[866].

bb) Umfang des Pfändungsschutzes

Der Freibetrag, der gem. § 850 k Abs. 1 S. 1 HS 2 ZPO als unpfändbares Guthaben nicht von der Pfändung erfasst wird, beträgt derzeit 1.073,88 € monatlich (§ 850 k Abs. 1 S. 1 HS 1 ZPO i. V. m. § 850 c Abs. 1 S. 1 ZPO i. V. m. § 850 c Abs. 2 a ZPO i. V. m. der Pfändungsfreigrenzenbekanntmachung 2015 vom 14.04.2015[867])[868]. Unverbrauchtes unpfändbares Guthaben eines Kalendermonats kann gem. § 850 k Abs. 1 S. 3 ZPO in den nächsten Kalendermonat übertragen werden. Es verfällt jedoch, wenn es im Folgemonat nicht genutzt wird; der Betrag fällt den Gläubigern als pfändbares Vermögen zu[869]. Ein nochmaliger Übertrag in den dritten Kalendermonat ist ausgeschlossen[870]. Dies bedeutet, dass der Schuldner auf dem Pfändungsschutzkonto derzeit maximal 2.147,76 € pro Monat an unpfändbarem Vermögen zur freien Verfügung halten kann. Ein unbegrenztes Ansparen von unpfändbarem Vermögen ist ihm nicht möglich[871].

cc) Zwischenergebnis

Dadurch, dass gem. § 850 k Abs. 1 S. 1 HS 2 ZPO ein genau über § 850 k Abs. 1 S. 1 HS 1 ZPO i. V. m. § 850 c Abs. 1 S. 1 ZPO i. V. m. § 850 c Abs. 2 a ZPO i. V. m. der jeweiligen Pfändungsfreigrenzenbekanntmachung festgelegter Betrag nicht von der Pfändung erfasst wird, lässt sich die auf dem Pfändungsschutzkonto stehende unpfändbare Vermögensmasse von der sich auf dem gleichen Konto befindenden pfändbaren Vermögensmasse genau abgrenzen. Da das Kreditinstitut gem. § 850 k Abs. 5 S. 1 ZPO dem Schuldner gegenüber nur zur Leistungen aus dem nach § 850 k

---

865 PG/Ahrens, 7. Aufl. (2015), § 850 l ZPO Rn. 1.
866 MüKo-Smid, ZPO, 4. Aufl. (2012), Bd. 2, § 850 k Rn. 3.
867 BGBl. I, 2015, S. 618.
868 Mit der Pfändungsfreigrenzenbekanntmachung 2015 wurde der Pfändungsfreibetrag des § 850 c Abs. 1 S. 1 ZPO zum 01.07.2015 von vormals 1.045,04 € monatlich auf 1.073,88 € monatlich angehoben.
869 Zöller – Stöber, ZPO, 31. Aufl. (2016), § 850 k Rn. 5.
870 Zöller – Stöber, ZPO, 31. Aufl. (2016), § 850 k Rn. 5.
871 Zöller – Stöber, ZPO, 31. Aufl. (2016), § 850 k Rn. 5.

Abs. 1 ZPO unpfändbaren Guthaben verpflichtet ist, der Schuldner dementsprechend nur über den unpfändbaren Teil seines Kontoguthabens verfügen kann, gewährleistet der automatische Pfändungsschutz nunmehr eine Zuordnung der Zahlungen des Schuldners zum unpfändbaren Kontoguthaben ohne vorherige Aufhebung der Pfändung durch das Vollstreckungsgericht. Die Anordnung, die Geldauflage des § 153 a Abs. 1 S. 2 Nr. 2 StPO aus unpfändbaren Vermögen zu zahlen, ließe sich danach grundsätzlich durch Zahlung von einem Pfändungsschutzkonto umsetzen.

d) Pfändungsschutz bei nicht als Pfändungsschutzkonto gem. § 850 k ZPO geführten Konten

Dadurch, dass der Pfändungsschutz für Arbeitseinkommen (§§ 850 ff. ZPO) und Sozialleistungen (§ 54 SGB I) an der Quelle ansetzt, wird durch die Pfändungsschutzvorschriften nur der Anspruch des Schuldners auf das Arbeitseinkommen bzw. die Sozialleistungen geschützt. Folge dessen ist, dass der Pfändungsschutz mit der Barauszahlung des Arbeitseinkommens bzw. der Sozialleistungen an den Schuldner bzw. der Überweisung dieser Gelder auf sein Konto endet. Arbeitseinkommen und Sozialleistungen sind in diesem Fall der Pfändung nur deshalb nicht unterworfen, weil § 811 Abs. 1 Nr. 8 ZPO die Unpfändbarkeit des ausgezahlten Barbetrags und § 850 k ZPO die Unpfändbarkeit des auf ein Pfändungsschutzkonto überwiesenen Guthabens ausdrücklich vorsehen[872].

Streit besteht in der Literatur darüber, ob der durch das Pfändungsschutzkonto vermittelte Pfändungsschutz des § 850 k ZPO dergestalt auf normale nicht als Pfändungsschutzkonto geführte Konten übertragen werden kann, dass Zahlungen von solchen Konten auch nach der Überweisung von Arbeitseinkommen bzw. Sozialleistungen als aus unpfändbarem Vermögen erbracht eingestuft werden können mit der Folge, dass solche Zahlungen nicht von der Insolvenzanfechtung erfasst wären. Es geht dabei letztendlich um die Frage, ob zwingende Voraussetzung für den Eintritt des Kontopfändungsschutzes und den Ausschluss der Insolvenzanfechtung durch Zahlungen aus dem unpfändbarem Vermögen das Bestehen eines Pfändungsschutzkontos ist oder ob insolvenzanfechtungssichere Zahlungen auch von einem ganz normalen Konto erbracht werden können.

aa) Streitstand

(1) Der Standpunkt von Ahrens

Ahrens will Kontoguthaben unabhängig vom Bestehen eines Pfändungsschutzkontos und dem Vorliegen einer Pfändung schützen[873], indem er den bis zur Überweisung bestehenden Pfändungsschutz von Arbeitseinkommen und Sozialleistungen

872 Siehe hierzu Zöller-Stöber, ZPO, 31. Aufl. (2016), § 850 Rn. 2; KKW/Hänlein, 4. Aufl. (2015), § 54 SGB I Rn. 14 f.

873 Ahrens, Das neue Privatinsolvenzrecht, 2. Aufl. (2016), Rn. 404, 406 f.

auf Kontoguthaben normaler, nicht nach § 850 k ZPO pfändungsgeschützter Konten übertragen will. Zahlungen aus dem unpfändbaren Vermögen eines solchen Kontos seien nicht gläubigerbenachteiligend und deshalb nicht nach §§ 129 ff. InsO anfechtbar[874]. Sei mangels Pfändung die Zuordnung von Zahlungsvorgängen zum unpfändbaren bzw. pfändbaren Vermögen unklar, weil der Schuldner über mehr als den unpfändbaren Betrag verfügt habe, so könne der Schuldner in Anlehnung an die Lastschriftrechtsprechung des Bundesgerichtshofs[875] nachträglich im Rahmen der Insolvenzanfechtung entscheiden, welche Zahlungen aus unpfändbarem Vermögen und welche aus dem pfändbaren Vermögen erfolgt sein sollen. Die Bestimmung habe der Schuldner gegenüber dem Insolvenzverwalter zu treffen, welcher die Zahlungen aus unpfändbarem Vermögen nicht anfechten könne[876]. Den Schutz des Kontoguthabens auf nicht nach § 850 k ZPO pfändungsgeschützten Konten begründet *Ahrens* unter Rückgriff auf die Rechtsprechung des Bundesgerichtshofs. Nach einer Entscheidung des Bundesgerichtshofs vom 06.10.2009 kommt es für die Insolvenzanfechtung wegen Zahlung mit Mitteln aus einer lediglich geduldeten Kontoüberziehung nicht auf das Bestehen eines pfändbaren Anspruchs gegen die Bank aus der Einräumung des Überziehungskredits an[877]. Dem könne nach *Ahrens* nicht entnommen werden, dass bei fehlendem originären Pfändungsschutz im Zweifel von der Massezugehörigkeit und einer Gläubigerbenachteiligung auszugehen sei. Anders als in den Fällen, in denen aus Mitteln einer geduldeten Kontoüberziehung gezahlt wird und es um den Vermögenszugriff des Schuldners geht, komme es hier darauf an, ob Vermögensverfügungen als aus unpfändbarem Vermögen erbracht anzusehen sind[878]. Darüber hinaus handele es sich bei der Funktionsübertragung der §§ 850 ff. ZPO auf nicht nach § 850 k ZPO pfändungsgeschütztes Kontoguthaben nicht um einen Fall der vom Bundesgerichtshof[879] für unzulässig erachteten pfändungsschutzrechtlichen Surrogation. Die Annahme des Bundesgerichtshofs, dass angespartes unpfändbares Arbeitseinkommen, das auf ein Konto überwiesen wird, pfändbarer, der Insolvenzmasse unterfallender Neuerwerb sei[880], treffe auf die Fälle der Funktionsübertragung nicht zu, da der Geldwert des pfändungsgeschützten Arbeitseinkommens infolge der Auszahlung Vermögensbestandteil bleibe und es damit gerade nicht um den Erwerb eines anderen Vermögenswerts gehe[881]. Der Gedanke der Beibehaltung eines Vermögenswerts in Abgrenzung zum

---

874 Ahrens, Das neue Privatinsolvenzrecht, 2. Aufl (2016) Rn. 404; Ahrens, NJW-Spezial 2014, 341 (341 f.).

875 BGH, Urt. v. 20.07.2010 – IX ZR 37/09 = NJW 2010, 3517 (3520).

876 Ahrens, Das neue Privatinsolvenzrecht, 2. Aufl. (2016), Rn. 406 f.; Ahrens, NJW-Spezial 2014, 341 (342).

877 BGH, Urt. v. 06.10.2009 – IX ZR 191/05 = NZI 2009, 764 (764).

878 Ahrens, Das neue Privatinsolvenzrecht, 2. Aufl. (2016), Rn. 400.

879 Vgl. BGH, Beschl. v. 11.04.2013 – IX ZB 170/11 = NZI 2013, 648 (650).

880 BGH, Beschl. v. 26.09.2013 – IX ZB 247/11 = NZI 2013, 968 (968).

881 Ahrens, Das neue Privatinsolvenzrecht, 2. Aufl. (2016), Rn. 401; Ahrens, NJW-Spezial 2014, 341 (341).

Neuerwerb eines anderen Gegenstands lasse sich auch der zum Lastschriftwiderruf ergangenen Entscheidung des Bundesgerichtshofs[882] entnehmen, in welcher der Bundesgerichtshof einen der Insolvenzmasse unterfallenden Neuerwerb i. S. v. § 35 InsO mit der Begründung abgelehnt hat, dass das Vermögen des Schuldners mangels Genehmigung der Zahlung nicht gemindert worden sei[883]. Dem stehe auch die Anfechtbarkeit der Genehmigung[884] nicht entgegen, da sich die Insolvenzanfechtung der Genehmigung auf eine andere Rechtshandlung beziehe[885]. Weiterhin habe der Bundesgerichtshof in der Entscheidung zum Lastschriftwiderruf[886] Pfändungsschutz nach § 850 k ZPO auch außerhalb des eigentlichen Anwendungsbereichs gewährt, um die zur Existenzerhaltung notwendigen Mittel sicherzustellen[887]. An der Verwendung des Begriffs „Schonvermögen" durch den Bundesgerichtshof[888] zeige sich, dass der Pfändungsschutz nicht auf Entgeltforderungen beschränkt ist. Es komme für den Insolvenzbeschlag deshalb nicht auf den Pfändungsschutz von Einkünften an der Quelle an, sondern auf den Zweck des Vermögensschutzes[889].

(2) Der Standpunkt von Vallender

Vallender macht den Kontopfändungsschutz vom Bestehen eines Pfändungsschutzkontos abhängig. Die von *Ahrens* befürwortete Funktionsübertragung der §§ 850 ff. ZPO auf nicht gem. § 850 k ZPO pfändungsgeschützte Konten gehe an der gesetzgeberischen Zielsetzung des neu eingeführten Pfändungsschutzkontos – dem Schuldner trotz der Pfändung die Teilnahme am bargeldlosen Zahlungsverkehr in Höhe des unpfändbaren Sockelfreibetrags zu ermöglichen – vorbei. Der Funktionsübertragung stehe entgegen, dass der Schuldner für die Herbeiführung des Pfändungsschutzes durch Einrichtung eines Pfändungsschutzkontos selbst verantwortlich sei. Führe der Schuldner kein Pfändungsschutzkonto, so unterlägen auch Zahlungen aus unpfändbarem Vermögen der Insolvenzanfechtung. Zwar verweist *Vallender* darauf, dass das Kontoguthaben eines Pfändungsschutzkontos nicht per se geschützt ist, da der unpfändbare Sockelfreibetrag erst noch durch eine Pfändung, die Insolvenzeröffnung oder die Anordnung entsprechender Sicherungsmaßnahmen aktiviert werde müsse. Gleichwohl hielte *Vallender* es angesichts der Zielsetzung des Gesetzes für sachgerecht, wenn man Guthaben auf einem Pfändungsschutzkonto in Höhe des unpfändbaren Sockelfreibetrags unabhängig vom Vorliegen

---

882 BGH, Urt. v. 20.07.2010 – IX ZR 37/09 = NJW 2010, 3517 (3520).
883 Ahrens, NJW-Spezial 2014, 341 (341).
884 BGH, Urt. v. 20.07.2010 – IX ZR 37/09 = NJW 2010, 3517 (3520).
885 Ahrens, Das neue Privatinsolvenzrecht, 2. Aufl. (2016), Rn. 402.
886 BGH, Urt. v. 20.07.2010 – IX ZR 37/09 = NJW 2010, 3517 (3519).
887 Ahrens, Das neue Privatinsolvenzrecht, 2. Aufl. (2016), Rn. 402; Ahrens, NJW-Spezial 2014, 341 (341).
888 BGH, Urt. v. 20.07.2010 – IX ZR 37/09 = NJW 2010, 3517 (3520).
889 Ahrens, Das neue Privatinsolvenzrecht, 2. Aufl. (2016), Rn. 403; Ahrens, NJW-Spezial 2014, 341 (341 f.).

einer Pfändung, der Insolvenzeröffnung oder der Anordnung entsprechender Sicherungsmaßnahmen schützen und Zahlungen aus dem unpfändbaren Vermögen eines Pfändungsschutzkontos mangels Gläubigerbenachteiligung von der Insolvenzanfechtung ausschließen würde[890]. Zahlungen von einem Pfändungsschutzkonto sollten dem unpfändbaren bzw. pfändbaren Vermögen dadurch zugeordnet werden, dass Zahlungen, die zur Existenzerhaltung beispielsweise an den Energieversorger, den Vermieter oder wie Bezinkosten und Fahrtkarten im Zusammenhang mit der Arbeitstätigkeit erbracht worden sind, als aus dem unpfändbaren Vermögen erbracht anzusehen sind. Die Zuordnung von Zahlungen zum unpfändbaren bzw. pfändbaren Vermögen dürfe in Anlehnung an die zum Lastschriftwiderruf ergangene Entscheidung des Bundesgerichtshofs nicht dem Schuldner überlassen werden, da dieser ansonsten willkürlich zum Nachteil bestimmter Gläubiger entscheiden könnte, dass an sie erbrachte Zahlungen aus pfändbarem Vermögen erbracht worden sind, um sie der Insolvenzanfechtung zu unterwerfen[891].

bb) Eigener Standpunkt

Die Ansicht von *Ahrens*, dass es für den Eintritt des Kontopfändungsschutzes nicht auf das Bestehen eines Pfändungsschutzkontos ankommt, kann nicht überzeugen. Sie lässt sich nicht mit dem gesetzgeberischen Willen in Einklang bringen, dass Kontoguthaben mit dem Auslaufen des antragsabhängigen Kontopfändungsschutzes zum 31.12.2011 ab dem 01.01.2012 nur noch über das Pfändungsschutzkonto geschützt sein soll[892]. Dass der Kontopfändungsschutz vom Bestehen eines Pfändungsschutzkontos abhängt und hierfür zwingende Voraussetzung ist, folgt aus § 850 k Abs. 1 S. 1 HS 1 und S. 4 ZPO. Gem. § 850 k Abs. 1 S. 1 HS 1 ZPO kann der Schulder jeweils bis zum Ende des Kalendermonats über Guthaben in Höhe des monatlichen Freibetrages nach § 850 c Abs. 1 Satz 1 in Verbindung mit § 850 c Abs. 2 a verfügen, wenn das Guthaben auf dem Pfändungsschutzkonto des Schuldners bei einem Kreditinstitut gepfändet wird. Gem. § 850 k Abs. 1 S. 4 ZPO kann der Schulder Pfändungsschutz rückwirkend[893] dadurch erlangen, dass er das gepfändete Girokonto vor Ablauf von vier Wochen seit der Zustellung des Überweisungsbeschlusses an den Drittschuldner in ein Pfändungsschutzkonto umwandelt. Dass demnach Guthaben auf normalen, nicht nach § 850 k ZPO geschützen Girokonten nicht pfändungsgeschützt ist, sieht auch *Sudergat*, der zu Recht darauf hinweist, dass eine Pfändung im Anschluss an die Rückumwandlung eines Pfändungsschutzkontos in ein Girokonto nicht geeignet ist, den unpfändbaren Sockelfreibetrag auszulösen, da hierzu noch die Umwandlung des Girokontos in ein Pfändungsschutzkonto erforderlich sei[894].

890 Vallender, NZI 2014, 535 (538).
891 Vallender, NZI 2014, 535 (539).
892 Siehe F.I.3.c.aa.
893 PG/Ahrens, 7. Aufl. (2015), § 850 k ZPO Rn. 26.
894 Sudergat, Kontopfändung und P-Konto, 3. Aufl. (2013), Rn. 637.

Dass Kontoguthaben seit dem 01.01.2012 nur noch über Pfändungsschutzkonten pfändungsgeschützt sind[895], ergibt sich darüber hinaus aus der in § 38 EGZPO geregelten Informationspflicht aus Anlass des Gesetzes zur Reform des Kontopfändungsschutzes. Gem. § 38 S. 1 EGZPO haben die Kreditinstitute die Inhaber der bei ihnen geführten Konten u. a. darüber zu unterrichten, dass Pfändungsschutz für Kontoguthaben ab dem 1. Januar 2012 nur für Pfändungsschutzkonten nach § 850 k der Zivilprozessordnung in der Fassung des Gesetzes zur Reform des Kontopfändungsschutzes vom 7. Juli 2009 (BGBl. I S. 1707) gewährt wird. Gem. § 38 S. 2 EGZPO hat die Unterrichtung in Textform spätestens bis zum 30. November 2011 zu erfolgen. Sofern der Schuldner durch das Kreditinstitut ordnungsgemäß belehrt worden ist, hat er es selbst in der Hand, sein Kontoguthaben vor Pfändungen durch die Umwandlung seines Girokontos in ein Pfändungsschutzkonto zu schützen. Für die Herbeiführung des Pfändungsschutzes ist der Schuldner deshalb allein verantwortlich. *Vallender* geht daher zu Recht davon aus, dass Zahlungen, die aus dem unpfändbaren Vermögen eines herkömmlichen Girokontos erbracht werden, der Insolvenzanfechtung unterliegen[896].

e) Die Bestimmung des unpfändbaren Guthabens eines Pfändungsschutzkontos vor Eröffnung des Insolvenzverfahrens

Nach § 129 Abs. 1 InsO muss die Rechtshandlung, um anfechtbar zu sein, vor Eröffnung des Insolvenzverfahrens vorgenommen worden sein. Darüber hinaus verlangt § 129 Abs. 1 InsO das Vorliegen einer Benachteiligung der Insolvenzgläubiger, die nur bei einer Beeinträchtigung des pfändbaren und damit der Insolvenzmasse unterfallenden Vermögens des Schuldners durch die Rechtshandlung angenommen werden kann[897]. Vor diesem Hintergrund stellt sich im Hinblick auf den Ausschluss der Insolvenzanfechtung durch Zahlung der Geldauflage des § 153 a Abs. 1 S. 2 Nr. 2 StPO aus unpfändbarem Vermögen die Frage, wie das unpfändbare Vermögen des Schuldners vor Eröffnung des Insolvenzverfahrens überhaupt bestimmt und vom pfändbaren Vermögen abgegrenzt werden kann. Unpfändbares Kontoguthaben ist Guthaben, welchem Pfändungsschutz nach den Grundsätzen des Pfändungsschutzkontos (§ 850 k ZPO) zukommt. Es stellt sich deshalb die Frage, ob bereits die bloße Einrichtung eines Pfändungsschutzkontos zur Trennbarkeit des darauf befindlichen Guthabens in unpfändbar und pfändbar führt und die Zuordnung einer Zahlung zum unpfändbaren Vermögen ermöglicht.

---

895 So auch Zeitler, Rpfleger 2012, 113 (118), der das Guthaben auf herrkömmlichen Konten für pfändbar erachtet, weshalb bei Geldstrafenzahlungen von solchen Konten die Gefahr der Insolvenzanfechtung bestehe.

896 Siehe F.I.3.d.aa.(2).

897 Siehe B.II.1.b.bb.

aa) *Aktivierung des unpfändbaren Kontoguthabens durch die Pfändung*

Das Pfändungsschutzkonto entfaltet gem. § 850 k Abs. 1 S. 1 HS 1 ZPO nur und erst dann die ihm zugedachte Funktion, wenn das Guthaben auf dem Pfändungsschutzkonto des Schuldners bei einem Kreditinstitut gepfändet wird. § 850 k Abs. 1 S. 1 HS 1 ZPO macht dies zur Voraussetzung dafür, dass der Sockelfreibetrag gem. § 850 k Abs. 1 S. 1 HS 2 ZPO nicht von der Pfändung erfasst wird und der Schuldner gem. § 850 k Abs. 1 S. 1 HS 1 ZPO über den Sockelfreibetrag verfügen kann. Der unpfändbare Sockelfreibetrag des Pfändungsschutzkontos wird daher erst durch die Pfändung aktiviert[898]. Aus diesem Grund ist Kontoguthaben vor Pfändungen nur dann geschützt, wenn folgende Voraussetzungen erfüllt sind: (1.) Bestehen eines Pfändungsschutzkontos und (2.) Aktivierung des auf dem Pfändungsschutzkonto befindlichen Guthabens in Höhe des unpfändbaren Sockelfreibetrags durch die Pfändung[899]. Allerdings sind auch die Eröffnung des Insolvenzverfahrens sowie die Anordnung vorläufiger Maßnahmen durch das Insolvenzgericht (§ 21 InsO) geeignet, den unpfändbaren Sockelfreibetrag des Pfändungsschutzkontos zu aktivieren. Mit der Aktivierung weist das Pfändungsschutzkonto unpfändbares Vermögen aus, aus dem Zahlungen, ohne die Gläubiger zu benachteiligen, insolvenzanfechtungssicher erbracht werden können[900]. Dies gilt allerdings nur sofern die Aktivierung des unpfändbaren Sockelfreibetrags des Pfändungsschutzkontos vor Eröffnung des Insolvenzverfahrens erfolgt ist, da gem. § 129 Abs. 1 InsO nur vor Insolvenzeröffnung vorgenommene Rechtshandlungen der Insolvenzanfechtung unterliegen. Auf die Aktivierung des unpfändbaren Vermögens durch die Insolvenzeröffnung kommt es deshalb nicht an. Die Aktivierung muss entweder durch eine vorinsolvenzliche Pfändung oder die Anordnung vorläufiger Maßnahmen durch das Insolvenzgericht (§ 21 InsO) erfolgt sein.

bb) *Die Deklarierung von erbrachten Auflagenzahlungen durch den Schuldner als unpfändbar im Insolvenzanfechtungsverfahren*

Zu überlegen ist, ob der Schuldner nicht unabhängig von einer Pfändung einseitig bestimmen kann, dass eine Zahlung dem monatlich unpfändbaren Sockelfreibetrag

898 Sudergat, Kontopfändung und P-Konto, 3. Aufl. (2013), Rn. 650, der in Rn. 637 darauf hinweist, dass das Pfändungsschutzkonto solange deaktiviert ist, wie es nicht zur Kontopfändung kommt.; Sudergat, ZVI 2013, 169 (172); Vallender, NZI 2014, 535 (538), der es für sachgerecht hielte, den durch das Pfändungsschutzkonto vermittelten Kontopfändungsschutz auf sämtliche Zahlungen aus unpfändbaren Vermögensbestandteilen des Pfändungsschutzkontos und damit unabhängig vom Vorliegen einer Pfändung, der Eröffnung des Insolvenzverfahrens bzw. der Anordnung entsprechender Sicherungsmaßnahmen zu erweitern, sodass infolgedessen hieraus vorgenommene Zahlungen mangels Gläubigerbenachteiligung nicht anfechtbar wären.

899 Sudergat, Kontopfändung und P-Konto, 3. Aufl. (2013), Rn. 650.

900 Vallender, NZI 2014, 535 (538).

von 1.073,88 € zuzuordnen und demzufolge einer Insolvenzanfechtung entzogen ist[901]. Anlass für diese Überlegung ist die Entscheidung des Bundesgerichtshofs vom 20.07.2010[902], die zum Lastschriftwiderruf im Verbraucherinsolvenzverfahren ergangen ist. Der Bundesgerichtshof hat in dieser Entscheidung die sog. Genehmigungstheorie[903] zur Eindämmung pauschaler Lastschriftwiderrufe durch Insolvenzverwalter herangezogen[904]. Danach dürfe der Insolvenzverwalter Lastschriften in Fällen, in denen die Summe der Kontobelastungen (Lastschriften, Überweisungen und Barabhebungen) den unpfändbaren Freibetrag übersteigt, nicht mehr pauschal widersprechen. Der Insolvenzverwalter müsse den Schuldner vor dem Lastschriftwiderruf zur Erklärung auffordern, welche Lastschriften aus dem unpfändbaren Kontoguthaben erfolgt sein sollen. Dererartige Lastschriften dürfe der Insolvenzverwalter nicht widerrufen[905]. Den Einwand, dass es beim Lastschriftwiderruf auf die Zahlung aus unpfändbarem Vermögen nicht ankommen könne, da im Hinblick auf den Sinn und Zweck der Pfändungsschutzvorschriften (Vermeidung von „Kahlpfändungen“ und Leben ohne Sozialleistungen) die Unpfändbarkeit in der Vergangenheit nicht maßgeblich sei, wies der Bundesgerichtshof zurück[906]. Zwar könne dem in der Vergangenheit verbrauchten Vermögen kein Pfändungsschutz im Nachhinein mehr zukommen. Um den Verbrauch von Vermögen gehe es beim Lastschriftwiderruf nicht, da er darauf ausgerichtet sei, Vermögensdispositionen rückgänggig zu machen. Aus diesem Grund könne der Schuldner dem Insolvenzverwalter auch entgegenhalten, dass die Lastschrift aus unpfändbarem Vermögen erfolgt sei[907].

Da auch die Insolvenzanfechtung wegen der in § 143 Abs. 1 S. 1 InsO vorgesehenen Rückgewähr zur Insolvenzmasse auf die Rückgängigmachung von verbrauchtem Vermögen ausgerichtet ist, stellt sich die Frage nach der Übertragbarkeit der Entscheidung des Bundesgerichtshofs vom 20.07.2010 auf Insolvenzanfechtungen. Damit kommt es entscheidend darauf an, ob auch in den Insolvenzanfechtungsfällen von einer Rückgängigmachung von Vermögensdispositionen im Sinne dieser Entscheidung ausgegangen werden kann und der Beschuldigte gegenüber dem

---

901 Siehe hierzu Ahrens oben unter F.I.3.d.aa.(1).

902 BGH, Urt. v. 20.07.2010 – IX ZR 37/09 = NJW 2010, 3517 ff.

903 Nach der Genehmigungstheorie bedarf es im Lastschriftverfahren in Gestalt des Einzugsermächtigungsverfahrens zur Erfüllung des schuldrechtlichen Anspruchs des Gläubigers der Genehmigung der Lastschriftbuchung durch den Schuldner oder des Eintritts der Genehmigungsfiktion nach den allgemeinen Geschäftsbedingungen der Kreditinstitute, da die bloße Einlösung der Lastschrift noch nicht zur Erfüllung führt und Erfüllung erst eintritt, wenn der Schuldner die Zahlung nicht mehr durch einen Widerspruch rückgängig machen kann (BGH, Urt. v. 20.07.2010 – IX ZR 37/09 = NJW 2010, 3517 (3518)).

904 BGH, Urt. v. 20.07.2010 – IX ZR 37/09 = NJW 2010, 3517 (3518 ff.).

905 BGH, Urt. v. 20.07.2010 – IX ZR 37/09 = NJW 2010, 3517 (3520).

906 BGH, Urt. v. 20.07.2010 – IX ZR 37/09 = NJW 2010, 3517 (3519).

907 BGH, Urt. v. 20.07.2010 – IX ZR 37/09 = NJW 2010, 3517 (3519).

Insolvenzverwalter einwenden kann, dass die Auflagenzahlung insolvenzanfechtungssicher aus unpfändbarem Vermögen erfolgt ist.

(1) Der Verbrauch von Vermögen in den Lastschriftwiderrufsfällen

Im Lastschriftverfahren in Gestalt des Einzugsermächtigungsverfahrens kann der Schuldner Lastschriftbuchungen nur deshalb widerrufen, weil nach der sog. Genehmigungstheorie der Aufwendungsersatzanspruch seiner Bank (§ 670 BGB) sowie der Eintritt der Erfüllungswirkung von der Genehmigung der Lastschriftbuchung durch den Schuldner abhängen. Der Schuldner hat dem Gläubiger mit der Erteilung der Einzugsermächtigung gestattet, das von der Kreditwirtschaft bereitgestellte Verfahren des Lastschrifteinzugs zu nutzen. Die als Inkassostelle fungierende Gläubigerbank leitet den ihr vom Gläubiger erteilten Auftrag zur Einziehung des geschuldeten Betrages an die Bank des Schuldners (Zahlstelle) weiter, welche auf dem Konto des Schuldners eine Lastschriftbuchung in entsprechender Höhe vornimmt. Da die Bank des Schuldners die Lastschriftbuchung vorgenommen hat, ohne zuvor eine entsprechende Weisung vom Schuldner erhalten zu haben, muss der Schuldner die Lastschriftbuchung gegenüber seiner Bank gem. § 684 S. 2 BGB genehmigen, um die Zahlung im Deckungs- und Valutaverhältnis wirksam werden zu lassen. Der Schuldner kann das Wirksamwerden der Lastschriftbuchung mit Eintritt der Genehmigungsfiktion daher nur verhindern, wenn er die Genehmigung bis zum Eintritt der fingierten Genehmigung sechs Wochen nach Zugang des Rechnungsabschlusses (Abschn. A. Nr. 2.4. der Sonderbedingungen für den Lastschriftverkehr) verweigert bzw. die gebuchte Lastschrift bis dahin widerruft. Widerruft der Schuldner die Lastschriftbuchung, wird diese von seiner Bank korriert. Sofern der Lastschriftwiderruf innerhalb von sechs Wochen nach der Lastschriftbuchung erfolgt, gibt die Bank des Schuldners die Lastschrift an die Gläubigerbank zurück (Abschn. III Nr. 1 und 2 des Abkommens über den Lastschriftverkehr), welche das Gläubigerkonto mit dem durch die Lastschriftbuchung gutgeschriebenen Betrag belastet. Andernfalls muss die Bank des Schuldners den gutgeschriebenen Betrag beim Gläubiger kondizieren[908].

Der Lastschriftwiderruf verhindert bereits den Eintritt der Erfüllungswirkung. Es kommt in den Lastschriftwiderrufsfällen damit nicht zu einem Verbrauch von Vermögen. Der Bundesgerichtshof lehnt den Vermögensverbrauch in den Lastschriftwiderrufsfällen deshalb im Ergebnis zu Recht ab, auch wenn die hierfür angeführte Begründung, dass der Lastschriftwiderruf auf die Rückgängigmachung des verbrauchten Vermögens ausgerichtet sei, dogmatisch nicht ganz zutreffend ist. Zu einem Vermögensverbrauch, der rückgängig gemacht werden könnte, konnte es wegen des Lastschriftwiderrufs nicht kommen, da der Vermögensverbrauch durch den Lastschriftwiderruf verhindert wird. Dies ist der Grund, warum der Schuldner dem Insolvenzverwalter entgegenhalten kann, dass die Lastschriftbuchung aus unpfändbarem Vermögen vorgenommen sein soll. In Anlehnung an die Entscheidung

---

908 BGH, Urt. v. 20.07.2010 – XI ZR 236/07 = WM 2010, 1546 (1547 f.).

des Bundesgerichtshofs vom 20.07.2010 muss dem Schuldner die Bestimmung, dass die Zahlung aus unpfändbarem Vermögen erfolgt sein soll, bis zum Eintritt der Erfüllungswirkung möglich sein. Indem der Insolvenzverwalter mit dem Lastschriftwiderruf den Eintritt der Erfüllungswirkung verhindert, eröffnet er dem Schuldner die Möglichkeit, neu zu entscheiden, ob die Belastungsbuchung aus unpfändbarem Vermögen vorgenommen und deswegen von Bestand sein soll.

(2) Der Verbrauch von Vermögen in den Insolvenzanfechtungsfällen

Die zum Vermögensverbrauch in den Lastschriftwiderrufsfällen angestellten Erwägungen lassen sich auf die Insolvenzanfechtungsfälle nicht ohne Weiteres übertragen. Hiergegen sprechen folgende Gesichtspunkte:

(a) Die ex-nunc-Wirkung der Insolvenzanfechtung

In den Insolvenzanfechtungsfällen ist die Annahme, dass es trotz der in § 143 Abs. 1 S. 1 InsO angeordneten Rückgewähr zur Insolvenzmasse zum Verbrauch von Vermögen gekommen ist, zwingend. Dies folgt daraus, dass es sich bei der Insolvenzanfechtung nach der von der herrschenden Meinung vertretenen schuldrechtlichen Theorie um ein in § 143 Abs. 1 S. 1 InsO angelegtes gesetzliches Schuldverhältnis handelt, aus welchem der Anspruch des Schuldners auf Rückgewähr zur Insolvenzmasse resultiere[909]. Die Rückgewähr zur Insolvenzmasse setzt damit zwangsläufig den Verbrauch von Vermögen voraus. Der Nichtverbrauch von Vermögen lässt sich in Anlehnung an die Entscheidung des Bundesgerichtshofs vom 20.07.2010 nicht damit begründen, dass es wie bei den Lastschriftwiderrufsfällen um die Rückgängigmachung des Vermögensverbrauchs gehe. Diese Begründung würde den Nichtverbrauch von Vermögen nur tragen, wenn der Vermögensverbrauch wie in den Lastschriftwiderrufsfällen entweder von vornherein verhindert wird oder die anfechtbare Rechtshandlung nach der zur Rechtsnatur der Insolvenzanfechtung vertretenen dinglichen Theorie[910] und der Theorie der haftungsrechtlichen Unwirksamkeit[911] unwirksam ist. Nur in diesen Fällen ist es sachgerecht, den Verbrauch als nicht erfolgt anzusehen.

Nach der auch vom Bundesgerichtshof vertretenen schuldrechtlichen Theorie können diese Voraussetzungen in den Insolvenzanfechtungsfällen nicht gegeben sein. Die Rückgewähr zur Insolvenzmasse setzt voraus, dass das Vollzugsgeschäft wirksam vorgenommen wurde und damit Vermögen verbraucht worden ist. Der Vermögensverbrauch ist bis zum Zeitpunkt der Rückgewähr zur Insolvenzmasse als erfolgt anzusehen. Die Rückabwicklung des Vermögensverbrauchs erfolgt lediglich ex-nunc. Da der Vermögensverbrauch zum Zeitpunkt der Insolvenzanfechtung bereits abgeschlossen ist, würde die Bestimmung des Schuldners, dass die Zahlung

909 Siehe E.I.4.a.bb.
910 Siehe E.I.4.a.aa.
911 Siehe E.I.4.a.cc.

aus unpfändbarem Vermögen erfolgt sein soll, bedeuten, dass der Pfändungsschutz im Nachhinein auf verbrauchtes Vermögen erstreckt würde. Dem hat der Bundesgerichtshof in besagter Entscheidung vom 20.07.2010 aber ausdrücklich eine Absage erteilt[912].

(b) Unzulässigkeit der Vornahme des letzten Teilakts einer die Gläubigerbenachteiligung ausschließenden Rechtshandlung nach Eröffnung des Insolvenzverfahrens

Darüber hinaus kann es für die Frage, ob die Zahlung aus unpfändbarem Vermögen erbracht worden ist und eine Gläubigerbenachteiligung deswegen ausgeschlossen ist, nur auf die Zeit vor Insolvenzeröffnung ankommen. Nach § 129 Abs. 1 InsO muss die anfechtbare Rechtshandlung vor Insolvenzeröffnung vorgenommen worden sein, was im Hinblick auf § 140 Abs. 1 InsO dann der Fall ist, wenn die gläubigerbenachteiligende Wirkung der Rechtshandlung vor Insolvenzeröffnung eingetreten ist[913]. Für den Ausschluss der Insolvenzanfechtung kommt es konsequenterweise darauf an, ob die gläubigerbenachteiligende Wirkung vor Eröffnung des Insolvenzverfahrens nicht eingetreten ist. Da der letzte die gläubigerbenachteiligende Wirkung auslösende Teilakt der Rechtshandlung vor Insolvenzeröffnung vorgenommen worden sein muss[914], muss gleiches für den letzten Teilakt der Rechtshandlung, der die Gläubigerbenachteiligung ausschließt, gelten. Die erst im Insolvenzverfahren auf das Anfechtungsansinnen des Insolvenzverwalters erfolgte Deklarierung bestimmter Zahlungen als unpfändbar wäre demnach verspätet, weil die Deklarierung der Zahlung als letzter Teilakt der Rechtshandlung nicht mehr vor Insolvenzeröffnung erfolgen würde.

(c) Gefahr der gezielten Benachteiligung einzelner Gläubiger

Hinzu kommt, dass die Anerkennung eines nachträglichen Bestimmungsrechts des Schuldners auch deshalb nicht sachgerecht sein kann, da ein solches dem Schuldner die Möglichkeit eröffnen würde, bestimmte Gläubiger gezielt zu benachteiligen, indem die Zahlung als aus pfändbarem Vermögen erbracht deklariert würde, um dadurch die Insolvenzanfechtung zu ermöglichen[915]. Der Erfolg der Insolvenzanfechtung wäre damit allein von der entsprechenden Deklarierung der Zahlungsvorgänge durch den Schuldner abhängig. Da die (Un-)Pfändbarkeit nicht an ein objektives Kriterium anknpüfen würde, ließe sich die Gefahr, dass der Schuldner die Zahlungen an bestimmte Gläubiger willkürlich zu deren Lasten als pfändbar deklariert, nicht verhindern[916].

---

912 BGH, Urt. v. 20.07.2010 – IX ZR 37/09 = NJW 2010, 3517 (3519).
913 Siehe B.II.1.a.bb.
914 Siehe B.II.1.a.bb.
915 Vallender, NZI 2014, 535 (539).
916 Vgl. hierzu Vallender, NZI 2014, 535 (539).

(d) Keine unzulässige nachträgliche Zuordnung von Zahlungen zum unpfändbaren Vermögen bei Vornahme von Zahlungen aus dem aktivierten unpfändbaren Vermögen

Zu bedenken ist jedoch, dass die Erstreckung des Pfändungsschutzes auf verbrauchtes Vermögen nicht tangiert ist, wenn der unpfändbare Sockelfreibetrag des Pfändungsschutzkontos von monatlich derzeit 1.073,88 € vor Insolvenzeröffnung durch die von § 850 k Abs. 1 S. 1 HS 1 ZPO vorausgesetzte Pfändung oder die Anordnung vorläufiger Maßnahmen durch das Insolvenzgericht (§ 21 InsO) aktiviert worden ist. Wegen der damit einhergehenden Beschränkung der Verfügungsgewalt auf das unpfändbare Vermögen kann die Auflagenzahlung nur aus unpfändbarem Vermögen erfolgt sein. Es handelt sich deswegen gerade nicht um den vom Bundesgerichthof für unzulässig erachteten Fall, dass der Pfändungsschutz erst im Nachhinein auf bereits verbrauchtes Vermögen erstreckt wird. Vielmehr besteht der Pfändungsschutz bei vorinsolvenzlichen Zahlungen, die nach der Aktivierung des Pfändungsschutzes vorgenommenen werden, von vornherein. Da feststeht, dass die Zahlung aus unpfändbarem Vermögen stammt, muss es dem Schuldner auch möglich sein, den Insolvenzverwalter hierauf zu verweisen. Dem Einwand des Schuldners kommt deshalb nicht die Qualität einer nachträglichen Bestimmung zu, welche Zahlungen aus unpfändbarem Vermögen erfolgt sein sollen und welche nicht. Dass die ausschließlich subjektive Zuordnung von Zahlungsvorgängen zum unpfändbaren bzw. pfändbaren Vermögen nicht zulässig sein kann, belegt auch nochmals § 850 k Abs. 1 S. 1 ZPO, der den Eintritt des Kontopfändungsschutzes von dem Bestehen eines Pfändungsschutzkontos und dem Vorliegen einer Pfändung des auf diesem Konto befindlichen Guthabens abhängig macht.

Dass der Deklarierung von bereits getätigten Zahlungsvorgängen als unpfändbar nichts entgegensteht, solange die Zahlungen auch objektiv aus unpfändbarem Vermögen erfolgt sind, lässt sich aus der zur Insolvenzanfechtung einer Geldstrafenzahlung ergangenen Entscheidung des Bundesgerichtshofs vom 10.07.2014[917] schlussfolgern. Der Bundesgerichthof geht in dieser Entscheidung, die noch zur Rechtslage vor Einführung des Pfändungsschutzkontos unter Geltung des antragsabhängigen Kontopfändungsschutzes ergangen ist, ohne dies ausdrücklich auszusprechen, davon aus, dass Gläubigerbenachteiligung und (Un-)Pfändbarkeit objektiv zu beurteilen sind und die Insolvenzanfechtung mangels Gläubigerbenachteiligung nur dann ausgeschlossen ist, wenn die angefochtene Zahlung aus dem aktivierten unpfändbaren Vermögen vorgenommen worden ist. Der Bundesgerichtshof hatte das Vorliegen einer Gläubigerbenachteiligung mit der Begründung bejaht, dass der Schuldner nicht den zur Herbeiführung der Unpfändbarkeit erforderlichen Antrag nach § 850 k Abs. 1 ZPO in der bis zum 30.06.2010 geltenden Fassung gestellt habe und die Geldstrafenzahlung deshalb aus pfändbarem Vermögen erfolgt sei[918]. Gegenteiliges folge auch nicht aus der zum Lastschriftwiderruf ergangenen

917 BGH, Urt. v. 10.07.2014 – IX ZR 280/13 = NZI 2014, 863 ff.

918 BGH, Urt. v. 10.07.2014 – IX ZR 280/13 = NZI 2014, 863 (864).

Entscheidung vom 20.07.2010, derzufolge der Insolvenzverwalter auch nicht zum Widerruf solcher Lastschriften des Schuldners berechtigt sei, die dieser mangels Pfändungsschutzantrag nach § 850 k ZPO a. F. lediglich aus dem rechnerisch unpfändbaren Kontoguthaben erbracht hat und die von ihm nicht beanstandet worden sind. Um die rechtliche Beziehung zwischen Schuldner und Gläubiger sei es in der Entscheidung hingegen nicht gegangen. Die Entscheidung stelle die Pfändbarkeit des Kontoguthabens und dessen Zugehörigkeit zur Insolvenzmasse nicht in Frage. Deshalb sei es konsequent, dass nach besagter Entscheidung mit der Anfechtbarkeit der Genehmigung der Zahlung das Recht des vorläufigen Insolvenzverwalters zum Widerruf der Belastungsbuchung des Lastschriftverfahrens einhergehe und die unwidersprochen gebliebenen Zahlungen mit der Insolvenzanfechtung rückgängig gemacht werden können[919].

Ein Vergleich der beiden Entscheidungen des Bundesgerichtshofs zur Insolvenzanfechtung der Geldstrafenzahlung vom 10.07.2014 und zum Lastschriftwiderruf vom 20.07.2010 zeigt, dass der Bundesgerichtshof die Unpfändbarkeit in den Insolvenzanfechtungs- und Lastschriftwiderrufsfällen nach unterschiedlichen Maßstäben beurteilt, obwohl beiden zur alten Rechtslage ergangenen Entscheidungen die gleiche Ausgangsituation dergestalt zugrunde lag, dass mangels Aufhebung der Pfändung durch das Vollstreckungsgericht streng genommen kein unpfändbares Vermögen existiert. Während der Bundesgerichtshof die Unpfändbarkeit in den Insolvenzanfechtungsfällen objektiv danach beurteilt wissen will, ob das Vollstreckungsgericht die Pfändung aufgehoben hat oder nicht, greift er in den Lastschriftwiderrufsfällen auf einen subjektiven Beurteilungsmaßstab zurück, indem er es der Entscheidung des Schuldners überlässt, ob die Zahlung aus dem rechnerisch unpfändbaren Vermögen vorgenommen worden sein soll oder nicht. Hieran zeigt sich deutlich, dass es in den Insolvenzanfechtungsfällen entgegen der von *Ahrens* vertretenen Auffassung[920] gerade nicht möglich ist, die Zuordnung von Zahlungsvorgängen zum unpfändbaren Vermögen dem Schuldner zu überlassen, es vielmehr eines objektiven, die Unpfändbarkeit auslösenden Ereignisses – nach alter Rechtslage: die Aufhebung der Pfändung durch das Vollstreckungsgericht und nach der spätestens ab dem 01.01.2012 geltenden Rechtslage: Pfändung des Guthabens auf einem Pfändungsschutzkonto – bedarf. Die Deklarierung der aus unpfändbarem Vermögen erbrachten Zahlungen durch den Schuldner ist in den Insolvenzanfechtungsfällen wie bereits dargelegt nur dann möglich, wenn die vom Schuldner als unpfändbar deklarierte Zahlung auch objektiv aus unpfändbarem Vermögen erbracht worden ist. Die Unpfändbarkeitsbestimmung des Schuldners wäre dann eine bloße Wiederholung dessen, was nach dem Bundesgerichtshof mindestens erforderlich ist: Die objektive Beurteilung der (Un-)Pfändbarkeit und der hiervon abhängigen Gläubigerbenachteiligung.

919 BGH, Urt. v. 10.07.2014 – IX ZR 280/13 = NZI 2014, 863 (864).
920 S. hierzu Ahrens oben unter F.I.3.d.aa.(1).

(3) Ergebnis

Für die Insolvenzanfechtungsfälle kann als Ergebnis festgehalten werden, dass der Schuldner dem Anfechtungsansinnen des Insolvenzverwalters grundsätzlich nicht dadurch begegnen kann, dass er im laufenden Insolvenzverfahren nachträglich bestimmt, welche vorinsolvenzlichen Zahlungen von einem Pfändungsschutzkonto aus unpfändbarem Vermögen erfolgt sein sollen und welche nicht. Grund hierfür ist, dass dies anders als in den Fällen des Lastschriftwiderrufs eine rückwirkende und damit unzulässige Erstreckung der Pfändungsschutzvorschriften auf bereits verbrauchtes Vermögen wäre und die Unpfändbarkeit im Gegensatz zu den Lastschriftwiderrufsfällen objektiv zu beurteilen ist. Nur sofern vorinsolvenzliche Zahlungen objektiv aus unpfändbarem Vermögen erbracht worden sind, kann der Schuldner dem Insolvenzverwalter entgegenhalten, dass diese Zahlungen aus unpfändbarem Vermögen erfolgt sind.

cc) Rückschlüsse vom Begriff der Insolvenzmasse auf unpfändbare Vermögensbestandteile vor Eröffnung des Insolvenzverfahrens

Die bisherigen Ausführungen haben gezeigt, dass sich Vermögensmassen, aus denen insolvenzanfechtungssicher gezahlt werden könnte, nicht ohne Weiteres lokalisieren lassen. Nicht anfechtbares, da pfändungsfreies Vermögen besteht nicht per se und lässt sich auch nicht einseitig vom Schuldner bestimmen. Solches lässt sich vielmehr bislang nur in Verbindung mit einem durch die Pfändung oder die Anordnung vorläufiger Maßnahmen durch das Insolvenzgericht (§ 21 InsO) aktivierten Pfändungsschutzkonto annehmen. Anfechtbar sind grundsätzlich solche Zahlungen, die die Gläubiger benachteiligen, indem sie die zu verteilende spätere Insolvenzmasse schmälern. Nicht anfechtbar wären danach Zahlungen aus solchen Vermögensbestandteilen, die im Falle der späteren Insolvenzeröffnung von vornherein nicht in die Insolvenmasse gefallen wären. Inwieweit von solchen Vermögensbestandteilen ausgegangen werden kann, soll im Folgenden erörtert werden.

(1) Ausgangspunkt

Ausgangspunkt für die Frage, ob bzw. welche Vermögensgegenstände im Falle der Insolvenzeröffnung nicht in die Insolvenzmasse fallen, sind die §§ 35 Abs. 1, 36 Abs. 1 InsO. Während § 35 Abs. 1 InsO die Insolvenzmasse positiv beschreibt, regelt § 36 Abs. 1 InsO negativ, was nicht in die Insolvenzmasse fällt. § 35 Abs. 1 InsO ist daher stets im Zusammenhang mit § 36 Abs. 1 InsO zu sehen. Nach § 35 Abs. 1 InsO erfasst das Insolvenzverfahren das gesamte Vermögen, das dem Schuldner zur Zeit der Eröffnung des Verfahrens gehört und das er während des Verfahrens erlangt (Insolvenzmasse). § 36 Abs. 1 InsO zufolge gehören Gegenstände, die nicht der Zwangsvollstreckung unterliegen, nicht zur Insolvenzmasse (S. 1). Die §§ 850, 850 a, 850 c, 850 e, 850 f Abs. 1, §§ 850 g bis 850 k, 851 c und 851 d der Zivilprozessordnung gelten entsprechend (S. 2). Aus dem Verweis von § 36 Abs. 1 S. 2 InsO auf § 850 k

ZPO ergibt sich, dass das unpfändbare Guthaben auf einem Pfändungsschutzkonto nicht in die Insolvenzmasse fällt. Dies ist derzeit ein Betrag von monatlich 1.073,88 €.

Nach der gesetzlichen Konzeption kommt es für die Bestimmung der Insolvenzmasse somit auf den Zeitpunkt der Eröffnung des Insolvenzverfahrens an. Dies hat auch das OLG Zweibrücken herausgestellt. Mit Urteil vom 17.05.2013[921] entschied es über die Insolvenzanfechtung einer Geldstrafenzahlung und führte zur Begründung der Gläubigerbenachteiligung (§ 129 Abs. 1 InsO) an, dass das beklagte Land nicht einwenden könne, dass die Geldstrafenzahlung aus dem unpfändbaren Einkommen erfolgt und deshalb keine Gläubigerbenachteiligung gegeben sei. Die Regelung des § 36 Abs. 1 S. 2 InsO i. V. m. § 850 c BGB (gemeint sein muss § 850 c ZPO) finde vor Eröffnung des Insolvenzverfahrens keine Anwendung, da gem. § 35 Abs. 1 InsO die Insolvenzmasse nur aus dem Vermögen besteht, das dem Schuldner bei Eröffnung des Insolvenzverfahrens bereits gehört und das er während des Insolvenzverfahrens erlangt[922]. Aus § 80 Abs. 1 InsO folge, dass den Schuldner erst ab der Eröffnung des Insolvenzverfahrens Verfügungsbeschränkungen treffen[923].

Die Entscheidung des OLG Zweibrücken stellt klar, dass bei der Bestimmung der Insolvenzmasse und des nicht zur Insolvenzmasse gehörenden unpfändbaren Vermögens auf den gleichen Zeitpunkt abzustellen ist. Maßgeblicher Beurteilungszeitpunkt ist die Eröffung des Insolvenzverfahrens. Die Notwendigkeit eines einheitlichen Beurteilungszeitpunktes ist logische Konsequenz des Umstands, dass sich die Insolvenzmasse nur unter Hinzuziehung des § 36 Abs. 1 InsO bestimmen lässt. Dies gilt nicht nur für die Beurteilung der zum Zeitpunkt der Insolvenzeröffnung bestehenden Insolvenzmasse. Im Hinblick darauf, dass nach § 35 Abs. 1 InsO auch der Neuerwerb in die Insolvenzmasse fällt, gilt dies auch für den der Eröffnung des Insolvenzverfahrens folgenden Zeitraum. Für den für die Insolvenzanfechtung maßgeblichen Zeitpunkt vor Eröffnung des Insolvenzverfahrens lassen sich auf der Grundlage der §§ 35, 36 InsO keine Aussagen treffen.

(2) Der Streit um die Anrechnung von Vorverfügungen auf das unpfändbare Vermögen

Ob Vermögensgegenstände bereits vor Eröffnung des Insolvenzverfahrens der späteren Insolvenzmasse zugerechnet werden können oder ob sie im Rahmen einer späteren Insolvenz als unpfändbar und damit nicht der Insolvenzmasse unterfallend eingeordnet werden müssen, könnte sich anhand folgender Überlegungen ableiten lassen. Das Guthaben eines Pfändungsschutzkontos kann in Höhe des unpfändbaren Sockelfreibetrags von monatlich derzeit 1.073,88 € nicht nur durch die Pfändung, sondern auch durch die Eröffnung des Insolvenzverfahrens aktiviert werden[924]. Dieser Betrag gehört als unpfändbares Vermögen nicht zur Insolvenzmasse (§ 36

921 OLG Zweibrücken, Urt. v. 17.05.2013 – 2 U 86/12 = wistra 2013, 403 ff.
922 OLG Zweibrücken, Urt. v. 17.05.2013 – 2 U 86/12 = wistra 2013, 403 (404).
923 OLG Zweibrücken, Urt. v. 17.05.2013 – 2 U 86/12 = wistra 2013, 403 (404).
924 Siehe F.I.3.e.aa.

Abs. 1 S. 2 InsO i. V. m. § 850 k ZPO). Für den Fall der Pfändung ist umstritten, ob der Schuldner immer über den gesamten unpfändbaren Sockelfreibetrag des Pfändungsschutzkontos von derzeit 1.073,88 € verfügen kann oder ob nicht Zahlungen des Schuldners, die vor der Pfändung erfolgt sind, in Abzug zu bringen sind und das unpfändbare Vermögen insoweit als verbraucht gilt. Die gleiche Frage stellt sich wegen dem Verweis von § 36 Abs. 1 S. 2 InsO auf § 850 k ZPO auch in Bezug auf Verfügungen vor Insolvenzeröffnung. Soll dem Schuldner mit Eröffnung des Insolvenzverfahrens immer der gesamte unpfändbare Sockelfreibetrag des Pfändungsschutzkontos von 1.073,88 € zur Verfügung stehen oder muss er sich Zahlungen vor Insolvenzeröffnung anrechnen lassen? Sollte es sich erweisen, dass Zahlungen vor Eröffnung des Insolvenzverfahrens den durch die Insolvenzeröffnung aktivierten unpfändbaren Sockelfreibetrag des Pfändungsschutzkontos schmälern, müssten diese Zahlungen konsequenterweise als aus unpfändbarem Vermögen erbracht gewertet werden. Damit wäre zugleich auch die vom OLG Zweibrücken vertretene Rechtsauffassung widerlegt, dass es unpfändbares und damit nicht der Insolvenzmasse unterfallendes Vermögen erst ab der Insolvenzeröffnung geben kann.

(a) Streitstand

(aa) Die Gegner einer Anrechnung von Vorverfügungen

Die überwiegende Ansicht im Schriftum geht davon aus, dass der Schuldner ab der Pfändung über den gesamten monatlichen Sockelfreibetrag bis zum Ende des Kalendermonats frei verfügen kann, ohne dass das zuvor bereits verbrauchte Vermögen mindernd auf den Sockelfreibetrag angerechnet wird[925]. Zur Begründung wird auf die „Praktikabilität“[926] und eine „einfache Handhabung“[927] verwiesen[928]. Auch wird angeführt, dass im Gesetz keine Anrechnungsregelung vorgesehen sei und das Fehlen einer gesetzlichen Regelung eine Entscheidung aus Billigkeitsgesichtspunkten verbiete[929]. Mit Sinn und Zweck der Normierung eines Pfändungsschutzes für Kontoguthaben – der leichten und sicheren Handhabung von auf Guthabenbasis geführten Konten – sei es unvereinbar, wenn aufgrund von Verfügungen im Vorfeld

---

925 BT-Drs. 16/12714, S. 19; Jaquemoth/Zimmermann, ZVI 2010, 113 (114 f.); Busch, VuR 2007, 138 (140 f.); Ahrens, NJW 2010, 2001 (2004); Schumacher, ZVI 2009, 313 (319); Büchel, ZInsO 2010, 20 (21); Stöber, Forderungspfändung, 16. Aufl. (2013), Rn. 1282 c; Sudergat, Kontopfändung und P-Konto, 3. Aufl. (2013), Rn. 662 mit Beispiel; Hk – ZV/Meller-Hannich, 3. Aufl. (2016), § 850 k ZPO Rn. 15; Zöller – Stöber, ZPO, 31. Aufl. (2016), § 850 k Rn. 4; Musielak/Voit – Becker, ZPO, 12. Aufl. (2015), § 850 k Rn. 2.

926 Stöber, Forderungspfändung, 16. Aufl. (2013), Rn. 1282 c.

927 Stöber, Forderungspfändung, 16. Aufl. (2013), Rn. 1282 c.

928 Stöber, Forderungspfändung, 16. Aufl. (2013), Rn. 1282 c.

929 Schumacher, ZVI 2009, 313 (319); Sudergat, Kontopfändung und P-Konto, 3. Aufl. (2013), Rn. 663; Stöber, Forderungspfändung, 15. Aufl. (2010), Rn. 1283 zu § 850 k ZPO a. F.

der Pfändung und ihrer Anrechnung unklar bliebe, ob der Schuldner finanziell in noch hinreichendem Maße ausgestattet ist, um seinen Unterhaltsbedarf bestreiten zu können[930]. Der leichte und sichere Pfändungsschutz des Kontoguthabens habe Vorrang vor dem Gläubigerinteresse und für die Kreditinstitute sei die Nichtanrechnung von vor der Pfändung erfolgten Verfügungen mit weniger Arbeitsaufwand und aufgrund der einfacheren Handhabung des gepfändeten Kontos mit einer minimierten Haftungsgefahr verbunden[931].

(bb) Die befürwortende Ansicht Goebels

Soweit ersichtlich spricht sich nur *Goebel* für die Berücksichtigung von Kontoverfügungen vor Wirksamwerden der Pfändung im Wege der Anrechnung auf den Pfändungsfreibetrag aus[932]. Zur Begründung führt er an, dass dies mit dem Wortlaut des neugefassten § 850 k Abs. 1 S. 1 ZPO (jeweils bis zum Ende des Kalendermonats) vereinbar sei. Denn wenn es dem Schuldner nach § 850 k Abs. 1 S. 1 ZPO möglich sei, bis zum Ende des Kalendermonats über sein unpfändbares Kontoguthaben zu disponieren, der Zeitpunkt der Pfändung nicht entscheidend sei und der Schuldner aus diesem Grund auf das gesamte monatlich pfändungsfreie Kontoguthaben Zugriff nehmen könne, dann könne nicht unberücksichtigt bleiben, wenn der Schuldner schon vor der Pfändung den Pfändungsfreibetrag verbraucht habe[933]. Zur rechtlichen Handhabe müsse in diesen Fällen ggfs. auf § 850 k Abs. 4 i. V. m. einer entsprechenden Anwendung von § 850 e ZPO zurückgegriffen werden[934]. Nicht überzeugen könne, dass der Schuldner durch die Anrechnung finanziell ggfs. nicht mehr ausreichend versorgt sei, um seinen Unterhaltsbedarf bis zum Ende des Kalendermonats decken zu können, da der Schuldner schon vor der Pfändung durch die Zustellung des Vollstreckungstitels gem. § 750 ZPO hinsichtlich anstehender Zwangsvollstreckungsmaßnahmen vorgewarnt sei. Vom Schuldner könne daher erwartet werden, dass er sich auf die Vollstreckung einstellt anstatt sich selbst durch das vollständige Leeren seines Kontos und die anschließende Inanspruchnahme des Pfändungsfreibetrags Vorzüge bei gleichzeitiger Beeinträchtigung der Gläubigerinteressen zu verschaffen[935]. Durch die Anrechnung von Vorverfügungen werde ein zügiger und sicherer Kontopfändungsschutz nicht gefährdet, da es problemlos möglich sei, im Kalendermonat die ein- und ausgehenden Zahlungen auf bzw. vom schuldnerischen Konto zu bestimmen[936]. Sollte es dem Schuldner unverschuldet nicht möglich sein, mit dem ihm nach der Anrechnung noch verbleibenden

---

930 Schumacher, ZVI 2009, 313 (319); Stöber, Forderungspfändung, 15. Aufl. (2010), Rn. 1283 zu § 850 k ZPO a. F.
931 Sudergat, Kontopfändung und P-Konto, 3. Aufl. (2013), Rn. 664.
932 Goebel, Kontopfändung, 2010, Rn. 367.
933 Goebel, Kontopfändung, 2010, Rn. 367.
934 Goebel, Kontopfändung, 2010, Rn. 367.
935 Goebel, Kontopfändung, 2010, Rn. 367.
936 Goebel, Kontopfändung, 2010, Rn. 367.

Pfändungsfreibetrag auszukommen, so könne in Härtefällen immer noch auf § 765 a ZPO zurückgegriffen werden[937].

(b) Eigener Standpunkt

Die Ansicht *Goebels*, wonach Verfügungen vor einer Pfändung auf den unpfändbaren Sockelfreibetrag von derzeit 1.073,88 € angerechnet werden müssten, kann aus folgenden Gründen nicht überzeugen.

(aa) Fehlen einer gesetzlichen Anrechnungsregelung

Für eine Anrechnung von Vorverfügungen besteht keine gesetzliche Grundlage. § 850 k Abs. 1 S. 1 ZPO sieht die Verfügungsmöglichkeit des Schuldners über den gesamten Sockelfreitbetrag bis zum Ende des Kalendermonats vor. Danach kann der Schuldner jeweils bis zum Ende des Kalendermonats über Guthaben in Höhe des monatlichen Freibetrages nach § 850 c Abs. 1 Satz 1 in Verbindung mit § 850 c Abs. 2 a verfügen, wenn das Guthaben auf dem Pfändungsschutzkonto des Schuldners bei einem Kreditinstitut gepfändet wird; insoweit wird es nicht von der Pfändung erfasst. Der eindeutige Wortlaut von § 850 k Abs. 1 S. 1 ZPO lässt eine Anrechnung von vor der Pfändung vorgenommenen Verfügungen nicht zu. Vielmehr soll der Schuldner nach der gesetzlichen Konzeption auch im Monat der Pfändung über den gesamten unpfändbaren Sockelfreibetrag verfügen können. Der Schuldner kann damit ab der Pfändung über den gesamten monatlichen Sockelfreibetrag bis zum Ende des Kalendermonats frei verfügen, ohne dass das zuvor bereits verbrauchte Vermögen mindernd auf den Sockelfreibetrag angerechnet wird[938] oder es zu einer zeitanteiligen Berechnung des Sockelfreibetrags kommt[939].

(bb) Sicherung des Existenzminimums

Für die Nichtanrechnung von Vorverfügungen spricht auch der Referentenentwurf eines Gesetzes zur Änderung der Insolvenzordnung, des Kreditwesengesetzes und anderer Gesetze des Bundesjustizministeriums, in dessen Begründung darauf verwiesen wird, dass die Zugriffsmöglichkeit des Schuldners auf den Sockelfreibetrag

---

937 Goebel, Kontopfändung, 2010, Rn. 367.

938 BT-Drs. 16/12714, S. 19; Jaquemoth/Zimmermann, ZVI 2010, 113 (114 f.); Busch, VuR 2007, 138 (140 f.); Ahrens, NJW 2010, 2001 (2004); Schumacher, ZVI 2009, 313 (319); Büchel, ZInsO 2010, 20 (21); Stöber, Forderungspfändung, 16. Aufl. (2013), Rn. 1282 c; Sudergat, Kontopfändung und P-Konto, 3. Aufl. (2013), Rn. 662 mit Beispiel; Hk – ZV/Meller-Hannich, 3. Aufl. (2016), § 850 k ZPO Rn. 15; Zöller – Stöber, ZPO, 31. Aufl. (2016), § 850 k Rn. 4; Musielak/Voit – Becker, ZPO, 12. Aufl. (2015), § 850 k Rn. 2.

939 BT-Drs. 16/7615, S. 18; Jaquemoth/Zimmermann, ZVI 2010, 113 (114 f.); Busch, VuR 2007, 138 (140 f.); Ahrens, NJW 2010, 2001 (2004); Musielak/Voit – Becker, ZPO, 12. Aufl. (2015), § 850 k Rn. 2.

zur Gewährleistung des Existenzminimus des Schuldners gerechtfertig sei[940]. Würden Verfügungen des Schuldners vor Wirksamwerden der Pfändung vom Sockelfreibetrag abgezogen oder eine zeitabschnittsweise Berechnung des Sockelfreibetrags angewandt, dann wäre das Existenzminimum im Kalendermonat der Pfändung nicht mehr sichergestellt.

(cc) Unzulässige Beschränkung des Ausgabeverhaltens des Schuldners vor der Pfändung

Darüber hinaus wird die Nichtanrechnung von Vorverfügungen auf den unpfändbaren Sockelfreibetrag dem Umstand gerecht, dass die Freiheit des Schuldners, einschränkungslos über sein Vermögen verfügen zu können, erst durch die Pfändung und die damit einhergehende Beschränkung seiner Verfügungsgewalt auf den unpfändbaren Sockelfreibetrag eingeschränkt wird. Erst aus der Pfändung des Kontoguthabens und dem damit verbundenen Gläubigerzugriff auf Vermögenswerte des Schuldners ergibt sich die Notwendigkeit, dem Schuldner einen bestimmten Betrag zur freien Verfügung zuzuweisen und ihn hierauf zu beschränken. Dem Schuldner soll es vor der Pfändung möglich sein, auch über den unpfändbaren Sockelfreibetrag hinaus Vermögensdispositionen vorzunehmen. Hierin würde der Schuldner aber in unzulässiger Weise beschränkt, wenn er sein Ausgabeverhalten wegen einer nicht auszuschließenden Pfändung und der Möglichkeit einer Anrechnung bereits vorgenommener Vermögensdispositionen auf den durch die Pfändung aktivierten unpfändbaren Sockelfreibetrag entsprechend steuern müsste, um zu verhindern, dass er seinen Lebensunterhalt nicht mehr bestreiten kann, weil der Sockelfreibetrag durch die anzurechnenden Vorverfügungen aufgebraucht ist. Da dem Schuldner sein Vermögen solange uneingeschränkt zur Verfügung stehen muss, wie es nicht zur Pfändung kommt, verbietet sich die Anrechnung von Verfügungen auf den unpfändbaren Sockelfreibetrag, zumal das pfändbare Kontoguthaben den Gläubigern erst ab dem Zeitpunkt des Wirksamwerdens der Pfändung zugewiesen ist.

(dd) Keine nachträgliche Anerkennung der Unpfändbarkeit für zurückliegende Zahlungen

Die Anrechnung von vor einer Pfändung vorgenommenen Zahlungen auf den erst durch die Pfändung aktivierten Sockelfreibetrag ist nicht möglich, weil dies eine unzulässige, weil nachträglich erfolgte Erstreckung der Pfändungsschutzvorschriften auf bereits verbrauchtes Vermögen wäre und der Bundesgerichtshof dem eine klare Absage erteilt hat[941]. Dadurch, dass der geschützte Freibetrag des

940 Referentenentwurf eines Gesetzes zur Änderung der Insolvenzordnung, des Kreditwesengesetzes und anderer Gesetze des Bundesjustizministeriums, ZVI 2004, Beilage 3 zu Heft 9, S. 28 unter Verweis auf BT-Drs. 14/6812, S. 8.

941 Siehe F.I.3.f.bb.

Pfändungsschutzkontos erst durch die Pfändung aktiviert wird[942], die anzurechnenden Zahlungen aber schon vorher geleistet und damit Vermögen verbraucht wurde, wäre mit der nachträglichen Anrechnung dieser Zahlungen zwangsläufig die Rückwirkung der Pfändungsschutzvorschriften verbunden. Aus diesem Grund können Zahlungen vor einer Pfändung auch nicht aus unpfändbarem Vermögen erbracht sein.

(ee) Ergebnis und Übertragung auf das Insolvenzverfahren

Als Ergebnis ist danach festzuhalten, dass mit der herrschenden Literatur von der Nichtanrechenbarkeit von Vorverfügungen auf den durch die Pfändung aktivierten unpfändbaren Sockelfreibetrag eines Pfändungsschutzkontos auszugehen ist. Dies lässt sich mit der Maßgabe auf das Insolvenzverfahren übertragen, dass die von § 850 k Abs. 1 S. 1 HS 1 ZPO vorausgesetzte Pfändung durch die Insolvenzeröffnung ersetzt wird. Letzteres folgt aus der gem. § 36 Abs. 1 S. 2 InsO entsprechenden Geltung von § 850 k ZPO. Dies bedeutet auch, dass das Pfändungsschutzkonto über § 36 Abs. 1 S. 2 InsO i. V. m. § 850 k ZPO erst ab der Eröffnung des Insolvenzverfahrens seine Wirkung entfaltet. Erst durch die Eröffnung des Insolvenzverfahrens wird auf dem Pfändungsschutzkonto der unpfändbare Sockelfreibetrag von monatlich derzeit 1.073,88 € aktiviert[943]. Dem Schuldner steht der komplette monatliche Sockelfreibetrag für den Zeitraum von der Eröffnung des Insolvenzverfahrens bis zum Ende des Kalendermonats, in dem die Eröffnung des Insolvenzverfahrens erfolgt ist, und ab dem darauffolgenden Kalendermonat monatsweise zur Verfügung[944]. Dadurch, dass der unpfändbare Sockelfreibetrag dem Schuldner erst ab der Eröffnung des Insolvenzverfahrens zur Verfügung steht, kann er frühestens ab diesem Zeitpunkt verbraucht werden. Verfügungen vor Eröffnung des Insolvenzverfahrens können nicht mindernd auf die erst ab Insolvenzeröffnung geschützten 1.073,88 € angerechnet werden. Konsequenz dessen ist, dass im Monat der Insolvenzeröffnung der gesamte unpfändbare Sockelfreibetrag von 1.073,88 € als Abzugsposten bei der Bestimmung der Insolvenzmasse zu berücksichtigen ist, zumal auch im Insolvenzverfahren eine zeitabschnittsweise Kürzung des Sockelfreibetrags nicht stattfindet. Zugleich steht mit der Unzulässigkeit der Anrechnung

---

942 Siehe F.I.3.f.aa.

943 Vallender, NZI 2014, 535 (538), der es für sachgerecht hielte, den durch das Pfändungsschutzkonto vermittelten Kontopfändungsschutz auf sämtliche Zahlungen aus unpfändbaren Vermögensbestandteilen des Pfändungsschutzkontos und damit unabhängig vom Vorliegen einer Pfändung, der Eröffnung des Insolvenzverfahrens bzw. der Anordnung entsprechender Sicherungsmaßnahmen zu erweitern, sodass infolgedessen hieraus vorgenommene Zahlungen mangels Gläubigerbenachteiligung nicht anfechtbar wären.; Sudergat, ZVI 2013, 169 (172).

944 Vgl. A/G/R – Ahrens, 2. Aufl. (2014), § 36 InsO Rn. 45, der sich auf die unpfändbaren und damit der Insolvenzmasse nicht unterfallenden Barmittel des § 811 Abs. 1 Nr. 8 ZPO bezieht.

vorinsolvenzlicher Verfügungen auf den unpfändbaren Sockelfreibetrag aber auch fest, dass die vorinsolvenzlichen Verfügungen nicht als aus unpfändbarem Vermögen erbracht angesehen werden können.

dd) Konsequenzen für die Insolvenzanfechtung

Festzuhalten ist, dass eine Insolvenzanfechtung im Wege der Zahlung aus unpfändbarem Vermögen im Vorhinein nur dann verhindert werden kann, wenn der unpfändbare Sockelfreibetrag des Pfändungsschutzkontos vor Eröffnung des Insolvenzverfahrens durch eine Pfändung oder die Anordnung vorläufiger Maßnahmen durch das Insolvenzgericht (§ 21 InsO) aktiviert worden ist. Weitere unpfändbare und damit nicht zur Insolvenzmasse gehörende Vermögensmassen lassen sich im Vorfeld der Insolvenzeröffnung nicht ausmachen. Denkbar ist eine insolvenzanfechtungssichere Zahlung somit nur, soweit sichergestellt werden kann, dass die Auflage vor Insolvenzeröffnung von einem aktivierten Pfändungsschutzkonto erbracht wird. Guthaben auf einem Pfändungsschutzkonto ist damit nicht per se in Höhe des unpfändbaren Sockelfreibetrags von monatlich derzeit 1.073,88 € geschützt. Eine vorinsolvenzliche Zahlung aus dem Guthaben eines Pfändungsschutzkontos, die lediglich rechnerisch dem unpfändbaren Sockelfreibetrag zuzuordnen ist, ohne dass es vor der Zahlung zur Aktivierung des Sockelfreibetrags gekommen ist, ist daher nicht geeignet, die Insolvenzanfechtung wegen fehlender Gläubigerbenachteiligung auszuschließen[945].

ee) Die Aufhebung der Pfändung/Anordnung vorläufiger Maßnahmen (§ 21 InsO) und deren Auswirkungen auf die Anfechtbarkeit der Auflagenzahlung

Der unpfändbare Sockelfreibetrag des Pfändungsschutzkontos wird vorinsolvenzlich durch die Pfändung bzw. die Anordnung vorläufiger Maßnahmen durch das Insolvenzgericht (§ 21 InsO) aktiviert. Dies wirft die Frage auf, ob eine aus dem so aktivierten unpfändbaren Vermögen insolvenzanfechtungssicher erbrachte Auflagenzahlung nachträglich dadurch anfechtbar wird, dass die Aktivierung des unpfändbaren Vermögens durch die Aufhebung der Pfändung bzw. der Anordnung vorläufiger Maßnahmen (§ 21 InsO) nachträglich beseitigt wird. Schließlich wird die Unpfändbarkeit dadurch ebenso in Frage gestellt wie die insolvenzanfechtungssichere Vornahme der Auflagenzahlung aus unpfändbarem Vermögen. Relevant wird dies immer dann, wenn der Schuldner die Auflage aus dem durch die Pfändung aktivierten unpfändbaren Guthaben des Pfändungsschutzkontos gezahlt hat und anschließend der zur Pfändung des Guthabens auf einem Pfändungsschutzkonto vom

---

945 A.A. wohl Zeitler, Rpfleger 2012, 113 (118), der die Vornahme von insolvenzanfechtungssicheren Geldstrafenzahlungen aus nicht der Insolvenzmasse unterfallendem Guthaben eines Pfändungsschutzkontos für möglich hält, ohne den Pfändungsschutz von der Aktivierung des unpfändbaren Sockelfreibetrags des Pfändungsschutzkontos abhängig zu machen.

Vollstreckungsgericht erlassene Pfändungs- und Überweisungsbeschluss auf die Vollstreckungserinnerung (§ 766 ZPO) bzw. die Vollstreckungsabwehrklage (§ 767 ZPO) des Schuldners für unzulässig erklärt wird und es infolgedessen gem. §§ 775 Nr. 1 i. V. m. 776 S. 1 ZPO zur Aufhebung des Pfändungs- und Überweisungsbeschlusses kommt. Ist das unpfändbare Vermögen durch die Anordnung vorläufiger Maßnahmen durch das Insolvenzgericht (§ 21 InsO) aktiviert worden, kommt die Aufhebung vorläufig angeordneter Maßnahmen nach Zahlung der Auflage aus dem aktivierten unpfändbaren Vermögen immer dann in Betracht, wenn das Insolvenzgericht im Eröffnungsverfahren zu der Überzeugung gelangt, dass der Fortbestand der vorläufig angeordneten Maßnahme nicht mehr erforderlich bzw. unverhältnismäßig ist[946]. Die eingangs aufgeworfene Frage stellt sich im Hinblick auf § 88 InsO in Fällen, in denen der unpfändbare Sockelfreibetrag des Pfändungsschutzkontos vorinsolvenzlich durch die Pfändung aktiviert worden ist, umso mehr als nach § 88 Abs. 1 i. V. m. Abs. 2 InsO eine Sicherung, die ein Insolvenzgläubiger in den letzten drei Monaten (§ 88 Abs. 2 InsO) bzw. im letzten Monat (§ 88 Abs. 1 InsO)[947] vor dem Antrag auf Eröffnung des Insolvenzverfahrens oder nach diesem Antrag durch Zwangsvollstreckung an dem zur Insolvenmasse gehörenden Vermögen des Schuldners erlangt hat, mit der Eröffnung des Verbraucherinsolvenzverfahrens (§ 88 Abs. 2 InsO) bzw. mit der Eröffnung des Verfahrens (§ 88 Abs. 1 InsO) nachträglich absolut unwirksam[948] wird. Die Aufhebung des Pfändungs- und Überweisungsbeschlusses ist in diesen Fällen unumgänglich, weil sich die gesetzlich angeordnete Unwirksamkeit, die in Bezug auf die Pfändung lediglich materiell-rechtlich wirkt, nur auf das Pfändungspfandrecht bezieht, wohingegen die öffentlich-rechtliche Verstrickung aufrechterhalten bleibt und durch die Aufhebung des Pfändungs- und Überweisungsbeschlusses (von Amts wegen oder auf die Vollstreckungserinnerung des Insolvenzverwalters (§ 766 ZPO) hin) beseitigt werden muss[949]. Fraglich ist also, inwieweit die Aufhebung der Pfändung bzw. die Anordnung vorläufiger Maßnahmen durch das Insolvenzgericht (§ 21 InsO) zum Wegfall des unpfändbaren Vermögens führt und dementsprechend von einer die Insolvenzanfechtung begründenden Gläubigerbenachteiligung auszugehen ist. Auf welchen Zeitpunkt es für die Beurteilung der Gläubigerbenachteiligung und die hierfür erforderliche Pfändbarkeit des betroffenen Vermögens ankommt, ist umstritten.

946 MüKo-Haarmeyer, InsO, 3. Aufl. (2013), § 21 Rn. 30.

947 Ob die drei- oder einmonatige Frist gilt, hängt davon ab, ob vor dem Verbraucherinsolvenzverfahren ein außergerichtlicher Einigungsversuch mit den Gläubigern erfolglos durchgeführt worden ist (3-Monats-Frist) oder ob ein solcher Einigungsversuch nicht unternommen worden ist (1-Monats-Frist), s. hierzu Graf-Schlicker/Breitenbücher, InsO, 4. Aufl. (2014), § 88 Rn. 8.

948 Graf-Schlicker/Breitenbücher, InsO, 4. Aufl. (2014), § 88 Rn. 9.

949 Graf-Schlicker/Breitenbücher, InsO, 4. Aufl. (2014), § 88 Rn. 10 f.

(1) Streitstand

Ein Teil der Literatur stellt aus Rechtssicherheitsgesichtspunkten darauf ab, ob die Gläubigerbenachteiligung zum Zeitpunkt der Rechtshandlung vorlag. Die Vertreter dieser Ansicht halten eine Gläubigerbenachteiligung deshalb auch dann für ausgeschlossen, wenn die Unpfändbarkeit nach Vornahme der Rechtshandlung wegfällt[950]. Zur Begründung wird angeführt, dass nach Vornahme der Rechtshandlung eintretende Veränderungen von dem anfechtenden Gläubiger bei der Insolvenzanfechtung nicht berücksichtigt werden können und es auch bei der unmittelbaren Gläubigerbenachteiligung gem. § 140 Abs. 1 InsO auf den Zeitpunkt der Vornahme der Rechtshandlung ankomme[951]. Da die Unpfändbarkeit bei § 811 Abs. 1 ZPO von der Zweckbestimmung abhänge, könne es nur auf die Vornahme der Rechtshandlung ankommen, zumal auch der unpfändbare Barbetrag zeitanteilig bis zum nächsten Zahlungstermin (§ 811 Abs. 1 Nr. 8 ZPO) berechnet werde und es für den Pfändungsschutz deshalb auf den Zeitpunkt der Vornahme der Rechtshandlung ankomme[952]. Hinzu komme, dass die Regelungen zum Pfändungsschutz für das Erwerbs- bzw. Erwerbsersatzeinkommen der Existenzsicherung des Schuldners dienen und die Frage, ob eine hierüber vorgenommene Verfügung existenzsichernd sei, nur zum Zeitpunkt der Rechtshandlung beurteilt werden könne[953]. Darüber hinaus wird das Fehlen der Gläubigerbenachteiligung trotz Wegfalls der Unpfändbarkeit nach Vornahme der Rechtshandlung damit begründet, dass sich die Pfändbarkeit des Vermögens – unterstellt, die Sache wäre im Vermögen des Schuldners geblieben – nicht eindeutig feststellen ließe[954]. Die Annahme einer Gläubigerbenachteiligung sei ausnahmsweise dann gerechtfertigt, wenn der Schuldner beim Veräußern bzw. Belasten einer Sache fest mit dem baldigen Pfändbarwerden der Sache rechne, da dann eine Vergleichbarkeit mit den Fällen gegeben sei, in denen der Schuldner etwas aus unpfändbarem Vermögen veräußert und der veräußerte Gegenstand mit Eröffnung des Insolvenzverfahrens in die Insolvenzmasse fällt[955].

Ehricke hingegen hält für die Beurteilung der Pfändbarkeit die Eröffnung des Insolvenzverfahrens für maßgeblich. Auf den Zeitpunkt der Rechtshandlung komme es nicht an. Er begründet dies damit, dass die Insolvenzanfechtung erst ab der Eröffnung des Insolvenzverfahrens auf die Anreicherung der Insolvenzmasse ausgerichtet sei, die Massemehrung hingegen nicht zu einem früheren Zeitpunkt erfolgen solle[956].

---

950 Ahrens, Das neue Privatinsolvenzrecht, 2. Aufl. (2016), Rn. 411 ff.; Jaeger/Henckel, InsO, 2008, Bd. 4, § 129 Rn. 80; so wohl auch Uhlenbruck-Hirte/Ede, 14. Aufl. (2015), § 129 InsO Rn. 187.

951 Ahrens, Das neue Privatinsolvenzrecht, 2. Aufl. (2016), Rn. 411.

952 Ahrens, Das neue Privatinsolvenzrecht, 2. Aufl. (2016), Rn. 412.

953 Ahrens, Das neue Privatinsolvenzrecht, 2. Aufl. (2016), Rn. 413.

954 Jaeger/Henckel, InsO, 2008, Bd. 4, § 129 Rn. 80.

955 Jaeger/Henckel, InsO, 2008, Bd. 4, § 129 Rn. 80.

956 K/P/B-Ehricke, InsO, Bd. 2, § 129 Rn. 73 (Stand: November 2008).

Allerdings gibt es auch Stimmen in der Literatur, die es grundsätzlich für möglich halten, den Eintritt der Pfändbarkeit nach Vornahme der Rechtshandlung aus unpfändbarem Vermögen als Fall der mittelbaren Gläubigerbenachteiligung (Gläubigerbenachteiligung, die nicht schon allein durch die Rechtshandlung, sondern erst durch das Hinzukommen weiterer Umstände eintritt[957]) zu werten[958]. Eine solche mittelbare Gläubigerbenachteiligung liege u.a. dann vor, wenn die Pfändbarkeit des Anspruchs auf den Pflichtteil erst nach der Abtretung des Pflichtteilsanspruchs (§ 2317 Abs. 2 i. V. m. §§ 398 ff. BGB) unter der Voraussetzung eintritt, dass der Pflichtteilsanspruch entweder vertraglich anerkannt oder aber rechtshängig geworden ist (§ 852 Abs. 1 ZPO)[959]. Zwar benennen die Vertreter einer mittelbaren Gläubigerbenachteiligung den zur Beurteilung der mittelbaren Gläubigerbenachteiligung maßgeblichen Zeitpunkt für die Fälle des Eintritts der Pfändbarkeit nach Vornahme der Rechtshandlung nicht ausdrücklich[960]. Da aber – mit Ausnahme *Henckels* – auch sie grundsätzlich den zur Beurteilung der mittelbaren Gläubigerbenachteiligung allgemein anerkannten Zeitpunkt der letzten mündlichen Verhandlung der letzten Tatsacheninstanz, auf die das Urteil im Anfechtungsprozess ergeht, für ausschlaggebend erachten[961], ist zu unterstellen, dass dieser Zeitpunkt auch bei der mittelbaren Gläubigerbenachteiligung in Form des Eintritts der Pfändbarkeit nach Vornahme der Rechtshandlung maßgeblich sein soll. Hingegen hält *Henckel* die letzte Tatsachenverhandlung im Anfechtungsprozess nur für maßgeblich, soweit es um eine Benachteiligung der Insolvenzgläubiger durch die Aufgabe bzw. Belastung eines Gegenstands geht. Demgegenüber sei dieser Zeitpunkt nicht maßgeblich für die Frage, ob eine Gläubigerbenachteiligung vorliegt, wenn die für den aufgegebenen Gegestand erhaltene Gegenleistung wegfällt. Mit dem Verlust sowie dem Wertloswerden der Gegenleistung nach Eröffnung des Insolvenzverfahrens lasse sich die Gläubigerbenachteiligung ebenso wenig begründen wie das Werthaltigwerden der

957 N/R-Nerlich, InsO, § 129 Rn. 77 (Stand: Juli 2013).

958 Uhlenbruck-Hirte/Ede, 14. Aufl. (2015), § 129 InsO Rn. 187; HambKomm/Rogge/Leptien, 5. Aufl. (2015), § 129 InsO Rn. 48; K/S/W-Schäfer, Insolvenzanfechtung, 2. Aufl. (2014), Rn. B 271; so wohl auch Jaeger/Henckel, InsO, 2008, Bd. 4, § 129 Rn. 80, der nur von einer Gläubigerbenachteiligung spricht, ohne sich auf das Vorliegen einer mittelbaren Gläubigerbenachteiligung festzulegen.

959 Uhlenbruck – Hirte/Ede, 14. Aufl. (2015), § 129 InsO Rn. 187; HambKomm/Rogge/Leptien, 5. Aufl. (2015), § 129 InsO Rn. 48; so wohl auch Jaeger/Henckel, InsO, 2008, Bd. 4, § 129 Rn. 80, der nur von einer Gläubigerbenachteiligung spricht, ohne sich auf das Vorliegen einer mittelbaren Gläubigerbenachteiligung festzulegen.

960 S. hierzu Uhlenbruck- Hirte/Ede, 14. Aufl. (2015), § 129 InsO Rn. 187; HambKomm/Rogge/Leptien, 5. Aufl. (2015), § 129 InsO Rn. 48; KSW-Schäfer, Insolvenzanfechtung, 2. Aufl. (2014), Rn. B 271; Jaeger/Henckel, InsO, 2008, Bd. 4, § 129 Rn. 80, der lediglich von einer Gläubigerbenachteiligung spricht, ohne sich auf eine mittelbare Gläubigerbenachteiligung festzulegen.

961 Uhlenbruck-Hirte/Ede, 14. Aufl. (2015), § 129 InsO Rn. 256; HambKomm/Rogge/Leptien, 5. Aufl. (2015), § 129 InsO Rn. 78; K/S/W-Schäfer, Insolvenzanfechtung, 2. Aufl. (2014), Rn. B 254.

Gegenleistung nach Eröffnung des Insolvenzverfahrens die Gläubigerbenachteiligung ausschließt[962].

(2) Eigener Standpunkt

In den Fällen, in denen der Pfändungs- und Überweisungsbeschluss auf die Vollstreckungserinnerung bzw. Vollstreckungsabwehrklage oder aber von Amts wegen aufgehoben wird, nachdem die Zahlung insolvenzanfechtungssicher aus unpfändbarem Vermögen vorgenommen worden ist, ist das Vorliegen einer Gläubigerbenachteiligung i. S. v. § 129 Abs. 1 InsO zwingend zum Zeitpunkt der Rechtshandlung zu beurteilen. Infolgedessen müssen Umstände, die wie die Aufhebung des Pfändungs- und Überweisungsbeschlusses erst nach der Vornahme der Rechtshandlung eintreten, bei der Beurteilung der Gläubigerbenachteiligung unberücksichtigt bleiben. Dies gilt auch in den Fällen, in denen der unpfändbare Sockelfreibetrag des Pfändungsschutzkontos durch vom Insolvenzgericht angeordnete vorläufige Maßnahmen (§ 21 InsO) aktiviert worden ist und die Anordnung nach Vornahme der Auflagenzahlung aus dem aktivierten unpfändbaren Vermögen von Amts wegen aufgehoben wird.

Die nachträgliche Annahme der Gläubigerbenachteiligung wegen Wegfalls der Unpfändbarkeit nach Vornahme der Rechtshandlung verbietet sich in den eingangs beschriebenen Fällen, in denen der Pfändungs- und Überweisungsbeschluss auf die Vollstreckungserinnerung (§ 766 ZPO) bzw. Vollstreckungsabwehrklage (§ 767 ZPO) des Schuldners bzw. Insolvenzverwalters oder von Amts wegen aufgehoben wird. Grund hierfür ist, dass der Schuldner auf den Pfändungsschutz weder vor noch nach Eröffnung des Insolvenzverfahrens wirksam verzichten kann. Das Begehren des Schuldners bzw. Insolvenzverwalters, mit der Vollstreckungserinnerung bzw. Vollstreckungsabwehrklage die Aufhebung des Pfändungs- und Überweisungsbeschlusses zu erreichen, beinhaltet zwangsläufig einen konkludenten Verzicht auf den Pfändungsschutz, da mit der Aufhebung des Pfändungs- und Überweisungsbeschlusses die Aktivierung des unpfändbaren Vermögens auf dem Pfändungsschutzkonto endet und damit der Pfändungsschutz wegfällt. Ob der Schuldner im Insolvenzverfahren auf den Pfändungsschutz verzichten und hierüber die Zugehörigkeit eines Gegenstands zur Insolvenzmasse beeinflussen kann, richtet sich zum einen danach, ob es sich um unpfändbare Sachen oder um unpfändbare Forderungen und Rechte handelt und ob der Verzicht auf den Pfändungsschutz vor oder nach Eröffnung des Insolvenzverfahrens erfolgt. Bei unpfändbaren Sachen soll der Verzicht auf den Pfändungsschutz vor Eröffnung des Insolvenzverfahrens unzulässig sein[963]. Demgegenüber soll bei unpfändbaren Sachen ein wirksamer Verzicht auf den Pfändungsschutz nach Eröffnung des Insolvenzverfahrens möglich sein. Zur Begründung wird angeführt, dass der Verzicht freiwillig erfolge und deshalb das öffentliche Interesse, dass gegen den Schuldner kein Zwang ausgeübt werden soll,

962 Jaeger/Henckel, InsO, 2008, Bd. 4, § 129 Rn. 141.

963 Uhlenbruck-Hirte, 14. Aufl. (2015), § 36 InsO Rn. 41; MüKo-Peters, InsO, 3. Aufl. (2013), Bd. 1, § 36 Rn. 59 i. V. m. Rn. 58; Jaeger/Henckel, InsO, 2004, Bd. 1, § 36 Rn. 6.

gewahrt sei[964]. Darüber hinaus könne der Schuldner die unpfändbare Sache ohnehin veräußern und die Forderungen der Gläubiger mit dem erlangten Entgelt begleichen[965]. Bei unpfändbaren Forderungen und Rechten soll der Schuldner auf den Pfändungsschutz hingegen weder vor noch nach der Insolvenzeröffnung wirksam verzichten können, weil der zugunsten der Gläubiger ausgesprochene Verzicht auf den Pfändungsschutz einer Veräußerung gleichkäme. Da der Schuldner unpfändbare Forderungen und Rechte nicht im Wege der Abtretung veräußern könne, könne er auch nicht wirksam auf den Pfändungsschutz verzichten (vgl. §§ 400, 413, 1274 Abs. 2 BGB)[966]. Folge dessen ist, dass der Schuldner mit der Vollstreckungserinnerung (§ 766 ZPO) bzw. Vollstreckungsabwehrklage (§ 767 ZPO) zwar die Aufhebung des Pfändungs- und Überweisungsbeschlusses durchsetzen kann, der mit der Einlegung der vollstreckungsrechtlichen Rechtsbehelfe erklärte Verzicht auf den Pfändungsschutz hingegen unwirksam ist, da es sich bei der Pfändung des Kontoguthabens eines Pfändungsschutzkontos um eine Pfändung des Auszahlungsanspruchs des Schuldners gegen sein Kreditinstitut, mithin um eine Forderungspfändung, handelt. Dadurch, dass der nach Vornahme der Zahlung aus dem unpfändbaren Vermögen erklärte Verzicht auf den Kontopfändungsschutz unwirksam ist, ist die Zahlung trotz Aufhebung des Pfändungs- und Überweisungsbeschlusses nach Vornahme der Zahlung aus unpfändbarem Vermögen weiterhin als aus unpfändbarem Vermögen erbracht anzusehen. Konsequenz dessen ist, dass die Insolvenzanfechtung mangels Gläubigerbenachteiligung ausgeschlossen bleibt, auch wenn mit der Aufhebung des Pfändungs- und Überweisungsbeschlusses die Aktivierung des Kontopfändungsschutzes nachträglich wegfällt. Aus der Unverzichtbarkeit des Kontopfändungsschutzes folgt, dass es für die Frage, welcher Zeiptunkt für die Beurteilung der Gläubigerbenachteiligung maßgeblich ist, auf die Vornahme der Rechtshandlung ankommt, der Versuch der rückwirkenden Beeinflussung der Unpfändbarkeit des Vermögens durch den Schuldner unbeachtlich ist.

Gleiches muss erst recht bei Eingreifen der Rückschlagsperre gem. § 88 InsO gelten, wenn die zur Beseitigung der Verstrickung erforderliche Aufhebung des Pfändungs- und Überweisungsbeschlusses auf die Vollstreckungserinnnerung (§ 766 ZPO) des Insolvenzverwalters oder von Amts wegen erfolgt. Der vom Insolvenzverwalter mit der Vollstreckungserinnerung erklärte Verzicht auf den Pfändungsschutz kann schon deshalb nicht wirksam sein, weil der Pfändungsschutz den Schuldner schützen soll und allenfalls von diesem persönlich aufgegeben werden kann. Ist aber bei unpfändbaren Forderungen und Rechten der Verzicht auf den Pfändungsschutz durch den Schuldner nicht möglich, so können dem Insolvenzverwalter keine weitergehenden Rechte zustehen. Ansonsten könnte der Insolvenzverwalter mit

964 Uhlenbruck-Hirte, 14. Aufl. (2015), § 36 InsO Rn. 41.
965 MüKo-Peters, InsO, 3. Aufl. (2013), Bd. 1, § 36 Rn. 59 i. V. m. Rn. 58; Jaeger/Henckel, InsO, 2004, Bd. 1, § 36 Rn. 6.
966 Uhlenbruck – Hirte, 14. Aufl. (2015), § 36 InsO Rn. 42; MüKo-Peters, InsO, 3. Aufl. (2013), Bd. 1, § 36 Rn. 59.

der Aufhebung des Pfändungsschutzes und dem Eintreten der Gläubigerbenachteiligung die Anfechtbarkeit der aus unpfändbarem Vermögen erbrachten Zahlung herbeiführen. Entsprechendes gilt für die Aufhebung des Pfändungs- und Überweisungsbeschlusses von Amts wegen sowie für den Fall, dass vom Insolvenzgericht angeordnete vorläufige Maßnahmen (§ 21 InsO) von Amts wegen aufgehoben werden.

Damit kann festgehalten werden, dass eine insolvenzanfechtungssichere Zahlung einer Auflage von einem aktivierten Pfändungsschutzkonto möglich ist.

ff) Umfang des nicht der Insolvenzmasse unterfallenden Vermögens bei Pfändung vor Insolvenzeröffnung und vorinsolvenzlichen Ansparleistungen des Schuldners

Bei Zahlungen aus unpfändbarem Vermögen ist die für die Insolvenzanfechtung gem. § 129 Abs. 1 InsO erforderliche Gläubigerbenachteiligung ausgeschlossen, weil das unpfändbare Vermögen nicht zu der den Gläubigern haftenden Insolvenzmasse gehört und von den Gläubigern im späteren Insolvenzverfahren ohnehin nicht beansprucht werden könnte. Dadurch, dass dasjenige, was als unpfändbares Vermögen nicht in die spätere Insolvenzmasse fallen würde, bereits bei der Beurteilung der vorinsolvenzlichen Gläubigerbenachteiligung von Relevanz ist, stellt sich die Frage, wie sich das vom Schuldner nach einer Pfändung vor Eröffnung des Insolvenzverfahrens im Rahmen von § 850 k Abs. 1 S. 3 ZPO angesparte unpfändbare Vermögen, das den einfachen Sockelfreibetrag von 1.073,88 € übersteigt, in Bezug auf die spätere Insolvenzmasse verhält. Soll es dem Schuldner möglich sein, sich gegenüber dem Insolvenzverwalter auf den pfändungsbedingt angesparten Sockelfreibetrag zu berufen und zusätzlich den auf die Insolvenzeröffnung zurückzuführenden einfachen Sockelfreibetrag in Höhe von 1.073,88 € geltend zu machen? Oder kann der Schuldner lediglich den auf diesem Wege angesammelten unpfändbaren Betrag dem Insolvenzverwalter entgegenhalten mit der Folge, dass dieser auf die Pfändung zurückgehende unpfändbare Sparbetrag nicht in die Insolvenzmasse fällt? Oder kann sich der Schuldner gegenüber dem Insolvenzverwalter von diesem angesparten Betrag lediglich auf den Sockelfreibetrag von 1.073,88 € berufen, den Pfändungsgläubiger hingegen auf den gesamten Sparbetrag verweisen?

Ersteres kann schon deshalb nicht richtig sein, weil Sinn und Zweck des Pfändungsfreibetrags in der Insolvenz die Sicherung des Existenzminimums des Schuldners ist[967], dieser aber nicht durch die Pfändung und die Eröffnung des Insolvenzverfahrens in den Genuss eines doppelten Pfändungsschutzes kommen soll, da dies zu einer Überschreitung des Betrags führen würde, der zur Sicherung des Existenzminimums erforderlich ist. In diese Richtung argumentiert auch *Sudergat* in einem vergleichbaren Beispielsfall, in dem es im Vorfeld der Kontoumwandlung in ein Pfändungsschutzkonto beim Schuldner zur Pfändung und anschließendem

---

967 FK – InsO/Bornemann, 8. Aufl. (2015), § 36 InsO Rn. 1; A/G/R – Ahrens, 2. Aufl. (2014), § 36 InsO Rn. 2.

Verbrauch des gesamten monatlichen Sozialleistungsbetrages von 900 € gekommen ist, der Schuldner aber bei einem Sockelfreibetrag von 1028,89 € gleichwohl von seinem Kreditinstitut Auszahlung von 200 € Kontoguthaben verlangt, was ihm hinsichtlich eines Betrages von 71,11 € verweigert wird[968]. *Sudergat* hält die Weigerungshaltung des Kreditinstituts, den 128,89 € übersteigenden Betrag auszuzahlen, mit der Begründung für richtig, dass dieser Betrag im Hinblick auf den Normzweck des reformierten Kontopfändungsschutzes, ausschließlich den erforderlichen Unterhaltsbedarf des Schuldners hinreichend zu gewährleisten, nicht mehr dem Schuldner, sondern den Gläubigern gebühre, da der Schuldner existenziell abgesichert sei, die Gläubiger aber eine zielführende Zwangsvollstreckung im Blick hätten[969]. Die Sozialleistungen von 900 € seien ausnahmsweise als Vorverfügung mindernd auf den Sockelfreibetrag von 1028,89 € anzurechnen, da die grundsätzliche Nichtberücksichtigung von Vorverfügungen zwecks leichterer und ökonomischerer Umsetzung des Pfändungschutzes von Kontoguthaben einer Interessenabwägung zugunsten der Gläubiger weichen müsse, wenn zuvor schon eine Pfändung erfolgt sei[970]. Die Nichtanrechnung von Vorverfügungen in diesem Fall würde ansonsten das durch die Verfassung geschützte Recht der Gläubiger, auch bei Kleinstbeträgen eine zielführende Zwangsvollstreckung betreiben zu dürfen, vereiteln[971]. Der von *Sudergat* besprochene Beispielsfall zeigt, dass die hier in den Raum geworfene Frage, ob der Schuldner dem Insolvenzverwalter den auf die Pfändung zurückgehenden, gem. § 850 k Abs. 1 S. 3 ZPO angesparten Pfändungsfreibetrag zusätzlich zum insolvenzbedingten Sockelfreibetrag in Höhe von 1.073,88 € entgegenhalten kann, zu verneinen ist.

Für die Beurteilung, ob die Gläubigerbenachteiligung i. S. v. § 129 Abs. 1 InsO wegen der Vornahme der Zahlung aus unpfändbarem Vermögen ausgeschlossen ist, ist das vorinsolvenzlich nach der Pfändung angesparte unpfändbare Vermögen, das den einfachen Sockelfreibetrag von 1.073,88 € übersteigt, ausschlaggebend. Die vorinsolvenzlichen Ansparleistungen des Schuldners aus unpfändbaren Vermögensbestandteilen sind als nicht der späteren Insolvenzmasse unterfallend zu bewerten, da sie, wären sie erst im Insolvenzverfahren angespart worden, gem. § 36 Abs. 1 S. 2 InsO i. V. m. § 850 k Abs. 1 S. 3 ZPO auch nicht in die Insolvenzmasse gefallen wären. Dafür, dass im Monat der Eröffnung des Insolvenzverfahrens nicht nur der unpfändbare Sockelfreibetrag in Höhe von 1.073,88 € als Abzugsposten bei der Bestimmung der Insolvenzmasse ausschlaggebend sein kann, spricht des Weiteren, dass es keinen Unterschied machen kann, ob der Schuldner erst ab der Insolvenzeröffnung gem. § 36 Abs. 1 S. 2 InsO i. V. m. § 850 k Abs. 1 S. 3 ZPO Ansparleistungen hinsichtlich des geschützten, unpfändbaren Kontoguthabens unternimmt oder ob er dies pfändungsbedingt schon vor Eröffnung des Insolvenzverfahrens getan hat. Denn ein Ansparen

968 S. hierzu Sudergat, Kontopfändung und P-Konto, 2. Aufl. (2012), Rn. 527 mit Beispiel.
969 Sudergat, Kontopfändung und P-Konto, 2. Aufl. (2012), Rn. 527.
970 Sudergat, Kontopfändung und P-Konto, 2. Aufl. (2012), Rn. 527.
971 Sudergat, Kontopfändung und P-Konto, 2. Aufl. (2012), Rn. 527.

ist dem Schuldner gem. § 850 k Abs. 1 S. 3 ZPO sowohl nach einer Pfändung als auch im Anschluss an die Eröffnung des Insolvenzverfahrens (§ 36 Abs. 1 S. 2 InsO i. V. m. § 850 k Abs. 1 S. 3 ZPO) möglich. Dann müssen dem Schuldner seine schon vor der Insolvenzeröffnung unternommenen Sparbemühungen aber dadurch erhalten bleiben, dass dieser Betrag im Monat der Eröffnung des Insolvenzverfahrens nicht in die Insolvenzmasse fällt und damit nicht den Gläubigern als pfändbarer, der Insolvenzmasse unterfallender Betrag zugutekommt. Schließlich gehört gem. § 35 Abs. 1 InsO zur Insolvenzmasse das Vermögen, das dem Schuldner zur Zeit der Eröffnung des Verfahrens gehört. Wenn es für die Beurteilung der Insolvenzmasse demnach mitunter auf das zum Zeitpunkt der Insolvenzeröffnung bereits bestehende Vermögen des Schuldners ankommt und gem. § 36 Abs. 1 InsO das unpfändbare Vermögen nicht zur Insolvenzmasse gehört, muss bei der Bemessung der Insolvenzmasse das zum Zeitpunkt der Insolvenzeröffnung bereits bestehende unpfändbare Vermögen Berücksichtigung finden. Aus diesem Grund ist es gerechtfertigt, dass der auf die vorinsolvenzliche Pfändung zurückgehende unpfändbare Sparbetrag im Insolvenzverfahren als nicht der Insolvenzmasse unterfallendes unpfändbares Vermögen fortwirkt. Aus diesem Grund verbietet es sich, dahingehend zu differenzieren, dass sich der Schuldner von dem angesparten Pfändungsfreibetrag gegenüber dem Insolvenzverwalter nur auf den Sockelfreibetrag in Höhe von 1.073,88 €, dem Pfändungsgläubiger hingegen auf den gesamten unpfändbaren Sparbetrag berufen kann. Gegen eine solche relative, nach Personen trennende Betrachtungsweise spricht auch, dass die Sicherstellung des Existenzminimums über den Pfändungsfreibetrag unabhängig davon zu erfolgen hat, ob der Pfändungsgläubiger oder der Insolvenzverwalter dem Schuldner diesen Betrag streitig machen will. Entscheidend kann daher nur die Festlegung des genauen Umfangs des geschützten Pfändungsfreibetrags sein, der die Lebensgrundlage des Schuldners gegenüber jedermanns Zugriff absichert und somit absolute Wirkung entfaltet.

f) Exkurs: Die Einrichtung eines Pfändungsschutzkontos

aa) Die Einrichtung eines Pfändungsschutzkontos bei Bestehen eines Girokontos

Die Einrichtung des Pfändungsschutzkontos ist in § 850 k Abs. 7 ZPO geregelt. Nach dessen S. 1 kann der Kunde, der eine natürliche Person ist bzw. dessen gesetzlicher Vertreter mit dem Kreditinstitut in einem der Führung eines Girokontos zugrunde liegenden Vertrag vereinbaren, dass das Girokonto als Pfändungsschutzkonto geführt wird. Bei dem Pfändungsschutzkonto handelt es sich um ein Girokonto im herkömmlichen Sinne, welches durch eine Ergänzungsvereinbarung zum Girovertrag als Pfändungsschutzkonto geführt wird[972]. Über § 850 k Abs. 7 S. 2 und 3 ZPO ist es dem Kunden aber auch möglich, dass sein Girokonto erst nachträglich als Pfändungsschutzkonto geführt wird. Nach § 850 k Abs. 7 S. 2 ZPO kann der Kunde jederzeit verlangen, dass das Kreditinstitut sein Girokonto als

972 BGHZ 195, 298 (304).

Pfändungsschutzkonto führt. Nach § 850 k Abs. 7 S. 3 ZPO kann der Schuldner die Führung als Pfändungsschutzkonto zum Beginn des vierten auf seine Erklärung folgenden Geschäftstages verlangen, wenn das Guthaben des Girokontos bereits gepfändet worden ist. Das Girokonto kann somit schon mit seiner Einrichtung Pfändungsschutzkonto sein oder erst später in ein solches umgewandelt werden[973]. § 850 k Abs. 7 S. 2 ZPO begründet einen „durchsetzbaren Rechtsanspruch des Kunden"[974] auf Umwandlung seines Girokontos in ein Pfändungsschutzkonto[975]. Dies dürfte angesichts des nahezu identischen Wortlauts von § 850 k Abs. 7 S. 2 und 3 ZPO („Der Kunde kann jederzeit verlangen, ..." in § 850 k Abs. 7 S. 2 ZPO und „... kann der Schuldner ... verlangen." in § 850 k Abs. 7 S. 3 ZPO) auch für § 850 k Abs. 7 S. 3 ZPO gelten, sodass dem Schuldner auch insoweit ein durchsetzbarer Rechtsanspruch auf die Umwandlung seines gepfändeten Girokontos in ein Pfändungsschutzkonto zuzubilligen ist. Wegen des sich aus § 850 k Abs. 7 S. 2 und 3 ZPO ergebenden durchsetzbaren Rechtsanspruchs ist es Beschuldigten, die bislang lediglich über ein Girokonto verfügen, ohne Weiteres und unabhängig davon, ob eine Pfändung des Girokontos bereits erfolgt ist, möglich, von ihrem Kreditinstitut die Umwandlung des Girokontos in ein Pfändungsschutzkonto zu verlangen.

Die Möglichkeit, ein Pfändungsschutzkonto einrichten zu können, hängt demnach von dem Bestehen eines Girokontos ab. Folge dessen ist, dass Personen, die kein Girokonto haben, aus § 850 k ZPO keinen Anspruch auf Einrichtung eines Pfändungsschutzkontos herleiten können[976]. Hintergrund dessen ist, dass das Pfändungsschutzkonto darauf abzielt, für den Schuldner auch weiterhin die Teilhabe am bargeldlosen Zahlungsverkehr sicherzustellen und die Sperrung seines Kontos auszuschließen. Durch das Pfändungsschutzkonto soll ihm hingegen nicht die Möglichkeit eingeräumt werden, am bargeldlosen Zahlungsverkehr teilzunehmen[977].

bb) *Die Einrichtung eines Pfändungsschutzkontos bei Fehlen eines Girokontos*

(1) Girokontoeinrichtung in Bundesländern mit landesrechtlichen Kontrahierungspflichten der Sparkassen

Da die Unterhaltung eines Pfändungsschutzkontos ohne Girokonto nicht möglich ist, müsste sich der Beschuldigte, der noch nicht über ein entsprechendes Konto verfügt, zunächst ein Girokonto einrichten. Dies ist ihm, sofern in den Sparkassengesetzen und –verordnungen landesrechtlich geregelte Kontrahierungspflichten der Sparkassen zur Einrichtung eines Girokontos existieren (§ 5 Abs. 2 SpkO Bayern, § 5 Abs. 2 S. 1 SpkG Nordrhein-Westfalen, § 5 Abs. 1 SpkV Brandenburg, § 5 Abs. 1

973 B/L/A/H, ZPO, 74. Aufl. (2016), § 850 k ZPO Rn. 78.

974 BGHZ 195, 298 (309).

975 BGHZ 195, 298 (309); PG/Ahrens, 7. Aufl. (2015), § 850 k ZPO Rn. 19; Musielak/Voit-Becker, ZPO, 12. Aufl. (2015), § 850 k Rn. 8 a.

976 Musielak – Becker, ZPO, 11. Aufl. (2014), § 850 k Rn. 8 d; PG/Ahrens, 7. Aufl. (2015), § 850 k ZPO Rn. 14.

977 PG/Ahrens, 7. Aufl. (2015), § 850 k ZPO Rn. 14.

SpkVO Mecklenburg – Vorpommern, § 2 Abs. 4 SpkG Rheinland-Pfalz, § 5 Abs. 1 SpkVO Sachsen – Anhalt, § 5 Abs. 1 SächsSpkVO, § 12 Abs. 2 S. 1 ThürSpkVO), auch möglich. Das auf diesem Wege errichtete Girokonto kann dann anschließend zum Pfändungsschutzkonto umfunktioniert werden[978].

(2) Girokontoeinrichtung in Bundesländern ohne landesrechtlichen Kontrahierungszwang der Sparkassen

Es stellt sich somit die Frage, ob es Beschuldigten in Bundesländern, deren Landesgesetze keinen Kontrahierungszwang der Sparkassen vorsehen, möglich ist, sich ggfs. auch gegen den Willen der Sparkasse bzw. eines privaten Kreditinstituts ein Girokonto einzurichten. In diesem Zusammenhang bedarf es der Klärung, ob der Beschuldigte einen durchsetzbaren Anspruch auf die Einrichtung eines Girokontos hat. Diese Fragestellung ist vor dem Hintergrund der schon seit vielen Jahren heftig geführten Diskussion um das „Girokonto für jedermann“ zu beantworten. Aus diesem Grund soll die Entwicklung dieser Diskussion zunächst in den Grundzügen dargestellt werden, anhand derer die Frage zu beantworten ist, ob Beschuldigte einen Anspruch auf Einrichtung eines Girokontos haben, das nach seiner Einrichtung in ein Pfändungsschutzkonto umgewandelt werden kann.

(a) Der lange Weg zum Anspruch auf ein „Girokonto für jedermann“

Der Anspruch auf ein „Girokonto für jedermann“ war bis zur Privatisierung der Deutschen Bundespost zum 01.01.1995 durch das Gesetz zur Neuordnung des Postwesens und der Telekommunikation (Postneuordnungsgesetz) vom 14.09.1994 in § 8 PostG geregelt. Der Anspruch auf ein Postgirokonto wurde im Zuge der Privatisierung der Deutschen Bundespost abgeschafft[979].

Bereits kurz nach der Privatisierung der Deutschen Bundespost hat der Zentrale Kreditausschuss (seit August 2011 Die Deutsche Kreditwirtschaft) in seiner Funktion als Interessenvertretung der Spitzenverbände der Kreditwirtschaft (Bundesverband der Deutschen Volksbanken und Raiffeisenbanken, Bundesverband Deutscher Banken, Bundesverband Öffentlicher Banken Deutschlands, Deutscher Sparkassen- und Giroverband und Verband deutscher Pfandbriefbanken) im Jahre 1995 eine Empfehlung zum „Girokonto für jedermann“ abgegeben[980]. Danach sollen alle

---

978 Musielak – Becker, ZPO, 11. Aufl. (2014), § 850 k Rn. 8 d.

979 Kohte in Anm. zu OLG Bremen, Urt v. 22.12.2005 – 2 U 67/05, VuR 2006, 161 (165); vgl. zur Abschaffung des Anspruchs auf ein Postgirokonto für jedermann § 8 PostG in der Fassung der Bekanntmachung vom 03.07.1989 (BGBl. I, 1989, S. 1449 (1451)) mit den Änderungen von § 8 PostG dieser Fassung durch das Gesetz zur Neuordnung des Postwesens und der Telekommunikation (Postneuordnungsgesetz) vom 14.09.1994 (BGBl. I, 1994, S. 2325 (2369)).

980 Eingesehen am 28.04.2016 um 07.15 Uhr unter http://www.die-dk.de/kontofuehrung/konto-fuer-jedermann/. Der Wortlaut der Empfehlung ist als Anhang 3 abgedruckt.

Kreditinstitute Bürgern in ihrem jeweiligen Geschäftsgebiet auf Wunsch ein Girokonto auf Guthabenbasis zur Verfügung stellen. Dieses Girokonto soll für Gutschriften, Barein- und Barauszahlungen sowie für den Überweisungsverkehr genutzt werden können. Die Empfehlung sieht vor, dass die Führung eines solchen Kontos durch die Kreditinstitute unabhängig von der Art und der Höhe der Einkünfte sein soll und dass auch Arbeitslose und Sozialhilfeempfänger Zugang zu einem solchen Konto haben sollen. Darüber hinaus ist in der Empfehlung ausdrücklich festgehalten, dass die Führung des Girokontos nicht mit der Begründung abgelehnt werden darf, dass ein negativer Schufa-Eintrag besteht, der auf angespannte finanzielle Verhältnisse hindeutet. Nach der Empfehlung ist das Kreditinstitut berechtigt, bei Unzumutbarkeit die Kontoführung abzulehnen und ein Girokonto zu kündigen. Die zur Unzumutbarkeit führenden Gründe sind in der Empfehlung in einem nicht abschließenden Katalog aufgeführt.

In der Vergangenheit wurde der Versuch unternommen, aus der Empfehlung des Zentralen Kreditausschusses einen Anspruch auf Einrichtung eines Girokontos auf Guthabenbasis herzuleiten. Dieser Anspruch war Gegenstand von zwei gerichtlichen Entscheidungen. Das OLG Bremen entschied im Jahre 2005 zugunsten der beklagten Sparkasse, dass sich aus der Empfehlung des Zentralen Kreditausschusses „Girokonto für jedermann" kein einklagbarer Anspruch gegen die Mitglieder der im Zentralen Kreditausschuss zusammengeschlossenen Verbände auf Einrichtung eines Girokontos auf Guthabenbasis ergebe[981]. Dem schloss sich das LG Berlin im Jahre 2008 in einem Verfahren gegen ein privates Kreditinstitut an[982].

Im Jahre 2012 haben die öffentlich-rechtlichen Sparkassen Deutschlands durch die Abgabe einer sie selbstverpflichtenden Erklärung zur Führung eines Kontos auf Guthabenbasis einen Meilenstein in Richtung „Girokonto für jedermann" gesetzt. In der „Erklärung der deutschen Sparkassen zum Bürgerkonto"[983] vom 26.09.2012 haben sich die 423 Sparkassen in Deutschland verpflichtet, ab Oktober 2012 auf Wunsch von in ihrem Geschäftsgebiet ansässigen Privatpersonen zumindest ein Guthabenkonto („Bürgerkonto") zu führen. Zwar steht diese Selbstverpflichtung der Sparkassen unter dem Vorbehalt der Zumutbarkeit der Kontoführung für die jeweilige Sparkasse. Allerdings haben die Sparkassen gleichzeitig ihre Bereitschaft erklärt, bei Streitigkeiten um das Bürgerkonto den Schlichtungsspruch eines Ombudsmannes bzw. einer Schlichtungsstelle der Sparkassen-Finanzgruppe als verbindlich anzuerkennen.

Durch die Selbstverpflichtung der öffentlich–rechtlichen Sparkassen gemäß der „Erklärung der deutschen Sparkassen zum Bürgerkonto" ist es unabhängig davon,

---

981 OLG Bremen, Urt. v. 22.12.2005 – 2 U 67/05 = VuR 2006, 161 ff.

982 LG Berlin, Urt. v. 08.05.2008 – 21 S 1/08 = WM 2008, 1825 (1826).

983 Eingesehen am 29.04.2016 um 06.05 Uhr unter http://www.dsgv.de/de/presse/pressemitteilungen/120926_PM_Buergerkonto_97.html, wo die „Erklärung der deutschen Sparkassen zum Bürgerkonto" abrufbar ist. Die Erklärung ist als Anhang 4 abgedruckt.

ob in bestimmten Bundesländern ein gesetzlicher Kontrahierungszwang der Sparkassen besteht, möglich, sich auf die Selbstverpflichtung zu berufen und die Einrichtung eines Girokontos auf Guthabenbasis zu verlangen, sofern der Anwärter auf ein solches Konto im Geschäftsgebiet der in Anspruch genommenen Sparkasse ansässig ist.

Allerdings bestand hinsichtlich der Einrichtung eines Girokontos bei einem privaten Kreditinstitut kein durchsetzbarer Rechtsanspruch auf Einrichtung eines Girokontos. Insoweit war das „Girokonto für jedermann" nicht lückenlos gewährleistet. Zwar hat das LG Berlin im Jahre 2008 entschieden, dass private Kreditinstitute ausnahmsweise aufgrund eines Kontrahierungszwangs zur Führung eines Girokontos auf Guthabenbasis verpflichtet sind, wenn demjenigen, der die Führung des Girokontos wünscht und auf die Führung des Girokontos angewiesen ist, keine zumutbaren Alternativen zur Eröffnung eines Girokontos zur Verfügung stehen und kein sachlicher Grund zur Ablehnung der Kontoführung durch das private Kreditinstitut besteht[984]. Gleichwohl dürfte die Entscheidung des LG Berlins dem kontolosen Anwärter eines solchen Kontos, der auf die Einrichtung eines Girokontos zwingend angewiesen ist, nicht weiterhelfen, da nicht ausgeschlossen ist, dass die privaten Kreditinstitute versuchen werden, sich ihrer Verpflichtung unter Hinweis auf anderweitige zumutbare Möglichkeiten der Eröffnung eines Girokontos zu entziehen. Hieran zeigt sich, dass ein Bedürfnis einer gesetzlichen Grundlage eines Anspruchs, auch von privaten Kreditinstituten die Einrichtung eines Girokontos verlangen zu können, bestand.

Am 10.07.2013 hat der Bundesrat einen Gesetzesentwurf zur Einführung eines Anspruchs auf Einrichtung eines Girokontos auf Guthabenbasis (GiroGuBaG)[985] in den Bundestag eingebracht. Der Gesetztesentwurf sieht die Einführung eines Kontrahierungszwangs bei Guthabenkonten in einen um die Absätze 6 – 8 ergänzten § 675 f BGB vor. Nach dessen Abs. 6 S. 1 sollen Zahlungsdienstleister, zu deren Leistungsangebot auch die Einrichtung und Führung von Girokonten zählt, den schriftlichen Antrag eines sich rechtmäßig im Bundesgebiet oder im Gebiet der Europäischen Union aufhaltenden Verbrauchers auf Abschluss eines Zahlungsdiensterahmenvertrags mit dem Ziel der Einrichtung und Führung eines Girokontos auf Guthabenbasis (Guthabenkonto) nur nach Maßgabe von Absatz 7 ablehnen dürfen, sofern diese Person in dem Antrag versichert, über kein anderweitiges Girokonto zu verfügen. Zu einer Entscheidung des Bundestags über diesen Gesetztesentwurf kam es wegen Ablaufs der Legitslaturperiode nicht mehr.

Gleichwohl hat sich damit die Einführung eines gesetzlichen Anspruchs auf ein „Girokonto für jedermann" nicht erledigt. Auf EU-Ebene wurde mit der am 17.09.2014 in Kraft getretenen Richtlinie 2014/92/EU des Europäischen Parlaments und des Rates vom 23. Juli 2014 über die Vergleichbarkeit von Zahlungskontoentgelten, den Wechsel von Zahlungskonten und den Zugang zu Zahlungskonten mit

984 LG Berlin, Urt. v. 08.05.2008 – 21 S 1/08 = WM 2008, 1825 (1826 ff.).
985 BT-Drs. 17/14363.

grundlegenden Funktionen[986] ein wohnortunabhängiges Recht von Verbrauchern mit rechtmäßigem Aufenthalt in der Union, einschließlich von Verbrauchern ohne festen Wohnsitz und Asylsuchende sowie von Verbrauchern ohne Aufenthaltstitel, die aber aus rechtlichen oder tatsächlichen Gründen nicht abgeschoben werden können, ein Zahlungskonto mit grundlegenden Funktionen bei in ihrem Hoheitsgebiet ansässigen Kreditinstituten zu eröffnen und zu nutzen (Art. 16 Abs. 2 der RL), festgeschrieben. Allerdings besteht der Anspruch auf ein Zahlungskonto mit grundlegenden Funktionen nicht grenzenlos. Die Richtlinie verpflichtet und ermächtigt die Mitgliedstaaten dazu, Regelungen zu erlassen, wonach unter bestimmten Umständen der Antrag auf ein Zahlungskonto mit grundlegenden Funktionen von den Kreditinstituten abgelehnt werden muss bzw. abgelehnt werden darf (Art. 16 Abs. 4 – 6 der RL). In Ergänzung hierzu benennt die Richtlinie in Art. 19 Abs. 2 Gründe, bei deren Vorliegen das Kreditinstitut einen Rahmenvertrag über den Zugang zu einem Zahlungskonto mit grundlegenden Funktionen kündigen darf und ermächtigt die Mitgliedstaaten in Art. 19 Abs. 3 der RL, weitere Kündigungsgründe festzulegen.

Die Richtlinie wurde durch das Gesetz zur Umsetzung der Richtlinie über die Vergleichbarkeit von Zahlungskontoentgelten, den Wechsel von Zahlungskonten sowie den Zugang zu Zahlungskonten mit grundlegenden Funktionen vom 11.04.2016[987] (Zahlungskontengesetz – ZKG) umgesetzt. Der Anspruch auf Abschluss eines Basiskontovertrages ist in § 31 ZKG geregelt. Danach ist ein Institut, das Zahlungskonten für Verbraucher anbietet, verpflichtet, mit dem Berechtigten (Verbraucher mit rechtmäßigem Aufenthalt in der Europäischen Union, Personen ohne festen Wohnsitz, Asylsuchende und Person ohne Aufenthaltstitel, die aus rechtlichen oder tatsächlichen Gründen nicht abgeschoben werden können) auf deren Antrag einen sog. Basiskontovertrag zu schließen (§ 31 Abs. 1 ZKG). Voraussetzung ist ein ordnungsgemäß gestellter Antrag, der alle für den Abschluss eines Basiskontovertrages erfoderlichen Angaben enthält, u.a. ob und ggfs. bei welchem Institut für den Berechtigten bereits ein Zahlungskonto geführt wird, das dem Berechtigten die Teilnahme am Zahlungsverkehr durch Ein- und Auszahlungsgeschäfte, Lastschriftgeschäfte, Überweisungsgeschäfte und Zahlungskartengeschäfte ermöglicht (§§ 31 Abs. 1 S. 1 i.V.m. 33 Abs. 1 S. 1 i.V.m. 35 Abs. 1 i.V.m. 38 Abs. 2 ZKG). Der Berechtigte kann die Führung des Basiskontos als Pfändungsschutzkonto bereits mit der Stellung des Antrags auf Abschluss eines Basiskontovertrages verlangen (§ 33 Abs. 1 S. 2 ZKG). Das Zahlungskontengesetz zählt die Gründe für die Ablehnung eines ordnungsgemäß gestellten Antrags auf Abschluss eines Basiskontovertrags abschließend auf (vgl. §§ 34 Abs. 1 i.V.m. 35 – 37 ZKG). Eine Ablehnung des Antrags ist grundsätzlich nur möglich, wenn der Antragsteller bei einem im Inland ansässigen Institut bereits ein Zahlungskonto unterhält und hierüber die Teilnahme am Zahlungsverkehr in Form von Ein- und Auszahlungsgeschäften, Lastschriftgeschäften, Überweisungsgeschäften und

986 Eingesehen am 28.04.2016 um 20.49 Uhr unter http://eur-lex.europa.eu/legal-content/DE/TXT/?uri=CELEX:32014L0092.

987 BGBl. I, 2016, S. 720 ff.

Zahlungskartengeschäften möglich ist (§ 35 Abs. 1 S. 1 ZKG). Weitere Ablehnungsgründe sind die Verurteilung wegen einer vorsätzlichen Straftat zulasten des Instituts, von dessen Mitarbeitern oder Kunden (§ 36 Abs. 1 Nr. 1 ZKG), die fristlose Kündigung des Zahlungsdiensterahmenvertrags über die Führung eines Basiskontos wegen vorsätzlicher Nutzung des Zahlungskontos für gesetzeswidrige Zwecke (§§ 36 Abs. 1 Nr. 2 i.V.m. 42 Abs. 4 Nr. 1 ZKG), wenn das Institut bestimmte Sorgfaltspflichten gegenüber dem Antragsteller nach dem Geldwäschegesetz oder Kreditwesengesetz, die mit der Geschäftsbeziehung einhergehen, nicht erfüllen kann oder durch die Begründung der Ablehnung des Antrags gegen das Verbot der Informationsweitergabe nach dem Geldwäschegesetz verstoßen würde (§ 36 Abs. 1 Nr. 3 ZKG) oder ein Zahlungsdienstrahmenvertrag über die Führung eines Basiskontos vom Institut fristgerecht wegen Zahlungsverzugs gekündigt worden ist (§§ 37 i.V.m. 42 Abs. 3 Nr. 2 ZKG). Bei Vorliegen eines der in § 42 Abs. 2 – 4 ZKG genannten Kündigungsgründe kann der Basiskontovertrag vom kontoführenden Institut frisgerecht (§ 42 Abs. 2 und 3 ZKG) und fristlos (§ 42 Abs. 4 ZKG) gekündigt werden.

(b) Zwischenergebnis

Mit der Umsetzung der Richtlinie 2014/92/EU des Europäischen Parlaments und des Rates vom 23. Juli 2014 über die Vergleichbarkeit von Zahlungskontoentgelten, den Wechsel von Zahlungskonten und den Zugang zu Zahlungskonten mit grundlegenden Funktionen steht nunmehr fest, dass der Anspruch auf ein Girokonto in Deutschland nun durch die Normierung des Anspruchs auf Abschluss eines Basiskontovertrages in § 31 ZKG eine gesetzliche Grundlage hat. Dadurch, dass das Zahlungskontengesetz in § 33 Abs. 1 S. 2 ZKG vorsieht, dass die Führung des Basiskontos als Pfändungsschutzkonto schon mit der Stellung des Antrags auf Abschluss eines Basiskontovertrages verlangt werden kann, haben auch bislang kontolose Beschuldigte die Möglichkeit, sich das für die Auflagenerfüllung erforderliche Pfändungsschutzkonto einzurichten.

cc) Die Auswirkungen eines Insolvenzantrags und von Verfügungsbeschränkungen nach § 21 Abs. 2 S. 1 Nr. 2 InsO auf den Bestand und die Einrichtung eines Pfändungsschutzkontos

Staatsanwaltschaft und Gericht können eine insolvenzanfechtungssichere Zahlung eines bestimmten Geldbetrags von einem Pfändungsschutzkonto durch eine entsprechende Auflagenerteilung nur dann sicherstellen, wenn auch bei insolvenzbedrohten Beschuldigten die Stellung eines Antrags auf Eröffnung des Insolvenzverfahrens durch den Gläubiger bzw. Schuldner (im Folgenden Insolvenzantrag) bzw. die Anordnung von vorläufigen Maßnahmen durch das Insolvenzgericht (§ 21 InsO) für die Zeit des Insolvenzeröffnungsverfahren (Stadium von der Stellung des Antrags auf Eröffnung des Insolvenzverfahrens bis zur Entscheidung des Gerichts über diesen Antrag) keinen Einfluss auf den Bestand eines bereits eingerichteten Pfändungsschutzkontos haben und die Einrichtung eines Pfändungsschutzkontos bzw. die

Umwandlung eines Girokontos in ein Pfändungsschutzkonto durch diese Ereignisse nicht unmöglich wird. Der Einrichtung eines Pfändungsschutzkontos bzw. Umwandlung eines Girokontos in ein Pfändungsschutzkonto könnte die Anordnung eines allgemeinen Verfügungsverbots (§ 21 Abs. 2 S. 1 Nr. 2 Alt. 1 InsO) bzw. die Anordnung eines allgemeinen Zustimmungsvorbehalts (§ 21 Abs. 2 S. 1 Nr. 2 Alt. 2 InsO) entgegenstehen. Schließlich darf der Schuldner im Falle eines allgemeinen Verfügungsverbots keine Verfügungen mehr vornehmen, da nach § 22 Abs. 1 S. 1 InsO die Verwaltungs- und Verfügungsbefugnis über sein Vermögen auf den bestellten vorläufigen Insolvenzverwalter übergeht. Bei der Anordnung eines allgemeinen Zustimmungsvorbehalts (§ 21 Abs. 2 S. 1 Nr. 2 Alt. 2 InsO) sind Verfügungen des Schuldners nur mit Zustimmung des vorläufigen Insolvenzverwalters wirksam.

(1) Reichweite der Verfügungsbeschränkungen des § 21 Abs. 2 S. 1 Nr. 2 InsO

Ob und inwieweit dem Schuldner trotz der Verfügungsbeschränkungen des § 21 Abs. 2 S. 1 Nr. 2 InsO eigenmächtig handeln, insbesondere ein Pfändungsschutzkonto einrichten und ein Girokonto- in ein Pfändungsschutzkonto umwandeln kann, hängt von der Reichweite der Verfügungsbeschränkungen ab.

§ 21 Abs. 2 S. 1 Nr. 2 InsO verbietet dem Schuldner die (alleinige) Vornahme von Verfügungen (ohne Mitwirkung des vorläufigen Insolvenzverwalters). Die Verfügungsbeschränkungen hindern den Schuldner hingegen nicht, Verpflichtungsgeschäfte abzuschließen[988]. Da sich der Wortlaut von § 21 Abs. 2 S. 1 Nr. 2 InsO lediglich auf Verfügungen bezieht, ist es dem Schuldner weiterhin möglich, vertragliche Bindungen einzugehen.

Darüber hinaus ist der Schuldner durch die Anordnung der Verfügungsbeschränkungen des § 21 Abs. 2 S. 1 Nr. 2 InsO nicht gehindert, über Vermögen zu verfügen, das nicht in die Insolvenzmasse fällt. Die Verfügungsbeschränkungen sollen lediglich eine Schmälerung der Insolvenzmasse verhindern[989]. Eine solche steht bei Verfügungen über unpfändbares Vermögen jedoch nicht im Raum, da unpfändbares Vermögen gem. § 36 Abs. 1 InsO nicht der Insolvenzmasse unterfällt. Der Schuldner kann daher trotz der Anordnung von Verfügungsbeschränkungen nach § 21 Abs. 2 S. 1 Nr. 2 InsO über unpfändbares Guthaben auf seinem Pfändungsschutzkonto verfügen[990].

(2) Die Auswirkungen eines Insolvenzantrags und vorläufiger Maßnahmen nach § 21 Abs. 2 S. 1 Nr. 2 InsO auf ein bestehendes Pfändungsschutzkonto

Weder der Insolvenzantrag noch die Anordnung von Verfügungsbeschränkungen nach § 21 Abs. 2 S. 1 Nr. 2 InsO haben Auswirkungen auf den Bestand eines bereits

988 MüKo-Haarmeyer, InsO, 3. Aufl. (2013), Bd. 1, § 21 Rn. 54.
989 MüKo-Haarmeyer, InsO, 3. Aufl. (2013), Bd. 1, § 21 Rn. 54.
990 MüKo-Haarmeyer, InsO, 3. Aufl. (2013), Bd. 1, § 21 Rn. 54.

existierenden Pfändungsschutzkontos[991]. Dies liegt daran, dass der dem Pfändungsschutzkonto zugrundeliegende Girovertrag, bei dem es sich um einen Geschäftsbesorgungsvertrag mit dienstvertraglichen Charakter mit unter Umständen werkvertraglichem Einschlag handelt[992], gem. § 116 S. 1 i. V. m. § 115 Abs. 1 InsO erst mit der Eröffnung des Insolvenzverfahrens erlischt. Das vom Girovertrag abhängige Pfändungsschutzkonto kann damit frühestens mit Insolvenzeröffnung erlöschen. Da sich die vom Insolvenzgericht angeordneten Verfügungsbeschränkungen nur auf das pfändbare, dem Insolvenzbeschlag unterfallende Schuldnervermögen beziehen, bleibt es dem Schuldner unbenommen, über das unpfändbare Guthaben auf seinem Pfändungsschutzkonto auch ohne Mitwirkung des vorläufigen Insolvenzverwalters zu verfügen[993]. Gleiches gilt erst recht für den Zeitraum zwischen der Stellung des Insolvenzantrags und der Anordnung von Verfügungsbeschränkungen, zumal der Schuldner bis zur Anordnung vorläufiger Maßnahmen durch das Insolvenzgericht ohnehin selbstbestimmt handeln kann.

(3) Die Auswirkungen eines Insolvenzantrags und vorläufiger Maßnahmen nach § 21 Abs. 2 S. 1 Nr. 2 InsO auf die Einrichtung eines Pfändungsschutzkontos

Dadurch, dass der Schuldner durch die Verfügungsbeschränkungen des § 21 Abs. 2 S. 1 Nr. 2 InsO nicht am Abschluss von Verpflichtungsgeschäften gehindert ist, kann er ein Pfändungsschutzkonto durch eine entsprechende Vereinbarung mit dem Kreditinstitut errichten und anschließend über das unpfändbare Guthaben dieses Kontos verfügen, ohne dass es hierzu der Mitwirkung des vorläufigen Insolvenzverwalters bedarf[994]. Gleiches muss dann aber erst recht für den Fall gelten, dass das Pfändungsschutzkonto nach Stellung des Insolvenzantrags aber vor der Anordnung von Verfügungsbeschränkungen nach § 21 Abs. 2 S. 1 Nr. 2 InsO eingerichtet wird. Denn der Schuldner kann bis zur Anordnung solch vorläufiger Maßnahmen durch das Insolvenzgericht ohnehin nach Belieben über sein Vermögen disponieren.

(4) Die Auswirkungen eines Insolvenzantrags und vorläufiger Maßnahmen nach § 21 Abs. 2 S. 1 Nr. 2 InsO auf die Umwandlung eines Girokontos in ein Pfändungsschutzkonto

Gem. § 850 k Abs. 7 S. 2 ZPO kann das Girokonto jederzeit auf Verlangen des Kunden in ein Pfändungsschutzkonto umgewandelt werden. Hieran ist der Schuldner auch nicht durch die Anordnung von Verfügungsbeschränkungen nach § 21 Abs. 2 S. 1 Nr. 2 InsO gehindert. Dies wird damit begründet, dass es sich bei dem von § 850 k

991 Obermüller in FS Haarmeyer, 2013, S. 191 (193, 197).

992 Palandt/Sprau, BGB, 75. Aufl. (2016), § 675 f Rn. 11.

993 Obermüller in FS Haarmeyer, 2013, S. 191 (198); MüKo-Haarmeyer, InsO, 3. Aufl. (2013), Bd. 1, § 21 Rn. 54.

994 Obermüller in FS Haarmeyer, 2013, S. 191 (199).

Abs. 7 S. 2 ZPO vorausgesetzten Umwandlungsverlangen um ein höchstpersönliches Recht des Schuldners handelt, das nicht in die Insolvenzmasse fällt und deshalb auch nicht von den Verfügungsbeschränkungen des § 21 Abs. 2 S. 1 Nr. 2 InsO erfasst sein kann[995]. Folge dessen ist, dass der Schuldner nach dem Umwandlungsverlangen und Umstellung des Girokontos auf ein Pfändungsschutzkonto über das unpfändbare Guthaben dieses Kontos unbeschränkt disponieren kann[996]. Wenn selbst die Verfügungsbeschränkungen des § 21 Abs. 2 S. 1 Nr. 2 InsO die Umwandlung des Girokontos in ein Pfändungsschutzkonto nicht hindern können, so muss dies erst recht für die Umwandlung nach Stellung des Insolvenzantrags gelten, da der Schuldner bis zum Erlass vorläufiger Maßnahmen durch das Insolvenzgericht ohnehin keinen Einschränkungen unterliegt.

(5) Zwischenergebnis

Der Insolvenzantrag sowie die Anordnung von Verfügungsbeschränkungen nach § 21 Abs. 2 S. 1 Nr. 2 InsO durch das Insolvenzgericht führen nicht zum Erlöschen des Pfändungsschutzkontos und machen die Einrichtung eines solchen Kontos ebenso wenig unmöglich wie die Umwandlung eines Girokontos in ein Pfändungsschutzkonto. Der Schuldner kann ohne Weiteres Zahlungen aus seinem unpfändbarem Vermögen erbringen. Damit ist auch die insolvenzanfechtungssichere Auflagenzahlung vom Pfändungsschutzkonto vor der Insolvenzeröffnung grundsätzlich möglich.

4. Die Bewährungsauflagen des § 56 b Abs. 2 S. 1 Nr. 2 bzw. 4 StGB

a) Die Vollstreckungsfähigkeit der Bewährungsauflagen des § 56 b Abs. 2 S. 1 Nr. 2 und 4 StGB

Grundsätzlich bestehen auch bei den geldwerten Bewährungsauflagen zunächst einmal keine Bedenken gegen eine Zahlung aus unpfändbarem Vermögen, um eine Insolvenzanfechtung auszuschließen. Denn wie bei der Geldauflage nach § 153 a Abs. 1 S. 2 Nr. 2 StPO kommt es auch hier auf einen vollstreckungsfähigen Inhalt nicht an. Der Verurteilte ist zur Erbringung der Bewährungsauflagen ebenso wenig verpflichtet wie eine Vollstreckung der Bewährungsauflagen möglich ist[997]. Hinzu kommt, dass, wie sich aus § 268 a Abs. 1 HS 1 StPO ergibt, die Bewährungsauflagen nicht im Urteil, sondern in einem separaten Beschluss festgesetzt werden, die Bewährungsauflagen daher nicht Teil des Urteilstenors und damit nicht Gegenstand der Vollstreckung sind.

---

995 Obermüller in FS Haarmeyer, 2013, S. 191 (201 f.).

996 Obermüller in FS Haarmeyer, 2013, S. 191 (202).

997 Siehe C.III.1.b.bb.

b) *Rechtlicher Rahmen für die Anordnung einer Zahlung aus unpfändbarem Vermögen*

Der Katalog der in § 56 b Abs. 2 S. 1 StGB genannten Bewährungsauflagen ist abschließend[998]. Dem Gericht steht deshalb anders als nach § 153 a Abs. 1 S. 2 StPO kein Auflagenerfindungsrecht zu. Daher stellt sich die Frage, ob das Gericht dem Verurteilten überhaupt auferlegen könnte, die geldwerten Bewährungsauflagen aus unpfändbarem Vermögen zu zahlen. In § 56 b Abs. 2 S. 1 Nr. 2 bzw. 4 StGB ist lediglich von der Zahlung die Rede, nicht aber von der Herkunft des Geldes. Zwar richtet sich der Regelungsinhalt des Bewährungsbeschlusses nach den materiell-rechtlichen Vorschriften des Strafgesetzbuchs – bei der Strafaussetzung zur Bewährung mithin nach den §§ 56 a – 56 d StGB -[999], doch schließt dies eine „inhaltliche Ausgestaltung"[1000] durch das Gericht nicht aus[1001]. Dies erkennt auch das OLG Dresden an, in dessen Entscheidung es heißt: „Bewährungsauflagen müssen klar, bestimmt und in ihrer Einhaltung überprüfbar sein. Nur so können Verstöße einwandfrei festgestellt werden und der Verurteilte weiß unmißverständlich, wann ihm der Widerruf der Bewährung droht. Die Tatsache, daß die Verfassung die Entziehung der Freiheit dem Richter vorbehält (Art. 104 Abs. 2 S. 1 GG), haben den Gesetzgeber veranlaßt, die inhaltliche, dem Bestimmtheitsgebot entsprechende Ausgestaltung von Aufl.n und Weisungen ausschließlich dem Gericht zu übertragen."[1002] Vor diesem Hintergrund ist das Gericht durch die Bindung an den Auflagenkatalog nicht daran gehindert, die gewählte Bewährungsauflage über das durch den Auflagenkatalog vorgegebene Mindestmaß hinaus näher zu konkretisieren. Die Notwendigkeit hierfür ergibt sich dem OLG Dresden zufolge bereits aus dem Bestimmtheitsgebot. Aus diesem Grund können die auf Zahlung gerichteten Bewährungsauflagen des § 56 b Abs. 2 S. 1 Nr. 2 und 4 StGB grundsätzlich mit dem klarstellenden Zusatz versehen werden, dass die Zahlung aus dem unpfändbaren Vermögen des Verurteilten zu erbringen ist[1003]. Allerdings ist eine solche Konkretisierung aus den zur unbenannten Auflage nach

---

998 Fischer, StGB, 63. Aufl. (2016), § 56 b Rn. 5.

999 KMR/Voll, StPO, Bd. 4, § 268 a Rn. 1 (Stand: Mai 2015); LR – Stuckenberg, StPO, 26. Aufl. (2013), Bd. 6 Teilbd. 2, § 268 a Rn. 3 f.

1000 OLG Dresden, Beschl. v. 29.04.2009 – 2 Ss 40/08 u. 2 Ws 81/08 = StV 2009, 531 (531); Fischer, StGB, 63. Aufl. (2016), § 56 b Rn. 5.

1001 OLG Dresden, Beschl. v. 29.04.2009 – 2 Ss 40/08 u. 2 Ws 81/08 = StV 2009, 531 (531); Fischer, StGB, 63. Aufl. (2016), § 56 b Rn. 5.

1002 OLG Dresden, Beschl. v. 29.04.2009 – 2 Ss 40/08 u. 2 Ws 81/08 = StV 2009, 531 (531).

1003 Ablehnend Bittmann, wistra 2011, 133 (134), der bei der Geldstrafe und den Bewährungsauflagen im Gegensatz zu § 153 a StPO mit seiner nicht abschließenden Auflagenaufzählung keinen Spielraum dafür sieht in die Zahlungsanordnung die Herkunft der Zahlung aus unpfändbarem Vermögen mitaufzunehmen, die gleichwohl erforderliche insolvenzanfechtungssichere Zahlung aber über einen vom Bewährungshelfer bzw. der Gerichtshilfe zu erstellenden Zahlungsplan sicherstellen will.

§ 153 a Abs. 1 S. 2 StPO dargestellten Gründen nur unter der Voraussetzung möglich, dass es dem Verurteilte möglich ist, die geldwerte Bewährungsauflage von einem Pfändungschutzkonto zu zahlen, bei dem das unpfändbare Guthaben durch eine Pfändung bzw. die Anordnung vorläufiger Maßnahmen durch das Insolvenzgericht (§ 21 InsO) aktiviert worden ist. Insoweit sei zur Vermeidung von Wiederholungen auf obige Ausführungen verwiesen[1004].

5. Praktische Umsetzbarkeit der Anordnung der Auflage, von einem aktivierten Pfändungschutzkonto zu zahlen

a) Nachforschungspflicht von Staatsanwaltschaft und Gericht

Die vorstehenden Ausführungen haben gezeigt, dass insolvenzanfechtungssichere Zahlungen aus unpfändbarem Vermögen vor Eröffnung des Insolvenzverfahrens nur dann möglich sind, wenn der unpfändbare Sockelfreibetrag eines Pfändungsschutzkontos von derzeit 1.073,88 €/Monat durch die Pfändung des Kontoguthabens oder durch die Anordnung vorläufiger Maßnahmen durch das Insolvenzgericht (§ 21 InsO) vorinsolvenzlich aktiviert worden ist. Für Staatsanwaltschaft und Gericht, die die Auflagen auch im Eigeninteresse so erteilen müssen, dass die Insolvenzanfechtung der Auflagenzahlung dauerhaft ausgeschlossen ist, hat dies zur Folge, dass sie vor der Erteilung einer entsprechenden Auflage in Erfahrung bringen müssen, ob ein Pfändungsschutzkonto besteht und ob das Kontoguthaben gepfändet worden ist bzw. vom Insolvenzgericht vorläufige Maßnahmen nach § 21 InsO angeordnet worden sind. Hiervon hängt es ab, ob eine insolvenzanfechtungssichere Zahlung von einem aktivierten Pfändungsschutzkonto überhaupt in Betracht kommt oder ob auf andere insolvenzanfechtungssichere Auflagen und Weisungen ausgewichen werden muss. Darüber hinaus ist die Feststellung, ob das Guthaben eines Pfändungsschutzkontos aktiviert worden ist, aber auch zur Bemessung der Höhe der Zahlungsauflage unumgänglich. Dadurch, dass Staatsanwaltschaft und Gericht bei der Erteilung von Auflagen nach § 153 a Abs. 1 S. 2 StPO keine unzumutbaren Anforderungen an den Beschuldigten stellen dürfen, um die Verfahrenseinstellung nicht zu gefährden[1005], ist die Klärung der finanziellen Verhältnisse des Beschuldigten bei Zahlungsauflagen zwingend erforderlich. Hierzu gehört, da der Verfügungsrahmen des Schuldners durch die Aktivierung des unpfändbaren Sockelfreibetrags des Pfändungsschutzkontos auf das unpfändbare Vermögen beschränkt ist, auch die Pfändung bzw. die Anordnung vorläufiger Maßnahmen durch das Insolvenzgericht (§ 21 InsO). Dies gilt im Hinblick auf das Zumutbarkeitsgebot des § 56 b Abs. 1 S. 2 StGB auch für die Erteilung der geldwerten Bewährungsauflagen des § 56 b Abs. 2 S. 1 Nr. 2 und 4 StGB.

1004 Siehe F.I.3.c.-e.
1005 Siehe E.II.4.b.bb.

Die im Rahmen der Nachforschungspflicht relevanten Fragen ließen sich wie folgt formulieren:

Fragestellung	Antwort	Folgen
1. Eröffnung des Insolvenzverfahrens?	Ja.	Insolvenzanfechtung ausgeschlossen mangels Zahlung der Auflage vor Insolvenzeröffnung (vgl. § 129 Abs. 1 InsO). Allenfalls: Unwirksamkeit der Auflagenzahlung gem. §§ 80 Abs. 1, 81 Abs. 1 S. 1 InsO, sofern Zahlung aus pfändbarem Vermögen erfolgt.
	Nein.	Insolvenzanfechtung möglich, solange die Auflagenzahlung aus pfändbarem Vermögen vor Insolvenzeröffnung erfolgt (vgl. § 129 Abs. 1 InsO). Deshalb: Sicherstellung der Auflagenzahlungen durch Vornahme aus dem unpfändbaren Sockelfreibetrag eines Pfändungsschutzkontos
2. Wenn Insolvenzverfahren noch nicht eröffnet ist:		
a) Existiert Pfändungsschutzkonto?	Ja.	Auflagenzahlung aus unpfändbarem Vermögen unter der Voraussetzung grds. möglich, dass unpfändbarer Sockelfreibetrag des Pfändungsschutzkontos durch die Pfändung bzw. die Anordnung vorläufiger Maßnahmen durch das Insolvenzgericht (§ 21 InsO) aktiviert worden ist.
	Nein.	S. hierzu c).
b) Sofern Pfändungsschutzkonto existiert: Wurde das Guthaben des Pfändungsschutzkontos vor Eröffnung des Insolvenzverfahrens gepfändet oder wurden vom Insolvenzgericht vor Insolvenzeröffnung vorläufige Maßnahmen nach § 21 InsO angeordnet?	Ja.	Insolvenzanfechtungssichere Auflagenzahlung grds. möglich.

Fragestellung	Antwort	Folgen
	Nein.	Insolvenzanfechtungssichere Auflagenzahlung mangels Aktivierung des unpfändbaren Sockelfreibetrags des Pfändungsschutzkontos nicht möglich.
c) Sofern kein Pfändungsschutzkonto existiert:		
aa) Gibt es Girokonto?	Ja.	Insolvenzanfechtungssichere Auflagenzahlung grds. möglich, vorausgesetzt das Guthaben des Girokontos ist gepfändet und das Girokonto wird innerhalb von vier Wochen seit der Zustellung des Überweisungsbeschlusses an den Drittschuldner in ein Pfändungsschutzkonto umgewandelt (§ 850 k Abs. 1 S. 4 ZPO). Wegen der Rückwirkung der Kontoumwandlung auf den Zeitpunkt der Pfändung sind Zahlungen, die innerhalb der vierwöchigen Kontoumwandlungsfrist erfolgt sind, als aus unpfändbarem Vermögen erbracht anzusehen. § 850 k Abs. 1 S. 4 ZPO gilt analog, wenn das Insolvenzgericht im Eröffnungsverfahren Verfügungsbeschränkungen gem. § 21 InsO angeordnet hat[1006].
	Nein.	Insolvenzanfechtungssichere Zahlung grundsätzlich nicht möglich, da das Führen eines Pfändungsschutzkontos ohne Girokonto nicht möglich ist.

b) Praxistauglichkeit der Auflage, von einem aktivierten Pfändungsschutzkonto zu zahlen

Gelangen Staatsanwaltschaft bzw. Gericht zu der Erkenntnis, dass der Beschuldigte bzw. Verurteilte über ein Pfändungsschutzkonto verfügt, dessen Guthaben in Höhe des unpfändbaren Sockelfreibetrags von monatlich derzeit 1.073,88 € durch eine Pfändung bzw. die Anordnung vorläufiger Maßnahmen durch das Insolvenzgericht

1006 Sudergat, Kontopfändung und P-Konto, 3. Aufl. (2013), Rn. 1032 ff.; Büchel, ZInsO 2010, 20 (25 f.).

(§ 21 InsO) aktiviert worden ist, steht fest, dass die finanzielle Leistungsfähigkeit des Beschuldigten bzw. Verurteilten auf das nicht gerade üppige unpfändbare Vermögen beschränkt ist. Staatsanwaltschaft und Gericht werden in diesen Fällen regelmäßig Ratenzahlungen gewähren müssen. Problematisch ist, dass sich die Ratenzahlungen bei hohen Auflagenbeträgen und niedrigen Raten über lange Zeiträume erstrecken. In diesen Fällen lässt sich die Anordnung, von einem aktivierten Pfändungsschutzkonto zu zahlen, nicht in allen Fällen so umsetzen, dass eine Insolvenzanfechtung bis zur Zahlung der letzten Rate mit Sicherheit ausgeschlossen ist. Selbst wenn für Staatsanwaltschaft bzw. Gericht aufgrund der angestellten Nachforschungen zum Zeitpunkt der Anordnung einer solchen Auflage feststeht, dass das Guthaben des Pfändungsschutzkontos gepfändet worden ist oder aber das Insolvenzgericht vorläufige Maßnahmen angeordnet hat (§ 21 InsO), ist es nicht ausgeschlossen, dass die hierdurch ausgelöste Aktivierung des unpfändbaren Sockelfreibetrags während der noch laufenden Ratenzahlungen wegfällt. Die folgenden Ratenzahlungen könnten nicht mehr aus unpfändbarem Vermögen vorgenommen werden. Dem Beschuldigten bzw. Verurteilten wäre es unmöglich, die Auflage, „von einem durch eine Pfändung bzw. die Anordnung vorläufiger Maßnahmen (§ 21 InsO) aktivierten Pfändungsschutzkonto zu zahlen“, zu erfüllen. Er würde sich wegen der nur teilweisen Auflagenerfüllung bei den unbenannten Geldauflagen (§ 153 a Abs. 1 S. 2 Nr. 2 StPO) der Gefahr der Fortsetzung des Strafverfahrens und bei den konkretisierten geldwerten Bewährungsauflagen (§ 56 b Abs. 2 S. 1 Nr. 2 und 4 StGB) gem. § 56 f Abs. 1 S. 1 Nr. 3 StGB dem Widerruf der Strafaussetzung bzw. gem. §§ 56 f Abs. 2 S. 1 Nr. 1, 56 e StGB der Erteilung weiterer Auflagen aussetzen. Darüber hinaus würde der Beschuldigte bei den unbenannten Geldauflagen dadurch, dass ihm nur die teilweise Erfüllung der Auflage möglich ist, dadurch benachteiligt, dass ihm die zur Auflagenerfüllung gezahlten Raten gem. § 153 a Abs. 1 S. 6 StPO nicht erstattet würden. Die Erfüllbarkeit der Auflage, „von einem durch eine Pfändung bzw. die Anordnung vorläufiger Maßnahmen (§ 21 InsO) aktivierten Pfändungsschutzkonto zu zahlen“, und die hiermit für den Beschuldigten bzw. Verurteilten verbundenen Konsequenzen hingen mitunter nicht von seinem Verhalten ab, da die Aufhebung des Pfändungs- und Überweisungsbeschlusses sowie die Aufhebung der vorläufig gem. § 21 InsO angeordneten Maßnahmen von Amts wegen bzw. auf Veranlassung Dritter erfolgen können[1007]. Aus diesem Grund und im Hinblick darauf, dass ein Teil der Raten wegen der Vornahme der Zahlung aus pfändbaren Vermögensbestandteilen gläubigerbenachteiligend und deshalb von der Insolvenzanfechtung erfasst wäre, ist der Ansatz, die Insolvenzfechtung durch die Erteilung der Auflage, „von einem durch eine Pfändung bzw. die Anordnung vorläufiger Maßnahmen (§ 21 InsO) aktivierten Pfändungsschutzkonto zu zahlen“, auszuschließen, nicht durchsetzbar. Der Ansatz ist in der Praxis nicht handhabbar und deshalb abzulehnen.

Der Vollständigkeit halber sei hier noch darauf hingewiesen, dass die vorstehenden Ausführungen entsprechend für den Fall gelten, dass beim Beschuldigten

1007 Siehe F.I.3.e.ee.

bzw. Verurteilten vor Eröffnung des Insolvenzverfahrens Bargeld gepfändet worden ist. Auch die Unpfändbarkeit von Bargeld gem. § 811 Abs. 1 Nr. 8 ZPO setzt eine Pfändung voraus, die den unpfändbaren Barbetrag aktiviert. Aus diesem Grund kann nicht ohne Weiteres – ohne vorherige Pfändung – die Auflage erteilt werden, aus unpfändbaren Barmitteln, die nicht von der Pfändung erfasst sind, zu zahlen.

II. Strafrechtliche Lösungsansätze

1. Die erfolgreiche Insolvenzanfechtung als auflösende Bedingung der vorläufigen Verfahrensbeendigung nach § 153 a StPO sowie der Strafaussetzung zur Bewährung gegen Auflagen nach §§ 56, 56 b StGB

a) Die vorläufige Verfahrensbeendigung nach § 153 a StPO

Die bisherige Untersuchung hat gezeigt, dass das Strafverfahren im Falle der Insolvenzanfechtung und Rückgewähr einer geleisteten Geldauflage nach § 153 a Abs. 1 S. 2 Nr. 2 StPO zur Insolvenzmasse beendet bleibt und nicht fortgesetzt werden kann. Weiterhin hat sich gezeigt, dass Geldauflagen in der Praxis nicht insolvenzanfechtungssicher gestaltet werden können. Zu überlegen ist aber, ob die Auflagenerteilung dergestalt erfolgen kann, dass die Fortsetzung des Strafverfahrens im Falle der insolvenzrechtlichen Rückabwicklung möglich ist. *Schmitt* geht davon aus, dass die vorläufige Einstellung nach § 153 a StPO in Analogie zu § 42 S. 2 StGB mit einer Verfallklausel versehen werden kann, die bestimmt, in welchen Fällen die vorläufige Einstellung hinfällig wird[1008]. *Beukelmann* gibt zu Bedenken, dass das allseits herbeigeführte Einverständnis der Verfahrensbeteiligten dadurch unter zu strikte Voraussetzungen gestellt werde, dies nach der Gesetzeskonzeption wenn überhaupt nur durch die in § 153 a Abs. 1 S. 3 StPO vorgesehene Fristsetzung umsetzbar sei[1009]. Eine solche Verfallklausel ist nichts anderes als eine auflösende Bedingung. Im Gegensatz zu den Bewährungsauflagen des § 56 b StGB eröffnet das Gesetz bei der vorläufigen Beendigung des Strafverfahrens nach § 153 a StPO einen relativ weiten Gestaltungsspielraum bei der Auflagenerteilung, welcher Bedingungen möglich erscheinen lässt. Dies folgt zum einen daraus, dass die Aufzählung möglicher Auflagen und Weisungen in § 153 a Abs. 1 S. 2 StPO anders als der Katalog der Bewährungsauflagen des § 56 b Abs. 2 S. 1 StGB nicht abschließend ist. Zum anderen erfolgt die vorläufige Verfahrensbeendigung nach § 153 a StPO mit Zustimmung aller Verfahrensbeteiligten, während die Erteilung von Bewährungsauflagen gem. § 56 b Abs. 2 S. 1 StGB einseitig durch das Gericht erfolgt. Vor diesem Hintergrund stellt sich die Frage, ob sich das Kollisionsproblem nicht dadurch lösen lässt, dass die insolvenzrechtliche Rückabwicklung der Auflagenerfüllung gem. § 143 Abs. 1 S. 1

1008 M-G/Schmitt-Schmitt, StPO, 58. Aufl. (2015), § 153 a Rn. 24.
1009 Graf-Beukelmann, StPO, 2. Aufl. (2012), § 153 a Rn. 11.

InsO als auflösende Bedingung der vorläufigen Verfahrensbeendigung nach § 153 a StPO vereinbart wird. Dies hätte zur Folge, dass mit dem Bedingungseintritt der alte Rechtszustand – der vor der Verfahrensbeendigung bestand – wiederauflebt[1010].

aa) Die vorläufige Verfahrensbeendigung als Anknüpfungspunkt für eine Bedingung

Zunächst einmal bedarf es einer Antwort auf die Frage, ob die vorläufige Verfahrensbeendigung überhaupt mit einer Bedingung versehen werden kann, ob sie insoweit also tauglicher Verknüpfungsgegenstand ist. § 158 BGB knüpft die Bedingung an die Vornahme von Rechtsgeschäften. Nur diese können unter Bedingungen vorgenommen werden. Sofern man dieses Erfordernis auch auf das Strafrecht übertragen wollte, stellt sich daher die Frage, ob der vorläufigen Verfahrensbeendigung nach § 153 a StPO rechtsgeschäftlicher Charakter zukommt. Hierfür spricht, dass die Verfahrenseinstellung nach § 153 a StPO konsensuale Elemente enthält und daher als vertragsähnlich eingeordnet werden kann[1011]. Sowohl das vorläufige Absehen von der Erhebung der öffentlichen Klage durch die Staatsanwaltschaft (§ 153 a Abs. 1 StPO) als auch die vorläufige Einstellung des Verfahrens durch das Gericht (§ 153 a Abs. 2 StPO) verlangen die Zustimmung der jeweils anderen Verfahrensbeteiligten. Im Falle der Verfahrensbeendigung durch die Staatsanwaltschaft bedarf es nach § 153 a Abs. 1 StPO der Zustimmung des für die Eröffnung des Hauptverfahrens zuständigen Gerichts und des Beschuldigten und im Falle der gerichtlichen Einstellung nach § 153 a Abs. 2 StPO der Zustimmung der Staatsanwaltschaft und des Angeschuldigten.

bb) Die Rückgewähr zur Insolvenzmasse gem. § 143 Abs. 1 S. 1 InsO als Bedingung

Die Vergleichbarkeit der vorläufigen Verfahrensbeendigung gegen Auflagen mit dem zivilrechtlichen Rechtsgeschäft besagt aber noch nichts dazu, ob es zulässig ist, die Verfahrensbeendigung nach § 153 a StPO mit Bedingungen zu versehen. Dies könnte insofern problematisch sein als der Bedingungseintritt Auswirkungen auf die Wirksamkeit des Rechtsgeschäfts (§ 158 Abs. 1 BGB) bzw. dessen Bestand (§ 158 Abs. 2 BGB) hat. Dies könnte mit dem im Rechtsstaatsprinzip verankerten Grundsatz der Rechtssicherheit, dem im Strafprozessrecht im Hinblick auf die besonders starke Eingriffsintensität in die Sphäre des Beschuldigten nicht unerhebliche Bedeutung zukommt, unvereinbar sein. Die Frage der Bedingungsfreundlichkeit bzw. -feindlichkeit strafprozessualer Handlungen hängt entscheidend davon ab, welche Prozesshandlung mit einer Bedingung versehen werden soll, um was für

1010 Palandt/Ellenberger, BGB, 75. Aufl. (2016), § 158 Rn. 2.
1011 LR – Beulke, StPO, 26. Aufl. (2008), Bd. 5, § 153 a Rn. 2, 10, 15.

eine Bedingung es sich handelt und von welchem Umstand die Prozesshandlung abhängig gemacht werden soll[1012].

(1) Rechtsbedingung

Bei der insolvenzrechtlichen Rückabwicklung gem. § 143 Abs. 1 S. 1 InsO handelt es sich nicht um eine unbedenkliche Rechtsbedingung, weil die insolvenzrechtliche Rückabwicklung als Bedingung der vorläufigen Verfahrensbeendigung nicht vom Gesetz vorgesehen ist. Zulässige Rechtsbedingungen zeichnen sich aber gerade dadurch aus, dass ein Umstand zur Bedingung gemacht wird, der sich sowieso der Rechtslage entnehmen lässt[1013].

(2) Aufschiebende Bedingung

Auch kann die Nichtrückzahlung zur Insolvenzmasse keine unter bestimmten Voraussetzungen zulässige aufschiebende Bedingung der vorläufigen Verfahrensbeendigung sein. Dies ergibt sich daraus, dass aufschiebend bedingte Prozesshandlungen nur dann zulässig sind, wenn es sich bei der Bedingung um einen innerprozessualen Umstand handelt, dessen Eintritt bzw. Nichteintritt das Gericht zeitnah und ohne größere Mühe feststellen kann[1014]. Bei der Frage, ob es infolge der Insolvenzanfechtung zur insolvenzrechtlichen Rückabwicklung kommt oder nicht, handelt es sich jedoch um einen außerstrafprozessualen, sprich insolvenzrechtlichen Umstand, der nicht zur Bedingung einer strafprozessualen Handlung gemacht werden kann[1015].

Entscheidend gegen die Einordnung als aufschiebende Bedingung spricht aber, dass die Wirksamkeit der vorläufigen Verfahrensbeendigung nicht von der Nichtrückzahlung der Geldauflage zur Insolvenzmasse abhängig ist. Die Verfahrensbeendigung ist als vorläufiger Verfahrensabschluss vollwirksam. Durch die Auflagenerfüllung bzw. die Nichtrückzahlung zur Insolvenzmasse wird aus der vorläufigen eine endgültige Verfahrenseinstellung, ohne dass hiervon die volle Wirksamkeit der vorläufigen Entscheidung über die Verfahrensbeendigung abhängt. Denn aufgrund seiner vollen Wirksamkeit befindet sich die vorläufige Entscheidung über den Verfahrensabschluss zu keinem Zeitpunkt in einem Schwebezustand, der durch den Bedingungseintritt beendet werden soll. Diese Situation ist aber charakteristisch für die auflösende Bedingung, bei der lediglich der Fortbestand des Rechtsgeschäfts vom Bedingungseintritt abhängt[1016].

1012 Schmid, GA 1982, 95 (98 f.).
1013 Schmid, GA 1982, 95 (100 f.).
1014 Schmid, GA 1982, 95 (99, 102).
1015 Schmid, GA 1982, 95 (99).
1016 Palandt/Ellenberger, BGB, 75. Aufl. (2016), Einf v § 158 Rn. 1.

(3) Auflösende Bedingung

Dass es sich bei der vorläufigen Verfahrensbeendigung unter der Bedingung der Rückzahlung der Geldauflage zur Insolvenzmasse nur um eine auflösende Bedingung handeln kann, ergibt sich daraus, dass sich die vorläufige Einstellung bereits mit der endgültigen Verfahrenseinstellung deckt, wobei der Bestand der endgültigen Einstellung von der Auflagenerfüllung abhängig ist[1017]. Insoweit ist die Auflagenerfüllung rechtstechnisch gesehen mit einer auflösenden Bedingung vergleichbar[1018].

Gleichwohl kann die insolvenzrechtliche Rückabwicklung nicht als auflösende Bedingung der vorläufigen Verfahrensbeendigung nach § 153 a StPO vereinbart werden. Dies ergibt sich aus § 153 a StPO. § 153 a Abs. 1 StPO gibt Staatsanwaltschaft und Gericht den Umfang dessen, was Inhalt der vorläufigen Verfahrensbeendigung sein kann vor. Die Möglichkeit die vorläufige Verfahrensbeendigung mit einer Bedingung zu versehen, die über die Auflagenerfüllung als zulässige, weil in § 153 a Abs. 1 S. 5 StPO normierte, Rechtsbedingung, hinausgeht, sieht § 153 a Abs. 1 StPO gerade nicht vor. Staatsanwaltschaft und Gericht steht, wie sich aus dem Wortlaut von § 153 a Abs. 1 S. 2 StPO („insbesondere") ergibt, nur hinsichtlich der zu erteilenden Auflagen bzw. Weisungen ein Entscheidungsspielraum zu; der insoweit eingeräumte Entscheidungsspielraum ist daher als abschließend anzusehen. Die Vereinbarung der insolvenzrechtlichen Rückabwicklung als auflösende Bedingung ist aber keine Auflage bzw. Weisung i. S. v. § 153 a Abs. 1 StPO, die dem Beschuldigten eine Leistung abverlangt. Aus diesem Grund ist der Entscheidungsspielraum nicht berührt.

Würde man die Vereinbarung der insolvenzrechtlichen Rückabwicklung als auflösende Bedingung der vorläufigen Verfahrensbeendigung für zulässig erachten, so würde man durch die Hintertür vom Beschuldigten eine ihm unzumutbare und daher unzulässige[1019] Auflagenerfüllung verlangen. Denn der Beschuldigte müsste, um sich das durch die Auflagenerfüllung herbeizuführende Verfahrenshindernis des § 153 a Abs. 1 S. 5 StPO erhalten zu können, schon bei der vorläufigen Verfahrensbeendigung die Gewähr dafür übernehmen, dass es nicht zur Insolvenzanfechtung und zur Rückgewähr zur Insolvenzmasse nach § 143 Abs. 1 S. 1 InsO kommt. Dies ist ihm unzumutbar, da er die Ausübung des Insolvenzanfechtungsrechts mangels Anfechtungsbefugnis nicht selbst in der Hand hat und er auch keinen Einfluss darauf hat, ob es der Anfechtungsberechtigte nach Prüfung der Insolvenzanfechtungsvoraussetzungen zur Insolvenzanfechtung kommen lässt oder nicht[1020]. Hinzu kommt, dass es nach den obigen[1021] Ausführungen zur Zahlung der Geldauflage aus unpfändbarem Vermögen in den Verantwortungsbereich von Staatsanwaltschaft

1017 Schuth, Einstellung unter Auflagen, S. 24; LR – Beulke, StPO, 26. Aufl. (2008), Bd. 5, § 153 a Rn. 94.

1018 Beulke/Edlbauer in FS Mehle, 2009, S. 63 (66).

1019 LR – Beulke, StPO, 26. Aufl. (2008), Bd. 5, § 153 a Rn. 48.

1020 Siehe E.II.1.e.bb.(2).

1021 Siehe F.I.3.b.

bzw. Gericht fällt, die Auflagen und Weisungen des § 153 a StPO in hinreichend bestimmten Maße festzusetzen. Dies gebietet schon die staatsanwaltschaftliche bzw. gerichtliche Fürsorgepflicht im Strafverfahren, da der Beschuldigte das Verfahrenshindernis des § 153 a Abs. 1 S. 5 StPO herbeiführen können muss, er daher wissen muss, welche Bedingungen im Einzelnen er hierfür erfüllen muss. Vor diesem Hintergrund kann es nicht richtig sein, dem Beschuldigten diese Verantwortung durch die Vereinbarung der insolvenzrechtlichen Rückabwicklung als auflösende Bedingung der vorläufigen Verfahrensbeendigung dadurch aufzubürden, dass er dafür Sorge tragen muss, dass das von ihm herbeigeführte Verfahrenshindernis nicht nachträglich wieder wegfällt. Würde man das Strafverfahren gegen Auflagen und Weisungen vorläufig beenden, die vorläufige Verfahrensbeendigung gleichzeitig aber unter die auflösende Bedingung der insolvenzrechtlichen Rückabwicklung stellen, dann wäre das in sich widersprüchlich. Denn auf diesem Wege könnten sich Staatsanwaltschaft und Gericht der Bindung an die von ihnen erteilten Auflagen und Weisungen sofort wieder entziehen.

Entscheidend für die Unzulässigkeit der auflösenden Bedingung ist jedoch, dass der schon erreichte Stand des Prozesses nicht nachträglich durch den Bedingungseintritt wieder zunichte gemacht werden kann[1022]. Der Prozess ist geprägt durch seine stetige Fortentwicklung[1023] und die Notwendigkeit, dass der Prozess irgendwann endgültig zu Ende gebracht wird. Dem würde es zuwider laufen, das bereits durch die Auflagenerfüllung und den endgültigen Verfahrensabschluss nach § 153 a StPO abgeschlossene Strafverfahren infolge des Bedingungseintritts nachträglich wieder aufleben zu lassen. Dies lässt sich der Entscheidung RGZ 144, 71 (72 f.) entnehmen, in der es in Bezug auf die bedingte Klageerhebung heißt:

> „Daß eine bedingte Klagerhebung unzulässig ist, nehmen Rechtslehre und Rechtsprechung allgemein und mit Recht an. Mit der Aufgabe und den Zwecken des staatlich geordneten Prozeßverfahrens ist es unvereinbar, daß ein Rechtsstreit anhängig gemacht, geführt und zur richterlichen Entscheidung gebracht wird, der von Anfang an nach dem Willen des Klägers dergestalt unter einer Bedingung steht, daß die gesamten Rechtswirkungen der Klage und der Entscheidung je nach dem Eintritt oder Ausfall der Bedingung bei Bestand bleiben oder hinfällig werden. Freilich kommt es vor, daß infolge späterer Ereignisse ein Rechtsstreit gegenstandslos wird („sich erledigt", § 99 ZPO.). Aber es geht nicht an, daß der Kläger durch seinen Willen (durch die hinzugefügte Bedingung) von vornherein den Rechtsstreit mit einer solchen Unsicherheit behaftet, ... Damit würde der Kläger mit der gesetzlich geordneten und gewährleisteten Einrichtung des Prozesses Mißbrauch treiben; darin liegt der tragende Grund der Unzulässigkeit."[1024]

1022 Schmid, GA 1982, 95 (101 f.).
1023 Schmid, GA 1982, 95 (101).
1024 RG, Urt. v. 02.03.1934 – III 117/33 = RGZ 144, 71 (72 f.).

Die Zulassung der insolvenzrechtlichen Rückabwicklung als auflösende Bedingung der vorläufigen Verfahrensbeendigung würde bei § 153 a StPO dazu führen, dass die Endgültigkeit des in § 153 a Abs. 1 S. 5 StPO normierten Verfahrenshindernisses, die schon mit der Erfüllung der Auflagen und Weisungen eintritt[1025], umgangen würde. Durch die Vereinbarung einer auflösenden Bedingung schon bei der vorläufigen Verfahrenseinstellung würde die von der Strafprozessordnung vorgesehene Differenzierung zwischen vorläufigen und endgültigen Formen der Verfahrensbeendigung und dem damit verbundenen (Nicht-)Eintritt des Strafklageverbrauchs[1026] zunichtegemacht. Da eine solche Umgehung gesetzlicher Vorgaben nicht gewollt sein kann, verbietet sich die insolvenzrechtliche Rückabwicklung als auflösende Bedingung der vorläufigen Verfahrensbeendigung.

b) Die Strafaussetzung zur Bewährung gegen Auflagen nach §§ 56, 56 b StGB

Die insolvenzrechtliche Rückabwicklung gem. § 143 Abs. 1 S. 1 InsO kann nicht auflösende Bedingung der Strafaussetzung zur Bewährung gegen Auflagen sein. Die Strafvollstreckung ist über den in § 56 f Abs. 1 StGB geregelten Widerruf der Strafaussetzung gesichert. Die abschließende Aufzählung der Widerrufsgründe in § 56 f Abs. 1 S. 1 StGB verbietet eine Erweiterung der Widerrufsgründe in Gestalt von auflösenden Bedingungen, die im Gesetz nicht genannt sind. § 56 f Abs. 1 S. 1 StGB macht den Widerruf der Strafaussetzung von einem Verhalten des Verurteilten abhängig. Würde man die insolvenzrechtliche Rückabwicklung als auflösende Bedingung der Aussetzungentscheidung zulassen, würde die Strafvollstreckung nicht durch das Verhalten des Verurteilten, sondern durch die Insolvenzanfechtung des Insolvenz- bzw. Sachwalters ausgelöst. Mangels Anfechtungsberechtigung des insolventen Verurteilten hinge die Strafvollstreckung nicht von seinem Verhalten ab. Dies liefe der gesetzgeberischen Entscheidung zuwider und wäre eine unzulässige Umgehung von § 56 f Abs. 1 S. 1 StGB.

1025 Siehe E.II.3.

1026 Während die Einstellung nach § 170 Abs. 2 S. 1 StPO nicht zum Strafklageverbrauch führt mit der Folge der jederzeitigen Fortsetzung des Ermittlungsverfahrens bei gegebenem Anlass hierfür (BGH, Urt. v. 04.05.2011 – 2 StR 524/10 = NJW 2011, 2310 (2311); M-G/Schmitt-Schmitt, StPO, 58. Aufl. (2015), § 170 Rn. 9), geht § 153 a StPO aufgrund seines zweistufigen Aufbaus – der vorläufigen Verfahrensbeendigung gegen Auflagen und Weisungen (§ 153 a Abs. 1 S. 1 bzw. Abs. 2 S. 1 StPO) und dem Eintritt des Verfahrenshindernisses durch die Erfüllung der Auflagen und Weisungen (§ 153 a Abs. 1 S. 5 bzw. Abs. 2 S. 2 StPO) – von der Endgültigkeit der Verfahrensbeendigung aus.

2. Die Erteilung einer Reserveauflage bzw. Reserveweisung für den Fall der insolvenzrechtlichen Rückabwicklung von Geldauflagen nach § 153 a Abs. 1 S. 2 Nr. 2 StPO bzw. von geldwerten Bewährungsauflagen nach § 56 b Abs. 2 S. 1 Nr. 2 und 4 StGB

Auch könnte man daran denken, eine Lösung des Kollisionsproblems von Straf- und Insolvenzrecht darin zu suchen, dem Beschuldigten bzw. Verurteilten von vornherein zusätzlich zur Geldauflage gem. § 153 a Abs. 1 S. 2 Nr. 2 StPO bzw. geldwerten Bewährungsauflage gem. § 56 b Abs. 2 S. 1 Nr. 2 bzw. 4 StGB eine zweite, insolvenzanfechtungssichere Auflage oder Weisung zu erteilen. Diese müssten dann aber zur Vermeidung einer Doppelsanktionierung dergestalt in ein abgestuftes Verhältnis zueinander gesetzt werden, dass die Zweitauflage bzw. –weisung nur dann zur Geltung kommen soll, wenn es durch eine erfolgreiche Insolvenzanfechtung gem. § 143 Abs. 1 S. 1 InsO zur insolvenzrechtlichen Rückabwicklung der als Erstauflage erteilten Geldauflage gem. § 153 a Abs. 1 S. 2 Nr. 2 StPO bzw. Bewährungsauflage gem. § 56 b Abs. 2 S. 1 Nr. 2 bzw. 4 StGB kommt. Die Erteilung der Zweitauflage bzw. –weisung würde dann aufschiebend bedingt für den Fall erfolgen, dass es insolvenzanfechtungsbedingt zur Rückzahlung der Erstauflage in die Insolvenzmasse kommt, um über die Erfüllung der Zweitauflage bzw. –weisung das öffentliche Interesse an der Strafverfolgung zu beseitigen (vgl. § 153 a Abs. 1 S. 1 StPO) bzw. Genugtuung für das begangene Unrecht (vgl. § 56 b Abs. 1 S. 1 StGB) zu erreichen oder aber um dem Verurteilten durch die Weisung eine Hilfestellung zur Vermeidung weiterer Straftaten zu geben (vgl. § 56 c Abs. 1 S. 1 StGB).

Gegen die Erteilung einer Reserveauflage bzw. –weisung spricht aber auch hier, dass diese vom Eintritt der insolvenzrechtlichen Rückabwicklung der Erstauflage als aufschiebender Bedingung abhängig wäre und eine solche außerstrafprozessuale aufschiebende Bedingung unzulässig ist[1027].

III. Ergebnis

Als Ergebnis kann festgehalten werden, dass sich das Kollisionsproblem von Straf- und Insolvenzrecht im Vorhinein de lege lata bei der Geldstrafe nicht durch eine entsprechende Ausgestaltung des Geldstrafentenors bzw. durch Verhängung einer kurzen Freiheitsstrafe gem. § 47 Abs. 1 StGB lösen lässt. Einer Lösung de lege ferenda bedarf es bei der Geldstrafe trotz der Unlösbarkeit des Kollisionsproblems von Strafvollstreckungs- und Insolvenzrecht de lege lata deshalb nicht, weil es unter Strafzweckgesichtspunkten der Durchsetzung der Geldstrafe ohnehin nicht mehr bedarf, da den Strafzwecken trotz der anfechtungsbedingten insolvenzrechtlichen Rückabwicklung gem. § 143 Abs. 1 S. 1 InsO durch das Eingreifen der

1027 Siehe F.II.1.a.bb.(2).

insolvenzrechtlichen Verfügungsbeschränkungen der §§ 80 Abs. 1, 81 Abs. 1 S. 1 InsO in hinreichendem Maße genüge getan wurde[1028].

Bei den Geldauflagen des § 153 a Abs. 1 S. 2 Nr. 2 StPO und den geldwerten Bewährungsauflagen des § 56 b Abs. 2 S. 1 Nr. 2 und 4 StGB kann die Insolvenzanfechtung nicht durch Zahlung aus dem unpfändbaren Sockelfreibetrag eines Pfändungsschutzkontos ausgeschlossen werden. Auch kann das Kollisionsproblem bei den Geldauflagen des § 153 a Abs. 1 S. 2 Nr. 2 StPO und den geldwerten Bewährungsauflagen des § 56 b Abs. 2 S. 1 Nr. 2 und 4 StGB nicht dadurch behoben werden, dass die vorläufige Verfahrensbeendigung bzw. die Strafaussetzung zur Bewährung gegen Auflagen von der insolvenzrechtlichen Rückabwicklung als auflösender Bedingung abhängig gemacht werden, um hierüber die Fortsetzung des Strafverfahrens bzw. die Strafvollstreckung sicherstellen zu können. Ebensowenig ist es möglich, im Rahmen der Auflagenerteilung nach § 153 a StPO und § 56 b StGB zusätzlich zur Geldauflage nach § 153 a Abs. 1 S. 2 Nr. 2 StPO bzw. den geldwerten Bewährungsauflagen des § 56 b Abs. 2 S. 1 Nr. 2 und 4 StGB eine insolvenzanfechtungssichere Reserveauflage bzw. -weisung für den Fall der insolvenzrechtlichen Rückabwicklung der Geldauflage bzw. geldwerten Bewährungsauflage zu erteilen.

Bei den Geldauflagen des § 153 a Abs. 1 S. 2 Nr. 2 StPO sowie den geldwerten Bewährungsauflagen des § 56 b Abs. 2 S. 1 Nr. 2 und 4 StGB lässt sich das Problem, dass eine insolvenzanfechtungsichere Zahlung in der Praxis nicht durchsetzbar ist, nur dadurch lösen, dass Staatsanwaltschaft bzw. Gericht auf andere Auflagen und Weisungen bzw. Bewährungsauflagen ausweichen müssen. In Betracht zu ziehen wären jedoch ausschließlich solche Auflagen und Weisungen bzw. Bewährungsauflagen, deren Erfüllung sich nicht negativ auf den Bestand der Insolvenzmasse auswirkt und die daher mangels Vermögensbezug insolvenzanfechtungssicher sind[1029]. Hierbei handelt es sich um[1030]:

1. die Auflage, zur Wiedergutmachung des durch die Tat verursachten Schadens eine bestimmte Leistung zu erbringen (§ 153 a Abs. 1 S. 2 Nr. 1 StPO) bzw. die Bewährungsauflage, nach Kräften den durch die Tat verursachten Schaden wieder gutzumachen (§ 56 b Abs. 2 S. 1 Nr. 1 StGB), sofern diese nicht auf Zahlung gerichtet ist.

1028 Siehe E.I.2.d.bb. und E.I.3.d.

1029 Vgl. Janca/Schroeder/Baron, wistra 2015, 409 (410 f. zur Geldauflage gem. § 153 a Abs. 1 S. 2 Nr. 2 StPO und 412 zu den geldwerten Bewährungsauflagen).

1030 Im Wesentlichen ebenso Pfordte, StV 2010, 591 (591) hinsichtlich der Auflagen und Weisungen des § 153 a StPO; Lorenz/Roth, PStR 2011, 129 (133) nennen die Geldauflagenzahlung an gemeinnützige Einrichtungen (§ 153 a Abs. 1 S. 2 Nr. 2 Alt. 1 StPO) und die Auflage, gemeinnützige Leistungen zu erbringen (§ 153 a Abs. 1 S. 2 Nr. 3 StPO); Janca/Schroeder/Baron, wistra 2015, 409 (412) nennen die Erbringung gemeinnütziger Leistungen gem. § 56 b Abs. 2 S. 1 Nr. 3 StGB.

2. die Auflage, sonst gemeinnützige Leistungen zu erbringen (§ 153 a Abs. 1 S. 2 Nr. 3 StPO), die als Bewährungsauflage in § 56 b Abs. 2 S. 1 Nr. 3 StGB geregelt ist.
3. die Weisung, Unterhaltspflichten in einer bestimmten Höhe nachzukommen (§ 153 a Abs. 1 S. 2 Nr. 4 StPO), sofern diese keine Zahlung zum Inhalt haben.
4. die Weisung, sich ernsthaft zu bemühen, einen Ausgleich mit dem Verletzten zu erreichen (Täter-Opfer-Ausgleich) und dabei seine Tat ganz oder zum überwiegenden Teil wieder gut zu machen oder deren Wiedergutmachung zu erstreben (§ 153 a Abs. 1 S. 2 Nr. 5 StPO), sofern es um nicht monetäre Bemühungen geht.
5. die Weisung, an einem Aufbauseminar nach § 2 b Abs. 2 Satz 2 oder § 4 Abs. 8 Satz 4 des Straßenverkehrsgesetzes teilzunehmen (§ 153 a Abs. 1 S. 2 Nr. 6 StPO).
6. sämtliche unbenannte Auflagen und Weisungen bei § 153 a StPO ohne Vermögensbezug. Da die Aufzählung der Auflagen und Weisungen in § 153 a Abs. 1 S. 2 StPO im Hinblick auf den Wortlaut („insbesondere") mittlerweile nicht mehr abschließend ist, können Staatsanwaltschaft bzw. Gericht in gewissen Grenzen auch auf in § 153 a Abs. 1 S. 2 StPO nicht genannte Auflagen und Weisungen zurückgreifen[1031]. Dies ist wegen der abschließenden Aufzählung der Bewährungsauflagen in § 56 b Abs. 2 S. 1 StGB bei den Bewährungsauflagen jedoch nicht möglich.

1031 M-G/Schmitt-Schmitt, StPO, 58. Aufl. (2015), § 153 a Rn. 14.

G. Zusammenfassung der wichtigsten Ergebnisse und Schlussbetrachtung

Im Rahmen des Strafverfahrens geleistete Zahlungen, die wie die Geldstrafe, die Geldauflage des § 153 a Abs. 1 S. 2 Nr. 2 Alt. 2 StPO oder die Bewährungsauflage des § 56 b Abs. 2 S. 1 Nr. 4 StGB an die Staatskasse geleistet werden, sind im Insolvenzverfahren regelmäßig im Wege der Insolvenzanfechtung wegen vorsätzlicher Benachteiligung (§ 133 InsO) anfechtbar. Dies liegt daran, dass Gericht bzw. Staatsanwaltschaft aufgrund der im Haupt- und Ermittlungsverfahren gewonnen Erkenntnisse, insbesondere wenn Ratenzahlungen bewilligt worden sind, zum Zeitpunkt der Zahlung in aller Regel Kenntnis von der drohenden Zahlungsunfähigkeit des Verurteilten bzw. Beschuldigten i. S. v. § 133 Abs. 1 S. 2 InsO haben. Bei Zahlungen an gemeinnützige Einrichtungen gem. § 153 a Abs. 1 S. 2 Nr. 2 Alt. 1 StPO und § 56 b Abs. 2 S. 1 Nr. 2 StGB ist die Insolvenzanfechtung wegen der Erbringung einer unentgeltlichen Leistung (§ 134 InsO) möglich, weil der Verurteilte bzw. Beschuldigte von der gemeinnützigen Einrichtung keine Gegenleistung erhält[1032].

Die Insolvenzanfechtung hat bei der Geldstrafe, den Geldauflagen des § 153 a Abs. 1 S. 2 Nr. 2 StPO und den geldwerten Bewährungsauflagen des § 56 b Abs. 2 S. 1 Nr. 2 und 4 StGB keine Auswirkungen auf das durch die Vornahme der genannten Zahlungen abgeschlossene Strafverfahren[1033]. Die insolvenzrechtliche Rückabwicklung gem. § 143 Abs. 1 S. 1 InsO führt nicht dazu, dass der staatliche Straf- bzw. Sanktionierungsanspruch wiederauflebt. § 144 Abs. 1 InsO, der das Wiederaufleben der Forderung für den Fall der insolvenzrechtlichen Rückabwicklung gem. § 143 Abs. 1 S. 1 InsO vorsieht, ist auf den staatlichen Straf- bzw. Sanktionierungsanspruch nicht übertragbar[1034].

Strafzweck und Genugtuungsbedürfnis sind trotz der insolvenzrechtlichen Rückabwicklung gem. § 143 Abs. 1 S. 1 InsO verwirklicht worden. Strafübel der Geldstrafe ist lediglich der vorübergehende Konsumverzicht. Auf den dauerhaften Konsumverzicht kommt es nicht an. Der vorübergehende Konsumverzicht ist auch bei den Geldauflagen des § 153 a Abs. 1 S. 2 Nr. 2 StPO und den Bewährungsauflagen des § 56 b Abs. 2 S. 1 Nr. 2 und 4 StGB maßgeblich und ist bei allen untersuchten Zahlungsarten gewährleistet. Der Verurteilte bzw. Beschuldigte verzichtet nach der insolvenzrechtlichen Rückabwicklung (§ 143 Abs. 1 S. 1 InsO) bis zum Abschluss des Insolvenzverfahrens dadurch auf Konsum, dass er durch die insolvenzrechtlichen

1032 Siehe B.II.2.b.ee.(2).

1033 Siehe E.I. zur Geldstrafe, E.II. zu den Geldauflagen des § 153 a Abs. 1 S. 2 Nr. 2 StPO und E.III. zu den Bewährungsauflagen des § 56 b Abs. 2 S. 1 Nr. 2 und 4 StGB.

1034 Siehe C.I. i. V. m. E.I. zur Geldstrafe, C.II. i. V. m. E.II. zu den Geldauflagen des § 153 a Abs. 1 S. 2 Nr. 2 StPO und C.III. i. V. m. E.III. zu den Bewährungsauflagen des § 56 b Abs. 2 S. 1 Nr. 2 und 4 StGB.

Verfügungsbeschränkungen (§§ 80 Abs. 1, 81 Abs. 1 S. 1 InsO) daran gehindert ist, sein zur Insolvenzmasse gehörendes Vermögen wirksam zu Konsumzwecken einzusetzen. Dies ist der Grund, warum bei der Geldstrafe der Strafzweck als verwirklicht anzusehen ist und die Vollstreckung der Ersatzfreiheitsstrafe im Insolvenzverfahren nicht möglich ist[1035]. Bei den Geldauflagen des § 153 a Abs. 1 S. 2 Nr. 2 StPO rechtfertigt der vorübergehende Konsumverzicht die Annahme, dass die Geldauflagen trotz der insolvenzrechtlichen Rückabwicklung als erfüllt i. S. v. § 153 a Abs. 1 S. 5 StPO anzusehen sind, weshalb eine Fortsetzung des Strafverfahrens wegen Eintritts des Strafklageverbrauchs nicht möglich ist[1036]. Gleiches gilt für die Bewährungsauflagen des § 56 b Abs. 2 S. 1 Nr. 2 und 4 StGB. Auch diese sind als erfüllt anzusehen, da sich mit der insolvenzrechtlichen Rückabwicklung kein gröblicher oder beharrlicher Auflagenverstoß i. S. v. § 56 f Abs. 1 S. 1 Nr. 3 StGB begründen lässt, der den Widerruf der Strafaussetzung rechtfertigt[1037]. Hinzu kommt, dass das Genugtuungsbedürfnis infolge der insolvenzrechtlichen Rückabwicklung nicht wieder auflebt mit der Folge, dass die nachträgliche Auflagenerteilung über § 56 e StGB, den Geldbetrag ein weiteres Mal aus unpfändbarem Vermögen zu zahlen, nicht gerechtfertigt ist[1038].

Die Anfechtbarkeit der untersuchten Zahlungsarten lässt sich in der Praxis nicht bzw. nicht sicher durch entsprechende Anordnungen bei der Sanktionierung im Vorhinein ausschließen. Bei der Geldstrafe ist die Tenorierung, dass die Geldstrafe aus unpfändbarem Vermögen zu zahlen ist, nicht möglich, da das Urteil einen nicht vollstreckungsfähigen Inhalt hätte[1039]. Die Insolvenzanfechtung lässt sich auch nicht durch die Verhängung einer kurzen Freiheitsstrafe gem. § 47 Abs. 1 StGB ausschließen[1040]. Bei den Geldauflagen des § 153 a Abs. 1 S. 2 Nr. 2 StPO und den geldwerten Bewährungsauflagen des § 56 b Abs. 2 S. 1 Nr. 2 und 4 StGB ist eine Zahlung aus unpfändbarem Vermögen nicht von vornherein ausgeschlossen. Im Gegensatz zur Geldstrafe spielt die vollstreckungsfähige Tenorierung keine Rolle[1041]. Allerdings lässt sich auch bei besagten Geld- und Bewährungsauflagen die Insolvenzanfechtung in der Praxis nicht mit letzter Sicherheit ausschließen. Dies liegt daran, dass Voraussetzung einer insolvenzanfechtungssicheren Zahlung die Zahlung von einem sog. Pfändungsschutzkonto ist, bei welchem der unpfändbare Sockelfreibetrag durch eine vor Eröffnung des Insolvenzverfahrens erfolgte Pfändung oder durch die vorinsolvenzliche Anordnung vorläufiger Maßnahmen durch das Insolvenzgericht (§ 21 InsO) aktiviert worden ist und es erst im Anschluss hieran zur Zahlung kommt. Bei über einen längeren Zeitraum gestaffelten Ratenzahlungen lässt sich die Insolvenzanfechtung dann nicht mehr sicher durch Vornahme der

1035 Siehe E.I.2.d. i. V. m. E.I.3. und E.I.6.
1036 Siehe E.II.1.a.
1037 Siehe E.III.1.
1038 Siehe E.III.3.c.bb.(1) und (3) i. V. m. E.III.3.d.bb.
1039 Siehe F.I.2.a.
1040 Siehe F.I.2.b.
1041 Siehe F.I.3.a. zu den Geldauflagen des § 153 a Abs. 1 S. 2 Nr. 2 StPO und F.I.4.a. zu den Bewährungsauflagen des § 56 b Abs. 2 S. 1 Nr. 2 und 4 StGB.

Zahlung aus dem unpfändbaren Vermögen ausschließen, wenn die Pfändung oder die vorläufig vom Insolvenzgericht angeordneten Maßnahmen vor Zahlung der letzten Rate aufgehoben werden[1042].

Der Insolvenzanfechtung kann auch nicht dadurch begegnet werden, dass die insolvenzrechtliche Rückabwicklung von Staatsanwaltschaft bzw. Gericht zur auflösenden Bedingung der vorläufigen Verfahrensbeendigung bzw. der Strafausetzung zur Bewährung gegen Auflagen gemacht wird[1043].

Eine Lösung des Problems ist auch nicht dadurch möglich, dass dem Beschuldigten bzw. Verurteilten eine zweite Auflage oder Weisung als Reserveauflage bzw. Reserveweisung für den Fall der insolvenzrechtlichen Rückabwicklung der Geldauflagen des § 153 a Abs. 1 S. 2 Nr. 2 StPO bzw. geldwerten Bewährungsauflagen des § 56 b Abs. 2 S. 1 Nr. 2 und 4 StGB erteilt wird[1044].

Vor dem Hintergrund, dass im Rahmen des Strafverfahrens erbrachte Zahlungen ohne Weiteres anfechtbar sind und zur Anfechtbarkeit von Geldstrafen und Geldauflagen an die Staatskasse nach § 153 a Abs. 1 S. 2 Nr. 2 Alt. 2 StPO bereits gerichtliche Entscheidungen ergangen sind, ist damit zu rechnen, dass es in Zukunft auch bei den Strafzahlungen vermehrt zu Insolvenzanfechtungen, insbesondere wegen vorsätzlicher Benachteiligung (§ 133 InsO) kommen wird. Im Geschäftsverkehr stellt die Insolvenzanfechtung wegen vorsätzlicher Benachteiligung (§ 133 InsO) für die betroffenen Unternehmen zunehmend ein ernsthaftes Problem dar. Insolvenzverwalter fechten Zahlungen verstärkt nach § 133 InsO mit der Begründung an, dass sich die Kenntnis von der drohenden Zahlungsunfähigkeit i. S. v. § 133 Abs. 1 S. 2 InsO aus Zahlungsschwierigkeiten des insolventen Geschäftspartners und Mahnungen ergebe[1045].

Zur Vermeidung einer Insolvenzanfechtung müssen Staatsanwaltschaft und Gericht ihr Hauptaugenmerk zukünftig darauf richten, dem Beschuldigten bzw. Verurteilten bei der Verfahrensbeendigung nach § 153 a StPO bzw. der Aussetzung der Freiheitsstrafe zur Bewährung solche Auflagen und Weisungen zu erteilen, die nicht auf Zahlung gerichtet sind. Derartige Auflagen sind nicht geeignet, die Insolvenzgläubiger i. S. v. § 129 Abs. 1 InsO zu benachteiligen, weshalb eine Insolvenzanfechtung nicht erfolgreich sein kann. Bei der Geldstrafe ist es hinzunehmen, dass das Risiko der Insolvenzanfechtung im Vorhinein nicht zu vermeiden ist, da der Strafzweck im Falle einer Insolvenzanfechtung trotz der Rückgewähr zur Insolvenzmasse nicht vereitelt wird[1046].

1042 Siehe F.I.5.

1043 Siehe F.II.1.

1044 Siehe F.II.2.

1045 Siehe Artikel in der Frankfurter Allgemeinen Zeitung vom 04.08.2015, S. 16.

1046 Siehe F.III.

Anhang

Anhang 1

Auszug aus der Zivilprozessordnung in der Fassung vom 26.03.2007 (gültig vom 31.03.2007 bis zum 30.06.2010)

§ 850k Pfändungsschutz für Kontoguthaben aus Arbeitseinkommen

(1) Werden wiederkehrende Einkünfte der in den §§ 850 bis 850b oder § 851c bezeichneten Art auf das Konto des Schuldners bei einem Geldinstitut überwiesen, so ist eine Pfändung des Guthabens auf Antrag des Schuldners vom Vollstreckungsgericht insoweit aufzuheben, als das Guthaben dem der Pfändung nicht unterworfenen Teil der Einkünfte für die Zeit von der Pfändung bis zu dem nächsten Zahlungstermin entspricht.

(2) [1]Das Vollstreckungsgericht hebt die Pfändung des Guthabens für den Teil vorab auf, dessen der Schuldner bis zum nächsten Zahlungstermin dringend bedarf, um seinen notwendigen Unterhalt zu bestreiten und seine laufenden gesetzlichen Unterhaltspflichten gegenüber den dem Gläubiger vorgehenden Berechtigten zu erfüllen oder die dem Gläubiger gleichstehenden Unterhaltsberechtigten gleichmäßig zu befriedigen. [2]Der vorab freigegebene Teil des Guthabens darf den Betrag nicht übersteigen, der dem Schuldner voraussichtlich nach Absatz 1 zu belassen ist. [3]Der Schuldner hat glaubhaft zu machen, dass wiederkehrende Einkünfte der in den §§ 850 bis 850b oder § 851c bezeichneten Art auf das Konto überwiesen worden sind und dass die Voraussetzungen des Satzes 1 vorliegen. [4]Die Anhörung des Gläubigers unterbleibt, wenn der damit verbundene Aufschub dem Schuldner nicht zuzumuten ist.

(3) Im Übrigen ist das Vollstreckungsgericht befugt, die in § 732 Abs. 2 bezeichneten Anordnungen zu erlassen.

Anhang 2

Auszug aus der Zivilprozessordnung in der Fassung vom 22.12.2010 (gültig vom 28.12.2010 bis zum 31.12.2011)

§ 850l Pfändungsschutz für Kontoguthaben aus wiederkehrenden Einkünften

(1) Werden die in den §§ 850 bis 850b sowie die in den §§ 851c und 851d bezeichneten wiederkehrenden Einkünfte auf ein Konto des Schuldners, das vom Kreditinstitut nicht als Pfändungsschutzkonto im Sinne von § 850k Abs. 7 geführt wird, überwiesen, so ist eine Pfändung des Guthabens auf Antrag des Schuldners vom Vollstreckungsgericht insoweit aufzuheben, als das Guthaben dem der Pfändung nicht unterworfenen Teil der Einkünfte für die Zeit von der Pfändung bis zum nächsten Zahlungstermin entspricht.

(2) [1]Das Vollstreckungsgericht hebt die Pfändung des Guthabens für den Teil vorab auf, dessen der Schuldner bis zum nächsten Zahlungstermin dringend bedarf, um seinen notwendigen Unterhalt zu bestreiten und seine laufenden gesetzlichen Unterhaltspflichten gegenüber den dem Gläubiger vorgehenden Berechtigten zu erfüllen oder die dem Gläubiger gleichstehenden Unterhaltsberechtigten gleichmäßig zu befriedigen. [2]Der vorab freigegebene Teil des Guthabens darf den Betrag nicht übersteigen, der dem Schuldner voraussichtlich nach Absatz 1 zu belassen ist. [3]Der Schuldner hat glaubhaft zu machen, dass wiederkehrende Einkünfte der in den §§ 850 bis 850b, § 851c oder § 851d bezeichneten Art auf das Konto überwiesen worden sind und dass die Voraussetzungen des Satzes 1 vorliegen. [4]Die Anhörung des Gläubigers unterbleibt, wenn der damit verbundene Aufschub dem Schuldner nicht zuzumuten ist.

(3) Im Übrigen ist das Vollstreckungsgericht befugt, die in § 732 Abs. 2 bezeichneten Anordnungen zu erlassen.

(4) [1]Der Antrag des Schuldners ist nur zulässig, wenn er kein Pfändungsschutzkonto im Sinne von § 850k Abs. 7 bei einem Kreditinstitut unterhält. [2]Dies hat er bei seinem Antrag glaubhaft zu machen.

Anhang 3

Konto für jedermann

Die kreditwirtschaftlichen Spitzenverbände (Die Deutsche Kreditwirtschaft) haben im Jahre 1995 folgende Empfehlung ausgesprochen:

„Alle Kreditinstitute, die Girokonten für alle Bevölkerungsgruppen führen, halten für jede/n Bürgerin/Bürger in ihrem jeweiligen Geschäftsgebiet auf Wunsch ein Girokonto bereit. Der Kunde erhält dadurch die Möglichkeit zur Entgegennahme von Gutschriften, zu Barein- und -auszahlungen und zur Teilnahme am Überweisungsverkehr. Überziehungen braucht das Kreditinstitut nicht zuzulassen. Jedem Institut ist es freigestellt, darüber hinausgehende Bankdienstleistungen anzubieten.

Die Bereitschaft zur Kontoführung ist grundsätzlich gegeben, unabhängig von Art und Höhe der Einkünfte, z.B. Arbeitslosengeld, Sozialhilfe. Eintragungen bei der Schufa, die auf schlechte wirtschaftliche Verhältnisse des Kunden hindeuten, sind allein kein Grund, die Führung eines Girokontos zu verweigern.

Das Kreditinstitut ist nicht verpflichtet, ein Girokonto für den Antragsteller zu führen, wenn dies unzumutbar ist. In diesem Fall darf die Bank auch ein bestehendes Konto kündigen. Unzumutbar ist die Eröffnung oder Fortführung einer Kontoverbindung insbesondere, wenn

- der Kunde die Leistungen des Kreditinstitutes missbraucht, insbesondere für gesetzwidrige Transaktionen, z.B. Betrug, Geldwäsche o. ä.
- der Kunde Falschangaben macht, die für das Vertragsverhältnis wesentlich sind
- der Kunde Mitarbeiter oder Kunden grob belästigt oder gefährdet
- die bezweckte Nutzung des Kontos zur Teilnahme am bargeldlosen Zahlungsverkehr nicht gegeben ist, weil z.B. das Konto durch Handlungen vollstreckender Gläubiger blockiert ist oder ein Jahr lang umsatzlos geführt wird
- nicht sichergestellt ist, dass das Institut die für die Kontoführung und -nutzung vereinbarten üblichen Entgelte erhält
- der Kunde auch im Übrigen die Vereinbarungen nicht einhält."

Anhang 4

Erklärung der deutschen Sparkassen zum Bürgerkonto

Die Möglichkeit der Nutzung des bargeldlosen Zahlungsverkehrs ist ein wichtiger Bestandteil des Wirtschaftslebens, der allen Bevölkerungskreisen unabhängig von der Höhe des Einkommens oder Vermögens zugänglich sein sollte. Die Versorgung aller Bevölkerungskreise hiermit war und ist integraler Bestandteil der gemeinwohlorientierten Geschäftsphilosophie der Sparkassen, die auch in den Sparkassengesetzen zum Ausdruck kommt. Vor diesem Hintergrund erklären die Sparkassen Folgendes:

1. Die Sparkassen führen für jede in ihrem Geschäftsgebiet ansässige Privatperson unabhängig von ihrer Staatsangehörigkeit oder Nationalität auf Wunsch zumindest ein Guthabenkonto – „Bürgerkonto“.
2. Diese Verpflichtung greift nur dann nicht, wenn die Kontoführung für die jeweilige Sparkasse aus wichtigen Gründen unzumutbar ist, z. B. weil der Kontoinhaber Dienstleistungen bei Kreditinstituten missbraucht hat oder die vereinbarten Kontoführungsentgelte nicht entrichtet.
3. Das Bürgerkonto, das die Teilnahme am bargeldlosen Zahlungsverkehr – auch mittels einer SparkassenCard – ermöglicht, kostet nicht mehr als ein vergleichbares von der jeweiligen Sparkasse angebotenes Kontomodell mit Überziehungsmöglichkeit.
4. Die Sparkasse wird die Ablehnung oder Kündigung eines Bürgerkontos im Einzelfall schriftlich begründen. Im Falle von Streitigkeiten um das Bürgerkonto erkennt die Sparkasse den durch einen Ombudsmann/eine Schlichtungsstelle der Sparkassen-Finanzgruppe ergangenen Schlichtungsspruch als verbindlich an.

Literaturverzeichnis

Ahrens, Martin: Das neue Pfändungsschutzkonto, in: NJW 2010, 2001 ff.

Ahrens, Martin: Insolvenzanfechtung einer erfüllten Bewährungsauflage, in: NZI 2001, 456 ff.

Ahrens, Martin: Anfechtungen in der Insolvenz natürlicher Personen, in: NJW-Spezial 2014, 341 f.

Ahrens, Martin: Das neue Privatinsolvenzrecht, Reform und aktuelle Entwicklungen, Regelungen und Probleme des Gesetzes zur Verkürzung des Restschuldbefreiungsverfahrens und zur Stärkung der Gläubigerrechte, 2. Auflage, Köln 2016.
Zitiert: Ahrens, Das neue Privatinsolvenzrecht, 2. Aufl. (2016), Rn. ... .

Ahrens, Martin/Gehrlein, Markus/Ringstmeier, Andreas: Fachanwaltskommentar Insolvenzrecht (InsO, EuInsVO, EGInsO, InsVV, AnfG, GenG (Auszug), StGB (Auszug), SGB III (Auszug), KredReorgG, InsStatG), 2. Auflage, Köln 2014.
Zitiert: A/G/R – *Bearbeiter*, 2. Aufl. (2014), § ... *Gesetzesbezeichnung* Rn. ... .

Bamberger, Heinz Georg/Roth, Herbert: Kommentar zum Bürgerlichen Gesetzbuch, Band 1 (§§ 1 – 610, CISG), 3. Auflage, München 2012.
Zitiert: B/R – *Bearbeiter*, BGB, 3. Aufl. (2012), Bd. 1, § ... Rn. ... .

Baumbach, Adolf/Lauterbach, Wolfgang/Albers, Jan/Hartmann, Peter: Zivilprozessordnung mit FamFG, GVG und anderen Nebengesetzen, 74. Auflage, München 2016.
Zitiert: B/L/A/H, ZPO, 74. Aufl. (2016), § ... *Gesetzesbezeichnung* Rn. ....

Baur, Fritz: Die Bewährungsauflage der Schadenswiedergutmachung und das Zivilrecht, in: GA 1957, 338 ff.

Beulke, Werner: Strafprozessrecht, 12. Auflage, Heidelberg u.a. 2012.
Zitiert: Beulke, Strafprozessrecht, 12. Aufl. (2012), Rn. ... .

Beulke, Werner/Edlbauer, Benedikt: Zum Einfluss außerstrafrechtlicher Normen auf den Strafprozess – zugleich Besprechung von BGH NJW 2008, 2506 und BVerfG 1 BvR 2251 u. 2252/08 -, in: Hiebl, Stefan/Kassebohm, Nils/Lilie, Hans (Hrsg.), Festschrift für Volkmar Mehle zum 65. Geburtstag am 11.11.2009, Baden-Baden 2009, S. 63 – 75.
Zitiert: Beulke/Edlbauer in FS Mehle, 2009, S. 63 (...).

Beulke, Werner: Die unbenannten Auflagen und Weisungen des § 153 a StPO, in: Widmaier, Gunter/Lesch, Heiko/Müssig, Bernd/Wallau, Rochus (Hrsg.), Festschrift für Hans Dahs, Köln 2005, S. 209–227.
Zitiert: Beulke in FS Dahs, 2005, S. 209 (...).

Biehl, Kristof: Wesen und Wirkung der Insolvenzanfechtung nach neuem Recht, in: KTS 60 (1999), 313 ff.

Bittmann, Folker: Nochmals: Geldstrafen und Insolvenzanfechtung – Erwiderung auf Rinjes, wistra 2008, 336 ff. -, in: wistra 2009, 15 f.

Bittmann, Folker: Anfechtung als Schnittstelle von Strafvollstreckungs- und Insolvenzrecht, in: wistra 2011, 133 f.

Braun, Eberhard: Insolvenzordnung, Kommentar, 6. Auflage, München 2014.
Zitiert: Braun – *Bearbeiter,* InsO, 6. Aufl. (2014), § ... Rn. ... .

Brei, Kathrin: Entschuldung Straffälliger durch Verbraucherinsolvenz und Restschuldbefreiung, Bielefeld 2005.
Zitiert: Brei, Entschuldung Straffälliger, S. ... .

Brömmekamp, Utz: Insolvenzrechtliche Anfechtbarkeit einer vom Gemeinschuldner geleisteten Bewährungsauflage, in: ZIP 2001, 951 ff.

Büchel, Andreas: Das neue Pfändungsschutzkonto in der Insolvenz des Schuldners, in: ZInsO 2010, 20 ff.

Busch, Dörte: Der Referentenentwurf eines Gesetzes zur Reform des Kontopfändungsschutzes, in: VuR 2007, 138 ff.

Crome, Carl: System des Deutschen Bürgerlichen Rechts, Erster Band (Einleitung und Allgemeiner Teil), Tübingen/Leipzig 1900.
Zitiert: Crome, System des Deutschen Bürgerlichen Rechts I, S. ... .

Dilcher, Hermann: Die Bewährungsauflage der Schadenswiedergutmachung im Verhältnis zur zivilrechtlichen Haftung, in: NJW 1956, 1346 f.

Dölling, Dieter/Duttge, Gunnar/Rössner, Dieter: Nomos Kommentar, Gesamtes Strafrecht, StGB/StPO/Nebengesetze, Handkommentar, 3. Auflage, Baden-Baden 2013.
Zitiert: HK – GS/*Bearbeiter*, 3. Aufl. (2013), § ... *Gesetzesbezeichnung* Rn. ... .

Drees, Rainer: Anmerkung zu BGH, Urt. v. 05.06.2008 – IX ZR 17/07, in: NStZ 2009, 521 ff.

Eggers, Tobias/Reuker, Ulf: Zur Auswirkung einer Insolvenzanfechtung auf rechtskräftig abgeschlossene Strafverfahren, in: wistra 2011, 413 ff.

Erman, Walter (Begr.): Bürgerliches Gesetzbuch, Handkommentar mit AGG, EGBGB (Auszug), ErbbauRG, LPartG, ProdHaftG, VBVG, VersAusglG und WEG, Band I (§§ 1 – 758, AGG), 14. Auflage, Köln 2014.
Zitiert: Erman – *Bearbeiter*, BGB, 14. Aufl. (2014), Bd. 1, § ... Rn. ... .

Fezer, Gerhard: Vereinfachte Verfahren im Strafprozess, in: ZStW 106 (1994), 1 ff.

Fischer, Thomas: Strafgesetzbuch mit Nebengesetzen, 63. Auflage, München 2016.
Zitiert: Fischer, StGB, 63. Aufl. (2016), § ... Rn. ... .

Foerste, Ulrich: Insolvenzrecht, 6. Auflage, München 2014.
Zitiert: Foerste, Insolvenzrecht, 6. Aufl. (2014), Rn. ... .

Fortmann, Esther: Vollstreckung von Geldstrafen im Insolvenzverfahren und im Restschuldbefreiungsverfahren, in: ZInsO 2005, 140 ff.

Franke, Friedrich: Keine Vollstreckung von Geldstrafen gegen Personen im Insolvenzverfahren?, in: NStZ 1999, 548 ff.

Geiger, Thomas: Die Rechtsnatur der Sanktion, Der Grundrechtseingriff und die ihn legitimierenden Zwecke als Charakteristika der Rechtsnatur, Zur erforderlichen Differenzierung in einen formellen und einen materiellen Strafbegriff, veranschaulicht am Beispiel der §§ 56 ff. StGB, Die Rechtsnatur der Sanktionen des Strafgesetzbuches und ihr System im deutschen Strafrecht, insbesondere die Verfassungswidrigkeit der Vermögensstrafe, die Verfassungsmäßigkeit des Erweiterten Verfalls sowie die Weitergeltung des Nettoprinzips für den Verfall, Berlin 2006.
Zitiert: Geiger, Rechtsnatur der Sanktion, S. … .

Gercke, Björn/Julius, Karl-Peter/Temming, Dieter/ Zöller, Mark A.: Heidelberger Kommentar, Strafprozessordnung, 5. Auflage, Heidelberg u.a. 2012.
Zitiert: HK – StPO – *Bearbeiter*, 5. Aufl. (2012), § … Rn. … .

Gernhuber, Joachim: Handbuch des Schuldrechts in Einzeldarstellungen, Band 3 (Die Erfüllung und ihre Surrogate sowie das Erlöschen der Schuldverhältnisse aus anderen Gründen), 2. Auflage, Tübingen 1994.
Zitiert: Gernhuber, Erfüllung, 2. Aufl. (1994), Bd. 3, S. … .

Goebel, Frank-Michael: Kontopfändung unter veränderten Rahmenbedingungen, Die Reform der Kontopfändung, Bonn 2010.
Zitiert: Goebel, Kontopfändung, 2010, Rn. … .

Gollwitzer, Walter: Anmerkung zu OLG Koblenz, Beschl. v. 22.10.1976 – 1 Ws 513/76, in: JR 1977, 346 f.

Graf, Jürgen Peter: Strafprozessordnung, Mit Gerichtsverfassungsgesetz und Nebengesetzen, Kommentar, 2. Auflage, München 2012.
Zitiert: Graf – *Bearbeiter*, StPO, 2. Aufl. (2012), § … Rn. … .

Graf, Jürgen Peter/Jäger, Markus/Wittig, Petra: Wirtschafts- und Steuerstrafrecht, Kommentar, München 2011.
Zitiert: G/J/W – *Bearbeiter*, 2011, § … *Gesetzesbezeichnung* Rn. … .

Graf-Schlicker, Marie Luise: Kommentar zur Insolvenzordnung, 4. Auflage, Köln 2014.
Zitiert: Graf-Schlicker/*Bearbeiter*, InsO, 4. Aufl. (2014), § … Rn. ….

Grote, Hugo/Pape, Gerhard: Das Ende der Diskussion? Die wichtigsten Neuregelungen zur Restschuldbefreiung, in: ZInsO 2013, 1433 ff.

Grunst, Bettina: Prozeßhandlungen im Strafprozeß, Ebelsbach am Main 2002.
Zitiert: Grunst, Prozeßhandlungen, S. … .

Hannich, Rolf: Karlsruher Kommentar zur Strafprozessordnung mit GVG, EGGVG und EMRK, 7. Auflage, München 2013.
Zitiert: KK – *Bearbeiter*, 7. Aufl. (2013), § … *Gesetzesbezeichnung* Rn. … .

Heinze, Harald: Geldstrafen als Insolvenzforderungen, in: ZVI 2006, 14 ff.

Hellwig, Konrad: Die Verträge auf Leistung an Dritte, Nach deutschem Reichsrecht unter besonderer Berücksichtigung des Handelsgesetzbuchs, Mit einer Einleitung über das römische Recht und einem Anhang über die Erbverträge zu Gunsten Dritter, Leipzig 1899, Neudruck Aalen 1968.
Zitiert: Hellwig, Verträge auf Leistungen an Dritte, S. … .

Henckel, Wolfram: Grenzen der Vermögenshaftung, in: JuS 1985, 836 ff.

Henckel, Wolfram/Gerhardt, Walter: Jaeger Insolvenzordnung, Großkommentar, Erster Band (§§ 1 – 55), Berlin 2004.
Zitiert: Jaeger/*Bearbeiter*, InsO, 2004, Bd. 1, § … Rn. ….

Henckel, Wolfram/Gerhardt, Walter: Jaeger Insolvenzordnung, Großkommentar, Vierter Band (§§ 129 – 147), Berlin 2008.
Zitiert: Jaeger/*Bearbeiter*, InsO, 2008, Bd. 4, § … Rn. … .

Hillenkamp, Thomas: Zur Höchstpersönlichkeit der Geldstrafe, in: Küper, Wilfried in Verbindung mit Puppe, Ingeborg und Tenckhoff, Jörg (Hrsg.), Festschrift für Karl Lackner zum 70. Geburtstag am 18. Februar 1987, Berlin/New York 1987, S. 455–469.
Zitiert: Hillenkamp in FS Lackner, 1987, S. 455 (…).

Hillenkamp, Thomas: 40 Probleme aus dem Strafrecht Besonderer Teil, 12. Auflage, München 2013.
Zitiert: Hillenkamp, BT Probleme, 12. Aufl. (2013), S. … .

Hoffmann, Helmut: Verbraucherinsolvenz und Restschuldbefreiung, Eine Einführung für Schuldner, Schuldnerberater, Richter, Rechtspfleger, Gerichtsvollzieher, Anwälte und Steuerberater mit Antworten auf alle wichtigen Fragen, mit einem systematischen Überblick über das Verfahren, mit den neuen amtlichen Antragsformularen und einem Lexikon der Fachbegriffe, 2. Auflage, München 2002.
Zitiert: Hoffmann, Verbraucherinsolvenz, 2. Aufl. (2002), S. … .

Isensee, Josef/Kirchhof, Paul: Handbuch des Staatsrechts der Bundesrepublik Deutschland, Band VI Freiheitsrechte, 2. Auflage, Heidelberg 2001.
Zitiert: Hill, Gewährleistungen gegenüber der staatlichen Strafgewalt, in: HStR VI, 2. Aufl. (2001), § 156 Rn. 71.

Janca, Marcus/Heßlau, Henner: Geldstrafen und Geldbußen in der Insolvenz, in: ZInsO 2012, 2128 ff.

Janca, Marcus/Schroeder, Christian/Baron, Jan: Strafrecht und Insolvenzrecht – Stationen, Friktionen, Lösungsansätze, in: wistra 2015, 409 ff.

Jaquemoth, Bernd/Zimmermann, Dieter: Grundzüge und Funktionsweise des Pfändungsschutzkontos (sog. P-Konto), in: ZVI 2010, 113 ff.

Jarass, Hans D./Pieroth, Bodo: Grundgesetz für die Bundesrepublik Deutschland, Kommentar, 13. Auflage, München 2014.
Zitiert: J/P – *Bearbeiter*, GG, 13. Aufl. (2014), Art. … Rn. … .

Jauernig, Othmar (Begr.): Bürgerliches Gesetzbuch mit Rom-I-, Rom-II-, Rom-III-VO, EG-UntVO/HUntProt und EuErbVO, Kommentar, 16. Auflage, München 2015.
Zitiert: Jauernig – *Bearbeiter*, BGB, 16. Aufl. (2015), § ... Rn. ... .

Jescheck, Hans-Heinrich /Weigend, Thomas: Lehrbuch des Strafrechts, Allgemeiner Teil, 5. Auflage, Berlin 1996.
Zitiert: Jescheck/Weigend, AT, 5. Aufl. (1996), S. ... .

Joecks, Wolfgang/Miebach, Klaus: Münchener Kommentar zum Strafgesetzbuch, Band 2 (§§ 38 – 79 b StGB), 2. Auflage, München 2012.
Zitiert: MüKo – *Bearbeiter*, StGB, 2. Aufl. (2012), Bd. 2, § ... Rn. ... .

Jostes, Kerstin: Leistungsstörungen und Fehlverhalten von Gericht und Staatsanwaltschaft bei der Einstellung von Strafverfahren gem. § 153 a StPO, Frankfurt am Main u.a. 2004.
Zitiert: Jostes, Leistungsstörungen, S. ... .

Kemperdick, Christian: Zur Zulässigkeit der Vollstreckung der Ersatzfreiheitsstrafe bei insolvenzrechtlicher Anfechtung der Zahlung der Geldstrafe, in: ZInsO 2010, 1307 ff.

Kindhäuser, Urs: Nomos Kommentar, Strafgesetzbuch, Lehr- und Praxiskommentar, 6. Auflage, Baden-Baden 2015.
Zitiert: Kindhäuser, LPK – StGB, 6. Aufl. (2015), § ... Rn. ... .

Kindhäuser, Urs/Neumann, Ulfrid/Paeffgen, Hans-Ullrich: Nomos Kommentar Strafgesetzbuch, Band 1 (Allgemeiner Teil, §§ 1 – 79 b), 4. Auflage, Baden – Baden 2013.
Zitiert: NK – *Bearbeiter*, StGB, 4. Aufl. (2013), Bd. 1, § ... Rn. ... .

Kindl, Johann/Meller-Hannich, Caroline/Wolf, Hans-Joachim: Gesamtes Recht der Zwangsvollstreckung, ZPO/ZVG/Nebengesetze/Europäische Regelungen/ Kosten, Handkommentar, 3. Auflage, Baden-Baden 2016.
Zitiert: Hk – ZV/*Bearbeiter*, 3. Aufl. (2016), § ... *Gesetzesbezeichnung* Rn. ... .

Kleinknecht, Th./Müller, H./Reitberger, L. (Begr.): KMR, StPO, Kommentar zur Strafprozessordnung, Band 4 (§§ 226 – 295), Stand: Dezember 2015, 78. Ergänzungslieferung, Köln 2014.
Zitiert: KMR/*Bearbeiter*, StPO, Bd. 4, § ... Rn. ... (Stand: *Monat Jahr*).

Kothe, Wolfhard: Anmerkung zu OLG Bremen, Urt. v. 22.12.2005 – 2 U 67/05, in: VuR 2006, 161 ff.

Kranenberg, Sonja: Anfechtung von Geldzahlungen im Strafverfahren – Wer hat Kenntnis wovon?, in: NZI 2014, 987 ff.

Knickrehm, Sabine/Kreikebohm, Ralf/Waltermann, Raimund: Kommentar zum Sozialrecht (VO (EG) 883/2004, SGB I bis SGB XII, SGG, BAföG, BEEG, Kindergeldrecht (EStG), UnterhaltsvorschussG, WoGG, 4. Auflage, München 2015.
Zitiert: KKW/*Bearbeiter*, 4. Aufl. (2015), § ... *Gesetzesbezeichnung* Rn. ....

Krey, Volker: Strafverfahrensrecht, Studienbuch, Band 2, Stuttgart u.a. 1990.
Zitiert: Krey, Strafverfahrensrecht, 1990, Bd. 2 Rn. ... .

Krüger, Wolfgang/Rauscher, Thomas: Münchener Kommentar zur Zivilprozessordnung mit Gerichtsverfassungsgesetz und Nebengesetzen, Band 2 (§§ 355 – 1024), 4. Auflage, München 2012.
Zitiert: MüKo-*Bearbeiter*, ZPO, 4. Aufl. (2012), Bd. 2, § ... Rn. ... .

Kübler, Bruno M./Prütting, Hanns/Bork, Reinhard: Kommentar zur Insolvenzordnung, Band I und II, Stand: November 2015, 66. Ergänzungslieferung, Köln 2016.
Zitiert: K/P/B-*Bearbeiter*, InsO, Bd. ..., § ... Rn. ... (Stand: *Monat Jahr*).

Kummer, Joachim /Schäfer, Berthold/Wagner, Eberhard: Insolvenzanfechtung, Fallgruppenkommentar, 2. Auflage, Köln 2014.
Zitiert: K/S/W-*Bearbeiter*, Insolvenzanfechtung, 2. Aufl. (2014), Rn. ....

Lackner, Karl/Kühl, Kristian: Strafgesetzbuch Kommentar, 28. Auflage, München 2014.
Zitiert: Lackner/Kühl, StGB, 28. Aufl. (2014), § ... Rn. ... .

Laubenthal, Klaus/Nestler, Nina: Strafvollstreckung, Berlin/Heidelberg 2010.
Zitiert: Laubenthal/Nestler, Strafvollstreckung, 2010, Rn. ... .

Leipziger Kommentar zum Strafgesetzbuch, Großkommentar:

- Band 2 (§§ 32 – 60): Jähnke, Burkhard/Laufhütte, Heinrich Wilhelm/Odersky, Walter (Hrsg.), 11. Auflage, Berlin 2003.
  Zitiert: LK – *Bearbeiter*, StGB, 11. Aufl. (2003), Bd. 2, § ... Rn. ... .
- Band 2 (§§ 32 – 55): Laufhütte, Heinrich Wilhelm/Rissing-van Saan, Ruth/Tiedemann, Klaus (Hrsg.), 12. Auflage, Berlin 2006.
  Zitiert: LK – *Bearbeiter*, StGB, 12. Aufl. (2006), Bd. 2, § ... Rn. ... .
- Band 3 (§§ 56 – 79 b): Laufhütte, Heinrich Wilhelm/Rissing-van Saan, Ruth/Tiedemann, Klaus (Hrsg.), 12. Auflage, Berlin 2008.
  Zitiert: LK – *Bearbeiter*, StGB, 12. Aufl. (2008), Bd. 3, § ... Rn. ... .

Leonhardt, Peter/Smid, Stefan/Zeuner, Mark: Insolvenzordnung Kommentar, 3. Auflage, Stuttgart 2010.
Zitiert: LSZ – *Bearbeiter*, InsO, 3. Aufl. (2010), § ... Rn. ... .

Löwe, Ewald/Rosenberg, Werner: Die Strafprozeßordnung und das Gerichtsverfassungsgesetz, Großkommentar

- Hrsg.: Erb, Volker/Esser, Robert/Franke, Ulrich/Graalmann-Scheerer, Kirsten/Hilger, Hans/Ignor, Alexander, Erster Band (Einleitung; §§ 1 – 47; Sachregister), 26. Auflage, Berlin 2006.
  Zitiert: LR – *Bearbeiter*, StPO, 26. Aufl. (2006), Bd. 1, Einl. Abschn. ... Rn. ... .
- Hrsg.: Erb, Volker/Esser, Robert/Franke, Ulrich/Graalmann-Scheerer, Kirsten/Hilger, Hans/Ignor, Alexander, Fünfter Band (§§ 151 – 212 b), 26. Auflage, Berlin 2008.
  Zitiert: LR – *Bearbeiter*, StPO, 26. Aufl. (2008), Bd. 5, § ... Rn. ... .

– Hrsg.: Erb, Volker/Esser, Robert/Franke, Ulrich/Graalmann-Scheerer, Kirsten/Hilger, Hans/Ignor, Alexander, Sechster Band (§§ 213 – 295), Zweiter Teilband (§§ 256 – 295), 26. Auflage, Berlin u.a. 2013.
Zitiert: LR – *Bearbeiter*, StPO, 26. Aufl. (2013), Bd. 6 Teilbd. 2, § ... Rn. ... .

– Hrsg.: Erb, Volker/Esser, Robert/Franke, Ulrich/ Graalmann-Scheerer, Kirsten/Hilger, Hans/ Ignor, Alexander, Siebenter Band (§§ 296 – 373 a), Erster Teilband (§§ 296 – 311 a), 26. Auflage, Berlin u. a. 2014.
Zitiert: LR-*Bearbeiter*, StPO, 26. Aufl. (2014), Bd. 7 Teilbd. 1, § ... Rn. ... .

– Hrsg.: Erb, Volker/Esser, Robert/Franke, Ulrich/Graalmann-Scheerer, Kirsten/Hilger, Hans/Ignor, Alexander, Siebenter Band (§§ 296 – 373 a), Zweiter Teilband (§§ 312 – 373 a), 26. Auflage, Berlin u.a. 2013.
Zitiert: LR – *Bearbeiter*, StPO, 26. Aufl. (2013), Bd. 7 Teilbd. 2, § ... Rn. ... .

– Hrsg.: Erb, Volker/Esser, Robert/Franke, Ulrich/Graalmann-Scheerer, Kirsten/Hilger, Hans/Ignor, Alexander, Neunter Band (§§ 449 – 495; EG StPO), 26. Auflage, Berlin u.a. 2010.
Zitiert: LR – *Bearbeiter*, StPO, 26. Aufl. (2010), Bd. 9, § ... Rn. ... .

Lorenz, Serkan/Roth, David: Insolvenzanfechtung im Steuerstrafrecht: Geldstrafe, Geldauflage, Selbstanzeige, in: PStR 2011, 129 ff.

Maunz, Theodor/Dürig, Günter (Begr.): Grundgesetz Kommentar, Band III (Art. 16 – 22) und Band VI (Art. 86 – 106 b), Stand: September 2015, 75. Ergänzungslieferung, München 2015.
Zitiert: Maunz–Dürig/*Bearbeiter*, GG, Bd. ..., Art. ... Rn. ... (Stand: *Monat Jahr*).

Maassen, Hermann: Erste Zweifelsfragen zum Strafrechtsbereinigungsgesetz, in: MDR 1954, 1 ff.

Meier, Bernd-Dieter: Strafrechtliche Sanktionen, 4. Auflage, Berlin, Heidelberg 2015.
Zitiert: Meier, Strafrechtliche Sanktionen, 4. Aufl. (2015), S. ... .

Meyer-Goßner, Lutz/Schmitt, Bertram: Strafprozessordnung, Gerichtsverfassungsgesetz, Nebengesetze und ergänzende Bestimmungen, 58. Auflage, München 2015.
Zitiert: M-G/Schmitt – *Bearbeiter*, StPO, 58. Aufl. (2015), § ... Rn. ... .

Münchener Kommentar zur Insolvenzordnung

– Band 1 (§§ 1 – 79 InsO, InsVV): Kirchhof, Hans-Peter/Stürner, Rolf/Eidenmüller, Horst, 3. Auflage, München 2013.
Zitiert: MüKo – *Bearbeiter*, InsO, 3. Aufl. (2013), Bd. 1, § ... Rn. ... .

– Band 2 (§§ 80 – 216 InsO): Kirchhof, Hans-Peter/ Stürner, Rolf/ Eidenmüller, Horst, 3. Auflage, München 2013.
Zitiert: MüKo – *Bearbeiter*, InsO, 3. Aufl. (2013), Bd. 2, § ... Rn. ... .

– Band 3 (§§ 217 – 359 InsO, Art. 103 a – 110 EGInsO, Konzerninsolvenzrecht, Insolvenzsteuerrecht): Kirchhof, Hans-Peter/Stürner, Rolf/Eidenmüller, Horst, 3. Auflage, München 2014.
Zitiert: MüKo – *Bearbeiter*, InsO, 3. Aufl. (2014), Bd. 3, § ... Rn. ... .

Musielak, Hans-Joachim: Zivilprozessordnung mit Gerichtsverfassungsgesetz, Kommentar, 11. Auflage, München 2014.
Zitiert: Musielak – *Bearbeiter*, ZPO, 11. Aufl. (2014), § ... Rn. ... .

Musielak, Hans-Joachim/Voit, Wolfgang: Zivilprozessordnung mit Gerichtsverfassungsgesetz, Kommentar, 12. Auflage, München 2015.
Zitiert: Musielak/Voit-*Bearbeiter*, ZPO, 12. Aufl. (2015), § ... Rn. ... .

Nerlich, Jörg/Römermann, Volker: Insolvenzordnung, Kommentar, Stand: Januar 2015, 28. Ergänzungslieferung, München 2015.
Zitiert: N/R – *Bearbeiter*, InsO, § ... Rn. ... (Stand: *Monat Jahr*).

Obermüller, Manfred: Das Pfändungsschutzkonto in der Insolvenz des Kontoinhabers, in: Grote, Hugo/Obermüller, Manfred/Pape, Gerhard (Hrsg.), Festschrift für Hans Haarmeyer, Köln 2013, S. 191–204.

Palandt, Otto (Begr.): Bürgerliches Gesetzbuch mit Nebengesetzen insbesondere mit Einführungsgesetz (Auszug) einschließlich Rom I-, Rom II- und Rom III-Verordnungen sowie Haager Unterhaltsprotokoll und EU-Erbrechtsverordnung, Allgemeines Gleichbehandlungsgesetz (Auszug), Wohn- und Betreuungsvertragsgesetz, BGB-Informationspflichten-Verordnung, Unterlassungsklagengesetz, Produkthaftungsgesetz, Erbbaurechtsgesetz, Wohnungseigentumsgesetz, Versorgungsausgleichsgesetz, Lebenspartnerschaftsgesetz, Gewaltschutzgesetz, 75. Auflage, München 2016.
Zitiert: Palandt/*Bearbeiter*, BGB, 75. Aufl. (2016), § ... Rn. ... .

Paulus, Gotthard: Sinn und Formen der Gläubigeranfechtung, in: AcP 155 (1956), S. 277 ff.

Peters, Karl: Strafprozeß, Ein Lehrbuch, 4. Auflage, Heidelberg 1985.
Zitiert: Peters, Strafprozeß, 4. Aufl. (1985), S. ... .

Petershagen, Jörg: Erzwingungshaft und Ersatzfreiheitsstrafe trotz Zwangsvollstreckungsverbot im Insolvenzverfahren?, in: ZInsO 2007, 703 ff.

Pfeiffer, Gerd: Strafprozessordnung Kommentar, 5. Auflage, München 2005.
Zitiert: Pfeiffer, StPO, 5. Aufl. (2005), § ... Rn. ... .

Pfordte, Thilo: Insolvenzrecht und Strafverfahren – zugleich Anmerkung zu BGH, Urt. v. 05.06.2008 – IX ZR 17 / 07 -, in: StV 2010, 591 ff.

Prütting, Hanns/Wegen, Gerhard/Weinreich, Gerd: BGB Kommentar, 10. Auflage, Köln 2015.
Zitiert: P/W/W-*Bearbeiter*, BGB, 10. Aufl. (2015), § ... *Gesetzesbezeichnung* Rn. ... .

Prütting, Hanns/Gehrlein, Markus: ZPO Kommentar, 7. Auflage, Köln 2015.
Zitiert: PG/*Bearbeiter*, 7. Aufl. (2015), § ... *Gesetzesbezeichnung* Rn. ....

Radtke, Henning/Hohmann, Olaf: Strafprozessordnung, Kommentar, München 2011.
Zitiert: R/H – *Bearbeiter*, StPO, 2011, § ... Rn. ... .

Rein, Andreas: Insolvenzanfechtung der Zahlung einer Geldstrafe, in: NJW-Spezial 2014, 661 f.

Reischl, Klaus: Insolvenzrecht, 3. Auflage, Heidelberg u.a. 2014.
Zitiert: Reischl, Insolvenzrecht, 3. Aufl. (2014), Rn. ... .

Rieß, Peter: Die Zukunft des Legalitätsprinzips, in: NStZ 1981, 2 ff.

Rinjes, Axel: Zur Anfechtbarkeit von Zahlungen auf Geldstrafen im Insolvenzverfahren, in: wistra 2008, 336 ff.

Rinjes, Axel: Schlusswort: Zur Anfechtbarkeit von Zahlungen auf Geldstrafen im Insolvenzverfahren, in: wistra 2009, 16.

Rönnau, Thomas /Tachau, Benjamin: Der Geldstrafenschuldner in der Insolvenz – zwischen Skylla und Charybdis?, in: NZI 2007, 208 ff.

Roxin, Claus: Strafrecht Allgemeiner Teil, Band I (Grundlagen, Der Aufbau der Verbrechenslehre), 4. Auflage, München 2006.
Zitiert: Roxin, AT I, 4. Aufl. (2006), § ... Rn. ... .

Säcker, Franz Jürgen/Rixecker, Roland/Oetker, Hartmut/Limperg, Bettina: Münchener Kommentar zum Bürgerlichen Gesetzbuch, Band 2, Schuldrecht Allgemeiner Teil, §§ 241 – 432, 7. Auflage, München 2016.
Zitiert: MüKo – *Bearbeiter*, BGB, 7. Aufl. (2016), Bd. 2, § ... Rn. ... .

Satzger, Helmut/Schluckebier, Wilhelm/ Widmaier, Gunter: StPO Strafprozessordnung, Mit GVG und EMRK, Kommentar, 2. Auflage, Köln 2016.
Zitiert: SSW-StPO/*Bearbeiter*, 2. Aufl. (2016), § ... *Gesetzesbezeichnung* Rn. ....

Satzger, Helmut/Schluckebier, Wilhelm /Widmaier, Gunter: StGB Strafgesetzbuch Kommentar, 2. Auflage, Köln 2014.
Zitiert: S/S/W – *Bearbeiter*, StGB, 2. Aufl. (2014), § ... Rn. ... .

Schäfer, Gerhard: Die Praxis des Strafverfahrens an Hand einer Akte, 6. Auflage, Stuttgart u.a. 2000.
Zitiert: Schäfer, Praxis des Strafverfahrens, 6. Aufl. (2000), Rn. ... .

Schäfer, Gerhard/Sander, Günther M./ van Gemmeren, Gerhard: Praxis der Strafzumessung, 5. Auflage, München 2012.
Zitiert: S/S/v. G, Strafzumessung, 5. Aufl. (2012), Rn. ... .

Schmid, Werner: Bedingte Prozesshandlungen im Strafprozess?, in: GA 1982, S. 95 ff.

Schmidt, Karsten: Konkursanfechtung und Drittwiderspruchsklage – Zugleich eine Kritik des BGH – Urteils vom 11.1.1990 -, in: JZ 1990, 619 ff.

Schmidt, Andreas: Hamburger Kommentar zum Insolvenzrecht (InsO, EuInsVO, EGInsO (Auszug), InsVV, VbrInsFV, InsOBekV, Insolvenzstrafrecht), 5. Auflage, Köln 2015.
Zitiert: HambKomm/*Bearbeiter*, 5. Aufl. (2015), § ... *Gesetzesbezeichnung* Rn. ....

Schönke, Adolf/Schröder, Horst: Strafgesetzbuch, Kommentar, 29. Auflage, München 2014.
Zitiert: S/S – *Bearbeiter*, StGB, 29. Aufl. (2014), § ... Rn. ... .

Schreiner, Karl: Wiedergutmachungsauflage und Konkurs, in: DRiZ 1977, 336 ff.

Schulenburg, Johanna: Legalitäts- und Opportunitätsprinzip im Strafverfahren, in: JuS 2004, 765 ff.

Schumacher, Silvia: Ein großer Tag für Verbraucher und Selbstständige: Das Gesetz zur Reform des Kontopfändungsschutzes vom 7. Juli 2009, in: ZVI 2009, 313 ff.

Schuth, Ulrich: Die Einstellung unter Auflagen im System der Verfahrensvorschriften des Sanktionenrechts, Gießen 1979.
Zitiert: Schuth, Einstellung unter Auflagen, S. … .

Soergel, Hans Theodor (Begr.): Kommentar zum Bürgerliches Gesetzbuch mit Einführungsgesetz und Nebengesetzen, Band 3/2, Schuldrecht 1/2 (§§ 243 – 304), 13. Auflage, Stuttgart 2014.
Zitiert: Soergel – *Bearbeiter*, BGB, 13. Aufl. (2014), Bd. 3/2, § … Rn. … .

v. Spiegel, Hans-Ulrich Frhr.: Drittwirkung der Geldstrafe, Göttingen 1979.
Zitiert: v. Spiegel, Drittwirkung der Geldstrafe, S. … .

Stallinger, Gregor: Die Vollstreckung monetärer Sanktionen unter besonderer Berücksichtigung von Opferinteressen, Frankfurt am Main u.a. 2007.
Zitiert: Stallinger, Vollstreckung monetärer Sanktionen, S. … .

v. Staudinger, Julius (Begr.): J. von Staudingers Kommentar zum Bürgerlichen Gesetzbuch mit Einführungsgesetz und Nebengesetzen, Buch 2, Recht der Schuldverhältnisse, §§ 255 – 304 (Leistungsstörungsrecht 1), Neubearbeitung 2014, Berlin 2014.
Zitiert: Staudinger – *Bearbeiter*, BGB, Neubearbeitung 2014, Buch 2, § … Rn. … .

Stöber, Kurt: Forderungspfändung, Zwangsvollstreckung in Forderungen und andere Vermögensrechte, Erläuterungsbuch für die Praxis mit Mustern und Beispielen, 15. Auflage, Bielefeld 2010.
Zitiert: Stöber, Forderungspfändung, 15. Aufl. (2010), Rn. … .

Stöber, Kurt: Forderungspfändung, Zwangsvollstreckung in Forderungen und andere Vermögensrechte, Erläuterungsbuch für die Praxis mit Mustern und Beispielen, 16. Auflage, Bielefeld 2013.
Zitiert: Stöber, Forderungspfändung, 16. Auflage (2013), Rn. ….

Sudergat, Lutz G.: Das Pfändungsschutzkonto in der Insolvenz, in: ZVI 2013, 169 ff.

Sudergat, Lutz G.: Kontopfändung und P-Konto, Voraussetzungen, Rechtsfolgen, Drittschuldnerbearbeitung, 2. Auflage, Köln 2012.
Zitiert: Sudergat, Kontopfändung und P-Konto, 2. Aufl. (2012), Rn. … .

Sudergat, Lutz G.: Kontopfändung und P-Konto, Voraussetzungen, Rechtsfolgen, Drittschuldnerbearbeitung, 3. Auflage, Köln 2013.
Zitiert: Sudergat, Kontopfändung und P-Konto, 3. Aufl. (2013), Rn. … .

Systematischer Kommentar zum Strafgesetzbuch, begr. v. Rudolphi, Hans-Joachim/ Horn, Eckhard/ Samson, Erich, Band II (§§ 46 – 122 StGB), 8. Auflage, Köln 2012, Loseblattausgabe, Stand: Dezember 2014, 148. Ergänzungslieferung.
Zitiert: SK – StGB/*Bearbeiter*, 8. Aufl. (2012), Bd. 2, § … Rn. … (Stand: *Monat Jahr*).

Tilch, Horst/Arloth, Frank: Deutsches Rechts-Lexikon, Band 2 (G – P) und Band 3 (Q – Z), 3. Auflage, München 2001.
Zitiert: Deutsches Rechts-Lexikon, 3. Aufl. (2001), Bd. ..., S. ... .

Uhlenbruck, Wilhelm/Hirte, Heribert/Vallender, Heinz: Insolvenzordnung, Kommentar, 14. Auflage, München 2015.
Zitiert: Uhlenbruck – *Bearbeiter*, 14. Aufl. (2015), § ...*Gesetzesbezeichnung* Rn. ... .

Vallender, Heinz: Die originäre Anfechtungsbefugnis des Insolvenzverwalters im reformierten Verbraucherinsolvenzverfahren, in: NZI 2014, 535 ff.

Wabnitz, Heinz-Bernd/Janovsky, Thomas: Handbuch des Wirtschafts- und Steuerstrafrechts, 4. Auflage, München 2014.
Zitiert: Wabnitz/Janovsky-*Bearbeiter*, Handbuch des Wirtschafts- und Steuerstrafrechts, 4. Aufl. (2014), ... Kapitel, Rn. ....

Wilk, Hanno: Das Schicksal der angefochtenen Geldstrafenzahlung – Fortsetzung einer Kontroverse -, in: wistra 2011, 416 ff.

Wimmer, Klaus: Frankfurter Kommentar zur Insolvenzordnung mit EuInsVO, InsVV und weiteren Nebengesetzen, 8. Auflage, Köln 2015.
Zitiert: FK – InsO/*Bearbeiter*, 8. Aufl. (2015), § ... *Gesetzesbezeichnung* Rn. ... .

Windscheid, Bernhard/Kipp, Theodor: Lehrbuch des Pandektenrechts, 9. Auflage, unter vergleichender Darstellung des deutschen bürgerlichen Rechts, Band 2, Frankfurt a.M. 1906, Neudruck Aalen 1963.
Zitiert: Windscheid/Kipp, Pandektenrecht II, S. ... .

Wolfslast, Gabriele: Staatlicher Strafanspruch und Verwirkung, Köln u.a. 1995.
Zitiert: Wolfslast, Staatlicher Strafanspruch und Verwirkung, S. ... .

Wollmann, Christian: Straffreiheit gem. §§ 371, 398 a AO zum Nulltarif? Zur (nicht) strafbefreienden Wirkung einer angefochtenen Steuernachzahlung, in: ZInsO 2011, 1521 ff.

Wolter, Jürgen: Systematischer Kommentar zur Strafprozessordnung, Mit GVG und EMRK, Band V (§§ 246 a – 295 StPO), 4. Auflage, Köln 2012.
Zitiert: SK – StPO/*Bearbeiter*, 4. Aufl. (2012), Bd. 5, § ... Rn. ... .

Zeitler, Bernd: Einflüsse des Insolvenzverfahrens auf die Vollstreckung von Geldsanktionen, in: Rpfleger 2012, 113 ff.

Ziemann, Sascha: Anmerkung zu BGH, Urt. v. 05.06.2008 – IX ZR 17/07, in: JR 2009, 167 ff.

Zipf, Heinz: Die Geldstrafe in ihrer Funktion zur Eindämmung der kurzen Freiheitsstrafe, Berlin/Neuwied am Rhein 1966.
Zitiert: Zipf, Geldstrafe, S. ....

Zöller, Richard: Zivilprozessordnung mit FamFG (§§ 1–185, 200–270, 433–484) und Gerichtsverfassungsgesetz, den Einführungsgesetzen, mit Internationalem Zivilprozessrecht, EU-Verordnungen, Kostenanmerkungen, Kommentar, 31. Auflage, Köln 2016.
Zitiert: Zöller-*Bearbeiter*, ZPO, 31. Aufl. (2016), § ... Rn. ....

www.ingramcontent.com/pod-product-compliance
Ingram Content Group UK Ltd.
Pitfield, Milton Keynes, MK11 3LW, UK
UKHW021912290926
8980IPUK00015B/1219

9 783631 725511